凝煉知識品味閱讀

不動產訴訟實戰

修訂3版

江松鶴
傅寶瑩
—— 著

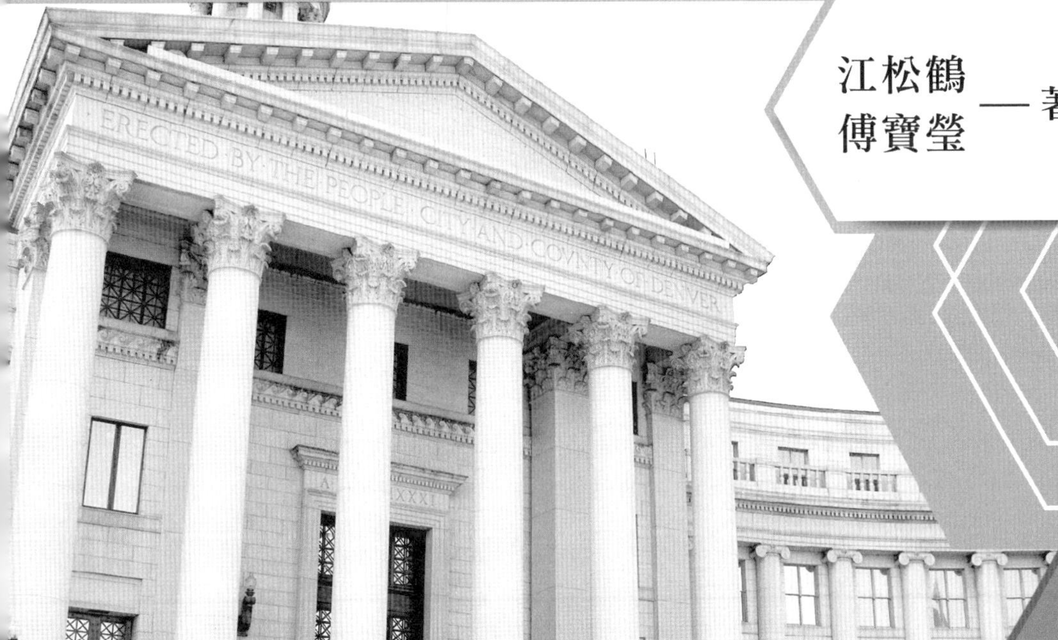

五南圖書出版公司 印行

修訂版序

本書自2011年初版迄今亦有相當時日，承蒙各界指正與支持，使本書於2018年4月再版。惟迄今亦有相當時日。由於法律之修正，最高法院大法庭之裁定，以及憲法法庭之判決之制度建立。本書為與時俱進，爰有修訂之必要。

本次本書之修訂，蒙五南副總編輯劉靜芬之幫忙與敦促，遂就本書進行相當部分之增修，在此表示感謝之意。

江松鶴
傅寶瑩　2023年1月

記得約4年多前學弟銘翔來電，說明五南圖書欲出版法律訴訟實戰叢書，該叢書計分十四本，其中不動產訴訟實戰一書想委請本人撰寫。本人竟不加思索即以應允，以為應該不是難事。嗣後與五南圖書簽約時，方知著作物之字數預計25萬字，此時誠感壓力，但已無他法只好勉為簽約。惟誠恐無法如期交稿，影響該叢書之出版，使本人戰戰兢兢。

本人曾於81年間與桃園市地政新生會之好友集體創作「土地代書特考贏的策略」一書，迄今亦有十餘年未曾提筆寫作。一則係因工作之忙碌，二則應係個人之怠惰所致，期間雖曾答應學長李永然大律師書寫土地法一書，惟尚無法出書。幸好徵詢同仁寶瑩之意見，其竟允諾合著，誠讓本人如釋重負。寶瑩其學涵養俱佳，且對土地實務相當有鑽研，故本書得予付梓，應歸功於其之努力及合作撰寫，有以致之。

值得一提的是，在撰寫之過程中，昔日同仁慧靜就本書資料之蒐尋及繕打付出良多，在此本人無以言謝，謹將此一事實表露之，誠謝慧靜之幫忙。再者，更感謝五南圖書之編輯群，就本書之編排及校對付出相當之心力。

本人及寶瑩學植未深，謹以野人獻曝之情，將所知與所悉詳述於本書，若有疏漏之處，亦祈各方不吝賜教，俾吾等亦能增益。

附錄

第一章 不動產與登記

第一節 前言

一、前言

有土斯有財，不動產爲國人重視的財產之一。隨著社會的進步與經濟的發展，不動產價值日漸上漲。再者，國人對自身權益之保護也愈見積極，使得近年來關於不動產之糾紛亦層出不窮。而關於不動產的法規，除民法及土地法外，尚有平均地權條例、農業發展條例、土地徵收條例、山坡地保育利用條例，以及都市計畫法、土地稅法等等，如何掌握不動產之法令脈動，保障自身之權益並解決紛爭，是一大課題。

二、不動產之意義

（一）稱不動產者，謂土地及其定著物；不動產之出產物，尚未分離者，爲該不動產之部分（民法第66條）。又土地法所稱之土地，謂水陸及天然富源。定著物指非土地之構成部分，繼續附著於土地上，而達一定經濟上目的，不易移動其所在之物（釋字第93號）。另建築法上所稱之建築物，指爲定著於土地上或地面下具有頂蓋、樑柱或牆壁，供個人或公眾使用之構造物或雜項工作物而言。

（二）有關尚未完全竣工之房屋是否得爲獨立之不動產？尚未完全竣工之房屋，如已足避風雨，可達經濟上之使用目的，即成爲獨立之不動產。此爲最高法院70年台上字第2221號判例所明示。因此，尚未完工之建物，符合定著於土地上、足避風雨、可達經濟上使用目的者，即成爲獨立之不動產。

三、不動產登記

（一）我國不動產制度採物權法定主義

1. **物權法定主義**：物權，除依法律或習慣外，不得創設（民法第757條）。即物權之種類及內容，以法律所規定或習慣法所形成者爲限，當事人不得任意創設。法律係指經立法院通過，總統公布之法律。習慣係指具備社會慣行之事實及法的確信，並不得違背公序良俗，即有法律上效力之習慣法。除依法律或習慣外，當事人不得創設法律所不認許之新種類物權，亦不得創設與物權法定內容相異之物權。
2. **違反物權法定主義之效果**：因違反法律禁止規定，依民法第71條規定，應屬無效。但法律有特別規定者，從其規定。
3. **不動產物權之種類，依民法之規定有**：所有權、地上權、農育權、不動產役權、抵押權、典權等六種。依土地法之規定有：耕作權（土地法第133條）。

（二）我國不動產物權變動之登記要件主義

1. 登記要件主義者，係於各不動產所在地之官署，備置公簿，於簿上記載不動產物權之得喪變更，使有利害關係之第三人，得就該公簿推知該不動產物權之權利狀態。不動產物權之得喪變更，若不登記於該公簿上，不能生不動產物權得喪變更之效力。我國民法第758條第1項明定：「不動產物權，依法律行爲而取得、設定、喪失及變更者，非經登記，不生效力。」不動產物權因法律行爲而變動者，須有處分權人，有物權變動之意思表示，並訂立書面，且經登記，始能發生物權變動之效力。
2. 至於非因法律行爲，如繼承、強制執行、徵收、法院之判決等，於登記前已取得不動產物權者，雖未經登記亦生取得不動產物權之效力，惟非經登記，不得處分其物權（民法第759條）。分述如下：

(1) **繼承**：繼承人自繼承開始時，承受被繼承人財產上之一切權利、義務（民法第1148條第1項前段）。繼承人如未就繼承之不動產先辦理繼承登記，仍不得處分之。

(2) **強制執行**：拍賣之不動產，買受人自領得執行法院所發給權利移轉證書之日起，取得該不動產所有權，債權人承受債務人之不動產者亦同（強制執行法第98條第1項）。買受人如未向地政機關辦理登記，不得就該不動產爲買賣等處分行爲。

(3) **徵收**：被徵收土地之所有權人，對於其土地之權利義務，於應受補償發給完竣時終止（土地法第235條）。即需用土地人於補償費發給完竣之日取得被徵收不動產之所有權。

(4) **法院之判決**：此種判決僅限「形成判決」，如共有物分割判決。於法院判決確定之日，權利人即取得不動產物權，權利人如未向地政機關辦理登記，不得就該不動產爲買賣等處分行爲。

(5) **其他**：如出資興建房屋，其取得係原始取得。

3. 登記係不動產物權變動之公示方法，民法賦予登記公信力，以維護交易安全。故不動產物權經登記者，推定登記權利人適法有此權利。因信賴不動產登記之善意第三人，已依法律行爲爲物權變動之登記者，其變動之效力，不因原登記物權之不實而受影響（民法第759-1條）。此項規定並非於保護交易安全必要限度之外，剝奪眞正權利人之權利。在善意第三人信賴登記而取得土地權利之前，眞正權利人仍得對於登記名義人主張登記原因之無效或撤銷，提起塗銷登記之訴。

4. 不動產物權，依法律行爲而取得、設定、喪失及變更者，應以書面爲之（即俗稱之公契）。倘不動產物權行爲之書面未合法成立者，即不能生物權變動之效力。

5. 違章建物：違章建物之讓與，雖因不能移轉登記而無法讓與不動產所有權，但除讓與人與受讓人間有相反約定外，應認爲讓與人已將該違章建築之事實上處分權讓與受讓人（最高法院67年第2次民事庭會議決議）。讓與人與受讓人約定讓與違章建物，則受讓人僅取得該違章建築之事實上處分權。如違章建物係法院拍賣取得，則買受人取得該違章建築之所有權（78年3月16日（78）廳民二字第261號法律問題）。

四、結語

不動產與社會生活休戚相關，由於土地是自然資源，數量有限，因此具有抗跌性。現今工商社會經濟發達，不動產交易頻繁，如買賣、租賃、合建、信託等，涉及書面契約之訂立及所有權移轉登記或他項權利之登記，另共有物分割、法院拍賣、徵收等，對不動產所有權人之權益影響不可謂不大。因此，不動產爭訟案件也就有許多不同態樣，本書將就常見幾種分章論述。

第二節　訴訟書狀及撰寫要旨

一、訴訟書狀與訴訟流程之介紹

1. 司法狀紙之大小規格應爲A4尺寸（寬21公分、高29.7公分），並應以中文直式橫書方式書寫。可向法院服務處購買

2. 書狀撰寫完畢並簽章後影印數份（按對造人數再加一份自行留存）

3. 將書狀正本送交法院收發室收件。如需繳費，當場核定費用並繳納。或向郵局購買匯票，隨狀寄送該管轄法院（以限時回執掛號方式寄送爲佳）。除起訴狀應同時將副本交法院收發室收件外，其餘書狀應另行郵寄副本予對造

4. 依法院通知前往開庭。如不克前往，應事先向法院請假

5. 法院審理期間，如有意見陳述或證據提出，亦可以書狀提出

6. 收受民事判決書。如不服判決應於收受判決書後20日內提出上訴並繳納上訴費用

↓

7. 收受判決書20日後，如兩造均無上訴，法院核發判決確定證明書

二、司法狀紙格式參考

民事　　　　狀				
案　　號	年度　　字第　　號		承辦股別	
訴訟標的金額或價格	新臺幣　　　元			
稱　　謂	姓名或名稱	依序填寫：國民身分證統一編號或營利事業統一編號、性別、出生年月日、職業、住居所、就業處所、公務所、事務所或營業所、郵遞區號、電話、傳眞、電子郵件位址、指定送達代收人及其送達處所。		
謹　狀 臺灣○○地方法院民事庭　　　公鑒				

證人	
證物	

中 國 民 國 ○○ 年 ○ 月 ○ 日

具狀人 （簽名蓋章）
撰狀人 （簽名蓋章）

三、撰寫要旨

本書係針對不動產所生之爭訟爲撰寫之對象，故有關撰寫之要旨完全係針對不動產之訴訟爲之，請讀者注意。

（一）狀別

書狀種類有：起訴狀、準備書狀、陳報狀、聲請狀、爭點整理狀、辯論意旨狀、答辯狀與上訴狀等。請依訴訟過程之需要適時地書寫提出。

（二）案號及股別

法院受理起訴分案後將有案號及承辦之股別，除起訴狀外，其餘書狀皆應註明案號及股別。

（三）訴訟標的金額

依訴之種類可分爲三：

1. **給付之訴**：其訴訟標的之金額即請求對造給付之金額，或請求對造移轉不動產之價額，或原告因訴訟所增加之財產價值。如袋地通行權之訴係以袋地因通行鄰地至公路所增加之土地價額爲其訴訟標的金額。
2. **形成之訴**：如分割共有物涉訟，以原告因分割所受利益之價額爲準（民事訴訟法第77-11條）。其訴訟標的之金額即原告之土地特分面積乘以當期公告土地現值之數額。

3. **確認之訴**：其訴訟標的之金額即依原告請求確認之法律事實之財產價額。惟依耕地三七五減租條例提出租佃爭議之訴，因依法無毋繳納裁判費，則本欄毋庸填寫。

小知識

1. 爲訴訟之經濟及防止裁判之矛盾，原告起訴時可考慮以主、客觀訴之合併之方式提起。
2. 有關法院裁判費之徵收標準，請參閱附錄一。

（四）當事人

依序填寫稱謂（如原告、被告）、姓名或名稱（自然人全名或法人公司全稱）、國民身分證統一編號或營利事業統一編號、性別、出生年月日、職業、住居所、就業處所、公務所、事務所或營業所、郵遞區號、電話、傳眞、電子郵件位址。再者，如有法定代理人、訴訟代理人或送達代收人等，亦依前述載明。

小知識

1. 有關訴訟標的物爲國有不動產時，該不動產所有權人爲中華民國，實際上爲管理使用機關行使所有人之權利，依實務之見解，可以該管領機關爲原告或被告。假設土地登記謄本登載：「管理者：財政部國有財產署」，此時當事人欄書寫方式爲：財政部國有財產署法定代理人〇〇〇。
   ※最高法院51年台上字第2680號判例：「國有財產撥給各地國家機關使用者，名義上雖仍爲國有，實際上即爲使用機關行使所有人之權利，故本院對於是類財產，向准由管領機關起訴，代國家主張所有權人之權利。」
2. 祭祀公業爲原告或被告時，當事人欄之書寫方式爲：祭祀公業〇〇〇法定代理人〇〇〇。
3. 商號爲原告或被告時，當事人欄書寫之方式爲：〇〇〇即〇〇商號（或企業社）。
4. 公寓大廈爲原告或被告時，當事人欄書寫之方式爲：〇〇〇〇管理委員會法定代理人〇〇〇（即主任委員）。

（五）書狀之本文

可分爲「聲明」與「事實及理由」二部分：

1. **為原告時**：起訴狀應敘明本件「訴之聲明」，並陳述事實及理由。訴之聲明，即原告希望法院作出何種之判決，聲明之內容應明確。事實及理由部分，如有證據方法（人證或物證）應一併提出。若有聲請調查證據之必要，亦應加以敘明。
2. **為被告時**：若爲被告則應提出答辯狀，明載「答辯之聲明」及答辯之理由。答辯之聲明一般爲「原告之訴駁回。訴訟費用由原告負擔。」答辯之理由部分，如有證據方法（人證或物證）應一併提出。若有聲請調查證據之必要，亦應加以敘明。

（六）法院

有關以何法院爲管轄法院，依民事訴訟法之規定，有三種情形，詳述如後：

1. **專屬管轄**：因不動產之物權或其分割或經界涉訟者，專屬不動產所在地之法院管轄。其他因不動產涉訟者，得由不動產所在地之法院管轄。（依民事訴訟法第10條規定）
2. **普通管轄**：訴訟，由被告住所地之法院管轄。被告住所地之法院不能行使職權者，由其居所地之法院管轄。訴之原因事實發生於被告居所地者，亦得由其居所地之法院管轄。被告在中華民國現無住所或住所不明者，以其在中華民國之居所，視爲其住所；無居所或居所不明者，以其在中華民國最後之住所，視爲其住所。在外國享有治外法權之中華民國人，不能依前二項規定定管轄法院者，以中央政府所在地視爲其住所地。（民事訴訟法第1條）

   對於公法人之訴訟，由其公務所所在地之法院管轄；其以中央或地方機關爲被告時，由該機關所在地之法院管轄。對於私法人或其他得爲訴訟當事人之團體之訴訟，由其主事務所或主營業所所在地之法院管轄。對於外國法人或其他得爲訴訟當事人之團體之訴訟，由其在中華民

國之主事務所或主營業所所在地之法院管轄。（民事訴訟法第2條）

3. **特別審判籍**：請參考民事訴訟法第3條至第20條（第10條除外）。

第3條	對於在中華民國現無住所或住所不明之人，因財產權涉訟者，得由被告可扣押之財產或請求標的所在地之法院管轄。 被告之財產或請求標的如為債權，以債務人住所或該債權擔保之標的所在地，視為被告財產或請求標的之所在地。
第4條	對於生徒、受僱人或其他寄寓人，因財產權涉訟者，得由寄寓地之法院管轄。
第5條	對於現役軍人或海員因財產權涉訟者，得由其公務所，軍艦本籍或船籍所在地之法院管轄。
第6條	對於設有事務所或營業所之人，因關於其事務所或營業所之業務涉訟者，得由該事務所或營業所所在地之法院管轄。
第7條	對於船舶所有人或利用船舶人，因船舶或航行涉訟者，得由船籍所在地之法院管轄。
第8條	因船舶債權或以船舶擔保之債權涉訟者，得由船舶所在地之法院管轄。
第9條	公司或其他團體或其債權人，對於社員或社員對於社員，於其社員之資格有所請求而涉訟者，得由該團體土事務所主營業所所在地之法院管轄。
第11條	對於同一被告債權及擔保該債權之不動產物權涉訟者，得由不動產所在地之法院合併管轄。
第12條	因契約涉訟者，如經當事人定有債務履行地，得由該履行地之法院管轄。
第13條	本於票據有所請求而涉訟者，得由票據付款地之法院管轄。

第14條　因關於財產管理有所請求而涉訟者，得由管理地之法院管轄。

第15條　因侵權行為涉訟者，得由行為地之法院管轄。

因船舶碰撞或其他海上事故請求損害賠償而涉訟者，得由受損害之船舶最初到達地，或加害船舶被扣留地，或其船籍港之法院管轄。

因航空器飛航失事或其他空中事故，請求損害賠償而涉訟者，得由受損害航空器最初降落地，或加害航空器被扣留地之法院管轄。

第16條　因海難救助涉訟者，得由救助地或被救助之船舶最初到達地之法院管轄。

第17條　因登記涉訟者，得由登記地之法院管轄。

第18條　因遺產之繼承、分割、特留分或因遺贈或其他因死亡而生效力之行為涉訟者，得由繼承開始時被繼承人住所地之法院管轄。

被繼承人住所地之法院，不能行使職權，或訴之原因事實發生於被繼承人居所地，或被繼承人為中華民國人，於繼承開始時，在中華民國無住所或住所不明者，定前項管轄法院時，準用第一條之規定。

第19條　因遺產上之負擔涉訟，如其遺產之全部或一部，在前條所定法院管轄區域內者，得由該法院管轄。

第20條　共同訴訟之被告數人，其住所不在一法院管轄區域內者，各該住所地之法院俱有管轄權。但依第四條至前條規定有共同管轄法院者，由該法院管轄。

第三節　實務判解

茲摘錄有關不動產定義及登記實務之大法官會議解釋及最高法院判例。

在此一提，後附之「釋字第93號」，即大法官會議解釋第93號。

後附之「29上1678」，即最高法院29年上字第1678號判例。

一、有關不動產定義之大法官會議解釋及最高法院判例

- 輕便軌道除係臨時敷設者外，凡繼續附著於土地而達其一定經濟上之目的者，應認為不動產。（釋字第93號）
- 物之構成部分，除法律有特別規定外，不得單獨為物權之標的物。未與土地分離之樹木，依民法第66條第2項之規定，為土地之構成部分，與同條第1項所稱之定著物為獨立之不動產者不同。故土地所有人保留未與土地分離之樹木，而將土地所有權讓與他人時，僅對於受讓人有砍伐樹木之權利，不得對於更自受讓人受讓所有權之第三人，主張其有獨立之樹木所有權。（29上1678）
- 不動產之出產物尚未分離者，為該不動產之部分，民法第66條第2項有明文規定，某甲等在某乙所有地內侵權種植其出產物，當然屬於某乙所有，如果該項出產物經某甲等割取，即不能謂某乙未因其侵權行為而受損害。（31上952）

二、有關不動產物權之最高法院判例

- 民法物權編關於登記之規定，在物權未能依該編施行法第三條所稱之法律登記前，不適用之。故在此時期依法律行為設定不動產物權者，該法律行為成立時即生效力，不以登記為其效力發生要件。惟在不動產登記條例已施行之區域，非經登記仍不得對抗第三人。（22上1084）

三、有關不動產物權變動之最高法院判例

（一）因法律行為之不動產物權變動

- 不動產之買受人雖未支付價金，而依物權法之規定，出賣人移轉所有權於買受人之法律行為已生效力者，自不能因買受人尚未支付價金，即謂其所有權未曾取得。（27上816）
- 不動產所有權之移轉，不以交付該不動產為其效力發生要件，此就民法第758條與第761條之規定，對照觀之自明。（28上533）
- 在土地法關於登記之部分施行前設定抵押權者，依民法物權編施行法第3條，不適用民法第758條之規定，自不以登記為發生效力之要件，雖其設定在該地方施行不動產登記條例之後，依同條例第3條、第5條不得以其設定對抗第三人，而在當事人間究已發生抵押權設定之效力，不因嗣後土地法關於登記部分之施行而受影響。被上訴人甲在土地法關於登記之部分施行前，為被上訴人乙向上訴人設定抵押權，自不能僅以其在土地法關於登記部分施行後未經登記，即適用民法第758條之規定，認為無效。（28上1313）
- 被上訴人因上訴人回贖權消滅而取得典物所有權，係依法律行為以外之原因所生不動產物權之變動，本無民法第758條之適用。上訴人以被上訴人未依民法第758條為取得典物所有權之登記，即不生物權得喪之效力，藉此指摘原判決不許回贖為違法，自難認為有理由。（31上3226）
- 不動產所有權之移轉，不以交付該不動產為其效力發生要件，此就民法第758條與第761條之規定對照觀之自明。故在物權未能依民法物權編施行法第3條所稱之法律登記前，移轉不動產所有權之契約，祇須依民法第760條之規定，訂立書面即可發生效力。（32上573）
- 上訴人於台灣光復前買受系爭土地，雖在被上訴人買受之前，但係隱藏買賣之法律行為，而為設定不動產質權之虛偽意思表示。此項虛偽意思表示，依台灣當時適用之法例係屬無效。至隱藏之買賣法律行為，固為

當時法例之所許，惟當時既未依臨時農地管理令申請該管政府之許可，迨台灣光復民法施行後，又未爲該土地所有權移轉之登記，亦僅生買賣之債權關係，則該土地所有權，即歸屬其後買受已爲所有權移轉登記而發生物權關係之被上訴人。（39台上583）

- 上訴人提出登記收費據、房捐收據及縣政府登記審查完畢之批示，均不能證明已經登記完畢，即未合法取得所有權，不得對於強制執行提起異議之訴。（40台上126）
- 被上訴人未將其所有權移轉登記於他人，縱令其與他人已有買賣之債權契約，然其在物權尚未消滅以前，以自己名義起訴，亦非法所不許。（40台上127）
- 當事人買賣不動產，如因買賣時地方淪陷無合法之登記機關，致不能爲登記者，其買賣契約之書面成立時，即發生物權移轉之效力。（41台上180）
- 物權之設定、移轉，依當時台灣所適用之法律，僅須當事人之意思表示即生效力，所有權取得人雖未爲所有權取得之登記，亦可爲取得所有權之主張。（41台上386）
- 訟爭房屋係被上訴人之父生前買自訴外人，因與上訴人有親戚之誼借與居住，雖被上訴人之父當時因戰事逃返原籍，未及爲移轉登記。但前業主既就訟爭房屋之返還請求權，隨該房屋之買賣契約移轉於被上訴人之父，則被上訴人基此主張權利，自非上訴人以借用人之地位，於使用借貸權利之外，所得藉詞抗爭。（41台上430）
- 某股份有限公司股東以其所有之某處土地與該公司訂約，將約定價金抵充股款，亦屬不動產所有權依法律行爲而移轉之性質，依民法第758條之規定，非經登記不生效力。在其所有權移轉登記之前，尚難謂該公司爲此項土地之所有權人。（43台上117）
- 不動產物權依法律行爲而取得、設定、喪失及變更者，非經登記不生效力，爲民法第758條所明定，同法施行法第3條第2項所謂物權未能依前項法律登記前，不適用民法物權編關於登記之規定，乃指未施行登記之區域而言，若在土地法關於登記已施行之區域，自非經登記不生效力，要無該條項之適用。（43台上790）

- 土地所有權移轉登記與土地之交付係屬兩事，前者爲所有權生效要件，後者爲收益權行使要件。行使土地之收益權，以先經交付爲前提，並不限於有償之買賣契約，即無償之贈與契約，亦包括在內。（44台上266）
- 得爲預告登記之保全者，係以土地權利之移轉、消滅，或其內容次序之變更爲標的之請求權，與民法第758條所定因法律行爲而取得不動產物權非經登記不生效力之情形不同。故上訴人就系爭房屋執有上開預告登記之通知書，亦難謂有排除強制執行之權利存在。（49台上24）
- 不動產所有權之移轉，不以交付該不動產爲其效力發生要件，不動產之買受人雖未受交付，而依物權法之規定，出賣人移轉所有權於買受人之法律行爲已生效力者，自不能因買受人尚未交付即謂其所有權未曾取得，又不動產之重複買賣，以先辦妥所有權移轉登記者，應受法律之保護。（59台上1534）
- 買賣乃法律行爲，基於買賣取得不動產之所有權，非經登記不生效力，與承攬之定作人原始取得工作物所有權之情形不同。至所謂工作物供給契約，即工作物全部材料由承攬人供給者，如當事人之意思重在工作物財產權之移轉時，乃不失爲買賣之一種。（59台上1590）
- 訟爭房屋，被上訴人既係購自日產清理處，自屬依法律行爲而取得，倘未辦理所有權移轉登記，不能徒憑一紙日產產權移轉臨時證明書，即認其業已取得訟爭房屋之所有權。（60台上1317）
- 民法第758條規定，不動產物權依法律行爲而喪失者，非經登記不生效力。拋棄對於不動產公同共有之權利者，亦屬依法律行爲喪失不動產物權之一種，如未經依法登記，仍不生消滅其公同共有權利之效果。（74台上2322）

（二）非因法律行為之不動產物權變動

- 台灣光復後，政府機關因代表國家接收日產房屋所取得之物權，與依法律行爲而取得者有別，自無民法第758條之適用。（40台上1242）
- 國家機關代表國庫接收敵僞不動產，係基於國家之權力關係而爲接收，並非依法律行爲而取得不動產所有權，依民法第758條之反面解釋，既無須登記已能發生取得所有權之效力，自得本其所有權對抗一般人，不能因接收前所有權之取得未經登記，而謂其仍無對抗第三人之效力。（40台上1912）
- 不動產物權依法律行爲而取得者，非經登記不生效力。如非依法律行爲而取得者，雖不以登記爲取得所有權之要件，但其取得所有權之原因必須有相當之證明，否則無從認爲有所有權之存在，而得據以排除強制執行。（47台上705）
- 被上訴人取得系爭土地之所有權，乃基於國家機關之權力關係，並非依法律行爲而取得，依民法第758條之反面解釋，既無須登記已能發生所有權之效力，則其以上訴人轉租爲原因訴請還地，於法並無不合。（48台上1362）
- 系爭土地於日據時期既經日軍徵收作爲軍用機場用地，並已對上訴人付清價款，依當時適用之日本民法，其所有權即已移轉於日軍。上訴人於本省光復後隱匿徵收情形，向主管官署矇混聲請辦理所有權登記，當時既非系爭土地之眞正權利人，則縱使業經登記完畢取得所有權狀，亦無從確定其權利。而且國家權利之取得又係基於戰勝國之權力關係所爲之接收，並非由於法律行爲，依民法第758條之反面解釋，自無須登記即發生取得所有權之效力。上訴人顯不得再以日軍就系爭土地未辦所有權移轉登記，而謂系爭土地之所有權仍屬於上訴人，被上訴人不得請求塗銷就系爭土地所爲之所有權登記。（52台上1485）
- 日據時期已登記之土地，因成爲河川、水道經塗銷登記，臺灣光復後土地浮覆，原所有權人未依我國法令辦理土地總登記，於該土地登記爲國

有後，其依民法第767條第1項規定行使物上請求權時，有消滅時效規定之適用。（110台上大1153）

1. 因繼承之不動產物權變動

- 因繼承而取得不動產物權，係依法律行為以外之事由所生不動產物權之變動，不受民法第758條所定須經登記始生效力之限制。（40台上1001）
- 被上訴人於受讓系爭房屋時，已含有受讓出租人對於承租人之一切權利之意思，其因此繼承出租人之地位，對於承租人行使其權利，不因登記之未完畢而受影響。（40台上1235）
- 因繼承原因於登記前已取得不動產物權者，非經登記，不得處分其物權，固為民法第759條所明定。惟該條之登記並無期間之限制，繼承人先與第三人成立移轉不動產所有權之債權契約，並於完成登記後以之移轉登記於受讓其權利之第三人，究非法所不許。（51台上133）
- 民法第759條所謂未經登記不得處分其物權，係指物權處分行為而言。繼承人簡甲、簡乙代表全體繼承人出賣系爭土地，所訂買賣契約僅屬債權行為。訂約時，即令繼承人未辦畢繼承登記亦不生違反民法第759條規定，而使債權契約成為無效之問題。（74台上2024）
- 1. 祭祀公業條例第4條第1項後段規定：「本條例施行前已存在之祭祀公業，……無規約或規約未規定者，派下員為設立人及其男系子孫（含養子）。」暨同條第2項規定：「派下員無男系子孫，其女子未出嫁者，得為派下員。該女子招贅夫或未招贅生有男子或收養男子冠母姓者，該男子亦得為派下員。」未涵蓋設立人其餘女系子孫部分，牴觸憲法第7條保障性別平等之意旨。

  2. 上開祭祀公業設立人之女系子孫（以現存親等近者為先），尚未列為派下員者，均得檢具其為設立人直系血親卑親屬之證明，請求該祭祀公業列為派下員，並自請求之日起，享有為該祭祀公業派下員之權利及負擔其義務，但原派下員已實現之權利義務關係不受影響。（112

憲判1）

2. 因強制執行之不動產物權變動

- 基於強制執行而取得不動產物權者，屬於民法第759條規定之範圍，一經法院發給所有權權利移轉證書，即發生取得不動產物權之效力。倘非更予處分，則不以登記爲生效要件。（56台上1898）

3. 因法院判決之不動產物權變動

- 不動產物權因法院之判決而取得者，不以須經登記爲生效要件，固爲民法第759條之所明定。惟此之所謂判決，係僅指依其宣告足生物權法上取得某不動產物權效果之力，恒有拘束第三人之必要，而對於當事人以外之一切第三人亦有效力者（形成力亦稱創效力）而言，惟形成判決（例如分割共有物之判決）始足當之，不包含其他判決在內。（43台上1016）
- 共有物之分割，經分割形成判決確定者，即生共有關係終止及各自取得分得部分所有權之效力。共有人對於他共有人分得之部分，既喪失共有權利，則其占有，除另有約定外，即難謂有何法律上之原因。（51台上2641）
- 民法第759條所謂因法院之判決，於登記前已取得不動產物權者，係指以該判決之宣告足生物權法上取得某不動產效果之力，恆有拘束第三人之必要，而對於當事人以外之一切第三人亦有效力者而言，惟形成判決始足當之，不包含其他判決在內。關於命被上訴人陳某辦理所有權移轉登記之確定判決，性質上既非形成判決，尚須上訴人根據該確定判決辦畢所有權移轉登記後，始能取得所有權，自難謂上訴人於該所有權移轉登記事件判決確定時，即取得系爭土地之所有權。嗣後上訴人既迄未辦畢所有權移轉登記，則其尚未取得系爭土地之所有權，殊無疑義，是上訴人本於所有權請求排除被上訴人楊某等之強制執行，即難認爲有理由。（65台上1797）

- 提起分割共有物之訴，參與分割之當事人，以共有人爲限。請求分割之共有物，如爲不動產，共有人之應有部分各爲若干，以土地登記總簿登記者爲準，雖共有人已將其應有部分讓與他人，在辦妥所有權移轉登記前，受讓人仍不得以共有人之身分，參與共有物之分割。（67台上3131）
- 分割共有物，性質上爲處分行爲，依民法第759條規定，共有不動產之共有人中有人死亡時，於其繼承人未爲繼承登記以前，尙不得分割共有物。惟上訴人因被上訴人劉某就系爭建地尙未辦理繼承登記，依法不得爲物權之處分。於本件訴訟中，請求劉某等辦理繼承登記，合併對劉某等及其餘被上訴人爲分割共有物之請求，不但符合訴訟經濟原則，抑與民法第759條及強制執行法第130條規定之旨趣無違。（69台上1012）

（三）建物之物權變動

- 自己建築之房屋，與依法律行爲而取得者有別，縱使不經登記，亦不在民法第758條所謂非經登記不生效力之列。（41台上1039）
- 不動產物權依法律行爲而取得者，非經登記不生效力，爲民法第758條所明定。此項規定，並不因不動產爲違章建築而有例外。（62台上2414）
- 系爭房屋原計畫蓋建二樓，而建築之程度，二樓結構業已完成，僅門窗尙未裝設及內部裝潢尙未完成，此項尙未完全竣工之房屋，已足避風雨，可達經濟上之使用目的，即成爲獨立之不動產。上訴人向被上訴人買受系爭房屋，依民法第758條規定，自須辦理所有權移轉登記手續，始能取得系爭房屋之所有權，不能以行政上變更起造人名義之方式，取得系爭房屋之所有權。（70台上2221）

（四）不動產物權變動之要式性

- 設定或移轉不動產物權之契約，非經訂立書據，不生物權得喪之效力。（18上642）

- 不動產物權之移轉，以訂立書據爲契約成立之要件，未訂立書據，自不生物權移轉之效力。（18上1592）
- 約內倒塡年月，與取得產權無關。（18上1948）
- 設定不動產擔保物權，應訂立書據，否則不生物權法上之效力。（19上359）
- 不動產物權之移轉未以書面爲之者，固不生效力。惟當事人間約定一方以其不動產之物權移轉於他方，他方支付價金之買賣契約已成立者，出賣人即負有成立移轉物權之書面，使買受人取得該不動產物權之義務。（22上21）
- 民法第915條第1項但書所稱之習慣，固有優先於成文法之效力。惟此係指限制典權人將典物轉典或出租於他人之習慣而言，並不包含轉典得不以書面爲之之習慣在內。轉典爲不動產物權之設定，依民法第760條之規定，應以書面爲之，縱有相反之習慣，亦無法之效力。（28上1078）
- 不動產所有權之移轉，應以書面爲之，雖爲民法第760條之所明定。惟將該書面向行政官署投稅，不過爲完納契約稅之方法，並非書面之成立要件。固雖未即行投稅，亦於所有權移轉之效力，不生影響。（28上1733）
- 不動產物權之移轉或設定，應以書面爲之，民法第760條設有明文規定，縱令當地移轉不動產所有權確有交付老契以代訂立書面之習慣，依民法第1條之規定，亦無適用之餘地。（29上1513）
- 民法第760條固規定不動產物權之移轉或設定，應以書面爲之。惟上訴人所稱之永佃權，如發生於民法物權編施行前，依民法物權編施行法第1條不適用前開規定，其設定亦不以訂立書據爲要件。原審未注意及此，徒以上訴人方面無受永佃權設定之書據，即斷定其永佃權不存在，於法殊有未合。（30上358）
- 不動產之出賣人於買賣契約成立後，本有使物權契約合法成立之義務。系爭之買賣契約苟已合法成立，縱令移轉物權契約未經某甲簽名，欠缺法定方式，但被上訴人爲某甲之概括繼承人，負有補正法定方式，使物權契約合法成立之義務，自不得藉口該物權契約尚未合法成立，即請求確認買賣契約爲不存在。（30上441）

➤ 不動產物權之移轉或設定，應以書面爲之。此項書面得不由本人自寫，但必須親自簽名或蓋章，其以指印十字或其他符號代簽名者，應經二人簽名證明，否則法定方式有欠缺，依法不生效力。（31上3256）

➤ 不動產物權之移轉，應以書面爲之，民法第760條定有明文。此項書面，除應依同法第3條之規定外，固無其他一定之方式。但其內容須有移轉特定不動產之所有權，或其他物權之意思表示，自不待言。（32上4349）

➤ 不動產物權之移轉，應以書面爲之，其移轉不動產物權書面未合法成立，固不能生移轉之效力。惟關於買賣不動產之債權契約，乃非要式行爲，若雙方就其移轉之不動產及價金業已互相同意，則其買賣契約即爲成立。出賣不動產之一方，自應負交付該不動產並使他方取得該不動產所有權之義務，買受人若取得出賣人協同辦理所有權移轉登記之確定判決，則得單獨聲請登記取得所有權，移轉不動產物權書面之欠缺，即因之而補正。（57台上1436）

➤ 不動產抵押權之設定，固應以書面爲之。但當事人約定設定不動產抵押權之債權契約，並非要式行爲。若雙方就其設定已互相同意，則同意設定抵押權之一方，自應負使他方取得該抵押權之義務。又口頭約定設定抵押權時，若爲有償行爲，當不因債務人以後爲履行義務，補訂書面抵押權設定契約及辦理抵押權設定登記，而使原有償之抵押權設定行爲變爲無償行爲。原審所持相反之見解，尚有未合。（70台上453）

第二章　買　賣

第一節　前　言

買賣者，謂當事人約定一方移轉財產於他方，他方支付價金之契約。凡契約之成立，祗須當事人雙方之意思表示互相一致，並不以具備何種之方式爲要件。故當事人就買賣標的物及其價金互相同意時，買賣契約即成立。惟不動產交易金額龐大，訂立書面契約對雙方權益較有保障。

在不動產買賣中常見之預售屋買賣，有關如何保障買方之權益係一重要課題。在簽約過程中，賣方提供之契約書常爲定型化契約，買方應注意契約之審閱權及內容之修改，否則日後再以不瞭解契約內容爲抗辯，亦是徒然。

買方在買受不動產時，尤應注意不動產之產權狀況、面積及使用分區，此可從土地及建物登記謄本中，瞭解土地標示部、所有權部及他項權利部之所有內容。上述登記簿謄本之申請方式有二：一爲親至地政事務所櫃檯申請；一爲上網申領地政電子謄本。

再者，買方最關心買到的房屋是否爲凶宅。一般所指凶宅，是指「曾發生非自然死亡」或「曾發生凶殺案或自殺致死案」的房屋。凶宅之價值，實務上之見解大約是區城行情百分之十五之價差。在購買不動產前，可向管區派出所、鄰居、里長、社區管委會或是其他房屋仲介商等查探詢問，或網路上也有凶宅網站可供查詢。至於買受凶宅後是否得解除契約？由於國人對凶宅頗爲忌諱，如賣方隱瞞凶宅之事實，買方不知爲凶宅而買受，買方得主張物有瑕疵請求酌減價金或解除契約；若係透過仲介買賣時，仲介公司有義務查詢該屋是否爲凶宅，如爲凶宅而未查證，買方得向仲介公司求償。

有關如何計算不動產之面積亦是重要問題。民間多以坪爲單位，而政府機關則以平方公尺爲單位，換算方式爲：一平方公尺＝0.3025坪。買方在買受時應詳加計算買受之不動產究爲多少面積，是否與登記謄本所載相符。再者，若爲買受公寓大廈者，應注意專有部分面積（即實際使用室內面積），與公共設施之面積各爲多少，以免買到公設比例過高之房屋而不敷使用。

第二節　法令解說 §

不動產買賣契約在實務上可分公定契約（公契）及私定契約（私契）。公契爲物權契約（要式性，非以書面爲之不可），係辦理所有權移轉登記時，向地政事務所申請登記所附之契約。私契即買賣雙方私下簽立之契約，約定實際買賣價款及買賣雙方應如何行使權利與履行義務。因私契屬債權契約非要式性，亦可口頭約定，並不影響契約之成立生效。惟爲避免將來若發生爭訟時，發生舉證上之困難，建議簽立書面契約，以保障買賣雙方之權益。

在買賣過程中，有可能發生買方在簽約後不願意買受或給付價金遲延，亦有可能賣方給付之不動產有物或權利之瑕疵、給付不能、不完全給付與給付遲延之情事。有關以上之情形，民法債編各論買賣乙節及民法債編總則有詳細之規定。茲分述如後：

一、買方部分

（一）買方在簽約後不願意買受

依民法第367條：「買受人對於出賣人，有交付約定價金及受領標的物之義務。」買方於簽約後不願意依約買受即屬違約，端視買賣雙方有無於私契載明違約之賠償。若有約定時，賣方可依私契請求買方賠償及解除契約；若無約定時，賣方可依其實際之損害，請求買方賠償及解除契約。當然賣方亦可考慮請求買方履約，至於賣方是否請求買方履約抑或解除契約並請求買方賠償，賣方應自行斟酌。因一方面，買方若認違約金過高，亦可依民法第252條：「約定之違約金額過高者，法院得減至相當之數額。」請求法院酌減違約金。約定之違約金是否過高，應就債務人若能如期履行債務時，債權人可得享受之一切利益爲衡量之標準，而非以僅約定一日之違約金額若干爲衡量之標準。（51台上19）

（二）買方在簽約後給付價金遲延

契約當事人之一方遲延給付者，他方當事人得定相當期限，催告其履行，如於期限內不履行時，得解除其契約（民法第254條）。依契約之性質或當事人之意思表示，非於一定時期爲給付不能達其契約之目的，而契約當事人之一方不按照時期給付者，他方當事人得不爲前條之催告，解除其契約（民法第255條）。如買方有給付價金遲延時，賣方應依契約中有無定期之約定，分別依民法第254條或第255條主張權利。

二、賣方部分

（一）不動產有物之瑕疵

1. 物之出賣人對於買受人，應擔保其物依第373條之規定危險移轉於買受人時無滅失或減少其價值之瑕疵，亦無滅失或減少其通常效用或契約預定效用之瑕疵。但減少之程度，無關重要者，不得視爲瑕疵。出賣人並應擔保其物於危險移轉時，具有其所保證之品質。（民法第354條）

   買受人於契約成立時，知其物有前條第1項所稱之瑕疵者，出賣人不負擔保之責。買受人因重大過失，而不知有前條第1項所稱之瑕疵者，出賣人如未保證其無瑕疵時，不負擔保之責。但故意不告知其瑕疵者，不在此限。（民法第355條）
2. 再者，買受人因物有瑕疵，而得解除契約或請求減少價金者，其解除權或請求權，於買受人依第356條規定爲通知後六個月間不行使或自物之交付時起經過五年而消滅。前項關於六個月期間之規定，於出賣人故意不告知瑕疵者，不適用之。因此買方因物有瑕疵而主張解除契約，或請求減少價金時，應注意民法第365條解除權及請求權消滅之規定。

3. 若買方解除契約或請求減少價金已逾民法第365條解除權或請求權之消滅之規定時，可考慮主張民法第227條不完全給付之規定。再者，物之瑕疵擔保責任爲法定無過失責任，至於不完全給付係採過失責任（有可歸責於出賣人之事由）。依實務上最高法院77年度第7次民事庭會議決議：「出賣人就其交付之買賣標的物有應負擔保責任之瑕疵，而其瑕疵係於契約成立後始發生，且因可歸責於出賣人之事由所致者，則出賣人除負物之瑕疵擔保責任外，同時構成不完全給付之債務不履行責任。」如買方欲主張民法第227條不完全給付時，應由買方負舉證責任。

（二）不動產有權利之瑕疵

出賣人應擔保第三人就買賣之標的物，對於買受人不得主張任何權利。債權或其他權利之出賣人，應擔保其權利確係存在。有價證券之出賣人，並應擔保其證券未因公示催告而宣示無效。買受人於契約成立時，知有權利之瑕疵者，出賣人不負擔保之責。但契約另有訂定者，不在此限。此爲民法第349條至第351條所明定。再者，出賣人不履行第348條至第351條所定之義務者，買受人得依關於債務不履行之規定，行使其權利。

（三）給付不能

1. 給付不能可分爲客觀給付不能及主觀給付不能。客觀給付不能，如房屋因地震或火災毀損而不存在；主觀給付不能，如一屋二賣或不動產被查封致無法履約。

2. 因不可歸責於債務人之事由，致給付不能者，債務人免給付義務。
債務人因前項給付不能之事由，對第三人有損害賠償請求權者，債權人得向債務人請求讓與其損害賠償請求權，或交付其所受領之賠償物。（民法第225條）

3. 因可歸責於債務人之事由，致給付不能者，債權人得請求賠償損害。前項情形，給付一部不能者，若其他部分之履行，於債權人無利益時，債權人得拒絕該部之給付，請求全部不履行之損害賠償。（民法第226條）

（四）不完全給付

1. 因可歸責於債務人之事由，致爲不完全給付者，債權人得依關於給付遲延或給付不能之規定行使其權利。因不完全給付而生前項以外之損害者，債權人並得請求賠償。（民法第227條）
2. 値得一提，不完全給付如爲加害給付，除發生原來債務不履行之損害外，更發生超過履行利益之損害，例如出賣人交付病雞致買受人之雞群亦受感染而死亡，或出賣人未告知機器之特殊使用方法，致買受人因使用方法不當引起機器爆破，傷害買受人之人身或其他財產等。遇此情形，固可依侵權行爲之規定請求損害賠償，但被害人應就加害人之過失行爲負舉證責任，保護尙嫌不周，爲使被害人之權益受更周全之保護，明定被害人就履行利益以外之損害，亦得依不完全給付請求損害賠償。若不動產物之瑕疵致倒塌傷人或財損，亦應可依此提出加害給付。

（五）給付遲延

契約當事人之一方遲延給付者，他方當事人得定相當期限催告其履行，如於期限內不履行時，得解除其契約。（民法第254條）

依契約之性質或當事人之意思表示，非於一定時期爲給付不能達其契約之目的，而契約當事人之一方不按照時期給付者，他方當事人得不爲前條之催告，解除其契約。（民法第255條）

如賣方有給付遲延時，買方應依契約中有無定期之約定，分別依民法第254條或第255條主張權利。

（六）不實廣告之情形

買方若因賣方有不實廣告而受損害時，買方可考慮依公平交易法及消費者保護法之規定請求賠償。買方在起訴前應確實掌握賣方不實廣告之證據（含人證及物證）。在此分述公平法及消保法之相關規定如後：

1. 事業不得在商品或廣告上，或以其他使公眾得知之方法，對於與商品相關而足以影響交易決定之事項，為虛偽不實或引人錯誤之表示或表徵。

　　前項所定與商品相關而足以影響交易決定之事項，包括商品之價格、數量、品質、內容、製造方法、製造日期、有效期限、使用方法、用途、原產地、製造者、製造地、加工者、加工地，及其他具有招徠效果之相關事項。

　　事業對於載有前項虛偽不實或引人錯誤表示之商品，不得販賣、運送、輸出或輸入。

　　前三項規定，於事業之服務準用之。

　　廣告代理業在明知或可得而知情形下，仍製作或設計有引人錯誤之廣告，與廣告主負連帶損害賠償責任。廣告媒體業在明知或可得而知其所傳播或刊載之廣告有引人錯誤之虞，仍予傳播或刊載，亦與廣告主負連帶損害賠償責任。廣告薦證者明知或可得而知其所從事之薦證有引人錯誤之虞，而仍為薦證者，與廣告主負連帶損害賠償責任。但廣告薦證者非屬知名公眾人物、專業人士或機構，僅於受廣告主報酬十倍之範圍內，與廣告主負連帶損害賠償責任。

　　前項所稱廣告薦證者，指廣告主以外，於廣告中反映其對商品或服務之意見、信賴、發現或親身體驗結果之人或機構。（公平交易法第21條）

2. 事業違反本法之規定，致侵害他人權益者，應負損害賠償責任。（公平交易法第30條）

3. 法院因前條被害人之請求，如為事業之故意行為，得依侵害情節，酌定損害額以上之賠償。但不得超過已證明損害額之三倍。侵害人如因侵害行為受有利益者，被害人得請求專依該項利益計算損害額。（公平交易法第31條）

4. 企業經營者應確保廣告內容之真實，其對消費者所負之義務不得低於廣

告之內容。（消費者保護法第22條第1項）

5. 依本法所提之訴訟，因企業經營者之故意所致之損害，消費者得請求損害額五倍以下之懲罰性賠償金；但因重大過失所致之損害，得請求三倍以下之懲罰性賠償金，因過失所致之損害，得請求損害額一倍以下之懲罰性賠償金。（消費者保護法第51條）

第三節　不動產買賣流程及買賣契約範例

一、不動產買賣之流程

買賣雙方透過不動產經紀業交易者

一、賣方與不動產經紀業者簽定不動產委託銷售契約書委託仲介銷售不動產，約定委託銷售之買賣標的、收取服務報酬時機，其金額爲實際成交價之一定比例（最高不得超過中央主管機關之規定），及因買方違約致買賣雙方解除不動產買賣契約者，服務報酬等事項。

二、不動產經紀業者應製作不動產說明書，並指派不動產經紀人會同賣方共同簽章。不動產經紀業應以該不動產說明書向仲介之買方提出說明。

三、經紀業者如提出斡旋金之要求，應同時告知買方亦可選擇內政部所擬定之「要約書」，如買方選擇約定交付斡旋金，業者應以書面明定交付斡旋金之目的，明確告知買方於仲介買賣成交時，該斡旋金轉爲定金，爲買賣價金之一部分。如仲介買賣不成立時，不動產經紀業者所收之斡旋金，無息返還買方等權利義務。又不動產說明書內容經查明虛僞不實，致買方意思表示錯誤者，視爲買賣不成立，經紀業者亦應返還已暫收之斡旋金。

四、買賣雙方價金與條件一致時，買賣雙方另行簽定「不動產買賣契約書」，並由買賣雙方共同或協商指定地政士辦理所有權移轉登記及相關手續，不動產經紀業者得協助辦理。

買賣雙方自行交易者

買賣雙方就價金合意後，約定支付定金並另行簽定「不動產買賣契約書」。

買賣雙方協商指定地政士辦理所有權移轉登記及相關手續者，地政士於買賣雙方簽訂契約時，應申領登記謄本查明產權，並預估暨規劃稅費負擔及如買方需貸款時，其貸款額度。

簽訂不動產買賣契約書（私契約）並支付第一期款（頭期款）

一、賣方攜帶身分證明文件、印章及土地、建築改良物所有權狀正本。

二、買方攜帶身分證明文件。

三、影印買賣雙方身分證明文件及土地、建築改良物所有權狀附案，並進行簽約。

四、簽約重點：約定付款條件及方式，通常分四期支付之金額及時程、交屋時機、方式及附帶買賣之設備項目、雙方履行契約之權利義務事項、違約暨保證事項、稅費負擔，並約定如配合買方辦理不動產貸款，其作為交屋款部分之事項及賣方如設定抵押權部分，同意在買方設定抵押權後撥款前，儘速塗銷或協議由買方承受或代償或抵押債權等金額合計超過買方支付價款時，賣方應負返還責任或買方核貸金額不足抵付時，買方於貸款核撥時，以現金一次付清等事項。

五、簽約時，得當場朗讀契約內容之重點無異議後，由買、賣雙方簽名或加蓋印章；該買賣契約之成立係經紀業者居間仲介者，經紀業者並應指派經紀人會同簽章。

六、買方支付頭期款予賣方，賣方點收並簽收。

七、經賣方及經紀業指派經紀人簽章之不動產說明書視為買賣契約之附件。

備證並於相關文件上用印（第二期款）

一、賣方攜帶印鑑章並交付身分證明文件、印鑑證明一份及房屋稅單、地價稅單等資料，並得加蓋專用印章。

二、買方攜帶印章並交付身分證明文件。

三、賣方於填妥之登記申請書、土地、建築改良物買賣移轉契約書、土地現值申報書、契稅申報書中之相關欄位加蓋印鑑章，買方則得以任一私章用印。

四、買方支付第二期款予賣方點收並簽收。

五、買方如需辦理貸款，應於交付第二期款時，提供辦理貸款必備文件及指定融資貸款之金融機構。

地政士或買賣雙方檢具證明文件向轄區稅捐機關申報土地增值稅及契稅。

完稅（第三期款）

一、賣方完納土地增值稅款及欠稅費款。

二、買方完納契稅款並支付第三期款予賣方點收並簽收。買方並開立與未付價款同額且註明「禁止背書轉讓」之本票（買方應於本票中指名賣方提示使用及可提示之條件）或提供相當之擔保予賣方。

三、買方預定貸款抵付部分買賣價款者，應於通知期日，親自辦理開戶、對保，並依約定完成銀行授權金融機關經特定人通知後，將核貸金額逕予撥入賣方指定帳戶或交付尾款時，雙方會同領款。

辦理查欠地價稅、房屋稅、工程受益費等稅費後，檢附繳納收據及其他證明文件向轄區地政事務所申請所有權移轉登記。買方有貸款作爲交屋款部分者，並得連件辦理抵押權設定登記。

↓

繳付尾款（貸款）並交屋（第四期款）

買賣標的現場查勘無誤後，進行尾款（貸款）繳付及交屋手續。

一、登記完竣後，買賣雙方均無貸款時，買方支付尾款予賣方點收及簽收，賣方收受該價款時，應將本票返還買方或解除擔保。土地、建築改良物所有權狀及土地、建築改良物買賣移轉契約書正本、契稅單第一聯及土地增值稅單影本交付予買方；土地、建築改良物買賣移轉契約書影本、契稅單影本及土地增值稅單第一聯交付予賣方。

二、登記完竣後，買方無約定貸款作爲尾款，賣方有貸款尚未還清塗銷時，由買方會同賣方前往債權人處還清該貸款後，賣方簽收尾款。賣方收受該價款時，應將本票返還買方或解除擔保。土地、建築改良物所有權狀及土地、建築改良物買賣移轉契約書正本、契稅單第一聯及土地增值稅單影本交付予買方；土地、建築改良物買賣移轉契約書影本、契稅單影本及土地增值稅單第一聯交付予賣方。

三、登記完竣後，賣方無貸款，買方約定貸款作爲價金之一部分者，應於辦竣抵押權設定登記，依約定由特定人通知核貸銀行聯繫後，將核貸金額逕予撥入賣方指定帳户或約定交付尾款時，雙方會同領款，由賣方點收及簽收。賣方收受該價款時，應將本票返還買方或解除擔保。土地、建築改良物所有權狀及土地、建築改良物買賣移轉契約書正本、契稅單第一聯及土地增值稅單影本交付予買方；土地、建築改良物買賣移轉契約書影本、契稅單影本及土地增值稅單第一聯交付予賣方。

四、登記完竣後，買方約定貸款作爲買賣價金之一部分，且賣方尚有貸款未還清塗銷者，得與買方貸款之債權人約定代爲清償賣方之貸款，如有未支付餘額，由買方以現金補足後，賣方簽收尾款，賣方收受該價款時，應將本票返還買方或解除擔保。土地、建築改良物所有權狀及土地、建築改良物買賣移轉契約書正本、契稅單第一聯及土地增值稅單影本交付予買方；土地、建築改良物買賣移轉契約書影本、契稅單影本及土地增值稅單第一聯交付予賣方。

五、本買賣標的應繳納之地價稅、房屋稅、水電費、瓦斯費、管理費、公共基金等稅費，在土地建物點交日前由賣方負責繳納，點交日後由買方繳納，該稅費以點交日為準，按當年度日數比例負擔，買賣雙方並於分算表中簽收。

六、辦理產權移轉、抵押權設定登記時，應納之印花稅、登記規費、火災保險費、建物契稅等由買方負擔。土地增值稅由賣方負擔。簽約前如有公告之工程受益費，由賣方負責繳納，有未到期之工程受益費，得由雙方約定繳納。

七、與買賣契約有關之稅費、代辦費，依約定繳納。

注意事項

一、上述過户流程圖，係參考「不動產委託銷售契約書範本」、「成屋買賣契約書範本」製作完成，適用成屋及中古屋買賣時之參考，惟仍可依民法第一百五十三條規定意旨就個別情況，由兩造磋商合意訂定。

二、目前經內政部公告頒行之不動產定型化契約範本，計有「不動產委託銷售契約書範本」、「預售屋買賣契約書範本」、「預售停車位買賣契約書範本」、「房屋委託租賃契約書範本」、「房屋租賃契約書範本」及「成屋買賣契約書範本」六種，該六種定型化契約書業已建置於各地政事務所網站，提供民眾列印使用。

二、不動產買賣契約書範例

範例一 ▶▶▶

不動產買賣契約書

茲立契約書人　買主　趙○○（以下簡稱甲方）

賣主　李○○（以下簡稱乙方）

今雙方同意議定訂立不動產買賣契約條件列明如後：

一、乙方願將其所有後列標示不動產出賣於甲方而甲方願意依本契約付價承買之。

二、不動產標示：○○縣○○鄉（鎮）（市）○○段○○小段○○地號土地，面積：○○平方公尺，權利範圍：○○

三、本件買賣價款雙方當面議定：買賣總價款新臺幣○○元。

四、交款辦法：本契約成立日甲方交付乙方新臺幣○○元正定金經乙方親收足訖（不另立收據）。其餘價款給付方法如下：

（一）

（二）

五、產權過户登記以前有關賣渡不動產之應繳稅捐公課均由乙方負責繳清，產權登記以後由甲方負責。

六、乙方保證本件之不動產絕無來歷不明或債務抵押及債務糾葛並無出租出典等情事，如有第三者對前開不動產提出任何權利或債務糾葛及其他異議者與甲方無干，應由乙方負責理直，涉及甲方損失重大者應負賠償之責。

七、乙方於第4條第○項收款同時，應具備本件不動產有關憑證及產權移轉登記所需户籍謄本、印鑑證明或其他證件交給甲方，會同辦理過户登記手續，若需要乙方蓋章或出面處理等情事，乙方應無條件蓋章或出面到場辦理不得藉故刁難推辭。

八、本件買賣不動產點交日期議定：○○年○○月○○日

九、本買賣不動產如係房屋者，言明以維持現狀全部爲準並包括室內外門窗水電及其他附著物一切點交甲方接管，至于房屋稅籍登記簿及建築物登記簿所載建坪如有出入者雙方均不得請求增減價款。

十、特約事項：

十一、土地增值稅由乙方負擔。

十二、買賣登記費、書狀費、契稅、印花稅、與地政士酬金等均由甲方負擔（包括房地全部），產權取得名義由甲方自行決定乙方不得異議。惟登記名義人〇〇〇與甲方負連帶責任。

十三、甲方如違約不買或不履行依約分期交付價款時，願將已付款項全部給乙方沒收，然乙方不賣或不履行移交不動產以及中途發生糾葛致不能出賣等情事時，除將既收價款全部退還與甲方外，並應賠償所付價款同額之損害金。

十四、本契約書經雙方同意訂立，各無反悔，恐口無憑特立本契約書乙式兩份各執乙份爲憑。

十五、本契約書自蓋章日起生效。

立契約書人

買主（甲方）：
身分證字號：
住址：
電話：

賣主（乙方）：
身分證字號：
住址：
電話：

中　華　民　國　〇〇　年　〇　月　〇　日

範例二 ▶▶▶

不 動 產 買 賣 契 約 書

茲立契約書人　買主　　　　　（以下簡稱甲方）

　　　　　　　賣主　　　　　（以下簡稱乙方）

茲為下列不動產買賣事宜，雙方同意簽訂本契約，協議條款如下：

第一條：買賣標的

不動產標示及權利範圍：以登記簿登載之面積為準。

<table>
<tr><td rowspan="4">土地標示</td><td colspan="4">土地坐落（　縣　市）</td><td colspan="4">面積</td><td rowspan="2">權利範圍</td><td rowspan="2">（✓）</td><td rowspan="2">備註</td></tr>
<tr><td>鄉鎮市區</td><td>段</td><td>小段</td><td>地號</td><td>公頃</td><td>公畝</td><td>平方公尺</td><td>平方公寸</td></tr>
<tr><td></td><td></td><td></td><td></td><td></td><td></td><td></td><td></td><td></td><td></td><td></td></tr>
<tr><td></td><td></td><td></td><td></td><td></td><td></td><td></td><td></td><td></td><td></td><td></td></tr>
</table>

<table>
<tr><td rowspan="4">建物標示</td><td rowspan="2">建號</td><td colspan="8">建物門牌（　縣　市）</td><td colspan="4">建物面積（平方公尺）</td><td colspan="2">附屬建物</td><td rowspan="2">權利範圍</td><td rowspan="2">用途</td><td rowspan="2">共同使用部分建號</td><td rowspan="2">應有部分面積</td><td rowspan="2">備註</td></tr>
<tr><td>鄉鎮市區</td><td>路</td><td>街</td><td>段</td><td>巷</td><td>弄</td><td>號</td><td>樓</td><td>層</td><td>層</td><td>層</td><td>合計</td><td>用途</td><td>面積（平方公尺）</td></tr>
<tr><td></td><td></td><td></td><td></td><td></td><td></td><td></td><td></td><td></td><td></td><td></td><td></td><td></td><td></td><td></td><td></td><td></td><td></td><td></td><td></td></tr>
<tr><td></td><td></td><td></td><td></td><td></td><td></td><td></td><td></td><td></td><td></td><td></td><td></td><td></td><td></td><td></td><td></td><td></td><td></td><td></td><td></td></tr>
</table>

本買賣範圍包括共同使用部分之應有部分在內，賣方於交屋時應維持原狀點交。停車位：○○○（請詳細載明）

第二條：價款議定

本買賣總價款為新臺幣○○元整。土地、建物及車位價款分別如下：

1. 土地價款：新臺幣○○元整。
2. 建物價款：新臺幣○○元整。
3. 車位價款：新臺幣○○元整。

第三條：付款約定

買方應支付之各期價款，雙方同意於＿＿＿＿＿＿＿＿＿＿

（地址：＿＿＿＿＿＿＿＿），以 □各該期付款日當天之即期支票 □現金 交付賣方。

付款期別	約定付款金額	應同時履行條件	備註
簽約款	新臺幣________元	於簽訂本契約同時由買方支付之，經賣方親收無訛不另立據。（本款項包括已收訂金________元）。	
備證款	新臺幣________元	於○○年○○月○○日，賣方備齊所有權移轉登記應備文件同時，本期價款由買方支付之。	
完稅款	新臺幣________元	於土地增值稅、契稅稅單核下後，經______通知日起______日內，本期價款由買方支付之；同時雙方應依約繳清稅款。	
交屋款	新臺幣________元	□無貸款者，於辦妥所有權移轉登記後，經____通知日起____日內，本期價款由買方支付之。同時點交不動產。 □貸款者，依第四條約定。	

（賣方收取前項價款時，應於本買賣契約書第 3 條備註欄內記明簽收。）

第四條：金融機關貸款

一、買方預定貸款新臺幣○○元抵付部分買賣價款，並依下列規定辦理貸款、付款事宜：

1. 買方應於交付備證款同時提供辦理貸款必備之文件及指定融資貸款之金融機構：未指定者，得由賣方指定之。
2. 貸款金額少於預定貸款金額時，應依下列方式處理：
   (1) 核貸金額不足抵付時，買方應於貸款核撥同時以現金一次補足。
   (2) 因可歸責於買方事由，致貸款無法獲准時，買方應於______通知日起十日內以現金一次付清，或經賣方同意分期給付。

二、前項貸款因金融政策變更或其他不可歸責買方之事由而無法辦理貸款時，除本契約另有約定外，雙方同意解除契約，賣方應將已收之價款無息退回買方。

三、賣方因債務關係提供本買賣標的物設定之抵押權，其所擔保之未償債務（金額：新臺幣○○元），依下列約定方式處理：

□賣方應於交付完稅款時清償並塗銷抵押權登記，俾買方辦理貸款。

□買方承受者，雙方應以書面簽立承受原貸款。

另協議並確認承受日期、承受貸款金額並自買賣價款中扣除，承受日前之利息、遲延利息、違約金由賣方負擔，自承受日起之利息由買方負擔。

□買賣雙方自行約定

____。

第五條：擔保本票

一、買方應於交付完稅款同時開立與未付價款同額且註明「禁止背書轉讓」之本票（號碼：○○）或提供相當之擔保予賣方；買方並應依○○地政士通知之日期親自完成辦理開户、對保並授權金融機構將核貸金額逕予撥入賣方指定之帳户，或由○○通知雙方會同領款交付，賣方收受該價款時應無條件將前揭本票返還買方或解除擔保。

二、買方未依約交付未付價款，經催告仍拒絕履行者，賣方得逕爲行使本票或擔保權利。

第六條：產權移轉

一、雙方應於備證款付款同時將移轉登記所須檢附之文件書類備齊，交予○○地政士專責辦理。

二、本件所有權移轉登記及相關手續，倘須任何一方補繳證件、用印或爲其他必要之行爲者，應無條件於○○通知之期日內配合照辦，不得刁難、推諉或藉故要求任何補貼。

三、買方於簽約時如指定第三人爲登記名義人，應於交付必備文件前確認登記名義人，並提出以第三人爲登記名義人聲明書，該第三人應在該聲明書上簽名。第三人□同意□不同意與本契約買方所未履行之債務負連帶損害責任。公契之買方爲第三人。

四、辦理所有權移轉時，除本契約另有約定外，依下列方式辦理：

1. 申報移轉課稅現值：□以本契約第 2 條之土地及建物價款申報。
□以____年度公告土地現值及建物評定現值申報。

2. 公定契約書買賣價格：□以本契約第 2 條之土地及建物價款申報。
□以____年度公告土地現值及建物評定現值申報。

3. 賣方 □是 □否 主張按自用住宅用地優惠稅率課徵土地增值稅。

第七條：稅費負擔

一、本買賣標的物應繳納之地價稅、房屋稅、水電費、瓦斯費、管理費、公共基金等稅費，在土地、建物點交日前由賣方負責繳納，點交日後由買方繳納；前開稅費以點交日爲準，按當年度日數比例負擔之。

二、辦理產權移轉時，抵押權設定登記應納之印花稅、登記規費、火災保險費、建物契稅等由買方負擔。

三、土地增值稅由○○負擔；如有延遲申報而可歸責於買方之事由，其因而增加之土地增值稅部分由買方負擔。

四、簽約前如有工程受益費應由賣方負責繳納。其有未到期之工程受益費，約定如後：

□由買方繳納者，買方應出具續繳承諾書。

□由賣方繳清。

五、本不動產買賣契約有關之稅費、代辦費，依下列約定辦理：

1. 簽約費 □由買賣雙方各負擔新台幣__________元，並於簽約時付清。
□____。

2. 所有權移轉代辦費新臺幣○○元

□買方負擔。

□賣方負擔。

□雙方當事人平均負擔。

3. 如辦理公證者，加收辦理公證之代辦費新臺幣○○元

□買方負擔。

□賣方負擔。

□雙方當事人平均負擔。

4. 公證費用

□買方負擔。

□賣方負擔。

□雙方當事人平均負擔。

5. 抵押權設定登記或抵押權內容變更登記代辦費新臺幣○○元

□買方負擔。

□賣方負擔。

□雙方當事人平均負擔。

6. 塗銷原抵押權之代辦費新臺幣○○元，由賣方負擔。

7. 如有其他未約定之稅捐、費用應依有關法令或習慣辦理。

六、前項應由賣方負擔之稅費，賣方同意買方得予代爲繳納並自未付之價款中憑單抵扣。

第八條：點交

一、本買賣不動產，應於 □尾款交付日 □貸款撥付日 □____年____月____日 由賣方於現場點交予買方或登記名義人，賣方應於約定點交日前搬遷完畢。點交時，如有未搬離之物件，視同廢棄物處理，清理費用由賣方負擔。

二、關於本買賣標的物如有使用執照（或影本）、結構圖及管線配置圖或使用現況之分管協議、住戶規約、大樓管理辦法、停車位使用辦法、住戶使用維護手冊等文件，賣方除應於訂約時將其情形告知買方外，並應於買賣標的物點交時一併交付予買方或登記名義人，買方或登記名義人應繼受其有關之權利義務。

三、賣方應於點交前將原設籍於本買賣標的之户籍、公司登記、營利事業登記、營業情形等全部遷離。其如未如期遷離致買方受有損害者，賣方應負損害賠償責任。

第九條：擔保責任

一、賣方擔保本標的物產權清楚，並無一物數賣、被他人占用或占用他人土地等情事，如有出租、設定他項權利或債務糾紛等情事，賣方應於完稅款交付日前負責理清，但本契約另有約定者，從其約定。

二、有關本不動產標的物之瑕疵擔保責任，悉依民法及其他有關法令規定辦理。

第十條：違約罰責

一、賣方違反前條第1項約定，致影響買方權利時，買方得定相當期限催告賣方解決，逾期仍未解決者，買方得解除本契約。解約時賣方除應將買方已付之不動產價款並附加法定利息全部退還買方外，並應按不動產總價款百分之○○支付違約金。但該賠償之金額超過已付價款者，則以已付價款爲限，買方不得另行請求損害賠償。

二、買方逾期達五日仍未付清期款或已付之票據無法兌現時，買方應按逾期期款部分附加法定利息於補付期款時一併之付賣方，如逾期一個月不付款或遲延利息，經賣方以書面催告，經送達逾七日内仍未支付者，賣方得解除契約並沒收已付價款充作違約金，但所該沒收之已付價款以不超過房地總價款百分之○○爲限，賣方不得另行請求損害賠償。

三、除前二項之事由應依本條約定辦理外，因本契約所生其他違約事由，依有關法令規定處理。

第十一條：其他約定

一、有關履行本契約之各項通知，均應以契約書上記載之地址（或營業所）爲準，如有變更未經通知他方，致無法送達時（包括拒收），則以第一次郵遞之日期視爲送達。

二、因本契約發生之爭議，雙方合意以本件不動產所在地之法院爲第一審管轄法院。
三、本契約所定之權利義務對雙方之繼受人均有效力。
四、建物被他人占用之情形：
五、占用他人土地之情形：
六、出租或出借情形：
七、本契約之附件及廣告爲本契約之一部分。
八、本契約如有未盡事宜，依有關法令、習慣及誠實信用原則公平解決之。
九、本契約壹式兩份，雙方各執乙份爲憑。

立契約人

買　　　　方：
身分證統一編號：
住　　　　址：
電　　　　話：

賣　　　　方：
身分證統一編號：
住　　　　址：
電　　　　話：

見　　證　　人：
身分證統一編號：
住　　　　址：
電　　　　話：

見 證 人：
身分證統一編號：
住 址：
電 話：
中 華 民 國 ○○ 年 ○ 月 ○ 日

第四節 書狀範例

範例一、請求土地所有權移轉登記起訴狀

民事起訴狀				
案 號	年度 字第 號		承辦股別	
訴訟標的金額或價額	新臺幣○○○○萬○千○百○十○元			
稱 謂	姓名或名稱	依序填寫：國民身分證統一編號或營利事業統一編號、性別、出生年月日、職業、住居所、就業處所、公務所、事務所或營業所、郵遞區號、電話、傳真、電子郵件位址、指定送達代收人及其送達處所。		
原告 原告	徐一 徐二	○○縣○○市○○路○○號 同上		
被告 被告	邱甲 邱乙	○○縣○○市○○路○○號 同上		

爲請求土地所有權移轉登記，謹依法起訴事：

訴之聲明

一、被告應將坐落○○縣○○鄉○○段○○小段○○地號內土地分割出如附圖紅色所示面積○○平方公尺，並將該部分土地所有權全部移轉登記與原告全體公同共有。

二、訴訟費用由被告負擔。

三、原告願供擔保請准宣告假執行。

事實及理由

一、緣被告之被繼承人邱○○生前於民國○○年○○月○○日以每坪新臺幣○○元、總價○○元之價格，將其所有坐落○○縣○○鄉○○段○○小段○○地號如附圖紅色所示面積○○平方公尺之土地出賣予原告之被繼承人徐○○，並訂立不動產買賣合約書（見證物一）。原告之被繼承人徐○○已付清全部價款，惟因礙於當時法令限制無法辦理分割移轉登記，而於買賣合約書第三條約定「買賣完成後，如法令准許分割土地時，乙方（出賣人）應無條件出面到地政事務所辦理分割登記，且無條件付出印鑑證明及户籍謄本及其他過户應具備之文件，絕無異議刁難甲方（買受人）」。

二、嗣因法令限制尚未解除，唯恐前揭買賣契約罹於時效，雙方又於○○年○○月○○日再訂立土地房屋買賣契約書（見證物二）以爲延續。現本件土地已變更爲工業區，且農業發展條例亦已修正，本件土地依法令已准許分割，惟出賣人邱○○業已死亡，已由被告辦妥繼承登記，買受人徐○○亦已死亡，原告爲徐○○之法定繼承人。

三、原告依約請求被告分割並移轉土地，惟被告竟以買賣契約第九條「甲方（出賣人）違背本契約各條所定意旨者視爲不賣，應須將所收金額加一倍賠償與乙方（買受人）而甲方不得異議」，簽發○○元支票予原告並拒絕履約。原告拒絕受領，爰依買賣契約請求權及民法第348條規定，懇請鈞長明鑒並賜爲如訴之聲明之判決，以保權益。

<table>
<tr><td colspan="2">謹 狀
臺灣○○地方法院民事庭 公鑒</td></tr>
<tr><td>證人</td><td></td></tr>
<tr><td>證物</td><td>證物一：買賣契約影本乙份。
證物二：買賣契約影本乙份。</td></tr>
<tr><td colspan="2">中 國 民 國 ○○ 年 ○ 月 ○ 日
具狀人：徐一、徐二（簽名蓋章）
撰狀人</td></tr>
</table>

範例二、請求返還買賣價金起訴狀 ▶▶▶

<table>
<tr><td colspan="4">民事起訴狀</td></tr>
<tr><td>案 號</td><td colspan="2">年度 字第 號 承辦股別</td><td></td></tr>
<tr><td>訴訟標的金額或價格</td><td colspan="3">新臺幣○○○○萬○千○百○十○元</td></tr>
<tr><td>稱 謂</td><td>姓名或名稱</td><td colspan="2">依序填寫：國民身分證統一編號或營利事業統一編號、性別、出生年月日、職業、住居所、就業處所、公務所、事務所或營業所、郵遞區號、電話、傳眞、電子郵件位址、指定送達代收人及其送達處所。</td></tr>
<tr><td>原告
被告</td><td>張○○
黃○○</td><td colspan="2">○○市○○路○○號
○○市○○路○○號</td></tr>
<tr><td colspan="4">爲請求返還買賣價金等事件，謹依法起訴事：
訴之聲明
一、被告應給付原告新臺幣○○元，及自起訴狀繕本送達之翌日起至清償日止，按年利率百分之五計算之利息。
二、訴訟費用由被告負擔。</td></tr>
</table>

三、原告願供擔保請准宣告假執行。

事實及理由

一、緣被告於民國〇〇年〇〇月〇〇日與原告簽立不動產買賣合約書（見證物一）。買賣之標的爲：土地坐落：台南市〇〇段〇〇地號（重測後爲〇〇段〇〇地號）（見證物二），面積：〇〇平方公尺，權利範圍：全部。房屋坐落：台南市〇〇路〇〇號。買賣價金爲新臺幣〇〇元。

二、本件原告業於〇〇年〇〇月〇〇日付清本件買賣價款新臺幣〇〇元。依約被告有移轉不動產所有權予原告之義務，惟迄今被告均未履約，原告爰於〇〇年〇〇月〇〇日寄發存證信函請被告履約（見證物三），被告迄今置若罔聞。依雙方簽立之契約書第十條之約定「本約甲乙雙方應忠誠履約，若乙方違約時所付款項由甲方無條件沒收，如甲方違約時，所收款項應於違約發生之日起一星期內加倍退還乙方，雙方各無異議。」今被告顯已違約，原告以本起訴狀繕本之送達作爲解除買賣契約意思表示之通知，爰依約請求被告返還原告買賣價金新臺幣〇〇元，及違約之賠償金新臺幣〇〇元。

三、查本件立約當時有見證人黃〇〇（地址：台南市〇〇路〇〇號）在場，請鈞院傳訊證人，以明事實。

四、基上所述，原告爰依契約請求權，懇請鈞院鑒核並賜如訴之聲明之判決，以保權益。

謹　狀

臺灣〇〇地方法院民事庭　公鑒

證人	黃〇〇，住址：台南市〇〇路〇〇號
證物	證物一、不動產買賣合約書影本乙份。 證物二、土地登記謄本乙份。 證物三、存證信函影本乙份。

<table>
<tr><td>中　華　民　國　○○　年　○　月　○　日
具狀人　張○○　（簽名蓋章）
撰狀人</td></tr>
</table>

範例三、請求債務不履行損害賠償起訴狀 ▶▶▶

<table>
<tr><td colspan="5">民事起訴狀</td></tr>
<tr><td>案　　號</td><td colspan="2">年度　　字第　　號</td><td>承辦股別</td><td></td></tr>
<tr><td>訴訟標的金額或價格</td><td colspan="4">新臺幣○○○○萬○千○百○十○元</td></tr>
<tr><td>稱　　謂</td><td>姓名或名稱</td><td colspan="3">依序填寫：國民身分證統一編號或營利事業統一編號、性別、出生年月日、職業、住居所、就業處所、公務所、事務所或營業所、郵遞區號、電話、傳真、電子郵件位址、指定送達代收人及其送達處所。</td></tr>
<tr><td>原告
被告</td><td>王○○
田○○</td><td colspan="3">○○縣○○市○○路○○號
○○縣○○市○○路○○號</td></tr>
<tr><td colspan="5">為請求債務不履行損害賠償，謹依法起訴事：
訴之聲明
一、被告應給付原告新臺幣○○元，及自起訴狀繕本送達之翌日起至清償日止，按年利率百分之五計算之利息。
二、訴訟費用由被告負擔。
事實及理由
一、緣原告於○○年○○月○○日買受被告所有座落○○市○○段○○地號及其上建物○○建號之不動產，並簽訂不動產買賣公契（見證物一），私契部分係與被告委託之第三人呂○○簽訂（見證物二）。該不動產於出售前已為被告提供擔保向○○銀行借款，並設</td></tr>
</table>

<table>
<tr><td colspan="2">定本金最高限額新臺幣○○元之抵押權設定登記（見證物三）。故原、被告於買賣契約中約定，出賣人收受尾款後應即清償銀行借款，並塗銷抵押權。
二、原告已依約繳清第一、二期價款及尾款，價款亦經呂○○簽收（同證物二）。詎呂○○竟違約挪用原告交付之尾款，拒絕塗銷抵押權登記，且被告竟亦不清償銀行貸款，致原告買受之本件不動產有被銀行拍賣之虞，原告爲保權益只好先代爲清償被告之債務 含利息及違約金共計新臺幣○○元。
三、基上所述，原告之損害顯係被告違約所造成，爰依債務不履行損害賠償請求權，懇請鈞院鑒核，賜爲如訴之聲明之判決，以保權益，實感法便。
謹　狀
臺灣○○地方法院民事庭　公鑒</td></tr>
<tr><td>證人</td><td></td></tr>
<tr><td>證物</td><td>證物一、土地買賣契約書（公契）影本一份。
證物二、土地買賣契約書（私契）影本一份。
證物三、土地及建物登記簿謄本影本各一份。</td></tr>
<tr><td colspan="2">中　華　民　國　○○　年　○　月　○　日
具狀人　王○○　（簽名蓋章）
撰狀人</td></tr>
</table>

範例四、請求酌減違約金起訴狀 ▶▶▶

<table>
<tr><td colspan="4">民事起訴狀</td></tr>
<tr><td>案　　號</td><td>年度　　字第　　號</td><td>承辦股別</td><td></td></tr>
<tr><td>訴訟標的金額或價格</td><td colspan="3">新臺幣○○○○萬○千○百○十○元</td></tr>
</table>

稱　　謂	姓名或名稱	依序填寫：國民身分證統一編號或營利事業統一編號、性別、出生年月日、職業、住居所、就業處所、公務所、事務所或營業所、郵遞區號、電話、傳真、電子郵件位址、指定送達代收人及其送達處所。
原告	徐○○	○○縣○○市○○路○○號
原告	李○○	○○縣○○市○○路○○號
被告	洪○○	○○縣○○市○○路○○號

爲請求酌減違約金事件，謹依法起訴事：

訴之聲明

一、被告應給付原告新臺幣○○元，及自起訴狀繕本送達之翌日起至清償日止按年息百分之五計算之利息。

二、訴訟費用由被告負擔。

三、原告願供擔保請准宣告假執行。

事實及理由

一、緣原告與被告於民國○○年○○月○○日，在○○地政士事務所簽立不動產買賣契約書（見證物一），買賣標的：土地座落：○○市○○段○○地號，持分○分之○，建物門牌：○○市○○街○○號○○樓（含共同使用部分）。

二、原告之前因無買受不動產之經驗，致被告之代理人陳○○向原告稱本件不動產可貸款新臺幣○○元，原告不疑有他，遂於簽約時給付新臺幣○○元作爲訂金（見證物二）。惟事後原告發現本件不動產爲法拍屋，拍定價額爲新臺幣○○元，銀行貸款應不會超出拍定之金額，即不可能如被告之代理人陳○○所稱可貸款○○元，原告實有受騙的感覺，且與原告之原意有違。故原告不願買受，並以本起訴狀繕本之送達作爲不買（解約）意思表示之通知。

<table>
<tr><td colspan="2">三、原告願將本件部分訂金作爲解除契約之違約金，惟原告認爲本件違約金顯屬過高。依民法第252條規定：「約定之違約金過高者，法院得減至相當之數額。」再者，「約定之違約金苟有過高情事，法院即得依此規定核減至相當之數額，並無應待至債權人請求給付後始得核減之限制。此項核減，法院得以職權爲之，亦得由債務人訴請法院核減」，此爲最高法院79年台上字第1612號判例所示。
四、基上所述，請鈞長賜爲如訴之聲明之判決，是禱！
謹　狀
臺灣○○地方法院民事庭　公鑒</td></tr>
<tr><td>證人</td><td></td></tr>
<tr><td>證物</td><td>證物一：買賣契約書影本一份。
證物二：支票影本一份。</td></tr>
<tr><td colspan="2">中　華　民　國　○○　年　○　月　○　日
具狀人　徐○○ 李○○　（簽名蓋章）
撰狀人</td></tr>
</table>

範例五、請求給付不能損害賠償起訴狀 ▶▶▶

<table>
<tr><td colspan="5">民事起訴狀</td></tr>
<tr><td>案　　號</td><td colspan="2">年度　　字第　　號</td><td>承辦股別</td><td></td></tr>
<tr><td>訴訟標的金額或價額</td><td colspan="4">新臺幣○○○○萬○千○百○十○元</td></tr>
<tr><td>稱　　謂</td><td>姓名或名稱</td><td colspan="3">依序填寫：國民身分證統一編號或營利事業統一編號、性別、出生年月日、職業、住居所、就業處所、公務所、事務所或營業所、郵遞區號、電話、傳真、電子郵件位址、指定送達代收人及其送達處所。</td></tr>
</table>

原告	楊○○	○○縣○○市○○路○○號
被告	林○○	○○縣○○市○○路○○號

爲請求損害賠償，謹依法起訴事：

訴之聲明

一、被告應給付原告新臺幣○○元，及自起訴狀繕本送達之翌日起至清償日止，按年利率百分之五計算之利息。

二、訴訟費用由被告負擔。

三、原告願供擔保請准宣告假執行。

事實及理由

一、緣原告與被告於民國○○年○○月○○日簽訂杜賣證書（見證物一），以新臺幣○○元買受被告所有座落○○縣○○鄉○○段○○小段○○之○○地號內面積三十坪土地，惟未辦理所有權移轉登記。嗣原告以妻子楊○○之名，在前開土地上興建房屋居住（見證物二）。

二、原告於○○年○○月間接獲○○縣○○市公所函知上開房屋位於「署立○○醫院」工程用地範圍內乙節（見證物三）。原告函請核發地價補償費及建物拆遷補償費，惟○○市公所函覆略以：○○段○○小段○○之○○地號徵收之土地地價補償費公告發放清冊提供如附件，另地上建物經○○縣政府認定爲非合法房屋，故無法給予任何補償（見證物四）。

三、查被告未依杜賣證書移轉土地予原告，且在原告全然不知情況下，被告早已領取徵收之地價補償費，原告則因土地徵收面臨拆除房屋之損害。次查，原告與被告間之買賣標的因土地徵收，被告顯已無法依約移轉所有權予原告，故被告應將所領徵收地價補償費，按原告買受土地面積比例，返還予原告。

四、基上所述，原告爰依民法第225條第2項給付不能損害賠償請求權，狀請鈞院明鑒並賜爲訴之聲明之判決。

<table>
<tr><td colspan="2">謹　狀
臺灣○○地方法院民事庭　公鑒</td></tr>
<tr><td>證人</td><td></td></tr>
<tr><td>證物</td><td>證物一：杜賣證書影本及土地登記謄本。
證物二：房屋稅繳書影本。
證物三：市公所函影本。
證物四：市公所函影本。</td></tr>
<tr><td colspan="2">中　華　民　國　○○　年　○　月　○　日
具狀人　楊○○　（簽名蓋章）
撰狀人</td></tr>
</table>

範例六、債務不履行之不完全給付請求損害賠償起訴狀 ▶▶▶

<table>
<tr><td colspan="5">民事起訴狀</td></tr>
<tr><td>案　　號</td><td colspan="2">年度　　字第　　號</td><td>承辦股別</td><td></td></tr>
<tr><td>訴訟標的金額或價額</td><td colspan="4">新臺幣○○○○萬○千○百○十○元</td></tr>
<tr><td>稱　　謂</td><td>姓名或名稱</td><td colspan="3">依序填寫：國民身分證統一編號或營利事業統一編號、性別、出生年月日、職業、住居所、就業處所、公務所、事務所或營業所、郵遞區號、電話、傳真、電子郵件位址、指定送達代收人及其送達處所。</td></tr>
<tr><td>原告
被告

法代</td><td>楊○○
○○建設有限公司
林○○</td><td colspan="3">○○縣○○市○○路○○號
○○縣○○市○○路○○號

同上</td></tr>
</table>

為請求損害賠償，謹依法起訴事：

訴之聲明

一、被告應給付原告新臺幣○○元，及自起訴狀繕本送達之翌日起至清償日止，按年利率百分之五計算之利息。

二、訴訟費用由被告負擔。

三、原告願供擔保請准宣告假執行。

事實及理由

一、緣原告與被告於民國○○年○○月○○日簽訂房屋買賣合約書（見證物一），買受由被告興建位於○○縣○○市○○路○○號預售屋乙棟，並於同年○○月○○日完工後，即於○○年○○月○○日完成交屋（見證物二）。

二、詎交屋後，原告隨即陸續發現系爭房屋1至4樓之天花板雨天時會有漏水、室內牆壁有多處龜裂，且龜裂處有滲水或滲出鋼筋鏽蝕所生之黃水等瑕疵現象，原告遂以存證信函通知被告限期修復（見證物三），惟未獲置理。再者，原告亦請○○建築師公會鑑定修復費用計新臺幣○○○元（見證物四）。至於，交易性貶值再另行追加。

三、查本件瑕疵之發生已嚴重減損系爭房屋使用上之功能及經濟上之使用價值，顯然被告所為之給付不符債之本旨。因本件被告所交付之系爭房屋有瑕疵，致原告受有損害，即應負債務不履行之不完全給付責任。原告於○○年起至○○年止已填寫了數十張修繕單，惟被告於其間敷衍推托，均未曾實質查看及具體修復，以致漏水、滲水等情形日趨嚴重（見證物五）。

四、基上所述，原告爰依民法第227條第1項及同法第226條規定請求損害賠償，為此狀請鈞院明鑒並賜為如訴之聲明之判決，以保權益。

謹　狀

臺灣○○地方法院民事庭　公鑒

證人	

<table>
<tr><td>證物</td><td>證物一、買賣合約書影本及土地登記謄本。
證物二、交屋清單影本。
證物三、存證信函影本。
證物四、鑑定報告影本一份。
證物五、照片。</td></tr>
<tr><td colspan="2">中　華　民　國　○○　年　○　月　○　日
具狀人　楊○○　（簽名蓋章）
撰狀人</td></tr>
</table>

範例七、廣告不實請求損害賠償起訴狀 ▶▶▶

<table>
<tr><td colspan="5">民事起訴狀</td></tr>
<tr><td>案　　號</td><td colspan="2">年度　　字第　　號</td><td>承辦股別</td><td></td></tr>
<tr><td>訴訟標的金額或價額</td><td colspan="4">新臺幣○○○○萬○千○百○十○元</td></tr>
<tr><td>稱　　謂</td><td>姓名或名稱</td><td colspan="3">依序填寫：國民身分證統一編號或營利事業統一編號、性別、出生年月日、職業、住居所、就業處所、公務所、事務所或營業所、郵遞區號、電話、傳真、電子郵件位址、指定送達代收人及其送達處所。</td></tr>
<tr><td>原　告
被　告

兼上一人之
法定代理人
被　告</td><td>楊○○
○○建設有
限公司
林○○
王○○</td><td colspan="3">○○縣○○市○○路○○號
○○縣○○鎮○○路○○號

同上
○○市○○路○○段○○號○○樓</td></tr>
</table>

爲請求損害賠償，謹依法起訴事：

訴之聲明

一、被告應連帶給付原告新臺幣◯◯元，及自起訴狀繕本送達之翌日起至清償日止，按年利率百分之五計算之利息。

二、訴訟費用由被告負擔。

三、原告願供擔保請准宣告假執行。

事實及理由

一、緣被告◯◯建設有限公司（以下簡稱◯◯公司）於被告王◯◯所提供坐落◯◯縣◯◯市◯◯段◯、◯、◯地號三筆土地上，興建地上四層二棟16户「◯◯黃金透店」公開銷售。被告林◯◯爲◯◯公司之代表人，明知系爭建物之用途爲住家用，其地面層原設計如建築執照與使用執照上所載均爲停車空間（見證物一），承購户不可能以其建物申得營利事業登記證。又隱匿前述訊息而於銷售海報上登載：「◯◯黃金店面」、「雙效型透天店面」（見證物二），更於系爭房屋之二樓每户懸掛大小同一招牌（見證物三），使原告誤信系爭建物於交屋後可供經營商業使用。因此原告於民國◯◯年◯◯月◯◯日以總價新臺幣◯◯元與被告等人簽訂房屋買賣合約書及土地買賣合約書（見證物四），經繳清買賣價款並完成所有權移轉登記（見證物五）。

二、查被告等同時於系爭房屋後方興建「◯◯別墅」，標榜總價◯萬元（見證物六）。該房屋與本件系爭房屋同樣面積、格局、建材，且均無法爲商業使用，僅因本件系爭房屋面臨道路，「◯◯別墅」則未臨道路，其售價前者爲◯◯元，後者爲◯◯元。以此價差計算，應可認爲原告受有◯◯元之損害。

三、（一）按「事業不得在商品或其廣告上，或以其他使公眾得知之方法，對於商品之數量、價格、品質……爲虛僞不實或引人錯誤之表示或表徵。」、「事業違反本法之規定，致侵害他人權益者，應負損害賠償責任。」、「法院因前條被害人之請求，如爲事業之故意行爲，得依侵害情節，定損害額以上之賠償，但不得超過已證明損害額之三倍。」此分別爲公平交易法第21條第1項、第31條、第32條第1項之明文規定。

（二）次按，「企業經營者應確保廣告內容之眞實，其對消費者所負之義務不得低於廣告之內容。」、「依本法所提之訴訟，因企業經營者之故意所致之損害，消費者得請求損害額三倍以下之懲罰性賠償金，但因過失所致之損害，得請求損害額一倍以下之懲罰性賠償金。」消費者保護法第22條、第51條所明定。

（三）復按，民法第184條第2項：「違反保護他人之法律，致生損害於他人者，負賠償責任。但能證明其行爲無過失者，不在此限。」民法第185條：「數人共同不法侵害他人之權利者，連帶負損害賠償責任；不能知其中孰爲加害人者，亦同。造意人及幫助人，視爲共同行爲人。」

（四）查被告等故意爲虛僞不實之廣告，違反前揭保護他人之法律，致原告受有損害，依民法第184條第2項規定，自應負侵權行爲損害賠償責任。再者，被告王○○雖非上開公平法所定之「事業」及消保法所定之「企業經營者」，惟依原告與被告王○○所簽訂之土地買賣合約書第20條約定：「甲方與○○公司簽定之房屋買賣合約書與本約有不可分離之連帶關係，如甲方違反該約時，視爲甲方亦違反本約之規定，甲方喪失該約之權利時，視爲甲方亦喪失本約之權利。」故被告王○○應爲民法第185條之共同侵權行爲人，亦應負連帶賠償責任。

（五）基上所述，原告自得請求所受損害新臺幣○○元及賠償額（或懲罰性賠償金）以損害額1.5倍計算之賠償額（或懲罰性賠償金）。

<table>
<tr><td colspan="2">四、綜上所述，原告爰依民法第184條第2項、第185條及消費者保護法第22條、第51條與公平交易法第21條第1項、第31條、第32條第1項規定請求之，爲此狀請鈞院明鑒並賜爲如訴之聲明之判決，以保權益。
謹　狀
臺灣○○地方法院民事庭　公鑒</td></tr>
<tr><td>證物</td><td></td></tr>
<tr><td>證人</td><td>證物一、使用執照影本。
證物二、廣告銷售海報。
證物三、照片。
證物四、房屋及土地買賣合約書影本。
證物五、土地及建物登記謄本。
證物六、廣告銷售海報。</td></tr>
<tr><td colspan="2">中　華　民　國　○○　年　○　月　○　日
具狀人　楊○○　（簽名蓋章）
撰狀人</td></tr>
</table>

範例八、請求移轉土地所有權等起訴狀▶▶▶

<table>
<tr><td colspan="5">民事起訴狀</td></tr>
<tr><td>案　　號</td><td colspan="2">年度　　字第　　號</td><td>承辦股別</td><td></td></tr>
<tr><td>訴訟標的金額或價額</td><td colspan="4">新臺幣○○○○萬○千○百○十○元</td></tr>
<tr><td>稱　　謂</td><td>姓名或名稱</td><td colspan="3">依序填寫：國民身分證統一編號或營利事業統一編號、性別、出生年月日、職業、住居所、就業處所、公務所、事務所或營業所、郵遞區號、電話、傳真、電子郵件位址、指定送達代收人及其送達處所。</td></tr>
</table>

原　告	邱○○	○○縣○○市○○路○○號
被　告	林一	○○縣○○鎮○○路○○號
被　告	林二	同上
被　告	○○○國有財產局	○○縣○○市○○路○○號
法定代理人	○○○	同上

爲請求移轉土地所有權等事件，謹依法起訴事：

先位聲明

一、被告林一、林二應將如附表所示之土地辦理繼承登記後，移轉所有權予原告。

二、被告林一、林二應連帶給付原告新臺幣○○元。

三、訴訟費用由被告負擔。

四、原告願供擔保，請准宣告假執行。

備位聲明

一、有關附表所示林一、林二所有之土地，若由被告○○○國有財產局公開標售之價款，或第五次標售底價所得申領之價款應由原告代位受領。

二、訴訟費用由被告負擔。

三、原告願供擔保，請准宣告假執行。

事實及理由

壹、先位聲明部分

一、緣原告於民國○○年○○月○○日與林甲之繼承人林○○等簽立不動產買賣契約書，以新臺幣○○萬元買受被告之被繼承人林甲所持有土地坐落：○○市○○段及○○段○○小段全部筆數之持分全部土地（見證物一），原告業已依約付清買賣價款，惟被告並未依法辦理繼承及所有權移轉登記，合先敘明。

二、經查，原告買受之林甲名下坐落○○市○○段及○○段○○小段全部土地計有15筆（見證物二）。其中坐落○○市○○段○○小段○、○、○地號三筆土地，已爲政府徵收（見證物三），經核算其公告現值共○○元，林一、林二應給付原告。次查，○○段○○地號逕爲分割增加○○地號（見證物四）。

三、再者，林甲於○○年○○月○○日往生，其繼承人有林○○、林○○及陳○○三人。陳○○業於○○年○○月○○日以書面向林○○及林○○聲明拋棄繼承（見證物五）。嗣出賣人林○○及林○○亦往生，由被告林一、林二繼承（見證物六）。

四、基上所述，原告爰依契約請求權，懇請鈞長明鑒並賜如先位聲明之判決，以保權益。

貳、備位聲明部分

一、按土地法第73條之1規定：「①土地或建築改良物，自繼承開始之日起逾一年未辦理繼承登記者，經該管直轄市或縣市地政機關查明後，應即公告繼承人於三個月內聲請登記，並以書面通知繼承人；逾期仍未聲請者，得由地政機關予以列冊管理。但有不可歸責於聲請人之事由，其期間應予扣除。②前項列冊管理期間爲十五年，逾期仍未聲請登記者，由地政機關書面通知繼承人及將該土地或建築改良物清冊移請財政部國有財產署公開標售。繼承人占有或第三人占有無合法使用權者，於標售後喪失其占有之權利；土地或建築改良物租賃期間超過五年者，於標售後以五年爲限。③依第二項規定標售土地或建築改良物前應公告三個月，繼承人、合法使用人或其他共有人就其使用範圍依序有優先購買權。但優先購買權人未於決標後三十日內表示優先購買者，其優先購買權視爲放棄。④標售所得之價款應於國庫設立專戶儲存，繼承人得依其法定應繼分領取。逾十年無繼承人申請提領該價款者，歸屬國庫。⑤第二項標售之土地或建築改良物無人應買或應買人所出最高價未達標售之最低價額者，由財政部國有財產署定期再標售，於再行標售時，財政部國有財產署應酌減拍賣最低價額，酌減數額不得逾百分之二十。經五次標售而未標出者，登記爲國有並準用第二項後段喪失占有權及租賃期限之規定。自登記完畢之日起十年內，原權利人得檢附證明文件按其法定應繼分，向財政部國有財產署申請就第四項專户提撥發給價金；經審查無誤，公告九十日期滿無人異議時，按該土地或建築改良物第五次標售底價分算發給之。」

二、再者，原告於買受當時，因出賣人未依法辦理繼承登記，買賣之土地由○○縣政府列冊管理。今列冊管理期滿，○○縣政府於○○年○○月○○日已移請財政部國有財產局公開標售（同證物二）。原告慮及本件訴訟過程中，若本件土地經國有財產局標售而標出時，或經五次標售而未標出登記爲國有時，被告國有財產局應將被告林一、林二等二人所得申領之價款由原告代位受領。

三、基上所述，原告爰依契約請求權、民法第225條第2項、第242條及土地法第73條之1之規定，懇請鈞長明鑒並賜如備位聲明之判決，以保權益。

謹　狀

臺灣○○地方法院民事庭　公鑒

證物	
證人	一、買賣契約書影本乙份。 二、遺產稅逾核課期間案件同意移轉證明書影本乙份及土地登記謄本。 三、土地登記謄本。 四、土地登記謄本。 五、繼承權拋棄證明書影本乙份。 六、繼承系統表影本及户籍謄本正本。

中　華　民　國　○○　年　○　月　○　日

具狀人　邱○○　（簽名蓋章）

撰狀人

第五節　實務判解

茲摘錄不動產買賣相關之判例如後：

- 第三人就債務人已被查封拍賣之標的物不繳價向法院拍定，而逕向處分權已受限制之債務人私相授受，債權人本可主張其買賣無效。（18上765）
- 無代理權人所締結之買賣契約，原可依本人之追認而發生效力。（18上1601）
- 買賣之債權契約並非要式行爲，除第166條情形外，自無須以訂立書據爲其要件，苟有其他證據方法，足以證明確有買賣事實，則因買賣所發生之債務關係，即不容藉口無書據而任意否認。（18上2956）
- 買賣契約非要式行爲，除第166條情形外，不論言詞或書據祇須意思表示合致即可成立，其寫立書據者，亦無履行何種方式之必要。若囑人簽字即係授權行爲，當然對於本人直接生效。（19上335）
- （一）通用於市面之特種貨幣，若因時代變更失其通用效力者，當事人自應以他種貨幣爲之給付，惟給付他種通用貨幣應比較當事人締約時所交貨幣，以兩者相差之額爲其折補標準，方能合於當事人締約時之本意，而免一造受不當之損失。

  （二）給付低價鈔票不按締約時行情折合返還，在受償人原可拒絕受領。

  （三）區別定期買賣與買空賣空之標準，當以買賣當事人間在訂約之初，其意思係在交付實貨抑僅計算市價差額，以定輸贏爲斷。（19上438）
- 買賣之標的物有瑕疵者，買主固得請求解除契約，然其性質可分離者，究不能以一部之瑕疵而解除全部契約。（19上1223）
- 買賣契約爲諾成契約，一經當事人就標的物及其價金互相同意，買賣契約即爲成立。（20上2202）

- 不動產物權之移轉，未以書面爲之者，固不生效力，惟當事人間約定一方以其不動產之物權移轉於他方，他方支付價金之買賣契約已成立者，出賣人即負有成立移轉物權之書面，使買受人取得該不動產物權之義務。（22上21）
- （一）民法上關於出賣人應負物之瑕疵擔保責任之規定，係爲補充當事人之意思表示而設，除當事人有免除擔保責任之特約外，出賣人當然有此責任，不得謂當事人未訂有出賣人應負擔保責任之特約，出賣人即無此種責任。

  （二）民法第354條第1項規定，物之出賣人對於買受人，應擔保其物依第373條之規定危險移轉於買受人時，無滅失或減少其價值之瑕疵，亦無滅失或減少其通常效用或契約預定效用之瑕疵。是依第373條之規定，危險移轉於買受人之時，有第354條第1項所稱之瑕疵者，雖在契約成立時此項瑕疵尚未存在，出賣人對於買受人，亦應負擔保之責。（29上826）
- 物之出賣人固有使買受人取得該物所有權之義務，惟買賣契約成立後，出賣人爲二重買賣，並已將該物之所有權移轉於後之買受人者，移轉該物所有權於原買受人之義務即屬不能給付，原買受人對於出賣人僅得請求賠償損害，不得請求爲移轉該物所有權之行爲。（30上1253）
- 民法第348條所謂交付其物於買受人，即移轉其物之占有於買受人之謂。占有之移轉，依民法第946條第2項準用第761條之規定，如買賣標的物由第三人占有時，出賣人得以對於第三人之返還請求權讓與於買受人以代交付。故除有出賣人之交付義務，在第三人返還前仍不消滅之特約外，出賣人讓與其返還請求權於買受人時，其交付義務即爲已經履行，買受人不得以未受第三人返還，爲拒絕交付價金之理由。（32上5455）
- 被上訴人某甲係訟爭房地之出賣人，對於買受人即上訴人本有交付買賣標的物之義務，無論其與某乙所定之租賃期限是否尚未屆滿，苟非將其

對於某乙之返還請求權已讓與於上訴人，仍不得免其交付買賣標的物之義務。（32上5605）

- 買賣契約與移轉所有權之契約不同，出賣人對於出賣之標的物，不以有處分權爲必要。（37上7645）
- 債權債務之主體應以締結契約之當事人爲準，故買賣約據所載明之買受人，不問其果爲實際上之買受人與否，就買賣契約所生買賣標的物之給付請求權涉訟，除有特別情事外，須以該約據上所載之買受人名義起訴，始有此項請求權存在之可言。（40台上1241）
- 買賣契約成立後，買受人應負交付約定價金於出賣人之義務，既爲民法第367條所明定，則買受人對於出賣人所交付之價金，在買賣契約未失其效力之前，自無返還請求權。（41台上1560）
- 訟爭土地被上訴人係爲出賣人，依民法第348條第1項之規定，固負交付於買受人即上訴人之義務，惟該條項所謂交付其物於買受人，係指移轉其物之占有於買受人而言。被上訴人既以對於占有該土地之第三人某某之返還請求權讓與於上訴人以代交付，而又並無在該第三人返還前其交付義務仍不消滅之特約，則依同法第946條第2項，準用第761條之規定，其交付義務即屬已經履行，上訴人自無再向被上訴人請求交付之餘地。（41台上1564）
- 土地所有權移轉登記與土地之交付係屬兩事，前者爲所有權生效要件，後者爲收益權行使要件。行使土地之收益權，以先經交付爲前提，並不限於有償之買賣契約，即無償之贈與契約，亦包括在內。（44台上266）
- 買賣標的物之利益及危險，自交付時起，由買受人負擔，固爲民法第373條所明定。但該條所謂交付，並非以現實交付爲限，亦可準照同法第946條第2項、第761條第3項規定，讓與返還請求權以代交付。（44台上828）
- 被上訴人出賣系爭房屋於上訴人，當時縱曾告知該房屋係屬違章建築，未能辦理所有權登記情事，亦僅危險負擔移轉與上訴人後，政府機關命令拆除時，不負擔保責任而已，至其他瑕疵擔保責任，仍不因此而免除。（46台上689）

- 民法第346條第1、2兩項之規定，係以價金未具體約定或約定依市價者，始有其適用。若業經具體約定價金之額數。則以後市價縱有昇降。雙方當事人亦應受其拘束，不容任意變更。（47台上1549）
- 上訴人向被上訴人購買房屋時，已知該屋有一部分在必須拆除之列，乃不向市政府預爲查詢明確，難謂無重大過失，而兩造所訂買賣契約，又未有出賣人保證該房屋絕無拆除危險之記載，依民法第355條第2項規定，被上訴人自不負擔保責任，即無賠償義務可言。（49台上2544）
- 房屋之買賣無論房屋爲違章建築與否，除其前手本身即爲債務人外，在未爲移轉登記前，凡因第三人就買賣標的物對於承買人主張權利，指由執行法院實施查封時，原出賣人既均負有擔保之義務，以排除第三人對於承買人之侵害（參照民法第349條），則承買人本於民法第242條代位前手行使此項權利，要無不合。（52台上681）
- 兩造就買賣之標的物已互相同意，至於價金，政府對公產有一定價額，則依民法第346條第1項，應屬依其情形可得而定，即視爲定有價金，故縱認本件兩造就價金未具體約定，亦應認就價金已互相同意，依同法第345條第2項，本件買賣契約即爲成立。（55台上1645）
- 民法第368條所定「買受人有正當理由，恐第三人主張權利，致失其因買賣契約所得權利之全部或一部者，得拒絕支付價金之全部或一部」，並不以出賣物業已交付，排除其適用。（59台上4368）
- 契約有預約與本約之分，兩者異其性質及效力，預約權利人僅得請求對方履行訂立本約之義務，不得逕依預定之本約內容請求履行，又買賣預約，非不得就標的物及價金之範圍先爲擬定，作爲將來訂定本約之張本，但不能因此即認買賣本約業已成立。（61台上964）
- 預約係約定將來訂立一定契約（本約）之契約。倘將來係依所訂之契約履行而無須另定本約者，縱名爲預約，仍非預約。本件兩造所訂契約，雖名爲「土地買賣預約書」，但買賣坪數、價金、繳納價款、移轉登記期限等均經明確約定，非但並無將來訂立買賣本約之約定，且自第3條以下，均爲雙方照訂訂契約履行之約定，自屬本約而非預約。（64台上1567）

➢ 權利出賣人，應擔保該權利無瑕疵，如出賣人主張買受人於契約成立時知權利有瑕疵，出賣人可不負擔保之責時，應由出賣人就買受人之知情負舉證責任。（65台上119）

➢ 因買賣之標的物有瑕疵而解除契約，請求返還價金，與因解除契約顯失公平，僅得請求減少價金，在實體法上爲兩種不同之請求權，在訴訟法上爲兩種不同之訴訟標的，法院不得將原告基於解除契約所爲返還價金之請求，依職權改爲命被告減少價金之判決。（67台上3898）

➢ 買賣並非處分行爲，故公同共有人中之人，未得其他公同共有人之同意，出賣公同共有物，應認爲僅對其他公同共有人不生效力，而在締約當事人間非不受其拘束。苟被上訴人簽立之同意書，果爲買賣，縱出賣之標的爲公同共有土地，而因未得其他公同共有人之同意，對其他公同共有人不生效力。惟在其與上訴人間既非不受拘束，而如原審認定之事實，該土地其後又已因分割而由被上訴人單獨取得，則上訴人請求被上訴人就該土地辦理所有權移轉登記，尙非不應准許。（71台上5051）

➢ 買賣契約僅有債之效力，不得以之對抗契約以外之第三人。本件上訴人雖向訴外人林某買受系爭土地，惟在林某將系爭土地之所有權移轉登記與上訴人以前，既經執行法院查封拍賣，由被上訴人標買而取得所有權，則被上訴人基於所有權請求上訴人返還所有物，上訴人即不得以其與林某間之買賣關係，對抗被上訴人。（72台上938）

➢ 所謂物之瑕疵係指存在於物之缺點而言。凡依通常交易觀念，或依當事人之決定，認爲物應具備之價值、效用或品質而不具備者，即爲物有瑕疵，且不以物質上應具備者爲限。若出賣之特定物所含數量缺少，足使

物之價值、效用或品質有欠缺者，亦屬之。（73台上1173）

- 單獨所有土地之特定部分買受人，除出賣人有不能將該部分分割後移轉登記與買受人之情形外，不得請求出賣人移轉登記按該部分計算之土地應有部分，而與原所有人共有該土地。（75台上404）
- 依強制執行法所爲之拍賣，通說係解釋爲買賣之一種，即債務人爲出賣人，拍定人爲買受人，而以拍賣機關代替債務人立於出賣人之地位（最高法院47年台上字第152號及49年台抗字第83號判例參照），故債務人若於其不動產被拍賣時再參加投標，則同時兼具出賣人與買受人之地位，與買賣須有出賣人與買受人兩個主體，因雙方意思表示一致而成立買賣契約之性質有違，自應解爲債務人不得參與應買。（80台抗143）
- 買賣契約僅有債之效力，不得以之對抗契約以外之第三人。因此在二重買賣之場合，出賣人如已將不動產之所有權移轉登記與後買受人，前買受人縱已占有不動產，後買受人仍得基於所有權請求前買受人返還所有物，前買受人即不得以其與出賣人間之買賣關係，對抗後買受人。（83台上3243）
- 按消滅時效完成，僅債務人取得拒絕履行之抗辯權，得執以拒絕給付而已，其原有之法律關係並不因而消滅。在土地買賣之情形，倘出賣人已交付土地與買受人，雖買受人之所有權移轉登記請求權之消滅時效已完成，惟其占有土地既係出賣人本於買賣之法律關係所交付，即具有正當權源，原出賣人自不得認係無權占有而請求返還。（85台上389）
- 土地共有人依土地法第34條之1第1項規定出賣共有之土地，未依同條第2項規定通知他共有人，並辦畢所有權移轉登記，他共有人於移轉登記後知悉上情，不得依給付不能之法律關係，請求出賣土地之共有人賠償損害。（109台上大2169）

第三章 租 賃

第一節 前 言

租賃，當事人約定一方以物租與他方使用（例如房屋），或收益（例如田地），他方支付租金之契約。其當事人有二：出租人，即以物供他方之使用或收益，並收取租金者；承租人，即支付租金以使用他人之物或就他人之物而爲收益者。雙方互相約定，契約即已成立，並不以押金之交付爲成立要件。

租賃在不動產實務上亦占有相當重要地位。不動產租賃，如房屋租賃、土地租賃，或車位租賃等等。本章以農地以外之不動產租賃爲範圍，有關農地及耕地之租賃請參閱第十四章。

在訴訟實務上常見之不動產租賃訴訟有：一、遷讓房屋，二、給付租金，三、調整租金。不動產之租賃讓出租人獲得租金之收益，相對地，承租人給付租金而得使用不動產。惟租賃期間，承租人如不給付租金，或租賃期滿，承租人不遷讓房屋，別無他法時，出租人只好以訴訟請求承租人給付租金或遷讓房屋。筆者建議在不動產出租過程中，最好向法院或民間公證人聲請租約之公證，俾日後能逕予強制執行，避免不必要之爭訟。

第二節 法令解說 §

一、買賣不破租賃

（一）出租人於租賃物交付後，承租人占有中，縱將其所有權讓與第三人，其租賃契約，對於受讓人仍繼續存在。前項規定，於未經公證之不動產租賃契約，其期限逾五年或未定期限者，不適用之。（民

法第425條）

（二）租用基地建築房屋，承租人房屋所有權移轉時，其基地租賃契約，對於房屋受讓人，仍繼續存在。（民法第426-1條）

（三）出租人於租賃物交付後，將其所有權讓與第三人時，其租賃契約既對於受讓人繼續存在，則在承租人與受讓人間，自無須另立租賃契約，於受讓之時當然發生租賃關係。（23上3092）

（四）抵押人於抵押權設定後，與第三人訂立租約，致影響於抵押權者，對於抵押權人雖不生效，但執行法院倘不依聲請或依職權認爲有除去該影響抵押權之租賃關係之必要，而爲有租賃關係存在之不動產拍賣，並於拍賣公告載明有租賃關係之事實，則該租賃關係非但未被除去，且已成爲買賣（拍賣）契約內容之一部。無論應買人投標買得或由債權人承受，依繼受取得之法理，其租賃關係對應買人或承受人當然繼續存在。（60台上4615）

二、土地所有人與房屋所有人之租賃關係

（一）租用基地建築房屋者，承租人於契約成立後，得請求出租人爲地上權之登記。（民法第422-1條）

（二）租用基地建築房屋，應由出租人與承租人於契約訂立後二個月內，聲請該管直轄市或縣（市）地政機關爲地上權之登記。（土地法第102條）

（三）土地及其土地上之房屋同屬一人所有，而僅將土地或僅將房屋所有權讓與他人，或將土地及房屋同時或先後讓與相異之人時，土地受讓人或房屋受讓人與讓與人間或房屋受讓人與土地受讓人間，推定在房屋得使用期限內，有租賃關係。其期限不受第449條第1項規定之限制。前項情形，其租金數額當事人不能協議時，得請求法院定之。（民法第425-1條）

（四）租賃之房屋，因天災或其他事變致全部滅失者，如當事人間尚未經

訂有出租人應重蓋房屋與承租人使用之特約，其租賃關係當從此消滅。至房屋承租人對於房屋之基地，雖得因使用房屋而使用之，若租賃關係已因房屋滅失而消滅，即無獨立使用之權。（32上2769）

三、不動產租賃租金限制及租金增減請求權

（一）城市地方房屋之租金，以不超過土地及其建築物申報總價年息百分之十爲限。約定房屋租金，超過前項規定者，該管直轄市或縣（市）政府得依前項所定標準強制減定之。土地法第97條係屬強制規定，如當事人間約定之租金超過此限制，其超過部分無請求權。（43台上392）

（二）基地租金之數額，除以基地申報地價爲基礎外，尙須斟酌基地之位置，工商業繁榮之程度，承租人利用基地之經濟價值及所受利益等項，並與鄰地租金相比較，以爲決定，並非必達申報總地價年息百分之十最高額。（68台上3071）

（三）以現金爲租賃之擔保者，其現金利息視爲租金之一部。前項利率之計算，應與租金所由算定之利率相等。前條擔保之金額，不得超過二個月房屋租金之總額。已交付之擔保金，超過前項限度者，承租人得以超過之部分抵付房租。（土地法第98條、第99條）

（四）租賃物爲不動產者，因其價值之昇降，當事人得聲請法院增減其租金。但其租賃定有期限者，不在此限。（民法第442條）

（五）當事人就不動產所訂之租金，於租賃關係存續中，因租賃物價值之昇降，固得聲請法院增減其數額，惟此項聲請，以租約未定期限者爲限，倘定有期限，則不在准許之列，此觀民法第442條之規定自明。至約定之租金數額，因法律變更致超過法定限度以外者（例如房屋租金超過土地法第97條之規定，土地租金超過實施都市平均地權條例第42條規定），關於超過部分，亦僅生請求權是否存在之問題，其與租賃價值發生昇降之情形既非相同，自亦不得援用該條規

定而為增減之聲請。（48台上1536）

（六）租賃關係存續中，因不可歸責於承租人之事由，致租賃物之一部滅失者，承租人得按滅失之部分，請求減少租金。（民法第435條第1項）

四、租用基地建築房屋之優先購買權

（一）租用基地建築房屋，出租人出賣基地時，承租人有依同樣條件優先承買之權。承租人出賣房屋時，基地所有人有依同樣條件優先承買之權。前項情形，出賣人應將出賣條件以書面通知優先承買權人。優先承買權人於通知達到後十日內未以書面表示承買者，視為放棄。出賣人未以書面通知優先承買權人而為所有權之移轉登記者，不得對抗優先承買權人。（民法第426-2條）

（二）基地出賣時，地上權人、典權人或承租人有依同樣條件優先購買之權。房屋出賣時，基地所有權人有依同樣條件優先購買之權。其順序以登記之先後定之。前項優先購買權人，於接到出賣通知後十日內不表示者，其優先權視為放棄。出賣人未通知優先購買權人而與第三人訂立買賣契約者，其契約不得對抗優先購買權人。（土地法第104條）

五、不定期限租賃

（一）不動產之租賃契約，其期限逾一年者，應以字據訂立之，未以字據訂立者，視為不定期限之租賃。（民法第422條）

（二）租賃期限屆滿後，承租人仍為租賃物之使用收益，而出租人不即表示反對之意思者，視為以不定期限繼續契約。（民法第451條）

（三）不定期之房屋租賃，承租人積欠租金除擔保金抵償外達二個月以上時，依土地法第100條第3款之規定，出租人固得收回房屋。惟該條款所謂因承租人積欠租金之事由收回房屋，應仍依民法第440條第1

項規定，對於支付租金遲延之承租人，定相當期限催告其支付，承租人於其期限內不爲支付者，始得終止租賃契約。在租賃契約得爲終止前，尚難謂出租人有收回房屋請求權存在。（42台上1186）

六、租賃契約之消滅及終止

（一）租賃定有期限者，其租賃關係，於期限屆滿時消滅。未定期限者，各當事人得隨時終止契約。但有利於承租人之習慣者，從其習慣。前項終止契約，應依習慣先期通知。但不動產之租金，以星期、半個月或一個月定其支付之期限者，出租人應以曆定星期、半個月或一個月之末日爲契約終止期，並應至少於一星期、半個月或一個月前通知之。（民法第450條）

（二）租賃物爲房屋或其他供居住之處所者，如有瑕疵，危及承租人或其同居人之安全或健康時，承租人雖於訂約時已知其瑕疵，或已拋棄其終止契約之權利，仍得終止契約。（民法第424條）

（三）租賃關係存續中，因不可歸責於承租人之事由，致租賃物之一部滅失，承租人就其存餘部分不能達租賃之目的者，得終止契約。（民法第435條第2項）

（四）前條規定，於承租人因第三人就租賃物主張權利，致不能爲約定之使用、收益者準用之。（民法第436條）

（五）承租人死亡者，租賃契約雖定有期限，其繼承人仍得終止契約。但應依第450條第3項之規定，先期通知。（民法第452條）

（六）承租人應依約定方法，爲租賃物之使用、收益；無約定方法者，應以依租賃物之性質而定之方法爲之。承租人違反前項之規定爲租賃物之使用、收益，經出租人阻止而仍繼續爲之者，出租人得終止契約。（民法第438條）

（七）承租人租金支付有遲延者，出租人得定相當期限，催告承租人支付租金，如承租人於其期限內不爲支付，出租人得終止契約。租賃物爲房屋者，遲付租金之總額，非達二個月之租額，不得依前項之規定，終止契約。其租金約定於每期開始時支付者，並應於遲延給付逾二個月時，始得終止契約。租用建築房屋之基地，遲付租金之總額，達二年之租額時，適用前項之規定。（民法第440條）

（八）承租人非經出租人承諾，不得將租賃物轉租於他人。但租賃物爲房屋者，除有反對之約定外，承租人得將其一部分轉租於他人。承租人違反前項規定，將租賃物轉租於他人者，出租人得終止契約。（民法第443條）

七、收回出租房屋之限制

（一）出租人非因下列情形之一，不得收回房屋：

1. 出租人收回自住或重新建築時。
2. 承租人違反民法第443條第1項之規定轉租於他人時。
3. 承租人積欠租金額，除以擔保金抵償外，達二個月以上時。
4. 承租人以房屋供違反法令之使用時。
5. 承租人違反租賃契約時。
6. 承租人損壞出租人之房屋或附著財物，而不爲相當之賠償時。（土地法第100條）

（二）出租人以重建房屋爲收回租賃物之理由者，祇須租賃物在客觀標準上認有重建必要即爲已足，非謂必俟租賃物瀕於倒坍始合收回要件。（49台上1767）

（三）土地法第100條第1款所謂收回自住，係指出租人對於其出租未定期限之房屋，有收回自住之正當理田及必要情形而言。故出租人以收回自住爲原因請求返還房屋，須具備上述要件並能爲相當之證明始得爲之。（41台上138）

八、收回出租基地之限制

（一）租用建築房屋之基地，非因下列情形之一，不得收回：

1. 契約年限屆滿時。
2. 承租人以基地供違反法令之使用時。
3. 承租人轉租基地於他人時。
4. 承租人積欠租金額，除以擔保現金抵償外，達二年以上時。
5. 承租人違反租賃契約時。（土地法第103條）

（二）土地法有關租地建屋之規定，係因城市地方人口集中，其建築房屋基地之需求殷切，爲防止土地投機，並保護基地承租人之利益而設。因此，城市地方，以在他人土地上有房屋爲目的而租用基地者，無論租地後自建房屋，或承受前手之房屋後始租用該基地，皆應解爲租地建屋契約，方符立法意旨。（74台上2562）

（三）租用建築房屋之基地，非有土地法第103條所列各款情形之一，出租人不得收回，縱該地上所建之房屋因故滅失，而租用基地之契約要未失其存在，承租人仍得申請重建，且其申請重建之屋，除契約別有約定者從其約定外，不問是否與原狀相符，出租人均負有同意重建之義務。（51台上2987）

（四）土地法第103條第2款，所謂承租人以基地供違反法令之使用時，係指以基地或基地一之房屋供違反法令之使用者而言，租用基地建築房屋未依建築法領得建築執照，僅屬私有建築違反許可之規定，並非以基地或基地上鼡房屋供違反法令之使用，自難認爲與該條款所定之情形相符。（41台上95）

（五）土地法第103條各款並未設有出租人因收回自用，亦得收回出租建築房屋之基地之規定，其第1款所謂契約限屆滿時，係指契約定有租用期限者而言，故惟於契約定有期限者始適用之，復經司法院院解字第4075號解釋在案，則上訴人所稱因收回自用，曾以認證書限被上訴人於三個月內拆屋交地云云，縱屬非虛，亦爲上開條款所不許。（42台上1094）

（六）土地法第103條第1款之規定，固僅於契約定有期限者始適用之，若同條第2款至第5款之規定，則不問契約是否定有期限均有適用。（37年6月23日院解字第4075號解釋文）

九、失火責任

（一）租賃物因承租人之重大過失，致失火而毀損、滅失者，承租人對於出租人負損害賠償責任。（民法第434條）

（二）民法第434條所謂重大過失，係指顯然欠缺普通人應盡之注意而言，承租人之失火，縱因欠缺善良管理人之注意所致，而於普通人應盡之注意無欠缺者，不得謂有重大過失。（22上2558）

（三）上訴人承租被上訴人之房屋，因上訴人店內失火焚毀其一部，雖為不爭之事實，然被上訴人請求上訴人賠償其損害，尚須證明上訴人係因重大過失而失火。（26鄂上460）

（四）租賃物因承租人失火而毀損、滅失者，以承租人有重大過失為限，始對出租人負損害賠償責任，民法第434條定有明文。如出租人非租賃物所有人，而經所有人同意出租者，亦以承租人有重大過失為限，始對所有人負損害賠償責任。（76台上1960）

第三節　訴狀撰寫要旨及租賃契約書範例

一、請求承租人給付積欠之租金時，應注意雙方租賃契約之約定，是否有押租金可抵繳租金之情形。如有約定押租金可抵繳租金時，應將承租人所積欠之租金扣除押租金後達二個月以上時請求。

二、租賃關係消滅或終止後至承租人返還租賃物前，這期間如已經過相當之時日，出租人亦可考慮是否請求相當於租金之不當得利。應注意不當得利之請求時效為五年。

三、有關租賃訴訟標的金額之計算：租賃定有期間者，以權利存續期間之租金總額為準；其租金總額超過租賃物之價額者，以租賃物之價額為準。未定期間者，動產以二個月租金之總額爲準，不動產以二期租金之總額爲準（民事訴訟法第77-9條）。此一規定，係法院計算訴訟標的價額之依據。

租賃契約書範例▶▶▶

租 賃 契 約 書

立契約書人　出租人：趙○○　　（以下簡稱甲方）

　　　　　　承租人：李○○　　（以下簡稱乙方）

茲雙方爲土地租賃事宜同意訂立本契約，約定條款如左：

一、租賃標的

甲方所有座落○○縣○○鄉（鎮）○○段○○地號，面積共○○平方公尺（約○○坪）（詳如附件土地登記簿、地籍圖謄本）。

二、租賃期間

自民國○○年○月○日起至民國○○年○月○日止，共計○年○個月。租期屆滿，租賃關係即行消滅，不另通知。但租期屆滿，除甲方收回自用或出售外，如甲方有意繼續出租，乙方有優先承（續）租權，但應重新擬定租賃契約及租金。

三、租金及調整

租金按月計算，初期每個月新臺幣○○元整（含稅）於簽約後○月始計付租金，乙方每次應簽發十二個月租金支票（到期日爲每月一日）予甲方。於簽約日起算，以○年爲調整租金之週期，每一週期調漲月租金新臺幣○○元正。

押租金新臺幣○○元整，由乙方於簽約同時以即期支票交付甲方，租賃期間乙方不得要求退還其中一部分或全部。

本項押租金於租期屆滿或契約終止時，由甲方收回租賃標的物後，甲方應以即期支票或現金一次無息全部返還乙方。

四、土地租賃使用後，因而產生之地價稅，則全由乙方負擔（稅單核發時，甲方通知乙方應於十日內繳納）。

五、如因政府法令關係無法營業或無法合法興建地上物時，甲、乙雙方均得單獨無條件解除契約，乙方應清除一切地上物並返還土地，甲方返還押金，但已繳租金不退還。

六、租期屆滿前，乙方如欲提前終止租約應於終止之日前◯個月以書面通知甲方，甲方不得異議。

七、乙方非經甲方書面同意不得擅自將租賃標的物之全部或一部分轉租、轉讓、出借或其他變相方式供他人使用。違反者乙方應賠償甲方新臺幣◯◯元爲違約金，並立即終止本租約。

八、乙方若需於本租賃土地興建房舍時，甲方應無條件提供相關文件或在相關文件簽章，但申請建造使用執照、土地鑑界或其他相關稅費及房舍興建完成後之房屋稅、營業稅、水電費等，皆由乙方全部負擔。且乙方應依附件土地登記謄本所記載之使用地類別合法申請建築及使用，如因乙方擅自違規使用或違章建築者，因而致甲或乙方受有損害時，亦均由乙方全部負擔之，乙方絕無異議。

　　乙方同意前項建物之起造人及所有權人均爲甲方。惟乙方應負責出資興建，蓋本件租金已經雙方協議較低之租金，乙方無論何時均不得向甲方請求營建費用或其他任何名目之費用與補償。

九、乙方於興建房舍時，應依有關建築法令做好安全設施及環保措施，如有損及甲方或他人權益與公共設施之損壞，乙方願無條件負全部損害賠償責任及一切善後事宜。房舍興建完成後，乙方保證爲合法使用，並不得存放危險易燃或非（違）法物品或違反環保法令，否則乙方願負全部責任。

十、如因政府法令關係無法營業或興建房舍時，甲、乙雙方均得單獨無條件解除本契約【但因乙方違規（法）營業或建築則不在此限】，乙方所受之一切損害（失），甲方概無賠償之責，乙方應清除一切地上物或設施，恢復原狀並返還本租賃土地予甲方後，甲方始返還押租金，但已到期租金不退還。

十一、租期屆滿或第六條乙方欲提前終止租約時，乙方出資興建之固定地上物，甲方有權要求保留，乙方不得要求任何補償。甲方如不欲保留上述固定地上物時，則乙方應於租期屆滿或終止租約前拆除所有一切地上物，如有違反者，乙方應給付按當時每月租金加倍計算之懲罰性違約金予甲方，至拆除地上物並騰空恢復原狀返還本租賃土地予甲方之日止。

十二、乙方如積欠租金達兩個月之租額時，甲方得終止本租約，乙方並應比照前條規定給付懲罰性違約金予甲方，至拆除地上物並騰空恢復原狀返還本租賃土地予甲方之日止。

十三、乙方不得要求設定地上權，且不得以本租賃設質擔保或爲其他類似使用。

十四、乙方不依約拆除騰空而留置之地上物或設備、物品，同意甲方以廢棄物處理，其費用由乙方負擔。

十五、乙方如有違反法令或租約致發生終止租約之事由者，甲方得終止本租約，如發生訴訟所有費用（含甲方律師費）均由乙方負責。乙方所覓之連帶保證人願與乙方連帶負一切損害賠償與違約責任，並願放棄先訴抗辯權。若有爭議，甲、乙雙方及連帶保證人合意以○○地方法院爲第一審管轄法院。

十六、爲避免爭議，雙方所爲之意思表示，均應以書面掛號郵寄送達對方，乙方地址如有更異時應即通知甲方，否則甲方所爲之意思表示，縱因郵遞未達遭退件亦生效力。

十七、本租賃契約如有未盡事宜，悉依民法及有關法令規定辦理。

十八、本租約一式三份，經甲、乙雙方及連帶保證人詳閱後同意簽訂並經法院公證後生效，由甲、乙雙及連帶保證人各持乙份爲憑，另一份呈繳法院公證處存證。

十九、本租約之附件與本租約有同樣效力。

立契約書人　　出租人甲方：趙○○
身分證字號：
住所及電話：

承租人乙方：李○○
身分證字號：
住所及電話：

連帶保證人：
身分證字號：
住所及電話：

中　華　民　國　○○　年　○　月　○　日

第四節　書狀範例

範例一、請求遷讓房屋起訴狀

民事起訴狀				
案　　號	年度　　字第　　號		承辦股別	
訴訟標的金額或價額	新臺幣　　　　元			
稱　　謂	姓名或名稱	依序填寫：國民身分證統一編號或營利事業統一編號、性別、出生年月日、職業、住居所、就業處所、公務所、事務所或營業所、郵遞區號、電話、傳真、電子郵件位址、指定送達代收人及其送達處所。		

原告	陳○○	○○縣○○市○○路○○號
被告	蔡○○	○○縣○○鎮○○街○○號

爲請求遷讓房屋等事件，謹依法起訴事：

訴之聲明

一、被告應自○○縣○○市○○路○○號○○樓房屋遷讓，並將房屋返還原告。

二、被告應給付原告新臺幣○○萬元，及自起訴狀繕本送達之翌日起至清償日止，按周年利率百分之五計算之利息。

三、被告應自起訴狀繕本送達之翌日起至返還房屋日止，按月給付原告新臺幣○○元。

四、訴訟費用由被告負擔。

五、本件請依職權宣告假執行。

事實及理由

一、緣被告承租原告所有坐落於○○縣○○市○○路○○號○○樓之房屋，租期自民國○○年○○月○○日起至○○年○○月○○日止，每月租金新臺幣壹萬元（見證物一）。惟被告自○○年○○月起至○○月止，已有五個月未給付租金，原告曾多次催討，亦委請律師去函通知被告給付積欠租金，逾期未付則以律師函爲終止租約之意思表示，並請被告交還房屋等（見證物二）。惟被告至今仍未給付積欠之租金，亦無任何給付之意思表示。現租期業已屆至，該房屋仍由被告占有使用中，因被告違約不給付租金，原告已無意續租，則被告應騰空交還房屋，並給付積欠之租金。再者，原告再以本起訴狀繕本之送達作爲終爲終止租約之意思表示。

二、按兩造間租賃關係既已終止，則被告占有、使用原告之房地即無權源，亦有相當於租金之不當得利，故原告請求被告自起訴狀繕本送達之翌日起至返還房屋日止，按月給付原告新臺幣○○元之不當得利。

<table>
<tr><td colspan="2">三、本件係因房屋定期租賃給付所生爭執涉訟，爰依民事訴訟法第389條第1項第3款規定，請鈞院依職權宣告假執行。
四、綜上所述，原告爰依民法第179條、第440條、租約請求權與民法第767條規定請求之，爲此懇請鈞長明鑒並賜爲如訴之聲明之判決，以維權益，至感德便。
謹　狀
臺灣〇〇地方法院民事庭　公鑒</td></tr>
<tr><td>證人</td><td></td></tr>
<tr><td>證物</td><td>證物一：房屋租賃契約書影本乙份。
證物二：存證信函影本乙份。</td></tr>
<tr><td colspan="2">中　華　民　國　〇〇　年　〇　月　〇　日
具狀人　陳〇〇　（簽名蓋章）
撰狀人</td></tr>
</table>

範例二、請求返還押租保證金起訴狀 ▶▶▶

<table>
<tr><td colspan="5">民事起訴狀</td></tr>
<tr><td>案　　號</td><td colspan="2">年度　　字第　　號</td><td>承辦股別</td><td></td></tr>
<tr><td>訴訟標的金額或價額</td><td colspan="4">新臺幣　　　　　　　　　　元</td></tr>
<tr><td>稱　　謂</td><td>姓名或名稱</td><td colspan="3">依序填寫：國民身分證統一編號或營利事業統一編號、性別、出生年月日、職業、住居所、就業處所、公務所、事務所或營業所、郵遞區號、電話、傳眞、電子郵件位址、指定送達代收人及其送達處所。</td></tr>
<tr><td>原告
被告</td><td>方〇〇
莊〇〇</td><td colspan="3">〇〇縣〇〇市〇〇路〇〇號
〇〇縣〇〇鎮〇〇路〇〇號</td></tr>
</table>

為請求返還押租保證金等，謹依法起訴事：

訴之聲明

一、被告應返還原告新臺幣○○萬元。

二、訴訟費用由被告負擔。

三、原告願供擔保，請准宣告假執行。

事實及理由

一、緣原告承租被告所有座落○市○路○段○號房屋乙棟，租期自民國88年4月1日起至97年8月31日止，為期九年五月，租金每月新臺幣5萬元（自90年4月1日起，租金調為新臺幣6萬元整），每次應繳壹年份租金，押租金為新臺幣○○萬元，此為房屋租賃契約書所約定（見證物一）。

二、原告於承租時起即依約預開立一年份租金十二張支票予被告收受，並交付押租金新臺幣○○萬元予被告。嗣後每一年屆滿原告復開立一年份租金十二張支票予被告。惟因原告自租賃伊始並無使用該房屋，故不願再繼續承租欲期前終止租約，亦為租約所許。遂委請律師以存證信函向被告表示原告將於民國90年4月15日終止租賃契約，並願依約賠償被告一個月租金，請被告返還剩餘押租金○○萬元；另原告業已將該房屋鑰匙寄還予被告（見證物二），惟被告仍拒絕返還。

三、基上所述，爰依契約請求權，狀請鈞院鑒核，懇請賜為如訴之聲明之判決，以維權益。

謹　狀

臺灣○○地方法院民事庭　公鑒

證人	
證物	證物一、房屋租賃契約影本乙份。 證物二、存證信函影本乙份。

中　華　民　國　○○　年　○　月　○　日
具狀人　方○○　（簽名蓋章）
撰狀人

範例三、請求調整租金起訴狀 ▶▶▶

<table>
<tr><td colspan="5">民事起訴狀</td></tr>
<tr><td>案　　號</td><td colspan="2">年度　　字第　　號</td><td>承辦股別</td><td></td></tr>
<tr><td>訴訟標的金額或價額</td><td colspan="4">新臺幣　　　　元</td></tr>
<tr><td>稱　　謂</td><td>姓名或名稱</td><td colspan="3">依序填寫：國民身分證統一編號或營利事業統一編號、性別、出生年月日、職業、住居所、就業處所、公務所、事務所或營業所、郵遞區號、電話、傳眞、電子郵件位址、指定送達代收人及其送達處所。</td></tr>
<tr><td>原告
被告</td><td>方○○
莊○○</td><td colspan="3">桃園市○○區○○路○○號
桃園市○○區○○路○○號</td></tr>
<tr><td colspan="5">爲請求調整租金等，依法起訴事：
訴之聲明
一、被告向原告承租坐落○○市○○段○○小段○○地號土地之租金，應自○○年○○月○○日起調整爲每月新臺幣○○元。
二、訴訟費用由被告負擔。
事實及理由
一、緣被告承租原告所有座落○○市○○段○○小段○○地號土地，係不定期租賃契約，租金每月新臺幣○○元，每次應繳壹年份租金，押租金爲新臺幣○○元，合先敘明。</td></tr>
</table>

<table>
<tr><td colspan="2">二、本件土地坐落於台北市信義區精華地段，價值不菲。惟兩造自民國○○年○○月○○日起迄今均未調整租金，被告給付之租金根本不夠原告繳納地價稅。依民法第442條規定：租賃物爲不動產者，因其價值之昇降，當事人得聲請法院增減其租金。原告認爲本件之土地每坪之租金應調整爲新臺幣○○元，方爲適當。
三、調整租金計算方式：依土地法第105條：「第97條、第99條及第101條之規定，於租用基地建築房屋均準用之。」及土地法第97條第1項：「城市地方房屋之租金，以不超過土地及其建築物申報總價年息百分之十爲限。」之規定，原告認爲本件調整後之租金＝承租面積×申報地價×10%。
四、基上所述，原告爰依民法第442條之規定請求之。爲此狀請鈞院鑒核，懇請賜爲如訴之聲明之判決，以維權益。
謹 狀
臺灣○○地方法院民事庭　公鑒</td></tr>
<tr><td>證人</td><td></td></tr>
<tr><td>證物</td><td>土地謄本正本乙份。</td></tr>
<tr><td colspan="2">中 華 民 國 ○○ 年 ○ 月 ○ 日
具狀人　方○○　（簽名蓋章）
撰狀人</td></tr>
</table>

範例四、終止租賃關係請求回復原狀及返還土地起訴狀 ▶▶▶

<table>
<tr><td colspan="4">民事起訴狀</td></tr>
<tr><td>案　　號</td><td>年度　　字第　　號</td><td>承辦股別</td><td></td></tr>
<tr><td>訴訟標的金額或價額</td><td colspan="3">新臺幣　　　　元</td></tr>
</table>

稱　　謂	姓名或名稱	依序填寫：國民身分證統一編號或營利事業統一編號、性別、出生年月日、職業、住居所、就業處所、公務所、事務所或營業所、郵遞區號、電話、傳真、電子郵件位址、指定送達代收人及其送達處所。
原告 被告	方〇〇 莊〇〇	〇〇縣〇〇市〇〇路〇〇號 〇〇縣〇〇鎮〇〇路〇〇號

爲請求返還土地等事件，謹依法起訴事：

訴之聲明

一、被告應坐落〇〇縣〇〇鄉〇〇段〇〇小段〇〇地號，面積〇〇平方公尺，權利範圍全部之土地回復原狀至能耕作水稻之狀態並返還予原告。

二、前項之請求，如被告未回復原狀至能耕作水稻之狀態，原告得請求被告給付新臺幣〇〇元以代回復原狀。

三、被告應給付原告新臺幣〇〇元，及自起訴狀繕本送達之翌日起至清償日止，按年息百之五計算之利息。

四、被告應自〇〇年〇〇月〇〇日起至返還土地之日止，按月給付原告新臺幣〇〇元。

五、訴訟費用由被告負擔。

六、原告願供擔保請准宣告假執行。

事實及理由

一、緣被告承租原告所有座落〇〇縣〇〇鄉〇〇段〇〇小段〇〇地號，面積〇〇平方公尺，權利範圍全部之土地，約定租期自民國〇〇年〇〇月〇〇日起至〇〇年〇〇月〇〇日止，共計五年，租金每月新臺幣〇〇元，於每月五日前繳納（見證物一），合先敘明。

二、詎料，被告自〇〇年〇〇月〇〇日起即開始拒繳租金，迄至〇〇年〇〇月〇〇日止，累計已達十五個月未繳租金，眼見被告已無履約之誠意，原告於○○年○○月○○日以存證信函表示終止兩造間租賃契約（見證物二）。

三、兩造間租約既已終止，被告自應將已積欠租金及將系爭土地回復原狀返還予原告，茲列述如後：

（一）有關遲延給付租金部分：被告自○○年○○月○○日起即開始拒繳租金，迄至○○年○○月○○日止，累計已達十五個月未繳租金，共計積欠租金○○元（○○元×15個月＝○○元）。

（二）有關不當得利、回復原狀返還土地部分：

1.系爭租約第○條使用租賃物之限制：「本土地供園藝種植之用及燒做有機肥製造。乙方（即被告）取得甲方（即原告）之同意後得自行裝設，但不得損害原有土地現狀，乙方於交還土地時應負責回復原狀。」及民法第455條：「承租人於租賃關係終止後，應返還租賃物；租賃物有生產力者，並應保持其生產狀態，返還出租人。」惟被告未經原告同意，擅自於系爭土地之地下掩埋傾倒大量垃圾等廢棄物（見證物三），被告應將系爭土地返還外，亦應負回復原狀之義務。

2.依民法第213條第1項、第3項規定：「負損害賠償責任者，除法律另有規定或契約另有訂定外，應回復他方損害發生前之原狀。第一項情形，債權人得請求支付回復原狀所必要之費用，以代回復原狀。」原告委請公正之○○鑑價公司至現場估算清除廢棄物回復原狀所需費用，預估爲○○元（見證物四）。若被告等不爲回復土地原狀，原告自得請求回復原狀所必要之費用，以代回復原狀。

3.返還不當得利部分：兩造間已無租賃關係，已如前述。惟被告未經原告同意，竟於系爭土地之地下掩埋傾倒大量垃圾等廢棄物，迄今未將土地返還原告，此無異係變相之繼續無權

<table>
<tr><td colspan="2">占有系爭土地，堪認被告等人受有相當於租金之不當得利，致原告因此受有不能使用系爭土地之損害。爰依民法第179條前段：「無法律上之原因而受利益，致他人受損害者，應返還其利益。」規定，請求自○○年○○月○○日起至被告回復原狀返還土地之日止，按月給付原告○○元。
四、基上所述，原告爰依租賃契約請求權及民法第179條前項、第213條第1、3項、第455條之規定請求之。爲此狀請鈞院鑒核，懇請賜爲如訴之聲明之判決，以維權益。
謹　狀
臺灣○○地方法院民事庭　公鑒</td></tr>
<tr><td>證人</td><td></td></tr>
<tr><td>證物</td><td>一、土地謄本及租賃契約
二、存證信函及回執
三、照片
四、報價單</td></tr>
<tr><td colspan="2">中　華　民　國　○○　年　○　月　○　日
具狀人　方○○　（簽名蓋章）
撰狀人</td></tr>
</table>

第五節　實務判解

茲摘錄不動產租賃相關之判例如後：

- 租賃存續中，租賃物因不應由承租人負責之事由而滅失時，承租人不負損害賠償責任。所謂應由承租人負責之事由，除法有特別規定或該地方有特別習慣或當事人間有特別約定，承租人於事變亦應負責外，以承租人之故意或過失爲限。（18上1074）

- 租賃房屋由承租人出費修理後仍繼續使用，雖其價格已因修理而增加，然所增加之利益仍歸自己享受，則欲求償有益費用尚非其時。（18上1697）
- 於他人土地有建築房屋之租賃權或其他之權利，在其權利存續間，房屋與基地固歸屬於各別之所有人，但其權利消滅時，房屋所有人既無使用基地之權，則除基地所有人自願留買該房屋或法律上別有規定外，房屋所有人當然有回復原狀，交還基地之義務。（18上2957）
- 承租人就租賃物支出有益費用，因而增加該物之價値者，出租人雖應償還其費用，但以現存之增價額爲限。其限存之增價額，多於所支出之費用或與之相等者，固應償還其費用之全部，若其現存之增價額，少於所支出之費用者，則祇須償還其現存之增價額。（19上60）
- 租賃標的物因天災或意外事變滅失者，其租賃關係既無存續之可能，無論原契約有無存續期間，均可爲終止之原因。（19上1060）
- 租賃物爲房屋者，承租人固得將其一部分轉租他人，但以無反對之約定爲限。（20上213）
- 租賃物爲不動產者，其價値如有昇漲，出租人依法本得爲增租之請求，至所加租額之多寡，應以土地繁榮之程度及鄰地租金之比較等情形爲標準。（20上283）
- 承租人就租賃物所增設之工作物，依民法第431條第2項之規定，承租人得取回之，出租人自不得於終止契約時，主張無償留用。（21上1692）
- 民法第450條第3項之通知，並無一定方式，亦非限於訴訟外爲之，苟訴訟上已有書狀或言詞他造表示終止租賃契約之意思，即應認爲已有通知。（22上856）
- 民法第434條所謂重大過失，係指顯然欠缺普通人應盡之注意而言，承租人之失火，縱因欠缺善良管理人之注意所致，而於普通人應盡之注意無欠缺者，不得謂有重大過失。（22上2558）
- 出租人於租賃物交付後，將其所有權讓與第三人時，其租賃契約既對於

受讓人繼續存在，則在承租人與受讓人間，自無須另立租賃契約，於受讓之時當然發生租賃關係。（23上3092）

- （一）依民法第440條得終止契約之出租人，於訴狀表示其終止之意思者，依民法第263條、第258條第1項、第95條規定，自其訴狀送達於承租人時，契約即為終止，並非至其所受勝訴判決確定之時，始生終止之效力。

  （二）承租人惟於租賃關係存續中負支付租金之義務，若租賃關係已經終止，承租人雖負返還租賃物之遲延責任，出租人亦僅得請求賠償因此而生之損害，不得請求支付租金。（23上3867）
- 上訴人承租被上訴人之房屋，因上訴人店內失火焚毀其一部，雖為不爭之事實，然被上訴人請求上訴人賠償其損害，尚須證明上訴人係因重大過失而失火。（26鄂上460）
- 民法第431條第1項之規定並非強制之規定，當事人間如有相反之特約，自應依其特約辦理。（29上1542）
- 租賃物因不可歸責於雙方當事人之事由而毀損，致全部不能為約定之使用收益者，當事人間之法律關係，因其租賃物是否尚能修繕而異。其租賃物已不能修繕者，依民法第225條第1項、第266條第1項之規定，出租人免其以該物租與承租人使用收益之義務，承租人亦免其之付租金之義務，租賃關係即當然從此消滅。其租賃物尚能修繕者，依民法第225條第1項、第266條第1項之規定，在修繕完畢以前，出租人免其以該物租與承租人使用收益之義務，承租人亦免其支付租金之義務，惟其租賃關係，依民法第430條之規定並不當然消滅，必承租人定相當期限催告負擔修繕義務之出租人修繕，而出租人於其期限內不為修繕者，承租人始得終止契約，更須承租人為終止契約之意思表示，其租賃關係始歸消滅。（30渝上345）
- 民法第431條第1項但書所稱現存之增價額，係指租賃關係終止時，現存增加之價額而言。（32上734）

- 租賃之房屋，因天災或其他事變致全部滅失者，如當事人間尚未經訂有出租人應重蓋房屋與承租人使用之特約，其租賃關係當從此消滅。至房屋承租人對於房屋之基地，雖得因使用房屋而使用之，若租賃關係已因房屋滅失而消滅，即無獨立使用之權。（32上2769）
- 使用租賃爲諾成契約，當事人約定一方以物租與他方使用，他方支付租金，即生效力，不以押金之交付爲成立要件。（33上637）
- 承租人所有民法第431條第1項之費用償還請求權，與其在租賃關係終止後所負返還租賃之義務，非有互爲對價之關係，不得藉口其支付之有益費用未受清償，即拒絕租賃物之返還。（33上2326）
- 兩造租賃契約第4款載有如乙方（即被上訴人）不向甲方（即上訴人）退租，則甲方亦不得向乙方辭房等語。此項特約依法並非無效，自兩造訂立租賃契約之日起算至今，既未逾二十年，上訴人又無其他終止契約之法定原因，自應受特約之拘束，其以收回自住爲原因，請求遷讓，自非有理。（33上3946）
- 租賃關係之成立與存續，係基於當事人間之信任，故租賃權通常爲不得讓與之債權，如房屋之承租人未得出租人之同意，擅將租賃權讓與第三人時，其情形有甚於全部轉租，出租人自得終止租約。（37上6886）
- 原出租人已將訟爭房屋之所有權讓與上訴人，依民法第425條之規定，其租賃契約既對上訴人繼續存在，上訴人當然繼承原出租人行使或負擔由租賃契約所生之權利或義務。上訴人以收回自用爲原因，依據原租賃契約向被上訴人訴求遷讓房屋，自無不合。（38台上195）
- 租賃契約之成立，除不動產之租賃契約，其期限逾一年者，應以字據爲之外，並無一定之方式。苟合於民法第421條所謂當事人約定一方以物租與他方使用收益，他方支付租金之情形，即令未經訂立書面，仍不得謂當事人間之租賃關係尚未成立。（40台上304）
- 上訴人雖以原租賃契約載明「滿期再訂」字樣，實含有滿期仍應繼續租賃之意思爲抗辯，第查此項約定僅屬期滿後得協商再訂租賃契約，不能

解爲期滿後，當然繼續租賃，其抗辯顯無可採。（41台上433）

- 民法第440條第1項所謂支付租金之催告，屬於意思通知之性質，其效力之發生，應準用同法關於意思表示之規定。如催告人非因自己之過失不知相對人之居所者，僅得準用同法第97條，依民事訴訟法公示送達之規定，向該管法院聲請以公示送達爲催告之通知，始生催告之效力。被上訴人定期催告承租人某商號支付租金，僅將催告啓事標貼已被查封，無人居住之某商號門首，自無催告效力之可言。（41台上490）
- 民法第451條之規定，乃出租人表示反對續租之意思，有阻卻繼續契約之效力，此與同法第263條所定當事人依法律之規定終止契約之情形，具有同一法律理由，自應類推適用。故租賃物爲數人所共有，表示此項意思時，應準用第258條第2項規定，由共有人全體爲之。（41台上767）
- 出租人於租賃物交付後，將其所有權讓與第三人時，依民法第425條之規定，其租賃契約既對於受讓人繼續存在，受讓人即當然繼承出租人地位，而行使或負擔租賃契約所生之權利或義務，原出租人自不得更行終止租約，請求承租人返還租賃物。（41台上1100）
- 租賃定有期限者，其租賃關係於期限屆滿時消滅，爲民法第450條第1項所明定。同法第450條所謂視爲不定期限繼續契約者，須承租人於租期屆滿後，仍爲租賃物之使用收益，而出租人不即表示反對之意思時，始有其適用。此種出租人之異議，通常固應於租期屆滿後，承租人仍爲租賃物之使用收益時，即行表示之，惟出租人慮承租人取得此項默示更新之利益，而於租期行將屆滿之際，向之預爲表示不願繼續契約者，仍不失爲有反對意思之表示。（42台上410）
- 被上訴人對於系爭房屋之租賃關係，既於租賃期限將屆滿時，以書面表示於期限屆滿後不再繼續契約之意思，並因上訴人覓屋困難，限至41年3月底遷居，顯與民法第451條規定之情形有間，縱於其後有收受上訴人支付是年1月至3月之租金，亦屬租賃關係消滅後，因租賃物遲延返

還所生損害之性質，不容上訴人以不定期限繼續契約為爭執。（42台上493）

- 不定期之房屋租賃，承租人積欠租金除擔保金抵償外達二個月以上時，依土地法第100條第3款之規定，出租人固得收回房屋。惟該條款所謂因承租人積欠租金之事由收回房屋，應仍依民法第440條第1項規定，對於支付租金遲延之承租人，定相當期限催告其支付，承租人於其期限內不為支付者，始得終止租賃契約。在租賃契約得為終止前，尚難謂出租人有收回房屋請求權存在。（42台上1186）
- 租賃物交付後，承租人於租賃關係存續中，有繼續占有其物而為使用收益之權利。故其占有被侵奪時，承租人自得對於無權占有之他人，行使其占有物返還請求權，此就民法第423條、第941條及第962條等規定觀之甚明。（43台上176）
- 出租人基於土地法第100條第3款承租人欠租之事由，並依民法第440條第1項規定，對於支付租金遲延之承租人，定相當期限催告其支付，承租人於其期限內不為支付者，固得終止契約，惟承租人曾於出租人所定之期限內，依債務本旨提出支付之租金，而因出租人或其他有代為受領權限之人拒絕受領，致未能如期完成時，尚難謂與上開條項所定之情形相當。依民法第219條關於行使債權，應依誠實及信用方法之規定，出租人自不得執是為終止契約之理由。（43台上1143）
- 被上訴人向訴外人某甲買受系爭房屋後，雖未完成其所有權移轉登記，但其行使之租賃物返還請求權，係基於租賃關係即債之關係所發生，被上訴人既已向原出租人之某甲一併受讓其權利，並將此項事由通知上訴人，則其對上訴人行使出租人之權利，自不因系爭房屋之未完成所有權移轉登記而受影響。（44台上1101）
- 承租人以金錢貸與前業主，約定將息抵租，是債之關係顯僅發生於承租人與前業主間，故在租賃關係存續中，前業主縱將租賃物讓與第三人，但除有民法第300條所定之債務承擔情形外，原約定對該第三人並非繼

續有效。此與一般依租賃契約所爲租金之預付，得以對抗受讓人之情形，初非相同。（45台上590）

- 民法第451條所謂出租人不即表示反對之意思，固不以明示之反對爲限，但若僅於租期屆滿後未收取租金，則係一種單純的沉默，尚難認爲已有默示反對續租之意思。（46台上1828）
- 出租人有以合於所約定使用收益之租賃物交付承租人之義務。苟租賃物爲第三人不法占有時，並應向第三人行使其返還請求權以備交付，其怠於行使此項權利者，承租人因保全自己債權得代位行使之，此觀民法第423條及第242條之規定自明。（47台上1815）
- 租賃契約定有存續期間，同時並訂有以出租人確需自住爲收回之解除條件者，必於條件成就始得終止租約。所謂自住，係指客觀上有收回自住之正當理由及必要情形，並能爲相當之證明者而言，不以主觀情事之發生爲已足。（48台上228）
- 房屋或土地出租人，依民法第442條提起請求增加租金之訴，如起訴前之租金並未按原約定租額付清，則法院准許增加之判決，得自出租人爲調整租金之意思表示時起算。故起訴前未爲此項意思表示者，即不得溯自及請求調整。（48台上521）
- 租賃，乃特定當事人間所締之契約，出租人既不以所有人爲限，則在租賃關係存續中，關於租賃上權利之行使，例如欠租之催告，終止之表示等項，概應由締結契約之名義人行之，始能生效。（48台上1258）
- 支付租金之催告，係意思通知之一種，其通知應向承租人爲之，如承租人有數人者，應向承租人全體爲之，否則對於未受催告之承租人，不發生催告之效力。（48台上1382）
- 當事人就不動產所訂之租金，於租賃關係存續中，因租賃物價值之昇降，固得聲請法院增減其數額，惟此項聲請，以租約未定期限者爲限，倘定有期限，則不在准許之列，此觀民法第442條之規定自明。至約定之租金數額，因法律變更致超過法定限度以外者（例如房屋租金超過土地法第97條之規定，土地租金超過實施都市平均地權條例第42條規定），關於超過部分，亦僅生請求權是否存在之問題，其與租賃價值發生昇降之情形既非相同，自亦不得援用該條規定而為增減之聲請。（48台上1536）

➢ 上訴人向被上訴人承租漁船一艘，依其契約書第8條所載，為有關違法使用所生損害，應負賠償責任之規定，第9條則為合法使用，因不可抗力所生損害，得免賠償之規定。上訴人既係將系爭漁船轉租與人，從事走私潛駛香港，不能謂非違法，從而縱使回航途中，係因颱風漂至匪區被扣拆毀，亦與第8條規定相當，而無依第9條免除賠償責任之餘地。（49台上1537）

➢ 依司法院院字第1909號解釋，出租人未將押租金交付於受讓人時，受讓人對於承租人雖不負返還押租金之義務，惟受讓人承受之租賃關係，係依其讓予契約內容，如為無押租金之租賃，當不得向承租人請求押租金之交付，如為有押租金之租賃，則除承租人尚未履行交付押租金者，得依原約請求交付外，若承租人已依原約將押租金交付於原出租人時，則其既已依約履行，受讓人如欲取得押租金以供租金之擔保，亦屬是否可向原出租人請求轉付之問題，其仍向承租人請求履行之交付押租金義務，於法即屬不合。（51台上2858）

➢ 民法第451條所定出租人於租期屆滿後須即表示反對之意思，始生阻止續租之效力。意在防止出租人於租期屆滿後，明知承租人就租賃物繼續使用收益而無反對之表示，過後忽又主張租賃關係消滅，使承租人陷於窘境而設，並非含有必須於租期屆滿時，始得表示反對之意義存在。故於訂約之際，訂明期滿後絕不續租，或續租應另訂契約者，仍難謂不發生阻止續約之效力。（55台上276）

➢ 租金為租賃契約之重要條件，出租人固有將此條件通知優先承租人之義務，如優先承租人未表示依此條件承租時，出租人尚不負與優先承租人訂立租約之義務，雙方之租賃關係，尤無從認已合法成立。（56台上

672）

- 再審原告交付與前業主之保證金拾萬元，依契約第3條規定係以保證金所生之利息抵沖租金，並非預付租金，前業主既未將此項保證金移轉與再審被告，再審被告亦未承擔該保證金債務，自無從就該保證金之利息取得租金，再審被告以再審原告遲付租金二個月以上，經定期催告交付仍不履行，據以終止租約，請求收回房屋，自屬正當。（58台再8）
- 被上訴人於租期屆滿前，即已表示期滿後不再續租，寬限二個月拆遷，又係基於上訴人要求而允予之履行期間，縱上訴人於被上訴人拒收租金後有提存之情形，亦不發生不定期限繼續契約之問題。（59台上555）
- 使用借貸，非如租賃之有民法第425條之規定，縱令上訴人之前手將房屋及空地，概括允許被上訴人等使用，被上訴人等要不得以上訴人之前手，與其訂有使用借貸契約，主張對現在之房地所有人即上訴人有使用該房地之權利。（59台上2490）
- 一般基地租賃，承租人欲建築何種房屋，固非出租人所得過問，惟如雙方當事人就租賃物之使用方法有所約定，而承租人違反約定之使用方法，經出租人阻止而仍繼續爲之者，依照土地法第103條第5款規定，並參照民法第438條規定，出租人非不得終止租約，請求收回其土地。（59台上4423）
- 上訴人催告支付之租金，爲其自行調整之租額，既未經法院判決確定，則被上訴人依原定租額提存，尚難謂其非依債務之本旨而爲給付，上訴人自不能以欠租爲由終止租約。（60台上385）
- 爲租賃物之使用收益者，法律並未規定以承租人本人爲限，故依民法第451條所指「承租人仍爲租賃物之使用收益」者，應包括承租人之家屬、受雇人及經承租人允許之其他第三人，而爲租賃使用收益之情形在內。（60台上2246）
- 抵押人於抵押權設定後，與第三人訂立租約，致影響於抵押權者，對於抵押權人雖不生效，但執行法院倘不依聲請或依職權認爲有除去該影響抵押權之租賃關係之必要，而爲有租賃關係存在之不動產拍賣，並於拍賣公告載明有租賃關係之事實，則該租賃關係非但未被除去，且已成爲買賣（拍賣）契約內容之一部。無論應買人投標買得或由債權人承受，依繼受取得之法理，其租賃關係對應買人或承受人當然繼續存在。（60台上4615）

- 民法第449條第1項所定租賃契約之期限不得逾二十年，係指定有期限之租賃而言。（62台上3128）
- 民法第451條之規定，乃出租人表示反對續租之意思，有阻卻繼續契約之效力，此與同法第263條所定，當事人依法律之規定終止契約之情形，具有同一之法律理由，自應類推適用。故租賃物爲數人所共同出租者，表示此項意思時，應準用第258條第2項規定，由出租人全體爲之。本件系爭土地爲上訴人等四人所共有，而由上訴人等四人共同出租與被上訴人使用，則其依民法第451條爲反對續租之意思表示，自應由上訴人全體爲之。（63台上2139）
- 民法第438條所謂違反約定使用方法，係指不依約定方法使用，並積極的爲約定以外方法之使用者而言，如僅有消極的不爲使用，應不在違反約定使用方法之列。原審以上訴人不再經營瓦窯，已棄置不用（按租約所定使用方法爲經營磚瓦窯之用），爲違反約定使用方法，所持法律上之見解，不無違誤。（64台上1122）
- 民法第425條所謂對於受讓人繼續存在之租賃契約，係指民法第421條第1項所定意義之契約而言，若因擔保承租人之債務而接受押租金，則爲別一契約，並不包括在內，此項押租金契約爲要物契約，以金錢之交付爲其成立要件，押租金債權之移轉，自亦須交付金錢，始生效力，出租人未將押租金交付受讓人時，受讓人既未受押租金債權之移轉，對於承租人自不負返還押租金之義務。（65台上156）
- 民法第427條所謂就租賃物應納之稅捐由出租人負擔並非強制規定，當事人不妨爲相反之約定。（65台上1119）

- 建築房屋基地之出租人，以承租人積欠租金額達二年以上為原因，終止租賃契約，仍應依民法第440條第1項規定，定相當期限催告承租人支付租金，必承租人於其期限內不為支付者，始得終止租賃契約，非謂一有承租人欠租達二年以上之事實，出租人即得隨時終止租賃契約，對於地上權人之保護，不宜較土地承租人為薄，故土地所有人以地上權人積欠地租達二年之總額為原因，依民法第836條第1項規定，撤銷其地上權，仍應類推適用民法第440條第1項之規定，踐行定期催告程序。（68台上777）
- 按轉租係轉租人與次承租人成立新租賃關係，與租賃權之讓與不同。轉租人與出租人間之租賃關係仍然存在，惟次承租人與原出租人並無直接租賃關係之可言。本件被上訴人將系爭房屋出租與共同被告王某等人，租賃期限固已屆滿，但王某等既將之轉租，被上訴人不得依出租人之地位，對次承租人之上訴人請求返還租賃物。（68台上3691）
- 租賃定有期限者，其租賃關係於期限屆滿時消滅，民法第450條第1項定有明文，如無同法第451條所定視為以不定期限繼續契約情事，依同法第455條規定，承租人應於租期屆滿時返還租賃物，否則，即應負給付遲延責任。（69台上4001）
- 租賃物為不動產者，因其價值之昇降，當事人固得依民法第442條規定，聲請法院增減其租金。惟調整租金之訴，祇能增減租金之數額，不得將原約定之租金種類變更。（75台上2126）
- 租賃物因承租人失火而毀損、滅失者，以承租人有重大過失為限，始對出租人負損害賠償責任，民法第434條定有明文。如出租人非租賃物所有人，而經所有人同意出租者，亦以承租人有重大過失為限，始對所有人負損害賠償責任。（76台上1960）
- 未定期限之基地租賃，契約當事人約定租金按基地申報地價之固定比率計算者，雖所約定之租金係隨基地申報地價之昇降而調整，惟契約成立後，如基地周邊環境、工商繁榮之程度、承租人利用基地之經濟價值及所受利益等項，已有變更，非當時所得預料，而租金依原約定基地申報地價之固定比率計算顯失公平者，出租人自得依民法第227條之2第1項規定，訴請法院調整其租金。（93台上2446）

第四章 承　攬

第一節　前　言

隨著社會型態改變、經濟發展的演進與專業技術的提升，促使專業分工愈趨精細，事業經營體制不斷轉型，委外施工業務隨之興起，使承攬人與定作人間的關係日趨複雜，其承攬契約內容的訂定，關係雙方權益甚鉅。

承攬之意義及其區分：

（一）承攬之意義

民法第490條規定：「稱承攬者，謂當事人約定，一方爲他方完成一定之工作，他方俟工作完成，給付報酬之契約。約定由承纜人供給材料者，其材料之價額，推定爲報酬之一部」完成工作之一方爲承攬人，給付報酬之一方爲定作人。

（二）承攬之區分

通常承攬可區分爲工程承攬與勞務承攬兩種；工程承攬爲典型之承攬型態，承攬者必須完成工作物，定作人始支付報酬行爲，若未完成工作物，即不支付報酬；但勞務承攬是服勞務以完成一定工作，定作人應即支付報酬行爲，其勞務地點及勞務過程通常受到一定的限制，此爲非典型之承攬制度，雖然勞務承攬亦爲承攬契約之一種，但此種勞務的提供與勞雇關係體制下之計件工資很類似，當爭議事件發生後，提供勞務者認爲是「勞雇關係」，但受領勞務者則認爲是「承攬關係」而導致糾紛，必須特別留意。

基本上承攬具有下列特性：

1. 承攬者具有獨立經營之自主權，自負虧盈責任，如以總價計算報酬者。
2. 定作人無須指揮監督者，屬於承攬行為；若有指揮監督行為者，具有勞雇關係。如營造業之點工制度之人力派遣，雖訂有承攬契約，因具有監督指揮行為，非屬承攬關係。
3. 計件報酬制度雖係完成工作給付報酬行為，因工作者如未具獨立自主之權利，亦未負虧盈責任者，則不屬承攬行為（多屬基層勞動者）。

本章僅就工程承攬加以敘述。

第二節　法令解說

有關承攬之規定民法債編第490條至第514條有明文規定，茲將相關規定說明如後：

一、承攬之定義

稱承攬者，謂當事人約定，一方為他方完成一定之工作，他方俟工作完成，給付報酬之契約。約定由承攬人供給材料者，其材料之價額，推定為報酬之一部。（民法第490條）

二、承攬之報酬

如依情形，非受報酬，即不為完成其工作者，視為允與報酬。未定報酬額者，按照價目表所定給付之，無價目表者，按照習慣給付。（民法第491條）

三、物之瑕疵擔保責任

承攬人完成工作，應使其具備約定之品質，及無減少或滅失價值，或不適於通常或約定使用之瑕疵。（民法第492條）

四、瑕疵擔保之效力

（一）瑕疵修補

工作有瑕疵者，定作人得定相當期限，請求承攬人修補之。

承攬人不於前項期限內修補者，定作人得自行修補，並得向承攬人請求償還修補必要之費用。

如修補所需費用過鉅者，承攬人得拒絕修補。前項規定，不適用之。（民法第493條）

（二）解約或減少報酬

承攬人不於前條第1項所定期限內修補瑕疵，或依前條第3項之規定，拒絕修補或其瑕疵不能修補者，定作人得解除契約或請求減少報酬。但瑕疵非重要，或所承攬之工作爲建築物或其他土地上之工作物者，定作人不得解除契約。（民法第494條）

（三）損害賠償

因可歸責於承攬人之事由，致工作發生瑕疵者，定作人除依前二條之規定，請求修補或解除契約，或請求減少報酬外，並得請求損害賠償。

前項情形，所承攬之工作爲建築物或其他土地上之工作物，而其瑕疵重大致不能達使用之目的者，定作人得解除契約。（民法第495條）

五、瑕疵擔保責任之免除

工作之瑕疵，因定作人所供給材料之性質，或依定作人之指示而生者，定作人無前三條所規定之權利。但承攬人明知其材料之性質，或指示不適當，而不告知定作人者，不在此限。（民法第496條）

六、瑕疵預防請求權

工作進行中，因承攬人之過失，顯可預見工作有瑕疵，或有其他違反契約之情事者，定作人得定相當期限，請求承攬人改善其工作，或依約履行。

承攬人不於前項期限內，依照改善或履行者，定作人得使第三人改善或繼續其工作，其危險及費用，均由承攬人負擔。（民法第497條）

七、瑕疵擔保期間

（一）一般瑕疵發見期間

第493條至第495條所規定定作人之權利，如其瑕疵自工作交付後經過一年始發見者，不得主張。工作依其性質無須交付者，前項一年之期間，自工作完成時起算。承攬人故意不告知其工作之瑕疵者，延為五年。（民法第498條、第500條）

（二）土地上工作物瑕疵發見期間

工作為建築物，或其他土地上之工作物，或為此等工作物之重大之修繕者，前條所定之期限延為五年。承攬人故意不告知其工作之瑕疵者，延為十年。（民法第499條、第500條）

八、瑕疵發見期間之強制性

第498條及第499條所定之期限，得以契約加長。但不得減短。（民法第501條）

九、特約免除承攬人瑕疵擔保義務之例外

以特約免除或限制承攬人關於工作之瑕疵擔保義務者，如承攬人故意不告知其瑕疵，其特約為無效。（民法第501-1條）

十、完成工作延遲之效果

因可歸責於承攬人之事由，致工作逾約定期限始完成，或未定期限而逾相當時期始完成者，定作人得請求減少報酬或請求賠償因遲延而生之損害。

前項情形，如以工作於特定期限完成或交付爲契約之要素者，定作人得解除契約，並得請求賠償因不履行而生之損害。（民法第502條）

十一、期前遲延之解除契約

因可歸責於承攬人之事由，遲延工作，顯可預見其不能於限期內完成而其遲延可爲工作完成後解除契約之原因者，定作人得依前條第2項之規定解除契約，並請求損害賠償。（民法第503條）

十二、遲延責任之免除

工作遲延後，定作人受領工作時，不爲保留者，承攬人對於遲延之結果，不負責任。（民法第504條）

十三、報酬給付之時期

報酬，應於工作交付時給付之，無須交付者，應於工作完成時給付之。

工作係分部交付，而報酬係就各部分定之者，應於每部分交付時，給付該部分之報酬。（民法第505條）

十四、實際報酬超過預估概數甚鉅時之處理

訂立契約時，僅估計報酬之概數者，如其報酬，因非可歸責於定作人之事由，超過概數甚鉅者，定作人得於工作進行中或完成後，解除契約。

前項情形，工作如爲建築物，或其他土地上之工作物，或爲此等工作物之重大修繕者，定作人僅得請求相當減少報酬，如工作物尚未完成者，

定作人得通知承攬人停止工作，並得解除契約。

定作人依前二項之規定解除契約時，對於承攬人，應賠償相當之損害。（民法第506條）

十五、定作人之協力義務

工作需定作人之行爲始能完成者，而定作人不爲其行爲時，承攬人得定相當期限，催告定作人爲之。

定作人不於前項期限內爲其行爲者，承攬人得解除契約，並得請求賠償因契約解除而生之損害。（民法第507條）

十六、危險負擔

工作毀損、滅失之危險，於定作人受領前，由承攬人負擔，如定作人受領遲延者，其危險由定作人負擔。

定作人所供給之材料，因不可抗力而毀損、滅失者，承攬人不負其責。（民法第508條）

十七、可歸責於定作人之履行不能

於定作人受領工作前，因其所供給材料之瑕疵，或其指示不適當，致工作毀損、滅失或不能完成者，承攬人如及時將材料之瑕疵，或指示不適當之情事，通知定作人時，得請求其已服務勞之報酬，及墊款之償還。定作人有過失者，並得請求損害賠償。（民法第509條）

十八、視為受領工作

前二條所定之受領，如依工作之性質，無須交付者，以工作完成時視爲受領。（民法第510條）

十九、定作人之終止契約

工作未完成前，定作人得隨時終止契約。但應賠償承攬人因契約終止而生之損害。（民法第511條）

二十、承攬契約之當然終止

承攬之工作，以承攬人個人之技能爲契約之要素者，如承攬人死亡，或非因其過失致不能完成其約定之工作時，其契約爲終止。

工作已完成之部分，於定作人爲有用者，定作人有受領及給付相當報酬之義務。（民法第512條）

二一、承攬人之法定抵押權

承攬之工作爲建築物或其他土地上之工作物，或爲此等工作物之重大修繕者，承攬人得就承攬關係報酬額，對於其工作所附之定作人之不動產，請求定作人爲抵押權之登記；或對於將來完成之定作人之不動產，請求預爲抵押權之登記。

前項請求，承攬人於開始工作前亦得爲之。

前二項之抵押權登記，如承攬契約已經公證者，承攬人得單獨申請之。

第1項及第2項就修繕報酬所登記之抵押權，於工作物因修繕所增加之價值限度內，優先於成立在先之抵押權。（民法第513條）

二二、權利行使之期間

定作人之瑕疵修補請求權、修補費用償還請求權、減少報酬請求權、損害賠償請求權或契約解除權，均因瑕疵發見後一年間不行使而消滅。

承攬人之損害賠償請求權或契約解除權，因其原因發生後，一年間不行使而消滅。（民法第514條）

第三節　工程承攬契約之擬定要旨

工程承攬不論係政府工程之承攬或民間工程之承攬，有關工程承攬之糾紛，歸納主要之型態有：一、工程延宕，無法如期完成。二、工程之品質有瑕疵。三、工程款無法按期給付。四、工程變更設計及追加工程款。五、工程設計不當或施工不當造成傷亡……等等情形。

工程之承攬，若發生工程品質有瑕疵時，首先應注意是否在工作交付後或工作完成時一年內發現瑕疵，工作爲建築物或其他土地上之工作物，或爲此等工作物之重大之修繕者，是否在工作交付後或工作完成時五年內發現瑕疵。

定作人或承攬人另應注意權利行使之一年時效期間，以免逾期喪失自己之權益。

工程承攬契約中，常有合意管轄之約定或仲裁之約定，故發生爭執時，應依契約之約定向合意管轄之法院起訴，或依仲裁之約定爲仲裁之聲請。

有關工程之承攬，從私人房屋之改建至公共工程之建設，大型工程之承攬動輒上億元之標的，故承攬契約之簽訂相當重要。筆者建議簽約時可請律師提供專業之意見，以減少日後爭執之發生。

營繕工程承攬契約之擬定要旨

依營造業法第27條及營繕工程承攬契約應記載事項實施辦法之規定，營繕工程之承攬契約，應記載事項如下：

一、契約之當事人。

二、工程名稱、地點及內容。

三、承攬金額、付款日期及方式。

付款方式，依下列方式之一爲之：

（一）依契約總價給付。

（二）依實際施作之項目及數量給付。

（三）部分依契約標示之價金給付，部分依實際施作之項目及數量給付。

四、工程開工日期、完工日期及工期計算方式。

工期之計算方式，指下列方式：

（一）以限期完成者，星期例假日、國定假日或其他休息日均應計入。

（二）以日曆天計者，星期例假日、國定假日或其他休息日，是否計入，應於契約中明定。

（三）以工作天計者，星期例假日、國定假日或其他休息日，均應不計入。

前項工期之計算，因不可抗力或有不可歸責於營造業之事由者，得延長之；其事由未達半日者，以半日計；逾半日未達一日者，以一日計。延長日數有爭議時，其處理方式應於契約中明定。

五、契約變更之處理。

六、依物價指數調整工程款之規定。

應載明下列事項：

（一）得調整之項目及金額。

（二）調整所依據之物價指數及基期。

（三）得調整之情形。

（四）調整公式。

七、契約爭議之處理方式。

選擇下列一種以上之方式為之：

（一）屬政府採購法辦理之營繕工程者，依政府採購法第85條之1規定向採購申訴審議委員會申請調解。

（二）提付仲裁。

（三）提起訴訟。

（四）聲請調解。

八、驗收及保固之規定。

驗收之規定，應載明下列事項：

（一）履約標的之完工條件及認定標準。

（二）驗收程序。

（三）驗收瑕疵處理方式及期限。

保固之規定，應載明下列事項：

（一）保固期。

（二）保固期內瑕疵處理程序。

九、工程品管之規定。

應載明下列事項：

（一）品質管制：

1. 自主檢查。

2. 材料及施工檢驗程序。

3. 矯正及預防措施。

（二）工地安全及衛生：

1. 危害因素及安全衛生規定應採取之措施。

2. 承攬管理應採取之安全衛生管理措施。

3. 墜落、倒塌崩塌、感電災害類型之防止計畫。

4. 假設工程組拆前、中、後設置查驗點實施查驗。

（三）工地環境清潔及維護。

（四）交通維持措施。

十、違約之損害賠償。

十一、契約終止或解除之規定。

第四節　書狀範例

範例一、定作人請求損害賠償起訴狀 ▶▶▶

<table>
<tr><td colspan="4">民事起訴狀</td></tr>
<tr><td>案　　　號</td><td colspan="2">年度　　　字第　　　號</td><td>承辦股別</td></tr>
<tr><td>訴訟標的
金額或價額</td><td colspan="3">新臺幣　　　　　　　　　　　　　　　元</td></tr>
<tr><td>稱　　　謂</td><td>姓名或名稱</td><td colspan="2">依序填寫：國民身分證統一編號或營利事業統一編號、性別、出生年月日、職業、住居所、就業處所、公務所、事務所或營業所、郵遞區號、電話、傳真、電子郵件位址、指定送達代收人及其送達處所。</td></tr>
<tr><td>原告
被告

法定代理人</td><td>簡○○
○○營造有限公司
謝○○</td><td colspan="2">○○縣○○市○○路○○號
○○縣○○鎮○○路○○號

同上</td></tr>
<tr><td colspan="4">請求損害賠償等事件，謹依法起訴事：
訴之聲明
一、被告應給付原告新臺幣○○元，及自起訴狀繕本送達之翌日起至清償日止，按年利率百分之五計算之利息。
二、被告應將本件建築執照正本（執照字號：○○縣工建執照字第○號）副本圖說、起造人私章（如附件）電信審查圖、消防審查圖、自來水審查圖、開工執照正本、放樣工程勘驗申請書、基礎工程勘驗申請書、一樓頂板完成工程勘驗申請書、一樓鋼筋無輻射證明及保證書、建築物新拌混凝土氯離子檢測報告、預拌混凝土品質保證書交付予原告。
三、對上第1、2項請求原告願供擔保，請准宣告假執行。</td></tr>
</table>

四、訴訟費用由被告負擔。

事實及理由

一、原告於民國（下同）○○年○○月○○日發包由被告承攬坐落○○市○○路○○巷○○弄○○號對面廠房營造工程，雙方簽定工程承攬契約書（見證物一），工程總價爲新臺幣（下同）555萬元，原告已給付工程期款至第三期結構體二樓灌漿完成款，共250萬元予被告，雙方約定完工日期爲○○年○○月○○日。

二、詎被告於簽約開工後，因本身債信不良，財務發生困難，屢向原告要求提前預支款項，經原告拒絕後，被告竟以施工材料漲價爲由一再拖延工程進度，甚至於○○年○○月○○日即未進場施作。原告於○○年○○月○○日以存證信函向被告表示解除契約，並依承攬契約第17條第2項約定：「解除契約時，已完成工程部分經檢查合格者，爲甲方所有，甲方應按契約之單價於解約十日內支付乙方承包金額，折半計算」，則被告尚應退還60萬元予原告，又如附表所示之文件係被告因承攬建造廠房之需要，由原告交付被告保管，現既已解除承攬契約，被告應一併返還。

三、按雙方簽立之承攬契約第18條第2項：「在契約簽訂後，施工期間的材料漲幅均由乙方自行負擔。」故被告應自行負擔材料的漲幅，惟被告竟以鋼筋混凝土漲價爲由，無故停工，已造成原告之損失，並且嚴重影響本件建築結構，甚且鋼筋暴露在外已久，工程品質堪慮（見證物二）。

四、依承攬契約，被告必須於○○年○○月○○日完成全部工程。惟依本件之監造人陳○○建築師事務所出具之未完成項目說明書第三點內載：已完成進度依新北市公布進度表計算爲42%（見證物三），顯見被告根本無法於約定期日完工。被告顯已違約，原告依本件承攬契約書第17條（甲方之解約權），向被告解除本件承攬契約。

五、基上所述，原告爰契約請求權及民法第767條規定請求之，爲此狀請鈞長明鑒並賜爲如訴之聲明之判決，以保權益。

<table>
<tr><td colspan="2">謹　狀
臺灣◯◯地方法院民事庭　公鑒</td></tr>
<tr><td>證人</td><td></td></tr>
<tr><td>證物</td><td>證物一：承攬契約影本乙份。
證物二：相片二張。
證物三：說明書影本乙份。</td></tr>
<tr><td colspan="2">中　華　民　國　◯◯　年　◯　月　◯　日
具狀人　簡◯◯　（簽名蓋章）
撰狀人</td></tr>
</table>

範例二、承攬人請求給付工程款起訴狀 ▶▶▶

<table>
<tr><td colspan="4">民事起訴狀</td></tr>
<tr><td>案　　號</td><td colspan="2">年度　　字第　　號</td><td>承辦股別</td><td></td></tr>
<tr><td>訴訟標的金額或價額</td><td colspan="4">新臺幣　　　　元</td></tr>
<tr><td>稱　　謂</td><td>姓名或名稱</td><td colspan="3">依序填寫：國民身分證統一編號或營利事業統一編號、性別、出生年月日、職業、住居所、就業處所、公務所、事務所或營業所、郵遞區號、電話、傳真、電子郵件位址、指定送達代收人及其送達處所。</td></tr>
<tr><td>原告
被告</td><td>陳◯◯
李◯◯</td><td colspan="3">◯◯縣◯◯市◯◯路◯◯號
◯◯縣◯◯鎮◯◯路◯◯號</td></tr>
<tr><td colspan="5">為請求給付工程款事件，謹依法起訴事：
訴之聲明
一、被告應給付原告新臺幣◯◯元，及自起訴狀繕本送達之翌日起至清償日止按年息百分之五計算之利息。</td></tr>
</table>

二、訴訟費用由被告負擔。

事實及理由

一、緣原告前承攬被告所有位於○○縣○○市○○路○段○號1至5樓房屋興建改造工程，約定承攬報酬總價為新臺幣○○元，被告已支付工程款之金額共計新臺幣○○元，尚餘工程款尾款新臺幣○○元未付。雙方復於○○年○○月○○日就本件承攬標的之房屋防水保固及瑕疵修補工程另行約定（見證物一）。

二、原告已依○○年○○月○○日之協議書約定進行修補工程，並於民國○○年○○月○○日完成點交，惟被告迄今卻尚未給付本件工程尾款新臺幣○○元。原告曾於○○年○○月○○日以存證信函通知被告給付工程尾款（見證物二），惟被告仍不願意給付。

三、有關本件瑕疵修補工程，原告已完成且點交之情事，懇請　鈞長傳訊證人，以明事實。

證　　人：陳○○（住○○市○○鄉○○街○○號○○樓之○○）。

待證事實：本件工程防水保固及瑕疵修補之處理情形，以及完成點交之經過。

證　　人：李○○（住○○縣○○鄉○○街○○號）。

待證事實：本件工程防水保固及瑕疵修補之處理情形，以及完成點交之經過。

四、基上所述，原告已依約完成承攬工程，惟被告尚有尾款新臺幣○○元尚未給付，爰依契約請求權請求之，為此狀請　鈞院鑒核，賜為如訴之聲明之判決，以保權益。

謹　狀

臺灣○○地方法院民事庭　公鑒

證人	陳○○，住○○市○○鄉○○街○○號○○樓之○○ 李○○，住○○縣○○鄉○○街○○號

<table>
<tr><td>證物</td><td>證物一：協議書影本乙份。
證物二：存證信函影本乙份。</td></tr>
<tr><td colspan="2">中　華　民　國　○○　年　○　月　○　日
具狀人　陳○○　（簽名蓋章）
撰狀人</td></tr>
</table>

範例三、承攬人請求給付工程款起訴狀

<table>
<tr><td colspan="5">民事起訴狀</td></tr>
<tr><td>案　　號</td><td colspan="2">年度　　字第　　號</td><td>承辦股別</td><td></td></tr>
<tr><td>訴訟標的金額或價額</td><td colspan="4">新臺幣　　　　　　元</td></tr>
<tr><td>稱　　謂</td><td>姓名或名稱</td><td colspan="3">依序填寫：國民身分證統一編號或營利事業統一編號、性別、出生年月日、職業、住居所、就業處所、公務所、事務所或營業所、郵遞區號、電話、傳眞、電子郵件位址、指定送達代收人及其送達處所。</td></tr>
<tr><td>原告

被告</td><td>陳○○即○○企業社
李○○</td><td colspan="3">○○縣○○市○○路○○號

○○縣○○鎮○○路○○號</td></tr>
<tr><td colspan="5">爲請求給付工程款事件，謹依法起訴事：
訴之聲明
一、被告應給付原告新臺幣○○元，及自起訴狀繕本送達之翌日起至清償日止，按周年利率百分之五計算之利息。
二、訴訟費用由被告負擔。
三、原告願供擔保請准宣告假執行。</td></tr>
</table>

<table>
<tr><td colspan="2">事實及理由
一、緣於民國91年12月28日，被告請求原告承攬桃園市○○區○○街○○巷○○號之室內裝潢工程（見證物一），並約定於92年1月6日爲木工完工日，92年1月16日爲油漆部分完工日。在工程實施期間被告對施工結果均無意見，原告逐一完工並交付工程。
二、有關被告室內裝潢之工程款計新臺幣36萬5,000元；另被告口頭上再追加陽台之天花板等工程，該部分之工程款計3萬5,000元。本件原告業已完工並交付工程，惟被告並未依約給付工程款，原告委請律師發函催付（見證物二），而被告仍未給付工程款合計40萬元。
三、基上所述，原告已依約完成施工，惟被告違約未給付工程款，爰依契約請求權請求之，爲此懇請鈞院明察並賜爲如訴之聲明之判決。
謹　狀
臺灣○○地方法院民事庭　公鑒</td></tr>
<tr><td>證人</td><td></td></tr>
<tr><td>證物</td><td>證物一：約定單據影本乙份。
證物二：律師函影本乙份。</td></tr>
<tr><td colspan="2">中　華　民　國　○○　年　○　月　○　日
具狀人　陳○○即○○企業社　（簽名蓋章）
撰狀人</td></tr>
</table>

第五節　實務判解

一、不動產承攬相關法院判例

➢ 上訴人與被上訴人訂約承攬之橡皮水管，其工作之完成，既有與原約品質不符及不適於使用之各重要瑕疵，而又拒絕被上訴人之催告修補，依民法第494條之規定，被上訴人本有法律所認之契約解除權存在，自得向上訴人爲解除契約之意思表示，從而其以此項契約已經合法解除爲原因，請求返還已交付之酬金與附加利息，並賠償因解除契約所生之損害，自爲同法第495條、第259條第1款、第2款之所許。（41台上104）

- 上訴人爲被上訴人完成一建築物之工作，約定以被上訴人所有之基地一處，移轉登記與上訴人所有，自係一種因承攬關係所生之債權，該基地既屬給付不能。則上訴人請求確認對於其工作物所附之定作人之不動產上有抵押權，要難謂與民法第513條之規定有所不符。（48台上1874）
- 民法第216條第1項所謂所受損害，即現存財產因損害事實之發生而被減少，屬於積極的損害。所謂所失利益，即新財產之取得，因損害事實之發生而受妨害，屬於消極的損害。本件被上訴人以上訴人承攬之工程違約未予完成，應另行標建，須多支付如其聲明之酬金，並非謂房屋如已完成可獲轉售之預期利益，因上訴人違約而受損失，是其請求賠償者，顯屬一種積極損害，而非消極損害。（48台上1934）
- 承攬人完成之工作，依工作之性質，有須交付者，有不須交付者，大凡工作之爲有形的結果者，原則上承攬人於完成工作後，更須將完成物交付於定作人，且承攬人此項交付完成物之義務，與定作人給付報酬之義務，並非當然同時履行，承攬人非得於定作人未爲給付報酬前，遽行拒絕交付完成物。（50台上2705）
- 因承攬契約而完成之動產，如該動產係由定作人供給材料，而承攬人僅負有工作之義務時，則除有特約外，承攬人爲履行承攬之工作，無論其爲既成品之加工或爲新品之製作，其所有權均歸屬於供給材料之定作人。（54台上321）
- 民法第513條之法定抵押權，係指承攬人就承攬關係所生之債權，對於其工作所附之定作人之不動產，有就其賣得價金優先受償之權，倘無承攬人與定作人之關係，不能依雙方之約定而成立法定抵押權。（61台上1326）
- 承攬人苟無特別約定，固負有將工作物剩餘材料返還於定作人之義務，但此項義務，與定作人給付報酬之義務，並無對價關係。定作人不得以承攬人未返還剩餘材料，而拒絕自己之給付。（63台上2327）

- 承攬除當人間有特約外，非必須承攬人自服其勞務，其使用他人完成工作，亦無不可。（65台上1974）
- 民法第511條係規定「工作未完成前，定作人得隨時終止契約，但應賠償承攬人因契約終止而生之損害」。可知終止契約與賠償損害各為一事，原審解為須定作人對承攬人賠償損害後始得終止契約，自非的論。（67台上2938）
- 定作人依民法第495條規定請求損害賠償，並不以承攬契約經解除為要件。（70台上2699）
- 民法第514條第1項所定定作人之減少報酬請求權，一經行使，即生減少報酬之效果，應屬形成權之性質，該條項就定作人減少報酬請求權所定之一年期間為除斥期間。（71台上2996）
- 民法第494條但書規定，所承攬之工作為建築物或其他土地上之工作物者，定作人不得解除契約，係指承攬人所承攬之建築物，其瑕疵程度尚不致影響建築物之結構或安全，毋庸拆除重建者而言。倘瑕疵程度已達建築物有倒塌之危險，猶謂定作人仍須承受此項危險，而不得解除契約，要非立法本意所在。（83台上3265）
- 兩造所訂立之合建契約，其性質屬承攬與買賣之混合契約，即由被上訴人承攬完成一定工作而以上訴人應給予之報酬充作建築商買受由其分得部分基地之價款，並由地主及建商各就其分得之房屋以自己名義取得建築執照，已如前述，則就地主部分而言，依建築法第70條第1項前段規定，建築工程完成後，應由起造人會同承造人及監造人聲請使用執照。又依土地登記規則第70條第1項規定，申請建物第一次所有權登記應提出使用執照，故如無特別情事，建造執照上所載之起造人恆為該建物所有權第一次登記之申請人亦即原始建築人。是地主如以自己名義領取建築執照而由建築商建築，自為該建物所有權第一次登記之申請人即原始

建築人，應認該房屋之原始所有人爲地主。（86台上1019）

二、最高法院民事庭會議決議

- 甲承建乙所定作之房屋，爲集合房屋大樓之全部，其本此承攬關係所生之報酬債權，依民法第875條所定：「爲同一債權之擔保，於數不動產上設定抵押權，而未限定各個不動產所負擔之金額者，抵押權人得就各個不動產賣得之價金，受債權全部或一部之清償」之同一法理，自得就此項報酬債權之全部，依民法第513條規定，僅對受讓其中一區分所有物之該他人行使法定抵押權。（最高法院79年度第5次民事庭會議（二））
- 承攬人承攬之工作既爲房屋建築，其就承攬關係所生之債權，僅對「房屋」部分始有法定抵押權。至房屋之基地，因非屬承攬之工作物，自不包括在內。（最高法院87年度第2次民事庭會議）
- 一、民法第495條所規定之損害賠償不包括加害給付之損害。

  二、承攬工作物因可歸責於承攬人之事由，致工作物發生瑕疵，定作人之損害賠償請求權，其行使期間，民法債編各論基於承攬之性質及法律安定性，於第514條第1項既已定有短期時效，自應優先適用。（最高法院96年度第8次民事庭會議）

三、法律問題座談

民國95年12月13日臺灣高等法院暨所屬法院95年法律座談會民事類提案第2號

法律問題：因可歸責於承攬人之事由，致工作產生瑕疵，定作人就因工作瑕疵所生之損害，同時主張民法第493條第2項之修補費用償還請求權、民法第494條之減少報酬請求權、民法第495條第1項之損害賠償請求權及民法第227條所定之不完全給付損害賠償請求權。若民法第493條、第494條及495條所定各項請求權，均已逾民法第514條第1項所定權利行使期間，且承攬人已爲抗辯。試問，定作人得否主張民法第227條有關不完全給付損害賠償請求權之時效期間為15年，請求承攬人為賠償？

乙說：肯定說。

依民法第495條規定，因可歸責於承攬人之事由，致工作發生瑕疵者，定作人除依同法第493條及第494條規定請求修補或解除契約，或請求減少報酬外，並得請求損害賠償。此之損害賠償請求權，係指本於承攬瑕疵擔保責任所生之請求權，與因債務之不完全給付而生之損害賠償請求權，係不同之訴訟標的，不同的請求權基礎，二者之時效各有規定，不可混為一談。不完全給付損害賠償請求權依民法第125條規定一般請求權為15年，承攬人之瑕疵擔保責任，則依民法第498條至第501條、第514條之規定，有其瑕疵發見期間及權利行使期間。本件定作人既主張同時具備承攬工作物瑕疵擔保之各項請求權及不完全給付損害賠償請求權，自均得依法行使，不因承攬工作物瑕疵擔保請求權逾法定權利行使期間而影響其不完全給付損害賠償請求權之行使（最高法院87年度台上字第1289號判決、臺灣高等法院92年度上易字第484號判決參照）。

審查意見：採乙說（另最高法院87年度台上字第1480號判決參照）。

參考資料：最高法院87年度台上字第1480號判決要旨

一、民法第495條規定，因可歸責於承攬人之事由，致工作發生瑕疵者，定作人除依同法第493條及第494條規定請求修補或解除契約，或請求減少報酬外，並得請求損害賠償。此之損害賠償請求權，係本於承攬瑕疵擔保責任所生之請求權，與因債務之不完全給付而生之損害賠償請求權，係不同之訴訟標的。本件上訴人依承攬瑕疵擔保責任及不完全給付之法律關係，請求被上訴人賠償損害，係請求權之競合，各有其時效之規定。不完全給付損害賠償請求權應適用民法第125條一般請求權十五年時效之規定，承攬人之瑕疵擔保責任，依民法第498條至第501條、第514條之規定，則有瑕疵發見期間及權利行使期間。原判決竟認上訴人主張損害賠償請求權，不論係依承攬抑債務不履行關係，均應優先適用民法第499條之時效規定，其法律見解，自有違誤。

二、定作人依民法第495條規定請求損害賠償，以瑕疵因可歸責於承攬人之事由而生者爲限，此係承攬人對定作人之瑕疵擔保責任內容之一。而瑕疵擔保責任乃法定責任，不以承攬人有故意或過失爲必要，即承攬人應負無過失責任。又債務人原有給付之責任，僅於有特別情事，始得免責，乃債法之大原則。我民法係以不可歸責於債務人之事由爲免給付之原因，此觀民法第230條、第225條第1項之規定自明。故債務人欲免爲給付者，應就歸責事由之不存在即無故意或過失負舉證責任。

民國87年11月臺灣高等法院暨所屬法院87年法律座談會民事類提案第10號

法律問題：土地所有人甲爲使其土地能順利排水，必須做一排水管穿越道路，乃將該工程發包給有專業知識之營造業乙，甲對該工程係外行，乃對乙指示做該工程以安全爲原則，以免他人受損害，合約上並訂明如有第三人受害應僅由乙負賠償之責，嗣乙於該工程設計或進行中有過失，該排水管所經過之道路突出路面，騎機車之丙因該路面不平致機車摔倒而受傷，除承攬人乙應負賠償責任外，定作人甲是否也應類推適用民法第794條賠償責任？

乙說：定作人甲對該工程既係外行，已對設計及履行有專業知識之乙指示做該工程以安全爲原則，以免他人受損害，事實上甲因無專業知識，也無從對乙爲如何之定作或指示。且合約上並訂明，如有第三人受損害應僅由乙負賠償之責，則甲就其定作或指示自足證明其並無過失。題示之情形，與民法第794條之規定並不相同，自不得比附援引或類推適用。甲對丙之受害自不負賠償責任，否則如此情形，也認定定作人就其定作或指示有過失應負賠償之責，那所有工程之定作人對其工程所發生之對第三人一切意外損害，無論如何盡注意之義務，均應負責賠償，顯非公平。

審查意見：定作人甲於定作及指示既無過失，定作人對承攬人乙因執行承攬事項，不法侵害他人之權利自不負損害賠償責任（民法第189條），採乙說。

研討結果：（一）乙說倒數第四行末句「甲對丙……，顯非公平。」等字刪除。

（二）照審查意見通過。

參考資料：最高法院72年度台上字第2225號判決要旨

土地所有人開掘土地或爲建築時，不得因此使鄰地之地基動搖或發生危險，或使鄰地之工作物受其損害，民法第794條定有明文，此係保護他人維持社會公共利益之規定，定作人違反此項規定者，應推定其於定作或指示有過失，上訴人臺灣銀行固非建築設計之專家，而係委由蔡某承攬設計，惟定作人依法令負有爲特定事項之義務，而使他人代爲該事項時，定作人就該他人之過失或不適當之履行，仍應負其全責，不得因該他人之代爲履行而免其義務。

第五章 合 建

第一節 前 言

合建並非民法債權編所示之契約類型，但在土地開發實務上係常見之契約。建商往往因土地價格過高或土地取得不易，而與地主協議以合建之型態開發土地及建築。合建指雙方當事人一方提供土地，一方提供資金、勞力及技術，合作興建建築物，再依約定之比例共享所得利潤。合建類型中，依雙方所得利潤及合作形式之不同，可區分爲合建分屋、合建分售、合建分成。

合建分屋，指建商提供資金，於地主提供之土地上興建房屋，各自以自己名義爲起造人申請建造執照，雙方於建築物興建完成後，按約定比例或樓層，分配房屋及應得之土地持分，並得個別出（預）售其所分得之房屋及土地。相當於建商以其所建房屋之一部分，向地主換取其分得房屋之土地持分。

合建分售，指地主提供土地予建商合建房屋，以建商爲起造人請領建造執照，地主與建商再依約定之銷售收益分配比例，各自出售其土地與房屋。即建商出售房屋時，地主配合出售該房屋之持分土地，地主及建商各自與購屋者簽訂土地及房屋買賣契約，並個別向購買人收取土地款與房屋款。或地主將土地委託建商代爲出售，建商再轉交出售土地應得之價金予地主。

合建分成，指地主提供土地，由建商出資興建房屋，以共同名義爲起造人申領建造執照，於房屋興建完成後，雙方依約定比例分配房地出售之價金。

一般合建是由地主與建設公司合作，按其彼此認定之價值比例，由地主提供土地、建商提供資金興建建物，並約定於建物興建完成後，地主及建商如何分配建物及土地之產權及利益。至於如何分配，依當事人自主之原則，由雙方自行協議履行。

有關合建之糾紛其類型有：因合建契約所生之糾紛；建物完工後，建商及地主委託廣告公司承包銷售建物，可能涉及廣告不實之違反公平法及消保法之情形；又如發生在建商、地主與購屋者間之糾紛。實務上，有地主於合建契約簽約後，其土地爲其債權人查封拍賣。建商亦有因財務結構不健全或不動產價格之波動而倒閉。此時可見不少大樓，其結構體已完成，但無法取得使用執照而閒置之情形。有時在營建過程中，建商向金融機關融資借貸，但因前述之原因，無法完成建物之興建。以上種種情形，地主與建商之爭執必然產生。

筆者以爲在合建過程中，應瞭解地主及建商之財務情形，避免合建契約無法履行之窘境。再者，如建商因故無法履約時，是否有保證營建廠商可立即承接，亦係合建時應考量之因素。

第二節　法令解說

有關合建並非民法債編各論之有名契約，依當事人契約自主之原則，悉依當事人自行約定。如嗣後對契約之解釋有爭議，應探究雙方當時之眞意，民法第98條亦明定：「解釋意思表示，應探求當事人之眞意，不得拘泥於所用之辭句。」在簽訂契約時如有專業律師從旁協助擬約，將可減少不必要的爭執。

筆者整理有關合建之相關法令函釋如後：

（一）合建之性質

依照契約內容，如係由建築商請領建築執照，而於房屋完成後移轉於地主，以換取地主之土地或出售房屋，將價金按一定比例分配，似屬互易性質，依法準用買賣之規定，除有特別情事可解釋爲當事人之眞意，限於賣屋而無基地之使用外，均應推斷土地所有人默許房屋承買人繼續使用土地（民法第398條及最高法院48年台上字第1457號判例參照）。若契約內容係約定共同領取建築執照，似宜認爲承攬性質，除以建築商個人之技能爲契約之要素外，房屋買受人尚非不得繼續使用土地（民法第512條參照）。（79年12月29日法務部（79）法律字第8173號）

（二）合建地主適用土地增值稅自用住宅優惠稅率之條件

地主是否應使用自用住宅優惠稅率之情形，應於合建契約簽約時明載，以避免日後之爭執。有關適用自用住宅稅率之要件如後：

1. 土地所有權人或其配偶或直系親屬於該地設有戶籍。
2. 出售前一年內無出租或營業使用之情形。
3. 都市土地面積三公畝以內，或非都市土地面積七公畝以內。
4. 自用住宅之評定現值不及所占基地公告土地現值百分之十者，不適用之。但自用住宅建築工程完成滿一年以上者不在此限。
5. 一次爲限。（土地稅法第34條第1項至第4項參照）

（三）土地合建房屋以子女名義起造，仍須課徵贈與稅

財政部臺北市國稅局表示，地主提供土地與建主合建房屋，將應分得房屋以子女或親屬名義登記爲起造人，應依規定以領取使用執照時爲贈與行爲日，依法申報贈與稅。

該局說明，地主參與合建所分得之房屋，自建照申請至完工，雖自始即以子女或親屬名義起造，未有變更，惟房屋係地主提供土地合建所應分得，地主將合建應分得之房地無償登記爲子女或親屬所有，涉有遺產及贈與稅法規定之贈與行爲，贈與人應在贈與行爲發生後三十日內，向主管稽徵機關辦理贈與稅申報。

該局指出，於查核最近兩年臺北市建屋出售案件時，發現部分地主與建主合建房屋，並將應分得房屋以子女或親屬名義登記爲起造人，但因當

事人認爲房屋從興建到完工並未變更起造人，誤以爲不用申報贈與稅，經查獲遭追補贈與稅。

該局舉例說明，甲地主提供土地與建設公司合建分屋，將其本人應分得之五戶房屋以子女爲起造人，並於取得房屋使用執照後，向地政事務所辦理建物所有權第一次登記，卻未向國稅局辦理贈與稅申報，經該局查獲，連同移轉土地持分予子女部分一併核計，房屋以評定標準價格、土地以公告現值計算贈與總額，核定補徵贈與稅額500餘萬元。該局呼籲，地主提供土地與建主合建分屋時，應注意贈與稅相關規定，以維自身權益。（95年11月16日財政部臺北市國稅局《賦稅》）

（四）出售與建商合建房屋應辦營業登記繳營業稅

個人與建商合建房屋在大都市相當常見。不過，如果個人原持有的土地不是自用住宅用地，當分到的房子出售時，財政部表示，個人需依法繳納營業稅，民眾應多加留意相關法令。

財政部北市國稅局指出，日前在查核時，發現有納稅義務人以北市一筆空地與建設公司合建分屋，分得房屋一戶後出售，獲得款項2,000萬元。不過，因爲他並未辦理營業登記，國稅局於是按照銷售額補徵營業稅100萬元，並按所漏稅額處三倍罰鍰。雖然納稅義務人不服，申請復查，但國稅局指出，依財政部台財稅第841601122號函釋規定，個人提供土地與建設公司合建分屋並出售合建分得的房屋，屬於營業稅法規定應課營業稅範圍，原則上都應辦理營業登記，課徵營業稅。除非是以持有一年以上的自用住宅用地與建設公司合建並出售分得的房屋者，才可以免辦營業登記。因爲這名納稅義務人所持有的土地非自用住宅用地，依法應辦理營業登記，所以他的復查申請遭到駁回。（資料來源：中央社）

（五）建築開發業與地主合建之契約不受「不動產經紀業管理條例」規範

按建築開發業與地主合建之契約，係由土地所有權人以土地爲出資，建築開發業以資金及勞務爲出資，雙方共同合作建築房屋，並依約分受利益。建築開發業對外銷售土地所有權人分得之房屋或土地，係源於合建關係所衍生，類屬合夥或合作關係架構下之行爲，縱若土地所有權人或房屋起造人有一方之登記名義人非屬建築開發業者，因屬合建契約約定範圍內所從事之行爲，核屬整體合建銷售計畫之一環，自與不動產經紀業管理條例所稱從事仲介或代銷業務有別，自不受該條例之限制。（92年12月28日內授中辦地字第0920084973號）

第三節 書狀撰寫要旨

有關合建契約之法律性質，屬承攬與買賣之混合契約。在撰寫因合建契約產生爭執之訴狀時，應檢視雙方當事人簽立之合建契約是如何約定。再者，應參考有關承攬及買賣之法律規定，以作爲爭執之依據。

原告不論係建商或地主，應先申請土地謄本及相關之建物謄本，以釐清爭議之標的。再者，合建案有時涉及土地價值與資金龐大，若合建之一方無法履約時，勢必造成另一方莫大損失，因此當爭議發生時，爲保護權益得先聲請假扣押。如建商如果無法依合建契約履約時，地主可考慮假扣押建商之資產，因建商有可能於取得建照後，以預售屋之方式先行出售，則地主有可能面臨無法求償之命運。相對地，若地主無法履約時，建商亦可先行假扣押其資產。

地主與建商間合建之糾紛，亦可考慮向鄉（鎮、市、區）公所申請調解，透過調解委員會委員之調解，以達成共識，不失爲迅速解決爭議之方法。

另外，實務上，合建與信託配合已成爲一種趨勢。爲了達到完工交屋的目的，避免預售個案在興建過程中因爲建商或地主發生財務問題而遭其他債權人查封，造成續建的困難，在興建之初，建設公司暨地主可信託予執行履約管理的公正第三人，將土地與建照起造人名義信託登記，即不動產信託。由於信託財產具有獨立的特性，可以排除外來債務的干擾，對於金融機構及購屋者所投入的資金有絕對的保障，對於地主眾多之合建，不動產信託可以提供作為確保產權與完工的最適方法。

第四節　書狀及契約範例

範例一、請求履行合建契約起訴狀範例

<table>
<tr><td colspan="2" rowspan="2">民事起訴狀</td><td colspan="2">案號</td><td>年度　　字第　號</td><td>股別</td><td></td></tr>
<tr><td colspan="2">訴訟標的金額</td><td colspan="3">新臺幣</td></tr>
<tr><td>稱謂</td><td>姓名或名稱</td><td>性別</td><td>出生日</td><td colspan="3">住所或營業所及電話</td></tr>
<tr><td>原告</td><td>趙○○</td><td>男</td><td></td><td colspan="3">○○縣○○市○○路○○號</td></tr>
<tr><td>被告</td><td>李○○</td><td>男</td><td></td><td colspan="3">○○縣○○市○○路○○號</td></tr>
<tr><td colspan="7">請求履行合建契約事件，謹依法提起訴訟事：
訴之聲明
一、被告應將如附表所示之土地之持分移轉所有權予原告。
二、訴訟費用由被告負擔。
三、原告願供擔保，請准宣告假執行。
事實及理由
一、緣原告與被告於106年10月10日簽立合建契約（見證物一），並經○○○民間公證人公證在案。依約由被告提供所有坐落○○市○○段○○地號及同段○○地號土地二筆與原告合建，有關合建之建物之所有相關費用均由原告負擔，合先敘明。
二、再者，依前揭合建契約第3條內載：由原告申請建照及使用執照，並負擔費用。興建之建物為五層樓，其中一、二層樓之產權歸被告取得，三、四、五層樓則由原告取得被告並應移轉附表所示土地所有權予原告。現原告已依合建契約完成建物之興建，並移轉所有權予被告且經點交完成。但被告竟違約遲不將如附表所示土地之持分移轉予原告，原告曾以存證信函通知被告履約（見證物二），迄今被告置若罔聞。</td></tr>
</table>

<table>
<tr><td colspan="2">三、基上所述，原告爰依合建契約之約定，請求被告履行。爲此懇請鈞長賜如訴之聲明之判決，以維權益。
謹　狀
臺灣○○地方法院民事庭　公鑒</td></tr>
<tr><td>證人</td><td></td></tr>
<tr><td>證物</td><td>一、合建契約書影本乙份。
二、存證信函影本乙份。</td></tr>
<tr><td colspan="2">中　華　民　國　○○　年　○　月　○　日
具狀人　趙○○　（簽名蓋章）
撰狀人</td></tr>
</table>

合建契約範例1 ▶▶▶

<table>
<tr><td>合建契約書
立合建契約書人 地主　（以下簡稱甲方）
建主　（以下簡稱乙方）
茲甲方願意提供如後標示土地，由乙方出資興建五層住宅公寓連棟式樓房，經雙方洽商同意，訂立本合建契約，議定條款如左：
一、甲方所有坐落○○市○○段○○小段○○地號土地面積○○平方公尺，權利範圍全部。提供與乙方出資興建五層住宅公寓連棟式樓房，計○○户（除畸零地及規定空地比例外應全部利用），其型式及坪數由乙方負責設計，經得甲方認可同意後興建之。
二、乙方應依據臺北市政府最新都市計畫法、建築法等諸項規定設計，興建五層公寓連棟式樓房，所建房屋（包括陽臺）雙方分配位置不得變更。
三、本契約簽訂日，乙方應提出新臺幣○○萬元正，開工之同時再提出新臺幣○○萬元正，交付甲方爲履行契約保證金，甲方應於本契約</td></tr>
</table>

簽訂日提出本宗土地之使用權同意書○份（按筆計算份數）及委託設計合約書交與乙方爲申請建築執照手續之用，上開保證金分下列五期無息退還乙方：

1.第一層完工時應退還○○元正。

2.第二層完工時應退還○○元正。

3.第三層完工時應退還○○元正。

4.第四層完工時應退還○○元正。

5.第五層完工時應退還○○元正。

四、本合約成立後，雙方應即共同連署委託○○建築師申請建築執照，設計費用由乙方負擔。

五、申請建築執照時甲乙雙方對各自分取樓房之部分，得由各方名義或各方指定第三人名義申請。

六、甲方應於建築執照核準日起日內將地上物及現有房屋全部拆遷、清理、不得遲延。否則應賠償乙方之損失。

七、乙方應於簽約後○個月内領到建築執照，且於領到建築執照後十日内開工，並自向建設局（處、科）報備開工之次日起歷日（不論晴雨）完工（以向工務局申報完工之日爲準），其建築構造設備等各項工程應依照下列施工説明施工，不得偷工減料：

1.結構：永久式建築，樑柱及屋面均爲鋼筋混凝土，加強磚造並經建築師精心設計、計算，依台北市政府核准之標準施工，能防颱、抗震、堅固耐用。

2.外牆：正面以一B磚砌、貼馬賽克，側牆均爲洗石子，後面外壁爲水泥粉光，内牆表面均加高級漆、塑膠漆，刷三遍，顏色須經甲乙同意。

3.地面：一、二、三樓磨石子，浴室、廚房均舖馬賽克，後院水泥粉光，前陽臺内外均舖上級水泥花磚，陽臺門窗正面、側面及後門窗則用中上材檜木及中級本省製造之門鎖，五金配置。廚房琉璃臺高

0.6 M及0.8 M，貼高級白色磁磚，設浴盆壹座，裝冷熱高級水龍頭各乙支，白磁洗面盆、座式白磁馬桶各一組，化粧箱乙具，附裝置吊毛巾架。

4.墊土：全地面墊貳台尺。

5.配置：配置電視機、對講機、電話線等線路管及110V輸電線設備，水電內外設備，乙方所建工程在驗收後一年內保證完整，工程如有倒裂或漏水應負責完全修復（但巨大天災人禍不在此限）。

6.屋頂：鋼筋混凝土屋頂上部，做五皮式柏油毛，防水層煤渣水泥。

7.隔間：除廚房浴廁隔間外，其他空間。

8.應裝設通屋頂欄杆加塑膠板於扶手及樓梯臺階及漆好的中上檜木門與鎖。

9.屋頂設置自動開關自動抽水塔、水井及抽水馬達。

八、本件契約成立後，如因政令限制或不可抗力之事由發生致乙方不能領得建築執照時，本約無條件解除作廢，甲方應即將所收保證金返還乙方，不得拖延，如工程進行中因政令限制或不可抗力之事由發生致不能興建時，應由雙方另行協議，協議不成，即解除契約，解約後甲方應即將所收保證金返還乙方，甲方對乙方已建房屋，應依時價補償。

九、違約之約定：

1.甲方應保證本件土地沒有出租、抵押、設典或其他糾紛，如有上開情事，應由甲方負責清理，否則甲方應即日退還乙方保證金，並賠償乙方所支付之各項費用，另賠償違約金新臺幣◯元正，不得異議。

2.乙方對甲方所分得房屋如無故一次停工天以上，甲方得沒收乙方保證金，乙方不得異議。

3.乙方未於契約成立日起◯個月內領得建築執照，本契約即解除，甲方一次無息退還保證金給乙方。

4.乙方不如期開工，甲方得沒收保證金解除契約。

5.乙方如如期完工時每逾一日應給付甲方違約金新臺幣○仟元，遲延○個月，即解除契約，甲方即沒收及已完成之地上物，收回土地。但因不可抗力之事由者不在此限。

十、房前屋後排水溝及防火巷應全部舖設水泥，甲方隨時對全部工程有監工權，乙方應照申請執照圖施工，如有違反或偷工減料之情事，應按違約情節由甲方自保證金取償。

十一、甲方提供本件土地，於○年○期以前應繳納稅捐由甲方負責繳清，但開工後所有辦理移轉登記等之稅捐，各自負擔。

十二、乙方不得將本合約或工程轉讓或轉包一部或全部給他人。

十三、本件房屋於第一層完成時，甲方應將所提供之基地分割過户與乙方所指定之起造人或委建户，甲方應對其認可，不得異議。雙方同意委託○○地政士辦理，費用各自負擔。

十四、對本件土地分割、所有權移轉登記及房屋保存登記時，其應支出之各項費用及增值稅，應按雙方取得之房屋比例負擔。

十五、(1)甲方如無故中途違約時，除將從乙方所收保證金加倍奉還乙方，並對乙方因之所生一切損失負責賠償後，方得解除本契約。

(2)乙方如中途違約時，除將所付甲方之保證金，由甲方沒收外，所有已建之建築物亦任由甲方沒收，並得解除本契約。

立約人

甲方（即地主）

住址：

電話：

身分證字號：

乙方（即建主）
住址：
電話：
公司執照號碼：
負責人姓名：
住址：
電話：

甲方保證人：
地址：
身分證字號：
電話：

乙方保證人：
地址：
身分證字號：
電話：

監造者：
地址：
電話：

中　華　民　國　年　月　日

合建契約書範例2 ▶▶▶

合建契約書

立合作建築契約書人
土地所有人　〇〇〇　　　　　　　　　　（以下簡稱甲方）
出資建築人　〇〇建設股份有限公司
負責人　　　〇〇〇　　　　　　　　　　（以下簡稱乙方）

茲爲謀土地之有效利用，經雙方協議爲合作建築事宜，訂定契約條款如下：

第一條　土地標示

甲方提供之其所有土地，坐落於〇〇市〇〇區〇〇段〇〇地號（面積約〇〇坪）、〇〇地號（面積約〇〇坪）、〇〇地號（面積約〇〇坪）、〇〇地號（面積約〇〇坪）等〇筆土地，總面積〇〇坪爲甲乙雙方交易之標的物。

第二條　建築資金與營建管理

前開土地由乙方提供興建資金，並負責土地勘測、申購國有土地之合併、延聘政府核可之建築師負責建築設計、房屋規劃、訂定銷售價格與銷售事宜、工程費用、施工與監工管理費用及有關工程之一切事務，並委派地政士代辦一切房地產權移轉或登記之必需手續。

第三條　土地與房屋之交易

第壹節　土地部分

本節所指之土地，係指甲方於本約第1條之土地標示總面積，扣除分割〇〇坪（〇〇地號約〇〇坪、〇〇地號之路地部分約占〇〇坪、〇〇地號約占〇〇坪），再扣除〇〇地號與公園預定地邊之〇米巷道用地約〇〇坪，再扣除〇〇地號之道路用地面積約〇〇坪，再扣除〇〇地號用於〇米巷道用地約〇〇坪，總計基地面積約〇〇坪（上開標示面積悉依管轄地政事務所辦理土地分割之勘測成果表爲準）。

一、甲乙雙方同意以第1條之標示土地，扣除不願以土地交易之部分分割，再扣除道路用地，所剩餘之基地面積，甲乙雙方各持二分之一。

二、甲方分得之土地，以優先使用○○地號爲原則，但乙方所分得之部分，不足前開基地面積之分配比率時， 甲方同意以○○地號之土地，給予乙方。使達到分配比率爲止。

三、甲方所分得之○○地號，其西側面臨○○米道路之○○地號之畸零地，由乙方出資負責洽購予甲方使用，但乙方得以同面積之坪數，就甲方所有之土地扣除之。

四、甲方於簽妥本約後，在辦理土地分割後，其餘○○地號、○○地號、○○地號參筆土地扣除分割後之剩餘面積，甲方同意將後兩筆土地所有權，於乙方興建甲方應得之房屋至參樓樓板時移轉予乙方，其建築使用歸乙方自行處置，甲方不得干涉，並不得爲其他之請求。

五、○○地號西側臨○○米計畫道路之○○地號之畸零地，由乙方向所屬基地地主洽購，其土地所有權亦歸乙方所有，甲方不得爲其他之請求。

六、本標示土地所轄之區域，細部計畫實施（即道路打通時），其○○街廢棄道路地，甲方放棄其承購權，並於乙方未取得○○地號之土地所有權前，同意暫以甲方名義向所轄主管官署申購，由乙方出資承購，其土地所有權歸屬基地地主，甲方不表異議並不爲其他之請求。

七、甲方於收受乙方之有關交易之土地補貼金額後，需立即就○○地號之土地所有權，辦理移轉予乙方。

八、本約之土地交易以甲方所提供載於第壹條之土地標示部分爲甲方土地提供之範圍，若甲方所提供之土地有所增減時，甲方一切權利義務應按土地提供面積增減。

第貳節　建築改良物部分

前開土地部分於辦理分割後，甲方所分得之土地部分，由乙方負責興建本國式五層樓店舖公寓房屋，其施工標準、隔間配置悉依◯◯市政府工務局所核可之圖説及設計內容施工，建築材料如第4條建築改良物之品質爲準則，並於送往◯◯市政府工務局核可前經由甲方同意。

第參節　補貼金額部分

一、乙方願補貼甲方新臺幣◯◯元整，共分兩期支付，甲方於領取該筆款項時，需辦妥左列各項手續：

（一）第一期款新臺幣◯◯元整

1.本契約成立時，甲方需同時提供全部土地之土地使用權同意書（三份蓋妥本人印鑑）、土地所有權狀影印本、印鑑證明一式三份彙交乙方，以辦理建築線之指示以及建築執照之核可。

2.本契約成立時，甲方同時繳交建築改良物滅失登記申請之必備文件（包括土地複丈申請書、建築勘測聲請書、土地及建物權利消滅登記聲請書、委託書，於上開書狀蓋妥印鑑，並附交土地或建物所有權狀影印本 、原權利人户籍謄本、申請人印鑑證明）交由乙方辦理建築改良物滅失登記之手續；未曾辦理保存登記者，則繳交房屋拆除委託書，附印鑑證明、房屋拆除切結書，以便乙方可於預定期內派工前往騰空本標示基地。

3.甲方於簽訂本約時，部分尚未辦理繼承手續之持分土地，需備妥户籍謄本（被繼承人死亡時之全户户籍謄本、另附法院宣告死亡判決書（户籍謄本有記載者無需另備））、親屬保證書（添附印鑑證明）或繼承系統表、稅捐完納證明書、遺產稅繳納或免稅證明書、土地或建物所有權狀、繼承人印鑑證明，並簽章蓋妥印鑑於委託書以及土地建物所有權登記申請書（並附土地清册），一起彙交予乙方，由乙方委派專人代甲方辦理本標示土地之繼承事宜。

4.甲方於簽定本約時，應備妥土地所有權人户籍謄本、印鑑證明、土地或建物所有權狀、本標示土地當事人和解筆錄及協議書、土地建築改良物標示變更登記聲請書及登記清冊、土地建築改良物分割合併申請書交由乙方，由乙方委派專人代甲方辦理向管轄地政事務所申請建物分割合併、勘測成果表，再依據勘測結果，完成土地標示變更登記，以配合建築執照申請預定日期之縮短。

如甲方之土地有共有持分人不願分割，需請求法院判決分割時，甲方需無條件同意乙方之處置態度，完全與乙方採取同一步驟，不得藉詞推諉，否則以違約論處。

5.本契約成立同時，甲方對於本地段○○地號之畸零地，需與乙方配合以便辦理承購合併之手續，但甲方放棄上開基地之承購權利，如乙方因基於事實之需要，必須以甲方名義向國有財產署辦理承租或承購手續時，甲方除需另再簽署土地權利讓渡書外，同由乙方辦妥上開土地之預告登記：非由乙方或其指定人辦理土地移轉手續，否則不得做其他登記之變更，甲方不得爲其他之請求。

有關同地段○○地號，需由乙方向該地號之地主洽購，但其土地所有權歸屬於甲方所有，乙方不得異議，但本約成立時，乙方如需以「畸零地合併使用」時，有關所需之書狀文件，甲方需無條件加以配合。

6.本約成立時，需將同地段○○地號所有權移轉書狀文件交予乙方（土地建物所有權登記申請書、公定買賣契約壹式參份，並於上開文件蓋妥印鑑、義務人印鑑證明、義務人户籍謄本、稅捐完納證明、各項繳稅收據及證明、土地或建物所有權狀或他項權利證明書、委託書），以便乙方辦理土地移轉之手續。

7.原○○街廢棄道路用地，由乙方向○○市工務局申請合併使用，再向國有財產署申請承購，甲方需於本約簽定時，就有關承購手續之文件與書狀蓋妥印鑑，如因基於事實需要，必須以甲方名義向國有財產署辦理承購手續時，甲方除書立土地權利讓渡書外，同時由乙方辦妥上開土地之預告登記；非由乙方或其指定人辦理土地移轉手續，不得做其他登記之變更。

甲方於簽訂本約時，乙方需將上開款項提存於法院，或以甲乙雙方共同之指定人，以兩方之印鑑共同向特定之金融機構申請共同之乙存帳號，俟甲方就上開手續辦妥後，由甲乙雙方同時簽署，交由乙方領取，提存期間之利息歸由甲方領取，乙方不表異議。

（二）第二期款新臺幣400萬元整

1.本約簽署起○個月內，甲方需將全部標示土地上之地上物及住户遷清及拆除，同時應負責周圍道路之暢通，以供乙方工程之進行，並出具書面保證不得要求任何權利。

2.甲方備妥土地所有權利人户籍謄本、印鑑證明、土地或建物所有權狀、本標示土地當事人和解筆錄及協議書、土地建築改良物標示變更登記聲請書及登記清冊、土地建物改良物分割合併申請書，就上述書狀文件蓋妥印鑑，預先提存於管轄法院，俟乙方就需將甲方興建部分之房屋，完成第○層樓樓板時，憑○○市工務局工程查驗證明，領取上開文件書狀，以辦理本標示基地之土地分割手續。

3.除上開之文件外，甲方亦備妥○○地號、○○地號兩筆土地之所有權移轉書狀與文件（土地建物所有權登記申請書、公定買賣契約一式三份，並於上開文件蓋妥印鑑、義務人印鑑證明、義務人户籍謄本、土地所有權狀或他項權利證明書、委託書）預先提存於管轄法院，俟乙方就需將甲方興建部分之房屋，完成第○層樓樓板時，由乙方以○○市工務局之查驗證明，領取上開書狀後，同時由乙方連同稅捐完納證明、各項繳稅收據及證明，向管轄地政事所辦理前開標示土地所有權之移轉予乙方或其指定人。

4.就甲方所分配之房屋選定每人所有之房屋棟數並安排妥善每户之起造人予乙方。

二、甲乙雙方辦理提存有關補貼款之手續，若雙方同意以共同指定人之印章預存或領取上開補貼款，如因故無法締結本約或甲方無法達成履行合約之要件時，有關上開補貼款項，甲方不得藉詞拒蓋印章，致使乙方無法領回乙方所提存之補貼款，否則以違約論處，甲方應負賠償之責。

第四條　建築改良物之品質

一、結構：永久性鋼筋混凝土，從基礎柱、樑、樓板、梯階等均爲防火、防颱、耐震之鋼筋混凝土建築設計，並經詳細結構計算。

二、建築高度：面臨○○米道路部分應設騎樓，底層其樓層高度需按法規之最低限度爲準則，而○樓以上樓層高度爲○○米。

三、地坪：一樓地面爲磨石子，選用粗顆白，灰色宜蘭寒水石美觀耐用，二、三、四、五樓舖高級木製地板、臥房一律加舖國產地毯。

四、牆面：外牆正面貼釉面馬賽克，側牆爲洗石子，後牆水泥粉光，內牆水泥粉光後油PVC漆，客餐廳牆壁貼國產壁紙或塗康固力裝潢塗料。

五、平頂：水泥粉刷底噴PVC漆。

六、廚房：牆面貼白磁磚到頂，地面舖紅鋼磚或馬賽克，爐台、工作台、洗碗槽齊備，上貼白磁磚，底爲鋼筋混凝土台。

七、浴廁：地面舖石質馬賽克或紅鋼磚，牆面貼白磁磚到頂，安裝白磁坐式抽水馬桶，洗面盆、玻璃纖維浴盆、毛巾架、化粧鏡箱，冷熱水龍頭各乙套及電鬍刀插座。

八、樓梯間：樓梯寬敞，踏步高低適度，平台寬大約鋼筋混凝土並磨石子，安裝木製扶手欄杆，美觀堅固。

九、陽台：採用前陽台正面貼磁磚，背面水泥粉光PVC漆，地面舖紅鋼磚後陽台內外牆水泥粉光，地面舖紅鋼磚，並預設電燈線路開關，洗衣機插座，洗衣槽及龍頭。

十、門窗：外窗採國產高級鋁窗，客廳落地門，視野遼闊，户内房門採用雙門耐水夾板門、美化柚木花門，玻璃與五金均採國產上碁，二、三、四、五樓玄關進口大門爲古歐式雕花門。

十一、電氣設備：全部牆內暗線，採用單相三線式110V及220V供電，各房廳設無熔絲電燈開關及插座，預留冷氣機管道與線路，每户並設獨立水錶，並預留電話線路，可申請直接外線電話，客廳及主臥室均預留電話暗管及電視總天線。

十二、供水設備：採用間接供水方式，一樓底設蓄水池，屋頂設蓄水塔，馬達自動供水，儲水量豐富不虞缺水，除總水錶外，每户並設獨立水錶。

十三、屋頂：全部鋼筋混凝土結構，六層水泥粉光舖三油二皮五層柏油，油毛毯、泡沫混凝土覆蓋或其他防水劑等防水隔熱之處理，具防音、隔熱、防水效果，由頂樓住户保管使用。

十四、對講機：樓梯門裝電鎖，貳、參、肆、伍樓設對講機，除防閒雜人出入保持清潔外，以免來訪客人上下樓奔波之苦。

十五、共同天線：每棟架設共同使用電視天線，以維公寓整體之瞻觀。

十六、房間配置：每户按照每位地主其土地持分面積計算，儘量以○○或○○坪爲設計原則，房間以三房兩廳或四房兩廳爲配置主幹，廚衛齊全，房間以1/2B磚牆到頂，水泥粉光加PVC漆。

十七、瓦斯：每户預留大台北互斯管，押錶費用由各住户負擔。

第五條　產權之點交

一、甲方需保證提供之土地，絕無來歷不明或與第三者之抵押借款等他項權利設定，地上權各項租約及其他債務、產權糾紛、或與他人簽定合建合約等糾葛，如有上列情形時概由甲方應於建照申請前負責理清與乙方無關，倘乙方受損害時，甲方願負完全賠償之責任。

二、本約自成立之日起，甲方不得以本標示土地向任何金融機關或私人辦理抵押或借貸等他項權利之設定，否則以違約論處。

三、本件房地登記名義及建造起造人名義得各自自由指定，倘有建築中需變更起造人名義、變更設計執照、使用執照及接電、接水、瓦斯等各項手續時，雙方完全同意協助辦理，會簽蓋章。惟甲方變更建築執照之起造人需負擔其變更之手續費，但在甲方未將土地所有權移轉予乙方或其指定人名義以前，乙方有權制止甲方指定之起造人做建築改良物第一次總登記。

四、本約標示土地尚未辦理建物所有權總登記前，如甲方擬將本標示土地轉讓予他人者，必須事先徵求乙方同意後始得爲之；而其承受人對本約之一切規定有關之權利義務仍具有相同之約束力。

五、乙方於取得○○市工務局所核可之本標示建築物之使用執照，並於甲方所要求之建築內容完全履行後，其交屋手續方能符合本約之要件。乙方於甲方履行下列各款義務後，乙方始行交屋，並憑乙方發給之遷入證明，辦理遷屋手續。

1.付清本約指定之各項稅捐與其有關之手續或增添之建築費用。

2.提出辦理房地所有權總登記之必備文件（建築改良物所有權登記申請書「附登記清冊」、權利人户籍謄本、土地所有權人同意書、建築執照、建物使用執照或有關文件、建物勘測成果表、委託書、義務人印鑑證明）並在有關文件上蓋章彙交乙方。

3.就乙方所興建之建築物予以驗收，並簽署認可之同意收執。

六、乙方通知交屋日起超過○天，甲方仍未接管，乙方不負保管責任。房屋移交甲方接管後，乙方保證本建築改良物完工後保固○年，保固範圍爲本建築物之建築結構、牆壁、地坪以及公共設施之機器，但因天災、地質、人禍等不可抗力所造成之損害，以及不可歸責於乙方所造成之門窗玻璃、水電配件及油漆粉刷等損毀則不在此限。

第六條　建築執照取得與騰空基地之期限

一、乙方需於本約簽定後之第三個月內取得甲方所分得土地之房屋建築執照，亦即甲方騰空本標示基地現場後○個月內。但因甲方之延誤，致使乙方無法備妥建築執照所必備之文件則不在此限。

二、甲方雖需於簽定本約後◯個月內騰空基地現場，並使道路暢通予乙方，但如甲方能於預定期間內提前遷離並騰空現場，乙方並不反對，惟建築執照之取得則不因提前騰空而縮短核可日期。

第七條　開工竣工日期之約定

一、乙方於取得需將甲方興建之房屋建築執照後◯◯天開工，開工後以◯◯個工作天爲竣工日期。竣工日之計算，以乙方向◯◯市工務局申請使用執照日爲準。

二、開工後，如未能在約定期間內竣工，每逾◯日依甲方所得部分之工程費以千分之◯付給甲方做爲賠償之罰款；本工程乙方若無故停工◯個月，並經甲方催告兩次，而依然未見改善者，甲方應無條件沒收本基地乙方所造未完工之建築改良物暨其他工料等，乙方不得異議；但因下列情形之一者，乙方不負遲緩竣工與延誤或無故停工之責任。

1.因甲方中途變更室內隔間，而延誤其他部分之工程進行者。

2.因甲方未依本約規定繳付其他稅捐者。

3.因甲方變更起造人，而延誤其他部分之工程進行，致使工程檢驗延誤日期者。

4.因不可抗力之原因包括天災、地質、人禍等其他非乙方所能控制之原因，而不能進行工程者。

5.因政府禁建之命令，而無法進行工程者。

本房屋外排水溝之舖設工程及環境整理工程，不受本條竣工時限之約束。

第八條　水電接通與交屋日期之期限

一、水電接通日期，悉依各該主管官署之決定，乙方不受完工時限之約束，但必須在使用執照取得後拾伍天內辦理接水接電之申請手續，並負責繳清各項費用。

二、乙方於取得房屋使用執照日○天內，為乙方交屋之期限。交屋工程之項目包括環境之整理與公共設施之改善以及道路之舖設（○○米與○○米者不在此限，但○○米道路需舖設柏油）。

第九條　銷售價格之確定與相互保證

一、甲方同意其所分得之房屋，其房地總銷售價款不得低於乙方所訂之價位出售。

二、如甲方有意將其房屋售予乙方，且乙方亦表示願意承購，乙方需在本房屋完工時承購並一次付清房地總價款。

三、如甲方有意承購乙方所分得之部分，甲方可比照一般購屋者之繳款方式繳納。

四、如甲方將所有分得之房屋委託乙方代為出售，乙方比照一般委託銷售之慣例代為收取總價款百分之○之廣告費與銷售費。

第十條　稅捐與費用之分擔

一、甲方因辦理本標示土地之繼承所必需繳納之遺產稅統由甲方負擔。

二、凡於未拆除本標示土地上之房屋前，其所發生之房捐，統歸甲方負擔。

甲方所分得之房屋，自門窗水電裝置完成，向有關管轄機關申報現值後，甲方所分得之房屋，統歸甲方負擔。

三、本標示土地應繳納之地價稅及工程受益費於土地所有權移轉登記前概由甲方負擔，辦理移轉登記後由各持有人各自負擔。

四、土地所有權移轉登記所發生之增值稅由雙方依各持有部分各自負擔。

五、本標示土地其地目變更，分割或合併等手續，由乙方負擔。房屋保存登記手續，由甲方授權乙方統籌辦理，有關房屋產權登記之一切稅捐（千分之一之公契印花、監證費、登記規費、代書費、複丈費等），由甲乙雙方以所得之土地與房屋各自負擔。

六、甲方同意自乙方通知交屋日期之日起，不論是否遷入，均應分擔下列費用。

1.本户水電、瓦斯等基本費用。

2.屬於全體住户分擔之水、電、瓦斯等基本費用。

第十一條　雙方意思告知之憑證

甲乙雙方對所爲之徵詢、商洽或通知辦理事項，均以書面按本約所載地址（甲方通訊地址以本約所載者爲準，如有變更，甲方應即時加以更正，否則因此而致誤時或誤事者，統由甲方自行負責）掛號付郵爲之，如因拒收或無法送達者而致退回者，均以郵局第一次投遞日期視爲送達日期。

第十二條　甲方委託代表之遴選

本契約簽定後甲方應推派代表負責處理本約各項業務，將本約各項條款權利義務之處理以及本約所約定各筆土地之產權處理依民法第534條但書之規定全權委託代表○○○、○○○、○○○等參人共同處理，以便事務之順利進行。

第十三條　合約各條款與附件之相關效力

本約各條款皆具有不可割裂之相互連帶關係，不可部分履行，以上各條款對甲、乙雙方權利義務受讓人或繼承人具有相同之約束力。

本約之附件，視爲本約之一部分，與本約具同等效力。

第十四條　權利轉移之限制

乙方不得將本契約權利讓渡予任何第三人。

第十五條　未盡事宜與違約

本約如有未盡事宜，悉依照民法之規定與一般工程慣例以及本國善良風俗爲準則履行。

一、甲方如違約，除備補貼款同等金額給予乙方做爲違約賠償外，並自收受補貼款金額之日起至清償日止，每日按千分之○計息退還乙方，並賠償乙方已進行設計、施工等各項費用及損失給予乙方。

二、若乙方違約，除所付補貼款由甲方沒收外，其已完成之工程全部由甲方沒收，絕無異議。

三、甲乙雙方如因本約訴訟時，雙方同意以◯◯地方法院爲管轄法院。

四、有關本程施工期間，因損毀鄰屋之安全問題，由乙方負責處理與甲方無涉。

第十六條　合約之連帶責任

爲確保本約之履行，甲方所有◯◯◯人應負共同連帶責任，其中一人違約，即視爲甲方違約。

第十七條　合約份數與生效日

前開契約係經雙方同意，喜悅訂定，恐口無憑，特立本契約爲證，本契約正本一式二份，甲、乙雙方各持一份爲憑，副本一式三份，甲方持二份，乙方持一份，印花雙方自貼，本合約書自簽約日起生效。

立契約書人

甲方（即地主）：

住址：

電話：

身分證號碼：

乙方（即建主）：

住址：

電話：

公司執照號碼：

負責人姓名：

住址：

電話：

甲方保證人： 地址： 身分證字號： 電話： 乙方保證人： 地址： 身分證字號： 電話： 監造者： 地址： 電話： 中　華　民　國　年　月　日

第五節　實務判解

➢ 兩造所訂立之合建契約，其性質屬承攬與買賣之混合契約，即由被上訴人承纜完成一定工作而以上訴人應給予之報酬充作建築商買受由其分得部分基地之價款，並由地主及建商各就其分得之房屋以自己名義取得建築執照，已如前述，則就地主部分而言，依建築法第70條第1項前段規定，建築工程完成後，應由起造人會同承造人及監造人聲請使用執照。又依土地登記規則第70條第1項規定，申請建物第一次所有權登記應提出使用執照，故如無特別情事，建造執照上所載之起造人恆爲該建物所有權第一次登記之申請人亦即原始建築人。是地主如以自己名義領取建築執照而由建築商建築，自爲該建物所有權第一次登記之申請人即原始建築人，應認該房屋之原始所有人爲地主。（86台上1019）

- 合建：依照契約內容，如係由建築商請領建築執照，而於房屋完成後移轉於地主，以換取地主之土地或出售房屋，將價金按一定比例分配，似屬互易性質，依法準用買賣之規定，除有特別情事可解釋爲當事人之眞意，限於賣屋而無基地之使用外，均應推斷土地所有人默許房屋承買人繼續使用土地（民法第398條及最高法院48年台上字第1457號判例參照）。若契約內容係約定共同領取建築執照，似宜認爲承攬性質，除以建築商個人之技能爲契約之要素外，房屋買受人尙非不得繼續使用土地（民法第512條參照）。（79年12月29日法務部（79）法律字第8173號）

第六章 信　託

第一節 前　言

我國於民國85年1月26日公布信託法，該法所稱的「信託」為委託人將財產權移轉或為其他處分，使受託人依信託本旨，為受益人之利益或為特定之目的，管理或處分信託財產的關係。

由於信託係以「財產權」為標的，所以具有財產價值之權利，如債權、物權、準物權及無體財產權等均得作為信託的標的，我國信託業法第16條規定：「信託業經營之業務項目如下：……五、不動產之信託。六、租賃權之信託。七、地上權之信託。……」足見不動產相關的信託也是信託業的重要業務之一。

所謂「不動產信託」，即土地或建築物所有權人（即委託人），將該不動產之所有權或他項權利，移轉或設定於足以信賴且有管理企劃及執行能力之信託銀行、信託公司或專業人士（即受託人），使其依信託本旨，管理或處分該不動產，並以所得之利益分配予受益人。不動產信託，有助於促進不動產之充分合理有效之開發與利用，達到物盡其用、地盡其利之理想。

以往在土地法及農業發展條例限制農地取得人之資格及未開放農地可分割及共有之前，常有以具有自耕農身分之人為人頭買賣農地，並登記在該具有自耕農身分之人名下，或共同投資農地僅登記在具有自耕農身分之人之名下之情形。及至土地法及農業發展條例修訂後，原先之委託人或共同投資人紛紛請求登記名義人返還土地或請求移轉持分土地，此類主張信託或合夥關係之訴訟亦為常見。

第二節　法令解說

信託在英美國家已行之有年，我國於民國85年1月26日公布信託法，提供了不動產信託辦理之法源依據。之後於89年7月19日公布信託業法，賦予信託業辦理不動產信託之法源依據。爲配合信託機制，陸續修訂土地稅法、房屋稅條例、契稅條例、遺產及贈與稅法、平均地權條例、所得稅法、營業稅法等，不動產信託相關法令趨近完備。

一、不動產信託之當事人

不動產信託之當事人有委託人、受託人及受益人。特殊情形時，另有信託監察人。所稱「委託人」，係指不動產所有權人，其以契約或遺囑方式，將其不動產信託移轉予受託人。所稱「受託人」，係指具有權利能力及行爲能力之自然人或法人，依信託本旨，爲受益人之利益或爲特定之目的，管理或處分信託不動產之人而言。所謂「受益人」，則指依信託關係而有權享受利益之人，受益人只要具有權利能力即已足，不以有行爲能力爲必要。受益人爲委託人自己者稱爲自益信託，受益人爲第三人者稱爲他益信託。

二、不動產信託之種類

不動產信託，依信託目的不同，可區分爲不動產開發信託、不動產管理信託、不動產處分信託。

不動產開發信託，以開發爲目的之不動產信託，土地或建物所有權人將不動產信託移轉予受託人，由受託人依信託契約之約定，進行土地建築或房屋修繕所需之資金籌措融通、信託利益收取、分配債務清償、進行信託利益之交付計算、依信託契約將信託利益交付予受益人，並於信託期間屆滿時歸還信託財產予委託人或受益人之信託行爲。

不動產管理信託，以管理爲目的之不動產信託，土地或建物所有權人將不動產移轉予受託人，由受託人依信託契約之約定，管理經營信託財產，將管理所得之收益依信託契約分配予受益人，並於信託期間屆滿時歸還信託財產予委託人或受益人之信託行為。

不動產處分信託，以處分不動產為目的之信託，土地或建物所有權人將不動產移轉予受託人，由受託人依信託契約之約定，標售或讓售信託財產，將信託財產移轉登記予買受人，並將出售所得價金交付予委託人或受益人之信託行為。

三、不動產信託之標的

不動產信託係以不動產為信託財產之標的，信託財產為不動產時，須辦理信託登記，使不動產登記在受託人名下。因此，受託人為「名義所有權人」，委託人是「實質所有權人」。信託財產移轉之目的，在確保信託財產之獨立性。不動產之信託財產不以不動產所有權（土地所有權或建物所有權）為限，他項權利如地上權、典權、甚至於租賃權等，亦得為信託之標的。至其範圍，應依信託行為成立時之信託目的與當事人所訂契約或所立遺囑之內容而定。

四、不動產信託登記

信託登記是不動產信託成立之特殊要件。以應登記或註冊之財產權為信託者，非經信託登記，不得對抗第三人（信託法第4條第1項）。由於信託財產其有「獨立性」與「物上代位性」，為顧及受益人及第三人權益，使社會大眾明確分辨何者為信託財產，以保障交易安全，對於特定的信託財產不能不設信託公示制度即信託登記制度。

信託以契約為之者，信託登記應由委託人與受託人會同申請之。信託以遺囑為之者，信託登記應由繼承人辦理繼承登記後，會同受託人申請之；如遺囑另指定遺囑執行人時，應於辦畢遺囑執行人及繼承登記後，由遺囑執行人會同受託人申請之。前項情形，於繼承人有無不明時，仍應於

辦畢遺產管理人登記後，由遺產管理人會同受託人申請之。（土地登記規則第125條、第126條）

信託登記完畢後，登記簿上會記明係信託財產及委託人姓名等，其所有權狀或他項權利證明書上亦記明爲信託財產，以供第三人辨識。另外，於信託關係消滅時，應由信託法第65條規定之權利人會同受託人申請塗銷信託或信託歸屬登記；信託財產因受託人變更，應由新受託人會同委託人申請受託人變更登記；信託內容有變更，而不涉及土地權利變更登記者，委託人應會同受託人檢附變更後之信託內容變更文件，以登記申請書向登記機關提出申請。

五、信託財產之性質

（一）信託財產之獨立性

1. 信託關係不因委託人或受託人死亡、破產或喪失行爲能力而消滅。但信託行爲另有訂定者，不在此限。委託人或受託人爲法人時，因解散或撤銷設立登記而消滅者，適用前項之規定。（信託法第8條）
2. 受託人死亡時，信託財產不屬於其遺產。（信託法第10條）
3. 受託人破產時，信託財產不屬於其破產財團。（信託法第11條）
4. 對信託財產不得強制執行。但基於信託前存在於該財產之權利、因處理信託事務所生之權利或其他法律另有規定者，不在此限。違反前項規定者，委託人、受益人或受託人得於強制執行程序終結前，向執行法院對債權人提起異議之訴。（信託法第12條第1項、第2項）
5. 屬於信託財產之債權與不屬於該信託財產之債務不得互相抵銷。（信託法第13條）
6. 信託財產爲所有權以外之權利時，受託人雖取得該權利標的之財產權，其權利亦不因混同而消滅。（信託法第14條）

（二）信託財產之物上代位性

受託人因信託行爲取得之財產權爲信託財產。受託人因信託財產之管理、處分、滅失、毀損或其他事由取得之財產權，仍屬信託財產。（信託法第9條）

（三）信託財產之公示性

以應登記或註冊之財產權爲信託者，非經信託登記，不得對抗第三人。（信託法第4條第1項）

第三節　不動產信託實務簡介及書狀撰寫要旨

一、不動產信託實務簡介

（一）開發型信託

委託人（地主及建商）與受託人（信託業或建築經理業）簽訂信託契約，地主移轉土地所有權予受託人，建商向金融機構辦理建築融資，結合金錢信託與不動產信託，依信託契約之約定由受託人設立信託專戶，作專款專用之管理運用，開發完成後再由受託人將不動產或其處分價金分配返還給委託人（自益信託）或其指定之受益人（他益信託）。

（二）管理型信託

係指委託人與受託人簽訂信託契約，並移轉不動產所有權予受託人，受託人依據與委託人簽訂之信託契約而爲管理、租賃、資產保護或產權移轉，並將信託利益交付予受益人。

（三）不動產信託優點——以地主與建商之合建之信託爲例

1. 對合建地主的好處

(1) 興建期間排除外在因素干擾，確保順利完工土地信託後，如委託人破產、死亡或遭第三人查封，對信託之土地不受影響，降低傳統建案地主於興建時期遭受之風險，提高建案完成之可能性。

(2) 興建資金「專款專用」，排除建商挪用資金風險

不動產開發多由金融機構擔任受託人，並開立信託專戶控管興建資金，於興建期間由信託專戶支付各項工程費用，確保興建資金專款專用。融資銀行依工程進度撥款存入信託專戶，亦可避免建商挪用資金。

2. 對建商的好處

(1) 建立風險防火牆， 排除外在因素干擾

委託人破產、死亡或遭第三人查封，對信託之財產不受影響，降低傳統建案建商於興建時期遭受之風險，提高建案完成之可能性。

(2) 關係人單純，工程順利進行

如地主人數眾多、產權複雜時，可藉由信託機制將產權統一移轉予受託人，由受託人辦理開發事項，俾利工程順利進行。

(3) 加深互信基礎，減少合建保證金支付

透過信託方式，強化建商與地主間信任，以往建商於合建案所應支付之保證金可因此大幅降低。

3. 對預售承購者的好處

(1) 土地、起造人名義交付信託，降低建案失敗率

若以多數地主爲共同起造人，遇有地主發生繼承時，手續繁雜。採用信託方式可避免此種情況造成程序、時間之耗費，促進建案順利進行。

(2) 資金交付信託，專款專用，得到更積極的保障

承購者將其繳納之價金直接存入信託專戶，由受託人管理，亦得確保其價金運用於建物興建，避免遭建商挪用。

(3) 施工進度受到監督

信託專戶內之資金以工程進度分期撥用，建商如欲取得後續資金繼續

興建，必須依信託契約所定之進度完成工程，並接受查核。

二、書狀撰寫要旨

在信託法公布之前，民間已有土地（常見為農地）信託之情形，惟非以信託為登記原因，而將農地直接登記在受託人名下，委託人為保障其權益，常將信託之土地設定最高限額抵押權，以保障其財產權。委託人如何請求返還信託土地，涉及應先終止與受託人間之信託關係。

在提起返還信託物之訴訟前，委託人可考慮先聲請法院將信託財產假扣押，以免信託財產遭移轉予善意之第三人。若信託財產已移轉登記予善意第三人時，依民法第759條之1規定，委託人無法向善意第三人請求返還信託財產，僅得向受託人請求損害賠償。但因繼承而移轉之情形除外。

提起返還信託物之訴訟，應檢視委託人與受託人間是否有信託契約，若僅以口頭約定，則應舉證證明有信託之約定，至於證據方法不外人證及物證。委託人亦應附具登記謄本，俾法院瞭解土地之標示及權利變動之情形。

第四節　書狀範例

範例一、請求返還信託土地起訴狀 ▶▶▶

民事起訴狀			
案　　　號	年度　　　字第　　　號	承辦股別	
訴訟標的金額或價額	新臺幣　　　　　　　　　　　元		

稱　　謂	姓名或名稱	依序填寫：國民身分證統一編號或營利事業統一編號、性別、出生年月日、職業、住居所、就業處所、公務所、事務所或營業所、郵遞區號、電話、傳眞、電子郵件位址、指定送達代收人及其送達處所。
原告 被告	趙◯◯ 李◯◯	◯◯縣◯◯市◯◯路◯◯號◯◯樓 ◯◯縣◯◯鄉◯◯街◯◯號

爲請求返還信託土地等事件，謹依法起訴事：

訴之聲明

一、被告應將如附表所示之土地辦理繼承登記後，移轉所有權二分之一予原告，並點交土地予原告占有使用。

二、訴訟費用由被告負擔。

三、原告願供擔保，請准宣告假執行。

事實及理由

一、原告與被告之被繼承人李◯於民國50年間各出資本件買賣標的之土地價款之二分之一即新臺幣◯◯萬元，向訴外人陳◯◯購買座落◯◯市◯◯段◯◯小段等如附表所示之十四筆土地，地目均爲田（見證物一）。是時，因原告不具自耕農之身分，遂將原告所購買之土地信託登記予被告之被繼承人李◯名下，故原告與被告之被繼承人李◯間早於民國50年間就成立土地信託關係。

二、再者，被告之被繼承人李◯於84年往生（見證物二）。嗣因法令變更，原告亦有登記取得農地之資格，原告遂於92年2月26日，委請律師表達終止信託關係並請被告於期限內備妥資料並辦理繼承登記，及依協議書約定返還土地予原告（見證物三）。惟被告拒不配合辦理。查附表所示之土地係屬原告所有，被告應辦理繼承登記後，再將土地所有權二分之一持分移轉登記予原告。

三、基上所述，原告爰依信託物返還請求權請求之，爲此懇請鈞長明鑒並賜爲如訴之聲明之判決，以保權益，實爲法便。

<table>
<tr><td colspan="2">謹　狀
臺灣○○地方法院民事庭　公鑒</td></tr>
<tr><td>證人</td><td></td></tr>
<tr><td>證物</td><td>證物一：契約書及土地登記謄本
證物二：户籍謄本
證物三：存證信函</td></tr>
<tr><td colspan="2">中　華　民　國　○○　年　○　月　○　日
具狀人　趙○○（簽名蓋章）
撰狀人</td></tr>
</table>

範例二、請求撤銷信託行爲事件 ▶▶▶

<table>
<tr><td colspan="5">民事起訴狀</td></tr>
<tr><td>案　　號</td><td colspan="2">年度　　字第　　號</td><td>承辦股別</td><td></td></tr>
<tr><td>訴訟標的金額或價額</td><td colspan="4">新臺幣　　　　　　　　　元</td></tr>
<tr><td>稱　　謂</td><td>姓名或名稱</td><td colspan="3">依序填寫：國民身分證統一編號或營利事業統一編號、性別、出生年月日、職業、住居所、就業處所、公務所、事務所或營業所、郵遞區號、電話、傳眞、電子郵件位址、指定送達代收人及其送達處所。</td></tr>
<tr><td>原告
被告</td><td>趙○○
李○○
林○○</td><td colspan="3">○○縣○○市○○路○○號○○樓
○○縣○○市○○路○○號
○○縣○○鎭○○路○○號</td></tr>
<tr><td colspan="5">爲請求撤銷信託行爲事件，謹依法起訴事：
訴之聲明
一、被告李○○與被告林○○間就就坐落○○市○○區○○段○○建號</td></tr>
</table>

建物即門牌號碼○○市○○區○○路○○○號○○樓，於○○年○○月○○日所爲之信託行爲應予撤銷。

二、被告林○○應將第1項所示之建物在○○市○○地政事務所於○○年○○月○○日以信託爲原因所爲之所有權移轉登記予以塗銷。

三、訴訟費用由被告負擔。

事實及理由

一、緣被告李○○於85年8月○○日向原告借款新臺幣（下同）900萬元（見證物一），惟已屆清償期被告李○○尚有530萬元未償還，此部分債權原告前已取得勝訴確定判決（見證物二），合先敘明。

二、嗣被告李○○於88年○○月○○日將其所有坐落○○市○○區○○段○○建號建物即門牌號碼○○市○○區○○路○○○號○○樓信託登記予被告林○○，並向○○市○○地政事務所於○○年○○月○○日以信託爲原因登記完畢（見證物三）。經查，被告李○○名下除系爭建物外，並無其他不動產，致原告無從強制執行，債權無法實現，其信託行爲顯已有害於債權人即原告。

三、基上所述，原告爰依信託法第6條第1項規定請求撤銷，爲此懇請鈞長明鑒並賜爲如訴之聲明之判決，以保權益，實爲法便。

謹　狀

臺灣○○地方法院民事庭　公鑒

證人	
證物	證物一：借據影本乙張。 證物二：民事判決及確定證明書影本各乙份。 證物三：建物登記謄本乙份。

中　華　民　國　○○　年　○　月　○　日

具狀人　趙○○　（簽名蓋章）

撰狀人

第五節　實務判解

➢ 信託法於民國85年1月26日公布，屬於較新的法律，尚未有相關之大法官會議解釋及最高法院判例，筆者將最高法院有關信託之判決或裁定，整理如下，供讀者參考。

➢ 85年1月26日信託法公布施行前之信託行爲，屬於「非典型契約」之一種。須於雙方當事人，就一方（委託人）授與他方（受託人）超過經濟目的之權利，而受託人僅於所許可之經濟目的範圍內行使權利，相互意思表示一致，其契約始爲成立。準此，當事人之一方如主張與他方有信託關係存在，自應就信託契約確已成立之事實，負舉證責任。若其先不能舉證，縱他方就其抗辯事實不能舉證，或其所舉證據尚有疵累，亦應駁回該一方之請求。（94台上767）

➢ 受託人因信託財產之管理、處分、滅失、毀損或其他事由取得之財產權，仍屬信託財產，在信託人終止信託契約前，受託人並無返還之義務。（93台上1661）

➢ 信託法第12條第2項規定，有違反同條第1項對信託財產不得強制執行規定者，委託人得於強制執行程序終結前，向執行法院對債權人提起異議之訴，其立法意旨，係以委託人將信託財產移轉與受託人後，該財產名義上即屬受託人所有，委託人雖已非權利人，惟其係信託設定者，就信託財產具有利害關係，爲賦予其保護信託財產及受益人之權能，爰特別規定其得提起異議之訴，非謂其不得依強制執行法第12條第1項之規定聲明異議。（91台抗279）

➢ 信託行爲有效成立後，即以信託財產爲中心，而有其獨立性，除當事人另有訂定外，不宜因自然人之委託人或受託人死亡、破產或喪失行爲能力等情事而消滅，故信託法第8條第1項規定：「信託關係不因委託人或受託人死亡、破產或喪失行爲能力而消滅。但信託行爲另有訂定者，不在此限」。該法雖係於民國85年1月26日始經公布施行，但上開規定，

對於在該法施行前成立之信託行為，仍應以之為法理而予以適用。（91台上358）

- 聲請拍賣抵押物，屬非訟事件，祇須其抵押權已經登記，且債權已屆清償期而未受清償，法院即應為准許拍賣之裁定。信託法第12條第1項雖規定對信託財產不得強制執行，惟同項但書規定「但基於信託前存在於該財產之權利、因處理信託事務所生之權利或其他法律另有規定者，不在此限」，同條第2項復規定「違反前項規定者，委託人、受益人或受託人得於強制執行程序終結前，向執行法院對債權人提起異議之訴」，同法第35條第1項亦規定受託人於一定情形下，得於信託財產設定權利，可見信託財產非絕對不得受強制執行，而受託人以信託財產設定抵押權者，亦非當然無效。故受託人如以信託財產設定抵押權，並經依法登記者，債權人於債權屆期而未受清償時，即得聲請法院拍賣抵押物。至於該抵押權之設定有無瑕疵，債權人能否為強制執行，應由委託人、受益人或受託人於強制執行程序終結前，提起異議之訴以資解決，法院不得因該抵押物業經為信託登記，即依信託法第12條第1項規定裁定駁回債權人之聲請。（89台抗555）
- 信託契約之受託人在法律上為信託財產之所有人，其就信託財產所為之一切處分行為完全有效，倘其違反信託本旨處分信託財產，僅對委託人或受益人負契約責任而發生債務不履行之損害賠償問題，自無不當得利可言。（89台上1525）
- 信託法尚未公布施行前，參照本院66年台再字第42號判例，所謂信託行為，係指委託人授與受託人超過經濟目的之權利，而僅許可其於經濟目的範圍內行使權利之法律行為而言。至受託人取得信託財產之方式，由委託人就自己所有之財產為移轉者有之；由委託人使第三人將財產權移轉與受託人者有之；由受託人原始取得受託財產者亦有之。祇須委託人與受託人有信託合意為已足，殊無囿限信託財產應由委託人先取得其所有權後，再移轉於受託人之必要。（89台上467）

- 消極信託，除有確實之正當原因外，通常多屬通謀而為之虛偽意思表示，極易助長脫法行為之形成，難認其行為之合法性，此固不因信託法未公布施行而有不同，原審謂信託法未公布即無其適用，固屬可議。惟所謂消極信託，係指委託人僅以其財產在名義上移轉於受託人，受託人自始不負管理或處分之義務，凡財產之管理、使用、或處分悉由委託人自行辦理時，是為消極信託。本件兩造之被繼承人王萬傳所信託之系爭土地，係交由上訴人等使用、居住，為原審合法認定之事實，自與消極信託不相同，仍難以係消極信託而指為無效。（88台上304）
- 稱信託者，謂委託人將財產權移轉或為其他處分，使受託人依信託本旨，為受益人之利益或為特定之目的，管理或處分信託財產之關係，信託法第1條固有明定。惟信託法於85年1月26日公布前，民法雖無關於信託行為之規定，然因私法上法律行為而成立之法律關係，非以民法有明文規定者為限，苟法律行為之內容不違反強行規定或公序良俗，即應賦予法律上之效力。斯時實務上認為信託行為，係指委託人授與受託人超過經濟目的之權利，而僅許可其於經濟目的範圍內行使權利之法律行為而言。其受託人取得信託財產之方式，由委託人就自己所有之財產為移轉者有之；由委託人使第三人將財產移轉與受託人者有之；由受託人原始取得受託財產者亦有之。（88台上247）
- 土地法第30條第1項前段規定：私有農地所有權之移轉，其承受人以能自耕者為限。又信託行為以依法不得受讓特定財產權之人為該財產權之受益人者，無效，為信託法第5條第4款所明定。於信託法公布施行前成立之信託行為，如有該條款所定情形，依上開規定之法理，自難認有效。（87台上2870）
- 所謂信託，係信託人為自己或第三人之利益，以一定財產為信託財產，移轉與受託人管理或處分，以達成一定之經濟上或社會上目的之行為。倘信託人僅將其財產在名義上移轉於受託人，而有關信託財產之管理、使用、處分悉仍由信託人自行為之，是為消極信託，除有確實之正當原

因外，通常多屬通謀之虛僞意思表示，極易助長脫法行爲之形成，自難認其合法性。（87台上2697）

- 稱信託者，謂委託人將財產權移轉或爲其他處分，使受託人依信託本旨，爲受益人之利益或爲特定之目的，管理或處分信託財產之關係，信託法第一條固有明定。惟信託法於85年1月26日公布前，民法雖無關於信託行爲之規定，然因私法上法律行爲而成立之法律關係，非以民法有明文規定者爲限，苟法律行爲之內容不違反強行規定或公序良俗，即應賦予法律上之效力。斯時實務上認爲信託行爲，係指委託人授與受託人超過經濟目的之權利，而僅許可其於經濟目的範圍內行使權利之法律行爲而言。其受託人取得信託財產之方式，由委託人就自己所有之財產爲移轉者有之；由委託人使第三人將財產移轉與受託人者有之；由受託人原始取得受託財產者亦有之。惟以受託人爲房屋起造名義人之方式，將信託人建築之房屋信託予受託人者，須待依土地法令辦竣保存登記後，始得謂受託人爲該信託房屋之所有權人。（87台上907）
- 信託行爲，係指委託人授與受託人超過經濟目的之權利，而僅許可其於經濟目的範圍內行使權利之法律行爲而言，經本院66年台再字第42號著有判例。申言之，受託人須於該經濟目的（信託目的）內負有爲積極管理或處分信託財產之權限，且該經濟目的（信託目的）亦須爲合法之目的，而信託當事人間須就此有合致之效果意思，始足成立合法有效之信託行爲。（86台上3544）
- 按信託行爲，係指信託人將財產所有權移轉與受託人，使其成爲權利人，以達當事人間一定目的之法律行爲而言；在信託人終止信託契約前，受託人並無返還受託物之義務。必俟信託人終止信託關係後，始得請求受託人返還信託財產，受託人僅負有將信託財產返還予信託人之義務。次按合夥之財產，爲合夥人全體之公同共有，爲民法第668條所明定。公同共有物之處分，及其他之權利行使，原則上應得公同共有人全體之同意。縱令合夥契約對於屬於合夥人全體公同共有之合夥不動產之處分、管理，另有多數決之約定，或依土地法第34條之1第5項規定：公同共有不動產之處分、變更及設定，得以公同共有人過半數及其應有部分（潛在）合計過半數之同意決之，亦僅屬其內部關係，倘合夥將合夥財產信託與全體合夥人中之一合夥人時，合夥與該受託之合夥人間即另成立信託關係，則屬合夥對該受託人之外部關係，有關信託財產之返還，仍應適用該信託契約，二者不得混淆。（86台上3454）

- 委託人與受益人非同一人者，委託人除信託行爲另有保留或經受益人同意外，於信託成立後不得變更受益人或終止其信託（參看信託法第3條）。原審既認定系爭信託契約之委託人爲林行，受託人爲被上訴人，上訴人爲受益人，則林行自不得擅自終止系爭信託契約。原審爲相反論斷，已有未合。次查受益人因信託之成立而享有信託利益，其信託利益倘爲信託財產之自身，則須於信託關係消滅時，始得請求給付，其請求權之消滅時效，應自信託關係消滅時起算（參看信託法第17條、第65條第1款及民法第128條）。原審未查明系爭信託契約已於何時終止，遽認上訴人之請求權已罹於時效而消滅，亦有可議。（86台上588）
- 按信託法於85年1月26日公布前，民法雖無關於信託行之規定，惟因私法上法律行爲而成立之法律關係，非以實質民法有明文關定者爲限，即應賦予法律上之效力。斯時實務上認爲信託行爲，係指委託人授與受託人超過經濟目的之權利，而僅許可其於經濟目的範圍內行使權利之法律行爲而言。而贈與契約之成立，以當事人一方以自己之財產，爲無償贈與他方之意思表示，經他方允受爲要件，此觀民法第406條之規定自明。是信託契約之委託人雖須授與受託人超過經濟目的之權利，惟該權利不以委託人自行先取得後，再親自移轉與受託人爲必要。倘委託人指示義務人將其得請求之該權利，逕行移轉與受託人，自無不可。原審遽以系爭土地係邱傳禮直接移轉所有權登記與被上訴人，系爭房屋由被上訴人辦理建物所有權第一次登記而取得所有權，並非上訴人先取得其所有權後，再移轉登記予被上訴人，縱其價金及建築資金爲上訴人所提

供，亦屬贈與，殊嫌率斷。（85台上558）

- 信託行爲係指委託人授與受託人超過經濟目的之權利，而僅許可其於經濟目的範圍內行使權利之法律行爲。依前述切結書內容所示，被上訴人爲將來返台養老居住起見，出資購買土地，惟身分職業受政府法令限制，乃約定暫以上訴人名義辦理登記，並委由其暫時管理，俟被上訴人返台取得購買土地之身分時，上訴人即須返還土地。對外而言，上訴人爲法律上之所有權人，被上訴人所授與上訴人之權利，超過其經濟目的；對內而言，上訴人所得行使之權利，限於土地之管理，將來仍須返還與被上訴人，供被上訴人返台養老居住所用。兩造間成立信託契約，應無疑義。信託人取得信託財產之方式，由委託人就自己所有之財產爲移轉者有之；由受託人原始取得受託財產者亦有之。祇須委託人與受託人間有信託合意爲已足，殊無限制信託財產應由委託人取得所有權後，再移轉受託人之必要。上訴人謂信託財產必原爲信託人所有，始得成立信託契約，顯有誤會。（85台上2690）
- 所謂信託行爲，係指信託人將財產所有權移轉與受託人，使其成爲權利人，以達到當事人間一定目的之法律行爲而言。而信託財產移轉爲受託人所有之方式，由委託人就自己所有之財產爲移轉行爲者有之，由委託人使第三人將財產權移轉與受託人者亦有之，以委託人與受託人間有信託合意爲已足，殊無限制信託財產須由委託人取得所有權後，再移轉與受託人之必要。（85台上2300）
- 合夥爲二人以上互約出資，以經營共同事業之契約。由該合夥契約所生之法律關係即爲合夥關係。各合夥人之出資及其他合夥財產，爲合夥人全體之公同共有。縱合夥財產之不動產信託登記爲第三人名義所有，合夥人就其公同共有權仍不受影響。又合夥關係之存在，乃合夥人得終止合夥財產之不動產信託登記關係之前提。如當事人間確有合夥關係存在，僅因合夥財產信託登記爲第三人所有之故，即認其無請求確認合夥關係存在之法律上利益，則該合夥財產將無回復爲合夥人公同共有之機會。（85台上1098）

第七章　所有物返還

第一節　前　言

社會經濟之繁榮及公共建設之增加，促使土地之價値與日俱增。土地所有人已相當重視其產權之狀況，動輒申請地政事務所複丈其土地之界址，瞭解其土地是否有被占用，若有被無權占有之情形，所有人得依民法第767條第1項前段之規定請求返還。當然亦可同時向無權占有人主張相當於租金之不當得利。

按民法第767條規定，所有人對於無權占有或侵奪其所有物者之返還請求權，對於妨害其所有權者之除去請求權，及對於有妨害其所有權之虞者之防止請求權，均以維護所有權之圓滿行使爲目的。再者，「已登記不動產所有人之回復請求權，無民法第125條消滅時效規定之適用」，業經司法院釋字第107號解釋在案。已登記不動產所有人之除去妨害請求權，雖不在上開解釋範圍之內，但依其性質，亦無民法第125條消滅時效規定之適用。因此，可推知動產或未登記不動產之物上請求權仍爲消滅時效之客體，應適用民法第125條規定，因15年間不行使而使義務人取得抗辯權。

不動產若有被無權占有之情形時，所有權人可考慮向鄉（鎭、市）公所申請調解之方式，請求無權占有人返還不動產，此方式不僅無須花費訴訟費用，且透過調解人之調解較直接訴訟不傷情誼且較能迅速獲得解決，是一不錯之解決不動產爭議之途徑。

此外，土地經界之爭議亦會造成無權占用他人土地之情形。政府爲地籍管理之正確性，有重新實施地籍測量之情形，土地所有人對土地經界如有爭議，應向該管地政機關聲請調處，不服調處時應於接到調處通知後15日內，向司法機關訴請處理。重新實施地籍測量之結果於公告期間屆滿後即行確定，地政機關據以辦理土地標示變更登記。惟有爭執之土地所有權人仍尚得依法提起民事訴訟請求解決。

第二節　法令解說

所有權者，乃於法令限制範圍內，對於所有物永久、全面與整體支配之物權。有關不動產所有權人之權利、所有權之保護等相關法令規定摘要說明如下：

一、所有權之權能

所有人，於法令限制之範圍內，得自由使用、收益、處分其所有物，並排除他人之干涉。（民法第765條）

二、所有人之收益權

物之成分及其天然孳息，於分離後，除法律另有規定外，仍屬於其物之所有人。（民法第766條）

三、所有權之保護（所有權人之物上請求權）

所有人對於無權占有或侵奪其所有物者，得請求返還之。對於妨害其所有權者，得請求除去之。有妨害其所有權之虞者，得請求防止之。（民法第767條第1項）

申言之，保護所有權之規定，計分三種：

（一）所有物返還請求權（亦稱回復請求權）

對於無權占有或侵奪其所有物者，若不能請求返還，則所有權無從行使，故所有權人對於無權占有或侵奪其所有物者，爲保護所有人之得行使其權利起見，特許爲返還之請求。

（二）保全所有權請求權（亦稱除去妨害請求權）

對於妨害其所有權者，若不能請求排除，則不能保全所有權之安然行使，故所有權人對於妨害其所有權者，爲保所有人得安然行使其權利起見，特許其爲除去之請求。

（三）預防侵害請求權

對於有侵害其所有權之虞者，若不能請求防止，一旦至實行被侵害時，則難塡補其損失。故所有權人認爲有妨害所有權之虞者，特許其爲防止之請求。

四、買賣土地已交付但未移轉所有權，且買受人之履行請求權已因十五年時效經過而消滅，出賣人得否主張買受人無權占有而請求返還？

按消滅時效完成，僅債務人取得拒絕履行之抗辯權，得執以拒絕給付而已，其原有之法律關係並不因而消滅。在土地買賣之情形，倘出賣人已交付土地與買受人，雖買受人之所有權移轉登記請求權之消滅時效已完成，惟其占有土地既係出賣人本於買賣之法律關係所交付，即具有正當權源，原出賣人自不得認係無權占有而請求返還。（85台上389）

五、買賣不動產，所有權已移轉，但出賣人仍占有不動產不為交付，買受人可否主張出賣人無權占有而請求返還？

（一）物之出賣人固負有交付其物於買受人之義務，但在未交付前繼續占有買賣標的物，尚難指爲無權占有，亦不因移轉登記之已完成而有異。（70台上212）

（二）被上訴人依買賣契約雖應履行出賣人義務而交付房屋，但並不因出賣房屋而成爲無權占有，況被上訴人尚主張價款未經收清暫不交屋爲對抗，則上訴人認被上訴人無權占有，而本於物上請求權訴求被

上訴人交付房屋，即非有據。（70台上114）

六、土地所有權之範圍

土地所有權，除法令有限制外，於其行使有利益之範圍內，及於土地之上下。如他人之干涉，無礙其所有權之行使者，不得排除之。（民法第773條）

七、地籍重測之原因

已辦地籍測量之地區，因地籍原圖破損、滅失、比例尺變更或其他重大原因，得重新實施地籍測量。（土地法第46-1條）

八、地籍重測之程序

重新實施地籍測量時，土地所有權人應於地政機關通知之限期內，自行設立界標，並到場指界。逾期不設立界標或到場指界者，得依下列順序逕行施測：

（一）鄰地界址。

（二）現使用人之指界。

（三）參照舊地籍圖。

（四）地方習慣。

土地所有權人因設立界或到場指界發生界址爭議時，準用第59條第2項規定處理之。（土地法第46-2條）

九、地籍重測之公告及錯誤更正

重新實施地籍測量之結果，應予公告，其期間爲三十日。

土地所有權人認爲前項測量結果有錯誤，除未依前條之規定設立界標或到場指界者外，得於公告期間內，向該管地政機關繳納複丈費，聲請複丈。

經複丈者，不得再聲請複丈。

適公告期間未經聲請複丈，或複丈結果無誤或經更正者，地政機關應即據以辦理土地標示變更登記。（土地法第46-3條）

十、土地權利關係人提出異議及起訴程序

土地權利關係人，在前條公告期間內，如有異議，得向該管直轄市或縣（市）地政機關以書面提出，並應附具證明文件。

因前項異議而生土地權利爭執時，應由該管直轄市或縣（市）地政機關予以調處，不服調處者，應於接到調處通知後十五日內，向司法機關訴請處理，逾期不起訴者，依原調處結果辦理之。（土地法第59條）

在不動產登記實務上，值得一提的是，有關申請人持憑調解委員會調解書就已辦竣所有權買賣移轉登記之土地及建物解除買賣契約，申辦回復所有權登記，均應由買賣雙方辦理另一次之所有權移轉登記。

行政函釋

發文單位：法務部

發文字號：法律決字第0940002426號

發文日期：民國94年05月09日

資料來源：內政部地政司

要旨：

有關申請人持憑調解委員會調解書就已辦竣所有權買賣移轉登記之土地及建物解除買賣契約，申辦回復所有權登記，均應由買賣雙方辦理另一次之所有權移轉登記。

一、略。

二、按「契約解除時，當事人雙方回復原狀之義務，除法律另有規定或契約另有訂定外，依左列之規定：一、由他方所受領之給付物，應返還之。……」民法第259條第1款定有明文。該契約解除之效力，

學說見解主要有二：直接效力說（即契約效力因解除而溯及既往消滅，未履行之債務當然免除，已履行者，因無法律上之原因而應依不當得利規定返還）（參照最高法院23年上字第3968號判例及鄭玉波著，陳榮隆修訂，民法債編總論，修訂二版，第437頁）；清算說（即解除權之目的，不僅在於使解除權人自契約約束中解脫，通常亦使他方負有返還給付之義務，給付義務已履行者，解除權僅變更契約之債之內容爲清算關係，債之關係仍存在）（參照黃立著，民法債編總論，2版3刷，第515至516頁）。目前德國通說及我國部分學者見解，認以採清算說爲宜。縱使依直接效力說者，亦認爲契約解除僅生債權之效力，並不生物權之效力，因此，僅能依契約及相關規定發生回復原狀請求權，而不能發生所有物返還請求權，以保護交易安全。準此，本件申請人持憑解除買賣契約之調解書，申辦回復所有權登記乙節，究該解除契約之效力，僅變更契約之債之內容，債之關係仍存在，且契約解除不生物權之效力，故依民法第259條第1款規定，應返還由他方所受領之給付物，並爲登記，該登記依土地法第72條規定，應屬所有權移轉之變更登記。

三、至於本件因契約解除所爲返還給付物之土地所有權移轉行爲，應否申報土地移轉現值並徵收土地增值稅乙節？仍須視有否符合平均地權條例第35條漲價歸公及第36條第1項原土地所有權人或土地所有權無償移轉之取得所有權人，因土地所有權移轉而享受漲價之利益等之立法目的而定，似與契約解除之法律性質無涉，宜請 貴部本於職權依法審認之。

參考法條

1.土地登記規則第125條（92.09.23）：「信託以契約爲之者，信託登記應由委託人與受託人會同申請之。」

2.民法第259條（91.06.26）：「契約解除時，當事人雙方回復原狀之義務，除法律另有規定或契約另有訂定外，依左列之規定：一、由他方所受領之給付物，應返還之。二、受領之給付爲金錢者，應附加自受領時起之利息償還之。三、受領之給付爲勞務或爲物之使用者，應照受領時之價額，以金錢償還之。四、受領之給付物生有孳息者，應返還之。五、就返還之物，已支出必要或有益之費用，得於他方受返還時所得利益之限度內，請求其返還。六、應返還之物有毀損、滅失或因其他事由，致不能返還者，應償還其價額。」

3.土地法第72條（90.10.31）：「土地總登記後，土地權利有移轉、分割、合併、設定、增減或消滅時，應爲變更登記。」

4.平均地權條例第35條、第36條（94.01.30）：「爲實施漲價歸公，土地所有權人於申報地價後之土地自然漲價，應依第36條規定徵收土地增值稅。但政府出售或依法贈與之公有土地，及接受捐贈之私有土地，免徵土地增值稅。」「土地增值稅之徵收，應依照土地漲價總數額計算，於土地所有權移轉或設定典權時行之。但因繼承而移轉者，不徵土地增值稅。前項土地漲價總數額，應減去土地所有權人爲改良土地已支付之全部費用。土地所有權人辦理土地移轉繳納土地增值稅時，在其持有土地期間內，因重新規定地價增繳之地價稅，就其移轉土地部分，准予抵繳其應納之土地增值稅。但准予抵繳之總額，以不超過土地移轉時應繳增值稅總額百分之五爲限。前項增繳之地價稅抵繳辦法，由行政院定之。」

第三節　書狀撰寫要旨

不動產所有權之權能有占有、使用、收益與處分，及排除他人干涉。若不動產爲他人無權占有時，首先應查明無權占有人之姓名、住址等年籍資料。再者，建議先以存證信函通知無權占有人，請求其遷讓及返還不動產。若無權占有人置若罔聞或有爭議時，可先向當地鄉（鎮、市）公所申請調解，若調解不成立而無結果時，只好以訴訟爲之。

有關無權占有人占有土地之面積無法確定時，於訴狀內可請法院函請該管地政事務所測量占用之面積及位置，俾請求返還之不動產範圍能明確。再者，確定占用面積之多寡，在請求相當於租金之不當得利時，亦爲計算之基準。

除所有人外，得行使所有權人之物上請求權者，尙有破產管理人、遺囑執行人、國有財產管理機關等。

如係不動產界址爭議，爲確定界址，法院將囑託內政部國土測繪中心測量鑑定相鄰不動產間之界址，因界址確定而生之是否有逾越土地妨害所有權完整之法律關係，所有人亦得主張所有物返還請求權及所有權除去妨害請求權。

實務上，土地如爲當地鄉（鎮、市）公所，或當地縣（市）政府開闢爲公共道路，此時所有權人是無法依民法第767條請求返還或拆除，只能請求政府徵收土地。

第四節　書狀範例

範例一、請求返還土地起訴狀 ▶▶▶

<table>
<tr><td colspan="5">民事起訴狀</td></tr>
<tr><td>案　　號</td><td colspan="2">年度　　字第　　號</td><td>承辦股別</td><td></td></tr>
<tr><td>訴訟標的
金額或價額</td><td colspan="4">新臺幣　　　　　　　　　　元</td></tr>
<tr><td>稱　　謂</td><td>姓名或名稱</td><td colspan="3">依序填寫：國民身分證統一編號或營利事業統一編號、性別、出生年月日、職業、住居所、就業處所、公務所、事務所或營業所、郵遞區號、電話、傳眞、電子郵件位址、指定送達代收人及其送達處所。</td></tr>
</table>

原告	陳◯◯	◯◯縣◯◯市◯◯路◯◯號◯◯樓
原告	李◯◯	◯◯縣◯◯鄉◯◯街◯◯號
被告	張◯◯	◯◯縣◯◯市◯◯路◯◯號◯◯樓

爲請求返還土地等事件，謹依法起訴事：

訴之聲明

一、被告應將坐落◯◯市◯◯段◯◯地號土地上（如附圖紅色部分），面積約◯◯平方公尺（以實測爲準）之地上物清除騰空，並返還土地予原告。

二、被告應給付原告新臺幣◯◯元及自起訴狀繕本送達之翌日起至清償日止，按年息百分之五計算之利息。

三、被告應自民國◯◯年◯◯月◯◯日起至返還第一項所示土地之日止，按月給付原告新臺幣◯◯元。

四、訴訟費用由被告負擔。

五、原告願供擔保，請准宣告假執行。

事實及理由

一、緣坐落◯◯市◯◯段◯◯地號之土地爲原告陳◯◯與李◯◯所共有（見證物一），相鄰之同段◯◯地號土地，則爲被告張◯◯所有（見證物二）。

二、經查，被告無權占用原告前揭如附圖紅色部分之土地，並在原告之土地上設置水塔及堆放雜物等。詳細占用之位置及面積，請　鈞院囑託新北市◯◯地政事務所測量，以期明確。

三、又因被告無權占有系爭土地，受有相當於租金之不當得利，並致原告受有損害，被告應給付原告相當於不當得利之租金損害◯◯元（即占用面積×申報地價×10%×占用年數＝◯◯），及自起訴狀繕本送達之翌日起至被告返還上開占用土地之日止，按月給付原告相當於不當得利之租金損害◯◯元（占用面積×申報地價×10%×1/12＝◯◯）。

<table>
<tr><td colspan="2">四、爲此，原告爰依民法第767條所有物返還請求權與除去妨害請求權及民法第179條之規定，狀請　鈞院鑒核，懇請賜如訴之聲明之判決，以保權益。
謹　狀
臺灣○○地方法院民事庭　公鑒</td></tr>
<tr><td>證人</td><td></td></tr>
<tr><td>證物</td><td>證物一、土地登記謄本乙份。
證物二、土地登記謄本乙份。</td></tr>
<tr><td colspan="2">中　華　民　國　○○　年　○　月　○　日
具狀人　陳○○　（簽名蓋章）
李○○
撰狀人</td></tr>
</table>

範例二、確定土地經界之起訴狀 ▶▶▶

<table>
<tr><td colspan="5">民事起訴狀</td></tr>
<tr><td>案　號</td><td colspan="2">年度　字第　號</td><td>承辦股別</td><td></td></tr>
<tr><td>訴訟標的金額或價額</td><td colspan="4">新臺幣　元</td></tr>
<tr><td>稱　謂</td><td>姓名或名稱</td><td colspan="3">依序填寫：國民身分證統一編號或營利事業統一編號、性別、出生年月日、職業、住居所、就業處所、公務所、事務所或營業所、郵遞區號、電話、傳眞、電子郵件位址、指定送達代收人及其送達處所。</td></tr>
<tr><td>原告
被告</td><td>王○○
張○○</td><td colspan="3">○○縣○○市○○路○○號
○○縣○○鎭○○路○○號</td></tr>
</table>

爲請求確定土地經界等事件，謹依法起訴事：

訴之聲明

一、確認原告所有坐落○○市○○段○○小段○○地號土地與被告所有坐落○○市○○段○○小段○○地號土地間，應以如附圖所示之A・・・B連線爲經界界址。

二、訴訟費用由被告負擔。

三、原告願供擔保請准宣告假執行。

事實及理由

一、緣原告所有坐落○○市○○段○○小段○○地號土地與被告所有坐落○○市○○段○○小段○○地號土地相鄰（見證物一），合先敘明。

二、經查，本件土地於民國○○年○○月○○日實施地籍圖重測，原告前揭土地界址發生變動致地上建物部分位於被告土地上，原告認爲地籍圖重測之結果有錯誤，應以重測前之界址即如附圖紅色線所標示之界址爲界，故懇請鈞院函請內政部國土測繪中心再爲測量，以期明確。

三、按最高法院52年台上字第1123號判例意旨：土地法第59條第2項規定之調處，係地政機關對於土地權利關係人，就其權利有爭執時所爲之處理辦法，其性質與耕地三七五減租條例第26條所稱之調處不同，故當事人於土地權利有爭執時，縱未經地政機關之調處而逕行起訴，亦難謂其起訴爲違法。

四、次按因不動產之物權或其分割或經界涉訟者，專屬不動產所在地之法院管轄，爲民事訴訟法第10條第1項所明定。本件土地坐落在○○市，故鈞院有專屬管轄權。

五、基上所述，本件土地因實施地籍圖重測致原、被告間之經界有爭議，故依民事訴訟法第247條規定，本件應有確認經界之實益。爲此，原告爰依法提出本件訴訟，懇請鈞院鑒核，賜爲如訴之聲明之判決，以保權益。

<table>
<tr><td colspan="2" align="center">謹　狀</td></tr>
<tr><td colspan="2">臺灣○○地方法院民事庭　公鑒</td></tr>
<tr><td>證人</td><td></td></tr>
<tr><td>證物</td><td>證物一、土地登記謄本正本二份。
證物二、土地登記謄本乙份。</td></tr>
<tr><td colspan="2">中　華　民　國　○○　年　○　月　○　日
具狀人　王○○　（簽名蓋章）
撰狀人</td></tr>
</table>

第五節　實務判解

茲摘錄返還所有物之相關解釋及判例如後：

- 已登記不動產所有人之回復請求權，無民法第125條消滅時效規定之適用。（釋字第107號）
- 已登記不動產所有人之除去妨害請求權，不在本院釋字第107號解釋範圍之內，但依其性質，亦無民法第125條消滅時效規定之適用。（釋字第164號）
- 依土地法第46條之1至第46條之3之規定所爲地籍圖重測，純爲地政機關基於職權提供土地測量技術上之服務，將人民原有土地所有權範圍，利用地籍調查及測量等方法，將其完整正確反映於地籍圖，初無增減人民私權之效力。故縱令相鄰土地所有權人於重新實施地籍測量時，均於地政機關通知之期限內到場指界，毫無爭議，地政機關依照規定，已依其共同指定之界址重新實施地籍測量。則於測量結果公告期間內即令土地所有權人以指界錯誤爲由，提出異議，測量結果於該公告期間屆滿後即行確定，地政機關應據以辦理土地標示變更登記。惟有爭執之土地所有權人尙得依法提起民事訴訟請求解決，法院應就兩造之爭執，依調查證據之結果予以認定，不得以原先指界有誤，訴請另定界址爲顯無理由，爲其敗訴之判決。最高法院75年4月22日第八次民事庭會議決議（一）略謂：爲貫徹土地法整理地籍之土地政策，免滋紛擾，不許原指界之當事人又主張其原先指界有誤，訴請另定界址，應認其起訴顯無理由云云，與上開意旨不符，有違憲法保障人民財產權及訴訟權之規定，應不予適用。（釋字第374號）

➢ 土地所有人自由使用、收益、處分其所有物，雖僅得於法令限制之範圍內行之。但無法律根據之行政命令，不得對於所有權加以限制。（21上1010）

➢ 物權有排他性，在同一標的物上，不能同時成立兩個以上互不相容之物權。故同一不動產設定兩個互不相容之同種物權者，惟其在先之設定爲有效。（27抗820）

➢ 請求返還所有物之訴，應以現在占有該物之人爲被告，如非現在占有該物之人，縱令所有人之占有係因其人之行爲而喪失，所有人亦僅於此項行爲具備侵權行爲之要件時，得向其人請求賠償損害，要不得本於物上請求權，對之請求返還所有物。（29上1061）

➢ 物之構成部分，除法律有特別規定外，不得單獨爲物權之標的物。未與土地分離之樹木，依民法第66條第2項之規定，爲土地之構成部分，與同條第1項所稱之定著物爲獨立之不動產者不同。故土地所有人保留未與土地分離之樹木，而將土地所有權讓與他人時，僅對於受讓人有砍伐樹木之權利，不得對於更自受讓人受讓所有權之第三人，主張其有獨立之樹木所有權。（29上1678）

➢ 不動產之買受人對於出賣人，固有請求交付不動產及其他給付之權利。然如當事人間移轉不動產所有權之契約曾經有效成立，而買受人已有得向第三人主張之所有權，則依民法第767條、第184條第1項之規定，對於無權占有或侵害其所有物者，得請求返還之，對於因故意或過失不法侵害其所有權者，得請求賠償其損害，此等請求權本與其對於出賣人之

請求權獨立存在，不能以其對於出賣人別有請求權而排斥其行使。（30上207）

- 託運物品喪失時，委託人固得對於承攬運送人請求賠償，但本於其物上請求權逕向該託運物品之無權占有人請求返還，要亦非法所不許。（30上1119）
- 強制執行中拍賣之不動產爲第三人所有者，其拍賣爲無效。所有權人於執行終結後，亦得提起回復所有權之訴請求返還，法院判令返還時，原發管業證書當然失其效力，法院自得命其繳銷，業經司法院院字第578號解釋在案。至強制執行法第98條規定拍賣之不動產，買受人自領得執行法院所發給權利移轉證書之日起，取得該不動產所有權，係指拍賣之不動產本得爲強制執行之標的物者而言，若不動產屬於第三人所有，而不應爲強制執行之標的物者，即應依上開解釋辦理。（30上2203）
- 果如被上訴人所稱，系爭田業之所有權已由被上訴人合法受讓，本不因上訴人矇請查封拍賣而受影響。被上訴人提起異議之訴，雖因執行程序已經終結，而被駁回，猶可另案起訴請求確認其所有權存在，或請求返還所有物，以資救濟。（32上2941）
- 各共有人對於第三人，得就共有物之全部，爲本於所有權之請求，固爲民法第821條所明定，惟對於無權占有或侵奪共有物者，請求返還共有物之訴，依同法條但書之規定，並參照司法院院字第1950號解釋，應求爲命被告向共有人全體返還共有物之判決，不得請求僅向自己返還。（41台上611）
- 物之所有人本於所有權之效用，對於無權占有其所有物者請求返還所有物，與物之貸與人，基於使用借貸關係，對於借用其物者請求返還借用物之訴，兩者之法律關係亦即訴訟標的並非同一，不得謂爲同一之訴。（47台上101）
- 土地與房屋爲各別之不動產，各得單獨爲交易之標的，且房屋性質上不能與土地使用權分離而存在，亦即使用房屋必須使用該房屋之地基，故土地及房屋同屬一人，而將土地及房屋分開同時或先後出賣，其間雖無地上權設定，然除有特別情事，可解釋為當事人之真意，限於賣屋而無基地之使用外，均應推斷土地承買人默許房屋承買人繼續使用土地。（48台上1457）

- 房屋與基地同屬一人所有，先後或同時出賣與二人時，房屋在性質上不能與基地使用權分離而存在，於此情形，應認基地買受人於買受之初，即有默認房屋買受人有權繼續使用基地而成立租賃關係，併得請求辦理地上權登記。（63台上766）
- 本院48年台上字第1457號判例係指土地及房屋同屬一人，而將土地及房屋分開同時或先後出賣時，應推斷土地承買人默許房屋承買人繼續使用基地而言。與本件無權占有土地建造房屋，其後房屋出賣與他人之情形不同，自不能謂被上訴人已知他人蓋有房屋，及後拍賣時未有所主張，即認為已容忍地上建物之存在而默許繼續使用系爭土地。（64台上110）
- 買賣契約僅有債之效力，不得以之對抗契約以外之第三人。本件上訴人雖向訴外人林某買受系爭土地，惟在林某將系爭土地之所有權移轉登記與上訴人以前，既經執行法院查封拍賣，由被上訴人標買而取得所有權，則被上訴人基於所有權請求上訴人返還所有物，上訴人即不得以其與林某間之買賣關係，對抗被上訴人。（72台上938）
- 租約終止後，出租人除得本於租賃物返還請求權，請求返還租賃物外，倘出租人為租賃物之所有人時，並得本於所有權之作用，依無權占有之法律關係，請求返還租賃物。（75台上801）
- 買賣契約僅有債之效力，不得以之對抗契約以外之第三人。因此在二重買賣之場合，出賣人如已將不動產之所有權移轉登記與後買受人，前買受人縱已占有不動產，後買受人仍得基於所有權請求前買受人返還所有物，前買受人即不得以其與出賣人間之買賣關係，對抗後買受人。（83台上3243）

- 各共有人對於第三人，得就共有物之全部為本於所有權之請求，但回復共有物之請求，僅得為共有人全體之利益為之，民法第821條定有明文。倘共有人中之一人起訴時，在聲明中請求應將共有物返還於共有人全體，即係為共有人全體利益請求，無須表明全體共有人之姓名。（84台上339）
- 按消滅時效完成，僅債務人取得拒絕履行之抗辯權，得執以拒絕給付而已，其原有之法律關係並不因而消滅。在土地買賣之情形，倘出賣人已交付土地與買受人，雖買受人之所有權移轉登記請求權之消滅時效已完成，惟其占有土地既係出賣人本於買賣之法律關係所交付，即具有正當權源，原出賣人自不得認係無權占有而請求返還。（85台上389）
- 不動產借名登記契約為借名人與出名人間之債權契約，出名人依 其與借名人間借名登記契約之約定，通常固無管理、使用、收益、處分借名財產之權利，然此僅為出名人與借名人間之內部約定，其效力不及於第三人。出名人既登記為該不動產之所有權人，其將該不動產處分移轉登記予第三人，自屬有權處分。（採甲說即有權處分說）（最高法院106年度第3次民事庭會議決議）

第八章　拆屋還地

第一節　前　言

土地所有權人對於其所有之土地有排除他人侵害之權利，實務上常見拆屋還地之事由有無權占用土地、無償使用土地期限屆滿、土地租賃期間屆滿或越界建築等等。其中有關越界建築之情形，鄰地所有權人原則上可依民法第767條排除侵害，但越界建築之土地所有人亦可抗辯鄰地所有人於其越界建築時，知其越界而不即時提出異議或阻止動工興修，而請求鄰地所有人不得拆除，此時鄰地所有權人僅得請求越界建築之土地所有人以相當價格購買越界部分之土地。

按建築房屋遇有逾越疆界時，鄰地所有人如知其越界，應即提出異議。若不即時提出異議，俟該建築完成後，始請求移去或變更其建築物，則越界建築之土地所有人未免損失過鉅。姑且不論鄰地所有人是否存心破壞，有意爲難，若允許鄰地所有人逕予拆屋還地，對於社會經濟必大受影響，亦非法所追求之公平正義。惟鄰地所有人因他人越界建築後即喪失其請求權，亦未免失之過酷，故鄰地所有人對於越界部分之土地，得請求越界建築土地所有人以相當之價格購買，如有損害，並得請求支付償金。

至於請求土地所有人以相當之價額購買越界建築之土地，其相當之價額爲何，由雙方當事人協議定之，不能協議得請求法院以判決定之。法院審理時，會選定合法之不動產估價師事務所，或雙方同意之不動產估價公司委託其鑑價，以求得客觀公正之土地價格

實務上常見越界建築之訴訟審理過程中，越界建築之土地所有人抗辯鄰地所有權人權利濫用，並依民法第148條主張不得拆除。當然，法院會審酌越界建築之面積及建物之價值等因素，審酌若予拆除，是否會危害整

體建物之結構安全或造成越界建築之土地所有人重大損失，而與鄰地所有人行使權利所得利益相比較，判斷鄰地所有人之主張是否有權利濫用之情事。

第二節　法令解說

有關拆屋還地之相關規定，臚列如後：

一、土地所有權之範圍

土地所有權，除法令有限制外，於其行使有利益之範圍內，及於土地之上下。如他人之干涉，無礙其所有權之行使者，不得排除之。（民法第773條）

二、鄰地損害之防免

土地所有人經營工業及行使其他之權利，應注意防免鄰地之損害。（民法第774條）

三、越界建屋之效力

（一）土地所有人建築房屋非因故意或重大過失逾越地界者，鄰地所有人如知其越界而不即提出異議，不得請求移去或變更其房屋。但土地所有人對於鄰地因此所受之損害，應支付償金。

前項情形，鄰地所有人得請求土地所有人，以相當之價額購買越界部分之土地及因此形成之畸零地，其價額由當事人協議定之；不能協議者，得請求法院以判決定之。（民法第796條）

1. 「非因故意或重大過失逾越地界者」，始加以保護，以示平允。
2. 其中「房屋」，應包括建築完成及未完成者在內。
3. 至因越界建築，鄰地所有人因此所受之損害，土地所有人應支付償金，如使鄰地所有人之土地成爲畸零地者，該畸零地每不堪使用，亦應賦予鄰地所有人請求土地所有人購買權，以符實際。

（二）土地所有人建築房屋逾越地界，鄰地所有人請求移去或變更時，法院得斟酌公共利益及當事人利益，免爲全部或一部之移去或變更。但土地所有人故意逾越地界者，不適用之。

前條第1項但書及第2項規定，於前項情形準用之。（民法第796-1條）

1. 民法第796條所定鄰地所有人之忍受義務，係爲土地所有人所建房屋之整體，有一部分逾越疆界，若予拆除，勢將損及全部建築物之經濟價值而設。倘土地所有人所建房屋整體之外，越界加建房屋，則鄰地所有人請求拆除，原無礙於所建房屋之整體，即無該條規定之適用。（67台上800）
2. 對於土地所有人建築房屋因重大過失逾越地界者，鄰地所有人得請求移去或變更逾越地界之房屋。然有時難免對社會經濟及當事人之利益造成重大損害，爲示平允，宜賦予法院裁量權。由法院斟酌公共利益及當事人之利益，免爲全部或一部之移去或變更，以顧及社會整體經濟利益，並兼顧雙方當事人之權益。
3. 土地所有人如因法院之判決，免爲全部或一部房屋之移去或變更者，爲示平允，宜許鄰地所有人對於越界部分之土地及因此形成之畸零地，得以相當之價額請求土地所有人購買，如有損害，並得請求賠償。

（三）前二條規定，於具有與房屋價值相當之其他建築物準用之。（民法第796-2條）

房屋以外建築物之價值亦有超過房屋之情事，如對此類建築物之越界建築一律不予保障，亦有害於社會經濟。惟建築物之種類甚多，若一律加以保護，亦將侵害鄰地所有人之權益，故權衡輕重，以具有與房屋價值相當之其他建築物如倉庫、立體停車場等，始得準用前二條之規定。

四、所有人之物上請求權

所有人對於無權占有或侵奪其所有物者，得請求返還之。對於妨害其所有權者，得請求除去之。有妨害其所有權之虞者，得請求防止之。（民法第767條第1項）

五、權利行使之界限

（一）權利之行使，不得違反公共利益，或以損害他人爲主要目的。行使權利，履行義務，應依誠實及信用方法。（民法第148條）

（二）查權利之行使，是否以損害他人爲主要目的，應就權利人因權利行使所能取得之利益，與他人及國家社會因其權利行使所受之損失，比較衡量以定之。倘其權利之行使，自己所得利益極少而他人及國家社會所受之損失甚大者，非不得視爲以損害他人爲主要目的，此乃權利社會化之基本內涵所必然之解釋。（71台上737）

第三節　書狀撰寫要旨

在實務上，有關拆屋還地常見之訴訟型態有：無權占用土地、無償使用土地期限屆滿、土地租賃期限屆滿、買賣契約有解除之事由或越界建築等情形，不一而足。無法律上原因或法律上之原因已消滅，而仍占有他人之土地建築使用，妨害土地所有人之所有權者，土地所有人自得依民法第767條請求無權占有人拆屋還地。

而鄰地所有人依民法第767條主張越界建築之土地所有人拆屋還地，相對地，越界建築之土地所有人依民法第796條之規定抗辯鄰地所有人不得請求移去或變更其房屋。問題點在於：土地所有人建築房屋逾越地界時，是否因故意或重大過失越界建築，而鄰地所有人是否知悉其越界而不即提出異議。依民事訴訟法第277條規定：當事人主張有利於己之事實者，就其事實有舉證之責任。故土地所有權人應舉證鄰地所有權人知悉越界之情事而不即提出異議。而鄰地所有人應舉證土地所有人係故意或重大過失逾越地界。

提起拆屋還地之訴，應向地政事務所或由網路申領最新土地登記謄本，以證明其爲土地之所有權人。至於越界建築之面積爲何，於訴訟審理中，法院會函請當地地政事務所實地測量越界建築物所占之土地面積及位置。

第四節　書狀範例

範例一、終止無償借貸請求拆屋還地起訴狀 ▶▶▶

<table>
<tr><td colspan="5">民事起訴狀</td></tr>
<tr><td>案　　　號</td><td colspan="2">年度　　　字第　　　號</td><td>承辦股別</td><td></td></tr>
<tr><td>訴訟標的金額或價額</td><td colspan="4">新臺幣　　　　　　　　　　　　元</td></tr>
<tr><td>稱　　　謂</td><td>姓名或名稱</td><td colspan="3">依序填寫：國民身分證統一編號或營利事業統一編號、性別、出生年月日、職業、住居所、就業處所、公務所、事務所或營業所、郵遞區號、電話、傳眞、電子郵件位址、指定送達代收人及其送達處所。</td></tr>
<tr><td>原告
被告</td><td>趙○○
吳○○</td><td colspan="3">○○縣○○市○○路○○號○○樓
○○縣○○鎭○○路○○號</td></tr>
<tr><td colspan="5">爲請求拆屋還地事件，謹依法起訴事：
訴之聲明
一、被告應將坐落於○○縣○○鄉○○段○○地號土地上如附圖紅色部分（面積以實測爲準）之建物拆除並將該土地返還原告。
二、訴訟費用由被告負擔。</td></tr>
</table>

三、原告願供擔保，請准宣告假執行。

事實及理由

一、緣原告係坐落○○縣○○鄉○○段○○地號土地之所有權人（見證物一）。原告與被告於民國○○年○○月○○日簽立無償借用協議書（見證物二），亦有證人李○○爲證。原告同意將前述之土地無償（免租金）借予被告使用，日後如原告欲收回土地時，被告同意三個月內無條件將土地歸還予原告。合先敘明。

二、被告在上揭土地上搭建房屋居住。今年2月間，原告爲收回自用口頭告知被告請求其拆屋還地，惟被告多方推托，嚴重侵害原告之權益。原告再以起訴狀繕本之送達作爲終止無償使用借貸意思表示之通知。

三、基上所述，兩造原本係好友，原告本諸善意將土地無償讓被告使用，現原告已終止無償使用關係，爰依民法第767條之規定請求之，懇請鈞長明鑑並賜爲如訴之聲明之判決。

謹　狀

臺灣○○地方法院民事庭　公鑒

證人	李○○，住○○縣○○鎮○○街○○號
證物	證物一：土地謄本及所有權狀影本各乙份。 證物二：協議書影本乙份。

中　華　民　國　○○　年　○　月　○　日

具狀人　趙○○　（簽名蓋章）

撰狀人

範例二、越界建築之拆屋還地起訴狀 ▶▶▶

<table>
<tr><td colspan="4">民事起訴狀</td></tr>
<tr><td>案　　號</td><td>年度　　字第　　號</td><td>承辦股別</td><td></td></tr>
<tr><td>訴訟標的
金額或價額</td><td colspan="3">新臺幣　　　　　　　　　　　　　元</td></tr>
<tr><td>稱　　謂</td><td>姓名或名稱</td><td colspan="2">依序填寫：國民身分證統一編號或營利事業統一編號、性別、出生年月日、職業、住居所、就業處所、公務所、事務所或營業所、郵遞區號、電話、傳眞、電子郵件位址、指定送達代收人及其送達處所。</td></tr>
<tr><td>原告
被告</td><td>林○○
黃○○</td><td colspan="2">○○縣○○市○○路○○號○○樓
○○縣○○市○○路○○段○○號○○樓之○○</td></tr>
<tr><td colspan="4">爲請求拆屋還地等事件，謹依法起訴事：
訴之聲明
一、被告應將座落於○○縣○○市○○段○地號土地上，如附圖黃色部分所示，面積約○平方公尺（以實測爲準）之鋼骨結構地上物拆除，並將該土地返還原告。
二、被告應給付原告新臺幣○○元。
三、被告應自起訴狀繕本送達之翌日起至返還土地之日止，按月給付新臺幣○○元予原告。
四、訴訟費用由被告負擔。
五、原告願供擔保，請准宣告假執行。
事實及理由
一、緣原告係○○縣○○市○○段○地號土地之所有權人（見證物一），被告係相鄰同地段○地號土地所有權人（見證物二）。原告於日前委請測量公司測量原告上揭土地之界址，發現被告有越界建築之情事。原告與被告間並無任何租賃關係，且被告亦無任何占有</td></tr>
</table>

使用之權源，惟被告竟無權占用原告所有如附圖所示黃色部分土地，並在其上有鋼骨結構地上物，面積約◯平方公尺（以實測為準）。

二、按所有人對於無權占有或侵奪其所有物者，得請求返還之。對於妨害其所有權者，得請求除去之。民法第767條所明定。又無權占有他人土地，即有相當於租金之不當得利，為社會通常之觀念。亦有最高法院61年台上字第1695號判例參照。

三、查被告無權占用原告之前揭土地，顯有相當於租金之不當得利，從◯◯年◯◯月◯◯日（原告取得本件土地之日期）迄今已達五年之久，故原告依土地法第105條準用第97條規定，請求被告給付五年之不當得利。有關不當得利之計算如下：

不當得利＝占用面積×申報地價10%×五年

四、另訴訟須耗相當之時日，且本件起訴至被告返還土地之日尚有相當之時日，此期間原告仍有相當於不當得利之租金損害，為此被告應自起訴狀繕本送達之翌日起至返還土地之日止，按月給付新臺幣◯◯元予原告，作為賠償原告之損害。

五、基上所述，原告爰依民法第767條請求被告返還土地，並將該土地上之地上物拆除。再者，被告有相當於租金之不當得利，原告爰依民法第179條之規定併請求之。為此懇請鈞長明察並賜為如訴之聲明之判決，以保權益。

謹　狀

臺灣◯◯地方法院民事庭　公鑒

證人	
證物	證物一：土地登記謄本乙份。 證物二：土地登記謄本乙份。

中　華　民　國　◯◯　年　◯　月　◯　日

具狀人　林◯◯　（簽名蓋章）

撰狀人

範例三、終止使用關係之拆屋還地起訴狀

<table>
<tr><td colspan="4">民事起訴狀</td></tr>
<tr><td>案　　號</td><td colspan="2">年度　　字第　　號</td><td>承辦股別</td></tr>
<tr><td>訴訟標的
金額或價額</td><td colspan="3">新臺幣　　　　　　元</td></tr>
<tr><td>稱　　謂</td><td>姓名或名稱</td><td colspan="2">依序填寫：國民身分證統一編號或營利事業統一編號、性別、出生年月日、職業、住居所、就業處所、公務所、事務所或營業所、郵遞區號、電話、傳眞、電子郵件位址、指定送達代收人及其送達處所。</td></tr>
<tr><td>原告
法定代理人
被告</td><td>○○○鄉公所
黃○○
廖○○</td><td colspan="2">○○縣○○鄉○○路○○號
同上
○○縣○○市○○路○○號</td></tr>
<tr><td colspan="4">爲請求拆屋還地等事件，謹依法起訴事：
訴之聲明
一、被告應自坐落於○○縣○○市○○段○地號土地上，如附圖所示A部分，面積約○平方公尺（以實測爲準）之建物，即門牌號碼○○縣○○市○○路○○號房屋遷讓並返還原告。
二、被告應將上開同地號土地上，如附圖所示B部分，面積約○平方公尺之建物拆除。
三、被告應給付原告新臺幣○○元，及自民國○○年○○月○○日起至清償日止，按週年利率百分之五計算之利息。
四、被告應自民國○○年○○月○○日起至拆除房屋之日止，按月給付原告新臺幣○○元。
五、訴訟費用由被告負擔。
六、原告願供擔保，請准宣告假執行。</td></tr>
</table>

<table>
<tr><td colspan="2">

事實及理由

一、緣坐落○○縣○○市○○段○○地號土地及其上門牌號碼○○縣○○市○○路○○號房屋之所有權人爲中華民國，爲原告管理之宿舍（見證物一）。被告原屬原告之員工，於民國○○年間因職務關係配住宿舍，詎被告未經原告同意將宿舍加以增建，經營室內機車寄放，作爲商業使用（見證物二）。

二、依○○○鄉公所員工宿舍管理須知第22條規定，宿舍借（配）住人不得將宿舍出（分）租、轉租、調換、轉讓、增建、改建、經營商業或作其他用途，而服務單位查明有前項情事之一者，應報請管用單位終止借貸關系，並責令搬遷（見證物三）。被告顯已違反上開規定，原告以訴狀繕本送達作爲終止使用借貸契約意思表示之通知，並依民法第470條第1項及第767條之規定，請求被告返還宿舍，並拆除如附圖所示B部分，面積約○平方公尺之增建物。

三、再者，被告違規增建房舍，無權占用原告土地已逾五年以上，係無法律上之原因受有利益，致原告受有損害，並顯有相當於租金之不當得利，故原告依土地法第105條準用第97條規定，請求被告賠償相當於租金之五年損害金及每月之不當得利。

四、基上所述，原告爰依民法第179條、第470條第1項及第767條之規定請求之，爲此懇請鈞長明察並賜爲如訴之聲明之判決，以保權益。

謹　狀

臺灣○○地方法院民事庭　公鑒

</td></tr>
<tr><td>證人</td><td></td></tr>
<tr><td>證物</td><td>證物一：土地及建物登記謄本
證物二：照片
證物三：○○○鄉公所員工宿舍管理須知</td></tr>
<tr><td colspan="2">

中　華　民　國　○○　年　○　月　○　日

具狀人　○○○鄉公所 法定代理人黃○○　（簽名蓋章）

撰狀人

</td></tr>
</table>

範例四、無權占有之拆屋還地起訴狀

<table>
<tr><td colspan="5">民事起訴狀</td></tr>
<tr><td>案　　號</td><td colspan="2">年度　　字第　　號</td><td>承辦股別</td><td></td></tr>
<tr><td>訴訟標的
金額或價額</td><td colspan="4">新臺幣　　　　元</td></tr>
<tr><td>稱　　謂</td><td>姓名或名稱</td><td colspan="3">依序填寫：國民身分證統一編號或營利事業統一編號、性別、出生年月日、職業、住居所、就業處所、公務所、事務所或營業所、郵遞區號、電話、傳眞、電子郵件位址、指定送達代收人及其送達處所。</td></tr>
<tr><td>原告
被告</td><td>李○○
陳○○</td><td colspan="3">○○市○○路○○號
○○縣○○市○○路○○號</td></tr>
</table>

爲請求拆屋還地等事件，謹依法起訴事：

訴之聲明

一、被告應將坐落於○○縣○○市○○段○○地號土地上之建物，門牌號碼○○縣○○市○○路○○段○○號，如附圖所示紅色部分，面積○平方公尺（以實測爲準）拆除，並返還土地予原告及全體共有人。

二、被告應給付原告新臺幣○○元，及自民國○○年○○月○○日起至清償日止，按週年利率百分之五計算之利息；並自民國○○年○○月○○日起至拆除房屋之日止，按月給付原告新臺幣○○元。

三、訴訟費用由被告負擔。

四、原告願供擔保，請准宣告假執行。

事實及理由

一、緣坐落○○縣○○市○○段○地號之土地爲原告、被告及訴外人林○○、邱○○等人共有（見證物一）。被告未經全體共有人同意，無權占有本件土地並在其上建築房屋，門牌號碼○○縣○○市○○

<table>
<tr><td colspan="2">路○○段○○號，面積○○平方公尺（以實測爲準）（見證物二）。
二、再者，被告無權占用本件共有土地建築房屋，係無法律上之原因受有利益，致原告受有損害，並顯有相當於租金之不當得利，且該房屋興建至今已逾五年，故被告應給付原告五年之相當於租金之不當得利，及自民國○年○月○日起至拆屋還地之日止每月○○元之不當得利。
三、基上所述，原告爰依民法第767條、第821條、第179條及土地法第105條準用第97條之規定，懇請鈞長明察並賜爲如訴之聲明之判決，以保權益。
謹　狀
臺灣○○地方法院民事庭　公鑒</td></tr>
<tr><td>證人</td><td></td></tr>
<tr><td>證物</td><td>證物一：土地及建物登記謄本。
證物二：照片。</td></tr>
<tr><td colspan="2">中　華　民　國　○○　年　○　月　○　日
具狀人　李○○　（簽名蓋章）
撰狀人</td></tr>
</table>

第五節　實務判解

茲摘錄拆屋還地相關之判例如後：

- 因履行契約而爲給付後，該契約經撤銷者，給付之目的既歸消滅，給付受領人受此利益之法律上原因即已失其存在，依民法第179條之規定，自應返還其利益。（23上1528）
- 民法第796條所謂土地所有人建築房屋逾越疆界，係指土地所有人在其

自己土地建築房屋，僅其一部分逾越疆界者而言。若其房屋之全部建築於他人之土地，則無同條之適用。（28上634）

- 因任職關係獲准配住系爭房屋，固屬使用借貸之性質，然其既經離職，依借貨之目的，當然應視爲使用業已完畢，按諸民法第470條之規定，被上訴人自得據以請求交還系爭房屋。（44台上802）
- 土地所有人建築房屋逾越疆界者，鄰地所有人如知其越界而不即提出異議，不得請求移去或變更其建築物，固爲民法第796條前段之所明定。惟主張鄰地所有人知其越界而不即提出異議者，應就此項事實負舉證之責任。（45台上931）
- 土地法第105條準用同法第97條所定，建築基地之租金，按申報價額年息百分之十爲限，乃指基地租金之最高限額而言，並非必須照申報地價額年息百分之十計算。（46台上855）
- 實施都市平均地權條例施行後，固有公告地價與自行申報地價之分，但法院斟酌實情認公告地價較諸自行報價爲準確，爰在土地法第105條準用同法第97條所定年息百分之十限度內，爲調整租金與命爲給付之判決，仍非租約當事人所得任意爭多論寡。（47台上1827）
- 民法第818條所定各共有人按其應有部分，對於共有物之全部有使用收益之權。係指各共有人得就共有物全部，於無害他共有人之權利限度內，可按其應有部分行使用益權而言。故共有人如逾越其應有部分之範圍使用收益時，即係超越其權利範圍而爲使用收益，其所受超過利益，要難謂非不當得利。（55台上1949）
- 所謂越界建築，係指土地所有人建築房屋，逾越疆界者而言，至於因越界而占用之土地，究爲鄰地之一部抑或全部，在所不問。（58台上120）
- 民法第796條所謂越界建築，其建築物必爲房屋，苟屬非房屋構成部分之牆垣、豬欄、狗舍或屋外之簡陋廚廁，尚不能謂有該條之適用。（59台上1799）

- 依不當得利之法則請求返還不當得利，以無法律上之原因而受利益，致他人受有損害爲其要件，故其得請求返還之範圍，應以對方所受之利益爲度，非以請求人所受損害若干爲準，無權占有他人土地，可能獲得相當於租金之利益爲社會通常之觀念，是被上訴人抗辯其占有系爭土地所得之利益，僅相當於法定最高限額租金之數額，尙屬可採。（61台上1695）
- 牆垣非房屋構成部分，如有越界建築，不論鄰地所有人是否知情而不即提出異議，要無民法第796條之適用。上訴人之圍牆既確有越界情事，縱令占地無幾，被上訴人亦無容忍之義務，即非不得請求拆除。（62台上1112）
- 民法第796條所定鄰地所有人之忍受義務，係爲土地所有人所建房屋之整體，有一部分逾越疆界，若予拆除，勢將損及全部建築物之經濟價值而設。倘土地所有人所建房屋整體之外，越界加建房屋，則鄰地所有人請求拆除，原無礙於所建房屋之整體，即無該條規定之適用。（67台上800）
- 基地租金之數額，除以基地申報地價爲基礎外，尙須斟酌基地之位置，工商業繁榮之程度，承租人利用基地之經濟價值及所受利益等項，並與鄰地租金相比較，以爲決定，並非必達申報總地價年息百分之十最高額。（68台上3071）
- 上訴人之被繼承人鄭某既已於生前將訟爭土地出具字據贈與被上訴人，因該地實際上早由被上訴人占有使用中，故應認於贈與契約成立之日即已交付贈與物，並不因被上訴人之土地所有權移轉登記請求權罹於消滅時效而成爲無權占有。（69台上1665）
- 查權利之行使，是否以損害他人爲主要目的，應就權利人因權利行使所能取得之利益，與他人及國家社會因其權利行使所受之損失，比較衡量以定之。倘其權利之行使，自己所得利益極少而他人及國家社會所受之損失甚大者，非不得視爲以損害他人爲主要目的，此乃權利社會化之基

本內涵所必然之解釋。（71台上737）

- 鄰地所有人知悉土地所有人越界建屋而不即提出異議者，依民法第796條但書之規定，尚得請求土地所有人購買越界部分之土地，舉重以明輕，不知情而得請求移去或變更建物之鄰地所有人，當然更得不請求土地所有人移去或變更建物而請求其以相當之價額購買越界部分之土地。（83台上2701）
- 因任職關係獲准配住宿舍，其性質為使用借貸，目的在使任職者安心盡其職責，是倘借用人喪失其與所屬機關之任職關係，當然應認依借貸之目的，已使用完畢，配住機關自得請求返還。故公務員因任職關係配住宿舍，於任職中死亡時，既喪失其與所屬機關之任職關係，依借貸目的應認已使用完畢，使用借貸契約因而消滅，此與一般使用借貸契約，借用人死亡時，貸與人僅得終止契約之情形尚有不同。（91台上1926）

第九章　塗銷抵押權登記

第一節　前　言

民法上謂抵押權者，標的物不由債權人占有而成立之擔保物權也。故抵押權之利益有三：一、設定抵押權後，所有人仍得占有標的物而使用收益處分之，是於抵押人有利益也（但不得害及抵押權人之利益）。二、抵押權人不負保存標的物之義務，而能取得完全之擔保物權，是於抵押權人有利益也。三、標的物仍存於所有人之手，即仍存於抵押人之手，於改良並無妨礙，是於社會有利益也。各國立法例有認動產及不動產俱可為抵押物者，然以動產為抵押物，實際並不能全其效用，除法律特別規定外，應以不動產為抵押之標的物。

以不動產抵押擔保債權，並經登記機關為抵押權登記，具有公示及公信力，對債權人的債權較有保障。除因債權人拋棄或債務人清償等情形外，土地登記規則第7條：「依本規則登記之土地權利，除本規則另有規定外，非經法院判決塗銷確定，登記機關不得為塗銷登記。」

以抵押權擔保之債權，其請求權已因時效完成而消滅，如抵押權人，於消滅時效完成後，五年間不實行其抵押權者，其抵押權消滅。最高限額抵押權所擔保之債權，其請求權已因時效而消滅，如抵押權人於消滅時效完成後，五年間不實行其抵押權者，該債權不再屬於最高限額抵押權擔保之範圍。分別為民法第880條及第881條之15所明定。在實務上常見債權消滅時效完成後，抵押權人未於五年間實行其抵押權，此時不動產所有權人若欲塗銷抵押權登記，則需透過司法訴訟來塗銷抵押權登記。

實務上，常見土地登記謄本上有年代久遠之抵押權登記存在，且經查抵押權人已不知所在，或業已死亡多時其繼承人年籍不詳，甚且還有抵押權人之繼承人散居國外，造成訴訟上塗銷抵押權登記之困難。針對此類之事件，於民國96年3月21日公布之地籍清理條例，其中第28條明載：「中華民國三十八年十二月三十一日以前登記之抵押權，土地所有權人得申請塗銷登記，由登記機關公告三個月，期滿無人異議，塗銷之。前項公告期間異議之處理，準用第九條規定辦理。因第一項塗銷登記致抵押權人受有損害者，由土地所有權人負損害賠償責任。」因此對於民國38年12月31日以前登記之抵押權，土地所有人可直接向地政機關申請塗銷抵押權登記，減少不必要之訴訟程序。

另民法物權編於96年3月28日修正公布，此次物權編之修正將抵押權分爲普通抵押權、最高限額抵押權及其他抵押權三種，其中最高限額抵押權之增訂，爲民間實行已久之不動產最高限額抵押權設定登記賦予法源依據。惟須注意的是，此次物權編之修正條文，於公布後六個月施行，即於96年9月28日生效。

第二節　法令解說 §

抵押權係擔保物權，於民法物權編第六章有明文規定。該規定係從民法第860條到第883條。再者，民法物權編於96年3月28日修正公布，修正之內容可謂相當大。

96年3月28日修正公布抵押權章分成三節（普通抵押權、最高限額抵押權、其他抵押權），共修正15條條文、增訂28條條文。修正要點如下：

一、增訂節名。

二、修正抵押權之意義及擔保債權之範圍。

三、增訂抵押權之效力範圍。

四、修正抵押權效力所及天然孳息，以抵押物扣押後自抵押物分離而得由抵押人收取者爲限。

五、闡明不動產所有人設定其他權利之範圍、效力及營造建築物暨抵押物存在所必要權利得讓與者併付拍賣之聲請規定。
六、增訂債務之一部承擔有抵押權不可分性之適用。
七、增訂抵押權次序之調整。
八、增訂抵押權人因防止抵押物價值減少所生費用受償次序，並修正得請求回復原狀或增加擔保之規定。
九、修正流抵約款爲相對禁止規定。
十、增訂實行抵押權之效果規定。
十一、修正抵押物賣得價金之分配次序。
十二、增訂共同抵押權之各抵押物賣得價金之分配次序；內部分擔擔保債權金額之計算方式及求償權人或承受權人行使權利之範圍與方式。
十三、修正法定地上權之規定。
十四、修正物上保證人之求償權規定，並增訂其免責之規定。
十五、修正抵押物之代位物不以賠償金爲限。
十六、增訂最高限額抵押權之定義性規定及擔保範圍。
十七、增訂最高限額抵押權之抵押權人與抵押人變更債權範圍或其債務人之規定。
十八、增訂最高限額抵押權所擔保之原債權確定期日之規定。
十九、增訂最高限額抵押權所擔保債權移轉之效力規定。
二十、增訂最高限額抵權之抵押權人或債務人爲法人之合併規定。
二十一、增訂單獨讓與最高限額抵押權之方式及最高限額抵押權之共有。
二十二、共同最高限額抵押權原債權確定事由。
二十三、增訂最高限額抵押權所擔保之原債權確定事由生效後之效力規定。
二十四、增訂最高限額抵押權擔保債權之請求權罹於消滅時效之效力規定。
二十五、增訂最高限額抵押權準用普通抵押權之規定。
二十六、修正其他抵押權準用普通抵押權及最高限額抵押權之規定。

民法物權編第六章抵押權96年修正及增訂條文

第860條（抵押權之意義）

稱普通抵押權者，謂債權人對於債務人或第三人不移轉占有而供其債權擔保之不動產，得就該不動產賣得價金優先受償之權。

第861條（抵押權之擔保範圍）

抵押權所擔保者為原債權、利息、遲延利息、違約金及實行抵押權之費用。但契約另有約定者，不在此限。

得優先受償之利息、遲延利息、一年或不及一年定期給付之違約金債權，以於抵押權人實行抵押權聲請強制執行前五年內發生及於強制執行程序中發生者為限。

第862條（抵押權效力之範圍——從物及從權利）

抵押權之效力，及於抵押物之從物與從權利。

第三人於抵押權設定前，就從物取得之權利，不受前項規定之影響。

以建築物為抵押者，其附加於該建築物而不具獨立性之部分，亦為抵押權效力所及。但其附加部分為獨立之物，如係於抵押權設定後附加者，準用第八百七十七條之規定。

小知識

從物，指民法第68條規定，非主物之成分，常助主物之效用，且同屬於一人之物。

第862-1條（抵押權效力之範圍—殘餘物及動產）

抵押物滅失之殘餘物，仍為抵押權效力所及。抵押物之成分非依物之通常用法而分離成為獨立之動產者，亦同。

前項情形，抵押權人得請求占有該殘餘物或動產，並依質權之規定，行使其權利。

第863條（抵押權效力之範圍—天然孳息）

抵押權之效力，及於抵押物扣押後自抵押物分離，而得由抵押人收取之天然孳息。

第866條（其他權利之設定）

不動產所有人設定抵押權後，於同一不動產上，得設定地上權或其他以使用收益為目的之物權，或成立租賃關係。但其抵押權不因此而受影響。

前項情形，抵押權人實行抵押權受有影響者，法院得除去該權利或終止該租賃關係後拍賣之。

不動產所有人設定抵押權後，於同一不動產上，成立第一項以外之權利者，準用前項之規定。

第869條（抵押權之不可分性——債權分割）

以抵押權擔保之債權，如經分割或讓與其一部者，其抵押權不因此而受影響。

前項規定，於債務分割或承擔其一部時適用之。

第870-1條（抵押權次序之讓與及拋棄）

同一抵押物有多數抵押權者，抵押權人得以下列方法調整其可優先受償之分配額。但他抵押權人之利益不受影響：

一、為特定抵押權人之利益，讓與其抵押權之次序。

二、為特定後次序抵押權人之利益，拋棄其抵押權之次序。

三、為全體後次序抵押權人之利益，拋棄其抵押權之次序。

前項抵押權次序之讓與或拋棄，非經登記，不生效力。並應於登記前，通知債務人、抵押人及共同抵押人。

因第一項調整而受利益之抵押權人，亦得實行調整前次序在先之抵押權。

調整優先受償分配額時，其次序在先之抵押權所擔保之債權，如有第三人之不動產為同一債權之擔保者，在因調整後增加負擔之限度內，以該不動產為標的物之抵押權消滅。但經該第三人同意者，不在此限。

第870-2條（調整後保證人責任）

調整可優先受償分配額時，其次序在先之抵押權所擔保之債權有保證人者，於因調整後所失優先受償之利益限度內，保證人免其責任。但經該保證人同意調整者，不在此限。

第871條（抵押權之保全─抵押物價值減少之防止）

抵押人之行為，足使抵押物之價值減少者，抵押權人得請求停止其行為。如有急迫之情事，抵押權人得自為必要之保全處分。

因前項請求或處分所生之費用，由抵押人負擔。其受償次序優先於各抵押權所擔保之債權。

第872條（抵押權之保全─抵押物價值減少之補救）

抵押物之價值因可歸責於抵押人之事由致減少時，抵押權人得定相當期限，請求抵押人回復抵押物之原狀，或提出與減少價額相當之擔保。

抵押人不於前項所定期限內，履行抵押權人之請求時，抵押權人得定相當期限請求債務人提出與減少價額相當之擔保。屆期不提出者，抵押權人得請求清償其債權。

抵押人為債務人時，抵押權人得不再為前項請求，逕行請求清償其債權。

抵押物之價值因不可歸責於抵押人之事由致減少者，抵押權人僅於抵押人因此所受利益之限度內，請求提出擔保。

第873條（抵押權之實行方法）

抵押權人，於債權已屆清償期，而未受清償者，得聲請法院，拍賣抵押物，就其賣得價金而受清償。

第873-1條（流抵契約之效力）

約定於債權已屆清償期而未為清償時，抵押物之所有權移屬於抵押權人者，非經登記，不得對抗第三人。

抵押權人請求抵押人為抵押物所有權之移轉時，抵押物價值超過擔保債權部分，應返還抵押人；不足清償擔保債權者，仍得請求債務人清償。

抵押人在抵押物所有權移轉於抵押權人前，得清償抵押權擔保之債權，以消滅該抵押權。

第873-2條（抵押權之實行）

抵押權人實行抵押權者，該不動產上之抵押權，因抵押物之拍賣而消滅。

前項情形，抵押權所擔保之債權有未屆清償期者，於抵押物拍賣得受清償之範圍內，視為到期。

抵押權所擔保之債權未定清償期或清償期尚未屆至，而拍定人或承受抵押物之債權人聲明願在拍定或承受之抵押物價額範圍內清償債務，經抵押權人同意者，不適用前二項之規定。

第874條（抵押物賣得價金之分配次序）

抵押物賣得之價金，除法律另有規定外，按各抵押權成立之次序分配之。其次序相同者，依債權額比例分配之。

第875-1條（共同抵押）

為同一債權之擔保，於數不動產上設定抵押權，抵押物全部或部分同時拍賣時，拍賣之抵押物中有為債務人所有者，抵押權人應先就該抵押物賣得之價金受償。

第875-2條（共同抵押—各抵押物對債權分擔之金額）

為同一債權之擔保，於數不動產上設定抵押權者，各抵押物對債權分擔之金額，依下列規定計算之：

一、未限定各個不動產所負擔之金額時，依各抵押物價值之比例。

二、已限定各個不動產所負擔之金額時，依各抵押物所限定負擔金額之比例。

三、僅限定部分不動產所負擔之金額時，依各抵押物所限定負擔金額與未限定負擔金額之各抵押物價值之比例。

計算前項第二款、第三款分擔金額時，各抵押物所限定負擔金額較抵押物價值為高者，以抵押物之價值為準。

第875-3條（共同抵押）

為同一債權之擔保，於數不動產上設定抵押權者，在抵押物全部或部分同時拍賣，而其賣得價金超過所擔保之債權額時，經拍賣之各抵押物對債權分擔金額之計算，準用前條之規定。

第875-4條（共同抵押—分別拍賣）

為同一債權之擔保，於數不動產上設定抵押權者，在各抵押物分別拍賣時，適用下列規定：

一、經拍賣之抵押物為債務人以外之第三人所有，而抵押權人就該抵押物賣得價金受償之債權額超過其分擔額時，該抵押物所有人就超過分擔額之範圍內，得請求其餘未拍賣之其他第三人償還其供擔保抵押物應分擔之部分，並對該第三人之抵押物，以其分擔額為限，承受抵押權人之權利。但不得有害於該抵押權人之利益。

二、經拍賣之抵押物為同一人所有，而抵押權人就該抵押物賣得價金受償之債權額超過其分擔額時，該抵押物之後次序抵押權人就超過分擔額之範圍內，對其餘未拍賣之同一人供擔保之抵押物，承受實行抵押權人之權利。但不得有害於該抵押權人之利益。

第876條（法定地上權）

設定抵押權時，土地及其土地上之建築物，同屬於一人所有，而僅以土地或僅以建築物為抵押者，於抵押物拍賣時，視為已有地上權之設定，其地租、期間及範圍由當事人協議定之。不能協議者，得聲請法院以判決定之。

設定抵押權時，土地及其土地上之建築物，同屬於一人所有，而以土地及建築物為抵押者，如經拍賣，其土地與建築物之拍定人各異時，適用前項之規定。

第877條（建築物之併付拍賣）

土地所有人於設定抵押權後，在抵押之土地上營造建築物者，抵押權人於必要時，得於強制執行程序中聲請法院將其建築物與土地併付拍賣。但對於建築物之價金，無優先受清償之權。

前項規定，於第八百六十六條第二項及第三項之情形，如抵押之不動產上，有該權利人或經其同意使用之人之建築物者，準用之。

第877-1條（抵押物存在必要權利之併付拍賣）

以建築物設定抵押權者，於法院拍賣抵押物時，其抵押物存在所必要之權利得讓與者，應併付拍賣。但抵押權人對於該權利賣得之價金，無優先受清償之權。

第879條（物上保證人之求償權）

為債務人設定抵押權之第三人，代為清償債務，或因抵押權人實行抵押權致失抵押物之所有權時，該第三人於其清償之限度內，承受債權人對於債務人之債權。但不得有害於債權人之利益。

債務人如有保證人時，保證人應分擔之部分，依保證人應負之履行責任與抵押物之價值或限定之金額比例定之。抵押物之擔保債權額少於抵押物之價值者，應以該債權額為準。

前項情形，抵押人就超過其分擔額之範圍，得請求保證人償還其應分擔部分。

第879-1條（免除保證責任之抵押權消滅）

第三人為債務人設定抵押權時，如債權人免除保證人之保證責任者，於前條第二項保證人應分擔部分之限度內，該部分抵押權消滅。

第881條（抵押權之消滅及物上代位）

抵押權除法律另有規定外，因抵押物滅失而消滅。但抵押人因滅失得受賠償或其他利益者，不在此限。

抵押權人對於前項抵押人所得行使之賠償或其他請求權有權利質權，其次序與原抵押權同。

給付義務人因故意或重大過失向抵押人為給付者，對於抵押權人不生效力。

抵押物因毀損而得受之賠償或其他利益，準用前三項之規定。

第881-1條（最高限額抵押權之意義）

稱最高限額抵押權者，謂債務人或第三人提供其不動產為擔保，就債權人對債務人一定範圍內之不特定債權，在最高限額內設定之抵押權。

最高限額抵押權所擔保之債權，以由一定法律關係所生之債權或基於票據所生之權利為限。

基於票據所生之權利，除本於與債務人間依前項一定法律關係取得者外，如抵押權人係於債務人已停止支付、開始清算程序，或依破產法有和解、破產之聲請或有公司重整之聲請，而仍受讓票據者，不屬最高限額抵押權所擔保之債權。但抵押權人不知其情事而受讓者，不在此限。

第881-2條（最高限額範圍）

最高限額抵押權人就已確定之原債權，僅得於其約定之最高限額範圍內，行使其權利。

前項債權之利息、遲延利息、違約金，與前項債權合計不逾最高限額範圍者，亦同。

第881-3條（約定變更債權範圍或債務人）

原債權確定前，抵押權人與抵押人得約定變更第881條之1第2項所定債權之範圍或其債務人。

前項變更無須得後次序抵押權人或其他利害關係人同意。

第881-4條（債權確定期日之約定）

最高限額抵押權得約定其所擔保原債權應確定之期日，並得於確定之期日前，約定變更之。

前項確定之期日，自抵押權設定時起，不得逾三十年。逾三十年者，縮短為三十年。

前項期限，當事人得更新之。

第881-5條（未約定債權確定期日）

最高限額抵押權所擔保之原債權，未約定確定之期日者，抵押人或抵押權人得隨時請求確定其所擔保之原債權。

前項情形，除抵押人與抵押權人另有約定外，自請求之日起，經十五日為其確定期日。

第881-6條（最高限額抵押權不隨同債權移轉）

最高限額抵押權所擔保之債權，於原債權確定前讓與他人者，其最高限額抵押權不隨同移轉。第三人為債務人清償債務者，亦同。

最高限額抵押權所擔保之債權，於原債權確定前經第三人承擔其債務，而債務人免其責任者，抵押權人就該承擔之部分，不得行使最高限額抵押權。

第881-7條（法人合併之債權確定）

原債權確定前，最高限額抵押權之抵押權人或債務人為法人而有合併之情形者，抵押人得自知悉合併之日起十五日內，請求確定原債權。但自合併登記之日起已逾三十日，或抵押人為合併之當事人者，不在此限。

有前項之請求者，原債權於合併時確定。

合併後之法人，應於合併之日起十五日內通知抵押人，其未為通知致抵押人受損害者，應負賠償責任。

前三項之規定，於第三百零六條或法人分割之情形，準用之。

第881-8條（最高限額抵押權之讓與）

原債權確定前，抵押權人經抵押人之同意，得將最高限額抵押權之全部或分割其一部讓與他人。

原債權確定前，抵押權人經抵押人之同意，得使他人成為最高限額抵押權之共有人。

第881-9條（最高限額抵押權之共有）

最高限額抵押權為數人共有者，各共有人按其債權額比例分配其得優先受償之價金。但共有人於原債權確定前，另有約定者，從其約定。

共有人得依前項按債權額比例分配之權利，非經共有人全體之同意，不得處分。但已有應有部分之約定者，不在此限。

第881-10條（共同最高限額抵押權）

為同一債權之擔保，於數不動產上設定最高限額抵押權者，如其擔保之原債權，僅其中一不動產發生確定事由時，各最高限額抵押權所擔保之原債權均歸於確定。

第881-11條（不因當事人死亡受影響）

最高限額抵押權不因抵押權人、抵押人或債務人死亡而受影響。但經約定為原債權確定之事由者，不在此限。

第881-12條（債權確定事由）

最高限額抵押權所擔保之原債權，除本節另有規定外，因下列事由之一而確定：

一、約定之原債權確定期日屆至者。

二、擔保債權之範圍變更或因其他事由，致原債權不繼續發生者。

三、擔保債權所由發生之法律關係經終止或因其他事由而消滅者。

四、債權人拒絕繼續發生債權，債務人請求確定者。

五、最高限額抵押權人聲請裁定拍賣抵押物，或依第八百七十三條之一之規定為抵押物所有權移轉之請求時，或依第八百七十八條規定訂立契約者。

六、抵押物因他債權人聲請強制執行經法院查封，而為最高限額抵押權人所知悉，或經執行法院通知最高限額抵押權人者。但抵押物之查封經撤銷時，不在此限。

七、債務人或抵押人經裁定宣告破產者。但其裁定經廢棄確定時，不在此限。

第八百八十一條之五第二項之規定，於前項第四款之情形，準用之。

第一項第六款但書及第七款但書之規定，於原債權確定後，已有第三人受讓擔保債權，或以該債權為標的物設定權利者，不適用之。

第881-13條（請求結算）

最高限額抵押權所擔保之原債權確定事由發生後，債務人或抵押人得請求抵押權人結算實際發生之債權額，並得就該金額請求變更為普通抵押權之登記。但不得逾原約定最高限額之範圍。

第881-14條（原債權確定後之擔保效力）

最高限額抵押權所擔保之原債權確定後，除本節另有規定外，其擔保效力不及於繼續發生之債權或取得之票據上之權利。

第881-15條（時效完成後最高限額抵押權之實行）

最高限額抵押權所擔保之債權，其請求權已因時效而消滅，如抵押權人於消滅時效完成後，五年間不實行其抵押權者，該債權不再屬於最高限額抵押權擔保之範圍。

第881-16條（清償最高限額之塗銷抵押權）

最高限額抵押權所擔保之原債權確定後，於實際債權額超過最高限額時，為債務人設定抵押權之第三人，或其他對該抵押權之存在有法律上利害關係之人，於清償最高限額為度之金額後，得請求塗銷其抵押權。

第881-17條（普通抵押權規定之準用）

最高限額抵押權，除第八百六十一條第二項、第八百六十九條第一項、第八百七十條、第八百七十條之一、第八百七十條之二、第八百八十條之規定外，準用關於普通抵押權之規定。

第三節　書狀撰寫要旨

本節就請求權時效完成後，抵押權人未於五年間實行其抵押權，土地所有人訴請法院塗銷，說明如下：

抵押權塗銷登記如能由抵押權人（或其繼承人）及抵押人會同向登記機關申請，實務上應無困難，雖內政部所訂頒之「登記原因標準用語」並無以「除斥期間屆滿」爲抵押權塗銷之原因，惟通常登記機關會斟酌個案以「拋棄」爲原因辦理登記。

如抵押權人（或其繼承人）未能會同抵押人向登記機關申請塗銷抵押權登記，則只有向法院訴請判決塗銷一途。如抵押權人有死亡之情事，於起訴狀中撰寫訴之聲明時，則須請求其繼承人先就該抵押權辦理繼承登記後再辦理塗銷登記。

在塗銷抵押權訴訟中，抵押權人或其繼承人會請求債務人清償債務，債務人可主張民法第125條：「請求權，因十五年間不行使而消滅。但法律所定期間較短者，依其規定。」取得主債權消滅時效完成拒絕清償之抗辯。土地所有人則可主張民法第880條：「以抵押權擔保之債權，其請求權已因時效而消滅。如抵押權人於消滅時效完成後，五年間不實行其抵押權者，其抵押權消滅。」逕依民法第767條之規定請求抵押權人或其繼承人塗銷抵押權之登記。

此外，起訴狀應敘明抵押權設定之內容，如管轄機關、登記日期、抵押權人、擔保債權金額、存續期間、債務人等，並檢附最新土地及建物登記謄本，俾法院可明悉。

第四節　書狀範例

範例一、終止契約請求塗銷抵押權起訴狀

<table>
<tr><td colspan="4">民事起訴狀</td></tr>
<tr><td>案　　號</td><td colspan="2">年度　　字第　　號</td><td>承辦股別</td></tr>
<tr><td>訴訟標的
金額或價額</td><td colspan="3">新臺幣　　　　　　　　　　元</td></tr>
<tr><td>稱　　謂</td><td>姓名或名稱</td><td colspan="2">依序填寫：國民身分證統一編號或營利事業統一編號、性別、出生年月日、職業、住居所、就業處所、公務所、事務所或營業所、郵遞區號、電話、傳眞、電子郵件位址、指定送達代收人及其送達處所。</td></tr>
<tr><td>原告
被告</td><td>趙○○
王○○</td><td colspan="2">新北市○○區○○路○○號○○樓
新北市○○區○○街○○號</td></tr>
<tr><td colspan="4">爲請求塗銷抵押權登記等事件，謹依法起訴事：
訴之聲明
一、被告應將其設定於坐落○○縣○○市○○段○○及○○地號土地，於民國○○年以桃園市○○地政事務所○○地所字第○○號收件，民國○○年○○月○○日登記，權利價值爲本金最高限額新臺幣○○元之抵押權登記塗銷。</td></tr>
</table>

二、訴訟費用由被告負擔。

事實及理由

一、緣原告於民國（下同）81年間，因有資金周轉需求，爲向被告借貸金錢，提供原告所有坐落○○縣○○市○○段○○及○○地號土地，設定存續期間爲不定期限，權利價值爲新臺幣（下同）100萬元之最高限額抵押權予被告。經桃園市○○地政事務所（以下簡稱○○地政）於81年以○地所字第○○號收件，並於81年○月○日登記（見證物一、二），合先敘明。

二、惟自上開抵押權設定登記完成後迄今，被告並未實際借款予原告，兩造間亦無任何債權債務發生，再者，原告亦確定不再向被告爲借貸行爲。

三、查系爭抵押權之存續期間爲不定期限，性質與民法第754條第1項所定就連續發生之債務爲保證而未定有期間之保證契約相似，類推適用同條規定，抵押人得隨時通知債權人終止抵押契約，對於終止契約後發生之債務，不負擔保責任（最高法院66年台上字第1097號判例意旨參照）。原告自得隨時終止前揭抵押權設定契約，爰以起訴狀繕本之送達，作爲對被告終止系爭抵押權設定契約之意思表示。

四、基上所述，原告已合法向被告終止系爭抵押權設定契約，已發生請求確定債權之效力，則系爭抵押權所擔保之債權，已可確定不再向後發生，且兩造間於系爭抵押權存續期間，亦未發生任何擔保債權債務關係，故系爭抵押權所擔保之債權不存在，則原告在終止抵押契約之後，本於抵押權之從屬性，請求被告塗銷系爭最高限額抵押權。爲此狀請　鈞院鑒核，賜爲如訴之聲明之判決，以維權益，至感德便。

謹　狀

臺灣○○地方法院民事庭　公鑒

證人	

證物	一：土地登記簿謄本正本二份。 二：抵押權設定契約書影本乙份。
中　華　民　國　○○　年　○　月　○　日 具狀人　趙○○　（簽名蓋章） 撰狀人	

範例二、時效完成後請求塗銷抵押權起訴狀

民事起訴狀				
案　號	年度　字第　號		承辦股別	
訴訟標的金額或價額	新臺幣　元			
稱　謂	姓名或名稱	依序填寫：國民身分證統一編號或營利事業統一編號、性別、出生年月日、職業、住居所、就業處所、公務所、事務所或營業所、郵遞區號、電話、傳眞、電子郵件位址、指定送達代收人及其送達處所。		
原告 被告	趙○○ 吳○○	新北市○○區○○路○○號○○樓 新北市○○區○○街○○號		
爲請求塗銷抵押權登記等，謹依法起訴事： 訴之聲明 一、被告應將如附表所示之不動產，於桃園市○○地政事務所收件年期：民國○○年，字號：○○字第○○號，債權範圍：全部，權利價值：本金最高限額新臺幣○○元正，存續期間：自民國○○年○月○日至○○年○月○日，清償日期：○○年○月○日之抵押權設定登記，予以塗銷。 二、訴訟費用由被告負擔。				

事實及理由

一、緣被告與訴外人（即設定義務人）王○○間，於民國○○年間，雙方於桃園市○○地政事務所民國○○年收件字號：○字第○○號辦理如附表所示不動產之抵押權設定登記。債權範圍：全部，權利價值：本金最高限額新臺幣21萬6,800元正，存續期間：自民國○○年○月○日至○○年○月○日，清償日期：○○年○月○日。嗣原告於民國○○年○月○日向訴外人王○○買賣取得本件之不動產（見證物一），合先敘明。

二、按民法第125條：「請求權，因十五年間不行使而消滅。但法律所定期間短者，依其規定。」及第880條：「以抵押權擔保之債權，其請求權已因時效而消滅，如抵押權人於消滅時效完成後，五年間不實行其抵押權者，其抵押權消滅。」查本件被告與訴外人王○○間之抵押權登記，清償日期爲民國○○年○月○日，迄今已逾二十年，故被告就本件以抵押權擔保之債權，其請求權已因時效而消滅，再者，被告於消滅時效完成後，五年間不實行其抵押權，故其抵押權亦消滅。

三、基上所述，原告爰依民法第767條之規定，狀請　鈞院鑒核，賜爲如訴之聲明之判決，以維權益，至感德便。

謹　狀

臺灣○○地方法院民事庭　公鑒

證人	證人
證物	一、登記謄本三份。

中　華　民　國　○○　年　○　月　○　日

具狀人　趙○○　（簽名蓋章）

撰狀人

第五節　實務判解

茲摘錄抵押權相關之解釋、判例、最高法院會議決議及行政函釋如下：

一、大法官會議解釋

- 民法第866條規定：「不動產所有人設定抵押權後，於同一不動產上得設定地上權及其他權利。但其抵押權不因此而受影響」，如其抵押權因設定地上權或其他權利而受影響者，本院院字第1446號解釋認為對於抵押權人不生效力，抵押權人聲請拍賣抵押物時，執行法院自可依法逕予執行，乃因抵押權為物權，經登記而生公示之效力，在登記後就抵押物取得地上權或其他使用收益之權利者，自不得使登記在先之抵押權受其影響，如該項地上權或其他使用收益之權利於抵押權無影響時，仍得繼續存在，已兼顧在後取得權利者之權益，首開法條及本院解釋與憲法並無牴觸。（釋字第304號）
- 憲法第15條關於人民財產權應予保障之規定，旨在確保個人依財產之存續狀態行使其自由使用、收益及處分之權能，不得因他人之法律行為而受侵害。分別共有不動產之應有部分，於設定抵押權後，共有物經分割者，其抵押權不因此而受影響（民法第825條及第868條規定參照）。於分割前未先徵得抵押權人同意者，於分割後，自係以原設定抵押權而經分別轉載於各宗土地之應有部分，為抵押權之客體。是強制執行時，係以分割後各宗土地經轉載抵押權之應有部分為其執行標的物。於拍定後，因拍定人取得抵押權客體之應有部分，由拍定人與其他共有人，就該不動產全部回復共有關係，其他共有人回復分割前之應有部分，經轉載之應有部分抵押權因已實行而消滅，從而得以維護其他共有人及抵押權人之權益。準此，中華民國90年9月14日修正發布之土地登記規則第107條之規定，符合民法規定之意旨，亦與憲法第15條保障人民財產權

之規定，尚無牴觸。（釋字第671號）

二、最高法院判例

- 擔保物權之設定，乃爲確保債務之履行，債權人於債務人逾期不履行債務時，固得行使其擔保物權而以擔保物變價備抵。但其是否行使此項權利，乃債權人之自由，在債務人則無強以擔保物供清償債務之權。且抵押物如因意外事變而致減損滅失者，此等危險仍應由設定抵押權人負擔，尤不能藉口抵押物現狀變更，要求免責。（19上895）
- 上訴人既係就同一債權之擔保，於數不動產上設定抵押權，復未限定各個不動產所負擔之金額，是上訴人因設定抵押權所提供之兩筆土地，均須擔保債權之全部，在債權未全部受償前，尚不生抵押權部分消滅之效力。（52台上1693）
- 請求權時效期間爲十五年，但法律所定期間較短者，依其規定（民法第125條）。故時效期間僅有較十五年爲短者，而無超過十五年者。至於民法第145條第1項係就請求權罹於時效消滅後，債權人仍得就其抵押物、質物或留置物取償而爲規定，同法第880條係抵押權因除斥期間而消滅之規定，均非謂有抵押權擔保之請求權，其時效期間較十五年爲長。（53台上1391）
- 父母向他人購買不動產，而約定逕行移轉登記爲其未成年子女名義，不過爲父母與他人間爲未成年子女利益之契約（民法第269條第1項之契約），在父母與未成年子女之間，既無贈與不動產之法律行爲，自難謂該不動產係由於父母之贈與，故父母事後就該不動產取得代價，復以未成年子女名義爲第三人提供擔保而設定抵押權者，不得藉口非爲子女利益而處分應屬無效，而訴請塗銷登記。（53台上1456）
- 最高額抵押與一般抵押不同，最高額抵押係就將來應發生之債權所設定之抵押權，其債權額在結算前並不確定，實際發生之債權額不及最高額時，應以其實際發生之債權額爲準。（62台上776）

- 所謂最高限額之抵押契約，係指所有人提供抵押物，與債權人訂立在一定金額之限度內，擔保現在已發生及將來可能發生之債權之抵押權設定契約而言。此種抵押權所擔保之債權，除訂約時已發生之債權外，即將來發生之債權，在約定限額之範圍內，亦爲抵押權效力所及。雖抵押權存續期間內已發生之債權，因清償或其他事由而減少或消滅，原訂立之抵押契約依然有效，嗣後在存續期間內陸續發生之債權，債權人仍得對抵押物行使權利。此種抵押契約如未定存續期間，其性質與民法第754條第1項所定就連續發生之債務爲保證而未定有期間之保證契約相似，類推適用同條項規定，抵押人固得隨時通知債權人終止抵押契約，對於終止契約後發生之債務，不負擔保責任。反之，此種抵押契約定有存續期間者，訂立契約之目的，顯在擔保存續期間內所發生之債權，凡在存續期間所發生之債權，皆爲抵押權效力所及，於存續期間屆滿前所發生之債權，債權人在約定限額範圍內，對於抵押物均享有抵押權，除債權人拋棄爲其擔保之權利外，自無許抵押人於抵押權存續期間屆滿前，任意終止此種契約。縱令嗣後所擔保之債權並未發生，僅債權人不得就未發生之債權實行抵押權而已，非謂抵押人得於存續期間屆滿前終止契約而享有請求塗銷抵押權設定登記之權利。（66台上1097）
- 相對人在前案係訴求判決再抗告人與相對人間就訟爭房地所爲系爭抵押權之設定行爲應予撤銷，並塗銷該抵押權登記。於本件則係求爲判決確認訟爭抵押權不存在，進而塗銷該抵押權登記，一係行使撤銷權，乃形成之訴，一則主張抵押權不存在，係消極確認之訴，爲訴訟標的之法律關係，前後不同，不能以一事不再理之法則相繩。（68台抗235）
- 抵押權人聲請拍賣抵押物，在一般抵押，因必先有被擔保之債權存在，而後抵押權始得成立，故祇須抵押權已經登記，且登記之債權已屆清償期而未受清償，法院即應准許之。惟最高限額抵押，抵押權成立時，可不必先有債權存在，縱經登記抵押權，因未登記已有被擔保之債權存在，如債務人或抵押人否認先已有債權存在，或於抵押權成立後，曾有債權發生，而從抵押權人提出之其他文件爲形式上之審查，又不能明瞭是否有債權存在時，法院自無由准許拍賣抵押物。（71台抗306）

- 不動產所有人設定抵押權後，將不動產讓與他人者，依民法第867條但書規定，其抵押權不因此而受影響，抵押權人得本於追及其物之效力實行抵押權。系爭不動產既經抵押人讓與他人而屬於受讓之他人所有，則因實行抵押權而聲請法院裁定准許拍賣該不動產時，自應列受讓之他人爲相對人。（74台抗431）
- 抵押之不動產如經分割，或讓與其一部者，其抵押權不因此而受影響，民法第868條定有明文。故抵押之不動產雖讓與爲數人所共有，抵押權人對於受讓抵押物之各人之應有部分，仍得就全部債權行使權利，受讓抵押物應有部分之人，不得僅支付與受讓部分相當之金額，而免其責任。（82台上3153）
- 最高限額抵押契約定有存續期間者，其期間雖未屆滿，然若其擔保之債權所由生之契約已合法終止或因其他事由而消滅，且無既存之債權，而將來亦確定不再發生債權，其原擔保之存續期間內所可發生之債權，已確定不存在，依抵押權之從屬性，應許抵押人請求抵押權人塗銷抵押權設定登記。（83台上1055）
- 抵押權所擔保之債權，其種類及範圍，屬於抵押權之內容，依法應經登記，始生物權之效力，但如因內容過於冗長，登記簿所列各欄篇幅不能容納記載，可以附件記載，作爲登記簿之一部分。因此關於最高限額抵押權所擔保之債權，雖未記載於土地登記簿，然於聲請登記時提出之最高限額抵押權設定契約書，有該項債權之記載者，此契約書既作爲登記簿之附件，自爲抵押權效力所及。（84台上1967）
- 所謂最高限額抵押權者，乃爲預定抵押物應擔保債權之最高限額所設定之抵押權。如所預定擔保之債權非僅限於本金，而登記爲本金最高限額新臺幣若干元，其約定利息、遲延利息及約定擔保範圍內之違約金，固爲抵押權效力之所及，但仍受最高限額之限制，故其約定利息、遲延利

息及違約金連同本金合併計算，如超過該限額者，其超過部分即無優先受償之權。（85台上2065）

三、最高法院民事庭會議決議

- 債務人欲免其財產被強制執行，與第三人通謀而爲虛僞意思表示，將其所有不動產爲第三人設定抵押權，債權人可依侵權行爲之法則，請求第三人塗銷登記，亦可行使代位權，請求塗銷登記，兩者任其選擇行使之。（最高法院67年度第5次民事庭會議決議（二））
- 抵押權爲不動產物權，非經登記，不生效力，抵押權人僅能依設定登記內容行使其權利。本件抵押權既登記爲某甲本人債務之擔保，而不及其他，自應審究某甲對某丙是否負有債務，而爲應否准許塗銷登記之判斷。（最高法院70年度第18次民事庭會議決議（三））
- 甲以所有之房屋一棟，爲債務人乙供擔保，與債權人丙設定本金最高限額抵押權新臺幣100萬元，存續期間自民國70年1月1日起至74年12月31日止，乙於同年月3日向借款新臺幣100萬元，約定於74年12月31日償還，嗣清償期屆至，丙未得甲同意，與乙約定延至75年6月30日清償。甲可否主張其保證責任消滅，訴請塗銷抵押權登記。查民法第755條之定期債務保證責任之免除，乃專爲人之保證而設，物之保證如抵押權並不包括在內，故甲不得主張其保證責任消滅，訴請塗銷抵押權登記。（最高法院75年度第24次民事庭會議決議（一））
- 最高限額抵押契約定有存續期間者，其期間雖未屆滿，然若其擔保之債權所由生之契約已合法終止（或解除或以其他原因而消滅），且無既存之債權，而將來亦確定不再發生債權，其原擔保之存續期間內所可發生之債權，已確定不存在，依抵押權之從屬性，應許抵押人請求塗銷抵押權設定登記，庶符衡平法則，此與本院66年台上字第1097號判例後段所示擔保之債權所由生之契約並未消滅而任意終止抵押權契約之情形不同，不可一概而論。（最高法院76年度第3次民事庭會議決議）

➢ 抵押權之性質，係從屬於所擔保之債權而存在。「債之關係消滅者，其債權之擔保及其他從屬之權利，亦同時消滅」（民法第307條）。債務人自非不得本於債之關係請求抵押權人塗銷供債權擔保之抵押權設定登記（參酌動產擔保交易法第10條第1項規定，擔保債權受清償後，債權人經債務人或利害關係人之請求出具證明書，由債務人或利害關係人憑證明書向登記機關註銷登記之法理而言，無論擔保物是否債務人所有，均得由債務人或利害關係人－擔保物提供人聲請塗銷債權擔保之登記）。又依「抵押權設定登記聲請書」，及登記所需之「抵押權設定契約書」之記載，抵押權設定登記之「聲請人」及設定契約之「訂立契約人」，除權利人及義務人外，如抵押物爲第三人（抵押人）所有者，並列載債務人爲共同聲請人及訂立契約之人，足見債務人亦爲利害關係人（土地登記規則第131條、第107條參照），應許其於債之關係消滅後提起塗銷登記之訴。（最高法院77年度第6次民事庭會議決議（二））

四、行政函釋

設定登記之抵押權，因時效消滅，抵押權人不能會同辦理塗銷登記，應訴請塗銷

經函准司法行政部68年2月1日台68函民字第00971號函：「一、依民事訴訟法第539條第1項規定，申辦權利之公示催告，以得依背書轉讓之證券及其他法律有規定者爲限。民法既未規定抵押權得依公示催告程序使生失權之效果，自不得依民事訴訟法所定公示催告程序聲請爲除權判決。二、民法第880條雖規定以抵押權擔保之債權，其請求權已因時效而消滅，如抵押權人於消滅時效完成後五年間不實行其抵押權者，其抵押權消滅，惟已辦理設定登記之抵押權是否消滅，並非地政機關所得審認，當無從依抵押人一方之聲請，逕予塗銷其登記。如果抵押權人行蹤不明或拒不會同申請時，僅得由抵押人訴請塗銷，經法院判決確定後，始得憑以辦理塗銷登記。」本部同意上開司法行政部意見。（68年3月21日內政部台（68）內地字第7272號）

第十章 ｜ 塗銷地上權登記

第一節　前　言

由於社會進步，經濟發達，土地價格逐漸上揚，建築物或其他工作物之所有人，有時並無土地之所有權，設定地上權爲經濟上之需要。倘若地上權其地上之工作物滅失，則標的物欠缺，惟不因標的物欠缺之故，使其權利消滅。蓋地上權之標的物爲土地，非建築物或其他工作物。

地上權因存續期間屆滿而歸於消滅時，地上權人依法得取回其工作物，並應回復土地之原狀，於此情形，固不生何種問題。假使此工作物係建築物，地上權人不能收回，而又不能再行使用，則其所受損害，實爲重大，故除契約另有訂定外，地上權人得請求土地所有人按照該建築物之時價而爲補償，以維護地上權人之利益。土地所有人如不爲補償時，地上權之期間應酌量延長，俾雙方均不致有所損害。如地上權人不願延長，則不得請求補償，以示限制而杜爭端。

筆者碰到有關地上權糾紛之例子如下：

例一

部分土地共有人無償設定地上權予他共有人，並登記地上權之存續期間爲未定期限或不定期，且在土地上興建土角厝或磚造房屋之情形。在房屋歷經五、六十年後，已近倒塌，此時土地被徵收，土地所有人若無法與地上權人達成協議，土地所有人便無法向政府請領徵收補償費。

例二

地上權未定有期限且無地租之約定，多年後地上權人亦無使用土地之事實，此時土地所有人欲終止地上權，依謝在全大法官在其民法物權論乙書主張：「本諸未定存續期限之法律關係，當事人應得隨時終止之原則，原則上土地所有人與地上權人應得隨時終止之。」再者，解除權行使之方法依民法第 258 條之規定，應以意思表示爲之。契約當事人之一方有數人者，前項意思表示，應由其全體或向其全體爲之。惟若土地共有人及地上權人數眾多且有繼承之情事，常有不知有無繼承人或去向不明，致無法終止地上權。所幸新修正民法物權編第 833 條之 1，已爲此類難解之問題提供解套，未來土地所有人可依此條爲據，提出塗銷地上權登記之訴訟。

民法物權編有關地上權乙章已於民國99年2月3日修正公布，自公布後六個月施行。重要之內容略舉如後：

一、將原地上權修正為普通地上權，並增加區分地上權乙節

按區分地上權雖屬地上權之一種，惟區分地上權性質及效力仍有其特殊性，故爲求體系完整，分設二節規範普通地上權及區分地上權。人類文明之進步，科技與建築技術日新月異，土地之利用，已不再侷限於地面，而逐漸向空中與地下發展，由平面化而趨於立體化，遂產生土地分層利用之結果，有承認土地上下一定空間範圍內設定地上權之必要。如公寓大廈之興建，電線、電纜地下化與下水道工程，以及公路、鐵路及捷運等交通建設也在同一土地上爲不同高度或深度之使用。因此，區分地上權的觀念也日漸普及，此種區分地上權謂以在他人土地上下之一定空間範圍內設定之地上權，而有別於普通地上權。如民間參與經建設施公共建設須穿越之空間範圍涉及私有土地時，應通知私有土地所有權人及他項權利人進行協議設定區分地上權。協議不成者，民間機構得報請主辦機關依法辦理徵收地上權。即爲一例。

二、增訂第八百三十三條之一

地上權未定有期限者，存續期間逾二十年後或地上權成立之目的已不存在者，法院得因土地所有人或地上權人之聲請，斟酌地上權成立之目的、建築物或工作物之種類、性質及利用狀況等情形，定其存續期間或終止其地上權。

其立法理由爲：地上權雖未定有期限，但非有相當之存續期間，難達土地利用之目的，不足以發揮地上權之社會機能。又因科技進步，建築物或工作物之使用年限有日漸延長趨勢，爲發揮經濟效用，兼顧土地所有人與地上權人之利益，爰明定土地所有人或地上權人均得於逾二十年後，聲請法院斟酌地上權成立之目的、建築物或工作物之各種狀況而定地上權之存續期間；或於地上權成立之目的不存在時，法院得終止其地上權。又此項聲請係變更原物權之內容，性質上爲形成之訴，應以形成判決爲之。

三、依有無地租及期限，修正地上權人拋棄其權利之規定（民法第834條、第835條）

四、增訂地上權設定後，因情事變更之租金增減請求權（民法第835-1條）

五、修正終止權之要件，並增例土地所有人終止應踐行之催告程序（民法第836條）

六、增訂已預付之地租、約定之使用方法及地上權不得處分經登記者，發生物權效力，以及地上權人使用土地之方法暨違反之效果（民法第836-1條至第836-3條及第838條）

七、增訂法定地上權之規定（民法第838-1條）

八、明定地上權消滅時，土地所有人與地上權人間之權利義務及工作物之歸屬（民法第839條、第840條）

第二節　法令解說

民法物權編於民國99年2月3日修正公布，99年8月3日開始施行。有關地上權之規定，條文自第832條至第841-6條說明如後：

壹、普通地上權

一、普通地上權之意義

稱普通地上權者，謂以在他人土地之上下有建築物或其他工作物爲目的而使用其土地之權。（民法第832條）

二、地上權之存續期限（一）

地上權未定有期限者，存續期間逾二十年或地上權成立之目的已不存在時，法院得因當事人之請求，斟酌地上權成立之目的、建築物或工作物之種類、性質及利用狀況等情形，定其存續期間或終止其地上權。（民法第833-1條）

三、地上權之存續期限（二）

以公共建設爲目的而成立之地上權，未定有期限者，以該建設使用目的完畢時，視爲地上權之存續期限。（民法第833-2條）

四、無支付地租之地上權之拋棄

地上權無支付地租之約定者，地上權人得隨時拋棄其權利。（民法第834條）

五、地上權人拋棄權利時應盡之義務

地上權定有期限，而有支付地租之約定者，地上權人得支付未到期之三年分地租後，拋棄其權利。

地上權未定有期限，而有支付地租之約定者，地上權人拋棄權利時，應於一年前通知土地所有權人，或支付未到期之一年分地租。

因不可歸責於地上權人之事由，致土地不能達原來使用之目的時，地上權人於支付前二項地租二分之一後，得拋棄其權利；其因可歸責於土地所有人之事由，致土地不能達原來使用之目的時，地上權人亦得拋棄其權利並免支付地租。（民法第835條）

六、地租之增減及酌定

地上權設定後，因土地價值之昇降，依原定地租給付顯失公平者，當事人得請求法院增減之。

未定有地租之地上權，如因土地之負擔增加，非當時所得預料，仍無償使用顯失公平者，土地所有人得請求法院酌定其地租。（民法第835-1條）

七、地上權終止事由—積欠地租

地上權人積欠地租達二年之總額，除另有習慣外，土地所有人得定相當期限催告地上權人支付地租，如地上權人於期限內不爲支付，土地所有人得終止地上權。地上權經設定抵押權者，並應同時將該催告之事實通知抵押權人。

地租之約定經登記者，地上權讓與時，前地上權人積欠之地租應併同計算。受讓人就前地上權人積欠之地租，應與讓與人連帶負清償責任。

第一項終止，應向地上權人以意思表示爲之。（民法第836條）

八、地租經登記之效力

土地所有權讓與時，已預付之地租，非經登記，不得對抗第三人。（民法第836-1條）

九、地上權人為土地之使用收益

地上權人應依設定之目的及約定之使用方法，爲土地之使用收益；未約定使用方法者，應依土地之性質爲之，並均應保持其得永續利用。

前項約定之使用方法，非經登記，不得對抗第三人。（民法第836-2條）

十、地上權終止事由─違反使用

地上權人違反前條第1項規定，經土地所有人阻止而仍繼續爲之者，土地所有人得終止地上權。地上權設定抵押權者，並應同時將該阻止之事實通知抵押權人。（民法第836-3條）

十一、地上權人繳納租金之義務

地上權人，縱因不可抗力，妨礙其土地之使用，不得請求免除或減少租金。（民法第837條）

十二、地上權之讓與及設定其他權利之限制

地上權人得將其權利讓與他人或設定抵押權。但契約另有約定或另有習慣者，不在此限。

前項約定，非經登記，不得對抗第三人。

地上權與其建築物或其他工作物，不得分離而爲讓與或設定其他權利（民法第838條）

十三、法定地上權

（一）土地及其土地上之建築物，同屬於一人所有，因強制執行之拍賣，其土地與建築物之拍定人各異時，視爲已有地上權之設定其地租、期間及範圍由當事人協議定之；不能協議者，得請求法院以判決定之。其僅以土地或建築物爲拍賣時，亦同。

前項地上權，因建築物之滅失而消滅。（民法第838-1條）

（二）設定抵押權時，土地及其土地上之建築物，同屬於一人所有，而僅以土地或僅以建築物為抵押者，於抵押物拍賣時，視為已有地上權之設定，其地租、期間及範圍由當事人協議定之。不能協議者，得聲請法院以判決定之。

設定抵押權時，土地及其土地上之建築物，同屬於一人所有，而以土地及建築物為抵押者，如經拍賣，其土地與建築物之拍定人各異時，適用前項之規定。（民法第876條）

十四、工作物之取回

地上權消滅時，地上權人得取回其工作物。但應回復土地原狀。

地上權人不於地上權消滅後一個月內取回其工作物者，工作物歸屬於土地所有人。其有礙於土地利用者，土地所有人得請求回復原狀。

地上權人取回其工作物前，應通知土地所有人。土地所有人願以時價購買者，地上權人非有正當理由，不得拒絕。（民法第839條）

十五、建築物之補償

地上權人之工作物為建築物者，如地上權因存續期間屆滿而消滅，地上權人得於期間屆滿前，定一個月以上之期間，請求土地所有人按該建築物之時價為補償。但契約另有約定者，從其約定。

土地所有人拒絕地上權人前項補償之請求或於期間內不為確答者，地上權之期間應酌量延長之。地上權人不願延長者，不得請求前項之補償。

第1項之時價不能協議者，地上權人或土地所有人得聲請法院裁定之。土地所有人不願依裁定之時價補償者，適用前項規定。

依第2項規定延長期間者，其期間由土地所有人與地上權人協議定之；不能協議者，得請求法院斟酌建築物與土地使用之利益，以判決定之。

前項期間屆滿後，除經土地所有人與地上權人協議者外，不適用第1項及第2項規定。（民法第840條）

十六、地上權之永續性

地上權不因建築物或其他工作物之滅失而消滅。（民法第841條）

貳、區分地上權

一、區分地上權之定義

稱區分地上權者，謂以在他人土地上下之一定空間範圍內設定之地上權。（民法第841-1條）

二、區分地上權人使用收益之限制

區分地上權人得與其設定之土地上下有使用、收益權利之人，約定相互間使用收益之限制。其約定未經土地所有人同意者，於使用收益權消滅時，土地所有人不受該約定之拘束。

前項約定，非經登記，不得對抗第三人。（民法第841-2條）

三、第三人利益之保護

法院依第840條第4項定區分地上權之期間，足以影響第三人之權利者，應併斟酌該第三人之利益。（民法第841-3條）

四、影響第三人權利之補償

區分地上權依第840條規定，以時價補償或延長期間，足以影響第三人之權利時，應對該第三人爲相當之補償。補償之數額以協議定之；不能協議時，得聲請法院裁定之。（民法第841-4條）

五、先設定物權之優先性

同一土地有區分地上權與以使用收益爲目的之物權同時存在者，其後設定物權之權利行使，不得妨害先設定之物權。（民法第841-5條）

六、準用之規定

區分地上權，除本節另有規定外，準用關於普通地上權之規定。（民法第841-6條）

第三節　書狀撰寫要旨

地上權爲物權之一種，依民法規定不動產物權契約之要式性及不動產物權之登記生效要件，地上權之設定須有書面契約，並經登記機關登記，始發生地上權之物權效力。地上權爲用益物權，須占有土地並具排他性，因此同一土地（或同一位置），經設定地上權後，不得再設定其他用益物權，但仍可設定抵押權。

特別的是，原住民依原住民保留地開發管理辦法之規定取得地上權，應會同行政院原住民族委員會，向登記機關申辦地上權設定登記。實務上，原住民依原住民保留地開發管理辦法規定取得地上權辦理地上權登記時，應檢附當地鄉（鎮、市、區）公所核發之審查清冊。

共有土地之共有人就其應有部分設定地上權，應不妨害他共有人之權益，即於申請登記時，應檢附他共有人之同意書。共有人申請就其應有部分設定地上權得免申請勘測位置圖，至地上權人與他共有人對共有土地之使用依當事人之協議或分管契約約定之。（內政部85年7月9日台內地字第8580121號函參照）

有關塗銷地上權之訴訟，如土地係共有土地，究應以全體共有人爲原告，抑或以部分共有人爲原告之當事人適格問題。按依民法第821條之規定，各共有人對於第三人，得就共有物之全部，爲本於所有權之請求，此項請求權既非必須由共有人全體共同行使，則以此標的之訴訟，自無由共有人全體共同提起之必要。所謂本於所有權之請求權，係指民法第767條所規定之物權的請求權而言，故對於無權占有或侵奪共有物者，請求返還共有物之訴，得由共有人中之一人單獨提起，惟依民法第821條但書之規定，應求爲被告向共有人全體返還共有物之判決而已，此有最高法院28年度台上字第2361號判例可資參照。是以，共有人得以一人爲原告，提起塗銷地上權之訴訟，請求塗銷地上權登記並返還土地予全體共有人。

地上權存續期間若屆滿，土地所有人可逕向地政事務所申請塗銷地上權登記。至於未定存續期間之地上權，存續期間逾二十年後或地上權成立之目的已不存在者，土地所有人或地上權人得聲請法院斟酌地上權成立之目的、建築物或工作物之種類、性質及利用狀況等情形，定其存續期間或終止其地上權。

欲訴請塗銷地上權登記，首先應申請土地登記謄本以瞭解地上權設定之情形。再者，查明地上權人是否尚存，若已往生時，則應查明其繼承人爲何，再以書面通知終止地上權之意思表示。如無法查明或通知時，得以起訴狀敘明「以起訴狀繕本之送達作爲終止地上權意思表示之通知」。

訴訟費用之計算

因地上權、永佃權涉訟，其價額以一年租金十五倍爲準；無租金時，以一年所獲可視同租金利益之十五倍爲準；如一年租金或利益之十五倍超過其地價者，以地價爲準。（民事訴訟法第77-4條）

第四節　書狀範例

範例　塗銷地上權登記起訴狀

<table>
<tr><td colspan="5">民事起訴狀</td></tr>
<tr><td>案　　號</td><td colspan="2">年度　　字第　　號</td><td>承辦股別</td><td></td></tr>
<tr><td>訴訟標的金額或價額</td><td colspan="4">新臺幣　　　　　　　　　　元</td></tr>
<tr><td>稱　　謂</td><td>姓名或名稱</td><td colspan="3">依序填寫：國民身分證統一編號或營利事業統一編號、性別、出生年月日、職業、住居所、就業處所、公務所、事務所或營業所、郵遞區號、電話、傳眞、電子郵件位址、指定送達代收人及其送達處所。</td></tr>
<tr><td>原告
被告</td><td>簡○○
楊○○</td><td colspan="3"></td></tr>
<tr><td colspan="5">爲請求塗銷地上權登記，謹依法起訴事：
訴之聲明
一、兩造就坐落○○市○○段○○小段○○地號土地，於民國39年收件字號：○字第○號地上權設定，權利範圍：全部，存續期限：不定期限，地租：無，權利標的：所有權，設定權利範圍：全部之地上權准予終止。
二、被告應將坐落○○市○○段○○小段○○地號土地，於民國39年收件字號：○字第○號地上權設定，權利範圍：全部，存續期限：不定期限，地租：無，權利標的：所有權，設定權利範圍：全部之地上權登記予以塗銷。
三、訴訟費用由被告負擔。</td></tr>
</table>

事實及理由

一、緣原告所有坐落○○縣○○市○○段○○小段○○地號，權利範圍全部之土地，於民國39年設定地上權予被告（見證物一）。地上權之設定，並無約定存續期限，亦無收取地租。

二、查本件地上權之設定目的爲被告在原告之土地上建屋居住，建物構造爲台灣式土角住宅。歷經六十多年，目前本件土地上已無土角厝存在（見證物二），且被告亦已遷居他處並無使用本件土地。

三、按，於99年2月3日增訂公布民法第833條之1規定：「地上權未定有期限者，存續期間逾二十年或地上權成立之目的已不存在時，法院得因當事人之請求，斟酌地上權成立之目的、建築物或工作物之種類、性質及利用狀況等情形，定其存續期間或終止其地上權。」同日增訂公布民法物權編施行法第13條之1規定：「修正之民法第833條之1規定，於民法物權編中華民國99年1月5日修正之條文施行前未定有期限之地上權，亦適用之。」又同施行法第24條規定：「本施行法自民法物權編施行之日施行。民法物權編修正條文及本施行法修正條文，自公布後六個月施行。」本件有上開修正法律已經開始施行適用之情形。

四、再者，本件系爭地上權設定迄今已逾六十年以上。系爭地上權之目的既以建築物爲目的，而地上權人亦已無使用該建物，顯有妨害原告對於土地所有權之完整性，並阻礙土地效用之發揮，系爭地上權成立之目的已不存在，自應允許原告依上開規定請求判決終止系爭地上權。

五、經查，本件系爭地上權應予終止，且被告又爲地上權人，則被告應就本件系爭地上權登記予以塗銷。

六、基上所述，原告爰依民法第833條之1及第767條第1項中段之規定爲請求依據，爲此　懇請鈞長明鑒並賜爲如訴之聲明之判決。

謹　狀

臺灣○○地方法院民事庭　公鑒

證人	
證物	證物一、土地登記簿謄本正本乙份 證物二、相片二紙
中　華　民　國　○○　年　○　月　○　日 具狀人　簡○○　（簽名蓋章） 撰狀人	

第五節　實務判解

一、地上權相關之釋字及判例

➢ 人民之財產權應予保障，憲法第15條定有明文。需用土地人因興辦土地徵收條例第3條規定之事業，穿越私有土地之上空或地下，致逾越所有權人社會責任所應忍受範圍，形成個人之特別犧牲，而不依徵收規定向主管機關申請徵收地上權者，土地所有權人得請求需用土地人向主管機關申請徵收地上權。中華民國89年2月2日制定公布之同條例第11條規定：「需用土地人申請徵收土地……前，應先與所有人協議價購或以其他方式取得；所有人拒絕參與協議或經開會未能達成協議者，始得依本條例申請徵收。」（101年1月4日修正公布之同條第1項主要意旨相同）第57條第1項規定：「需用土地人因興辦第3條規定之事業，需穿越私有土地之上空或地下，得就需用之空間範圍協議取得地上權，協議不成時，準用徵收規定取得地上權。……」未就土地所有權人得請求需用土地人向主管機關申請徵收地上權有所規定，與上開意旨不符。有關機關應自本解釋公布之日起一年內，基於本解釋意旨，修正土地徵收條例妥爲規定。逾期未完成修法，土地所有權人得依本解釋意旨，請求需用土地人向主管機關申請徵收地上權。（釋字第747號）

➢ 地上權爲物權之一種，依法得以對抗第三人，無論業主更換何人，當然

得以存在，不受影響。（18上651）

➢ 地上權於有民法第836條所定情形時，土地所有人雖得撤銷之，而其設定地上權之物權契約，要無請求解除之可言。（21上476）

➢ 地上權因存續期間屆滿而消滅者，除契約另有訂定外，地上權人固得依民法第840條第1項之規定，請求土地所有人按建築物之時價為補償。但地上權因解除條件成就而消滅者，不在同條規定之列，地上權人自無請求土地所有人收買建築物之權。（22上42）

➢ 稱地上權者，謂以在他人土地上有建築物，或其他工作物，或竹木為目的而使用其土地之權，固為民法第832條所明定。但承租他人之土地建築房屋之租賃權，亦係在他人土地上有建築物而使用其土地之權，故在他人土地上有建築物而使用其土地之權，究為地上權抑為租賃權，應觀察地上權與租賃權在法律上種種不同之點，解釋當事人之意思，予以判定，不得僅以在他人土地上有建築物之一端，遂認為地上權。（29滬上101）

小知識

有關竹木部分之地上權，新法已將之改列為民法第850-1條，納入農育權之範圍。以下之32上124、48台上298提到之竹木部分亦同。

➢ 地上權依民法第832條之規定，係以在他人土地上有建築物，或其他工作物，或竹木為目的而使用其土地之權，是為地上權人，設定地上權之他人，應為土地所有人。（32上124）

➢ 地上權因存續期間屆滿而消滅者，除契約另有訂定外，地上權人固得依民法第840條第1項，請求土地所有人按建築物之時價為補償。但地上權因拋棄而消滅者，不在同條項規定之列，地上權人自無請求土地所有人收買建築物之權。（32上2588）

➢ 地上權之存續期間，在民法或其他法律並未設有最短期間之限制，故當

事人之約定，不能不認爲有效。（42台上142）

- 地上權係以在他人土地上有建築物，或其他工作物，或竹木爲目的而使用其土地之權，其以有建築物爲目的者，並不禁止先設定地上權，然後在該地上進行建築，且地上權之範圍，不以建築物或其他工作物等本身占用之土地爲限，其周圍之附屬地，如房屋之庭院，或屋後之空地等，如在設定之範圍內，不得謂無地上權之存在。（48台上928）
- 土地與房屋爲各別之不動產，各得單獨爲交易之標的，且房屋性質上不能與土地使用權分離而存在，亦即使用房屋必須使用該房屋之地基，故土地及房屋同屬一人，而將土地及房屋分開同時或先後出賣，其間雖無地上權設定，然除有特別情事，可解釋爲當事人之眞意，限於賣屋而無基地之使用外，均應推斷土地承買人默許房屋承買人繼續使用土地。（48台上1457）
- 建築房屋基地之出租人，以承租人積欠租金額達二年以上爲原因，終止租賃契約，仍應依民法第440條第1項規定，定相當期限催告承租人支付租金，必承租人於其期限內不爲支付者，始得終止租賃契約，非謂一有承租人欠租達二年以上之事實，出租人即得隨時終止租賃契約，對於地上權人之保護，不宜較土地承租人爲薄，故土地所有人以地上權人積欠地租達二年之總額爲原因，依民法第836條第1項規定，撤銷其地上權，仍應類推適用民法第440條第1項之規定，踐行定其催告程序。（68台上777）
- 法律關係定有存續期間者，於期間屆滿時消滅，期滿後，除法律有更新規定外，並不當然發生更新之效果，地上權並無如民法第451條之規定，其期限屆滿後自不生當然變更爲不定期限之效果，因而應解爲定有存續期間之地上權於期限屆滿時，地上權當然消滅。（70台上3678）
- 民法第840條第1項規定：地上權人之工作物爲建築物者，如地上權因存續期間屆滿而消滅，土地所有人應按該建築物之時價爲補償。此與土地所有人請求塗銷地上權登記係屬二事，互無對價關係，地上權人不得執

此主張同時履行抗辯權。（79台上2623）

➢ 民法第876條第1項規定之法定地上權，係爲維護特定建築物之存在而設，則於該建築物滅失時，其法定地上權即應隨之消滅，此與民法第832條所定之地上權，得以約定其存續期限，於約定之地上權存續期限未屆至前，縱地上之工作物或竹木滅失，依同法第841條規定其地上權仍不因而消滅者不同。（85台上447）

二、法律問題

所有人於其不動產上設定抵押權登記後，復就同一不動產上與第三人設定十五年期限之地上權登記，抵押權人屆期未受清償，於實行抵押權拍賣抵押物中，因有地上權之存在，無人應買，經執行法院除去地上（租賃）權後並已確定，於重估再賣時，仍無人應買，由抵押權人以拍賣底價承受，且無餘額，並已發給權利移轉證書予承受人。嗣承受人請求比照大法官會議字第119號解釋，請求執行法院依職權通知地政機關塗銷地上權之登記，應否准許？

肯定說：執行法院依職權函囑地政機關塗銷所有權與抵押權之登記，將該不動產移轉登記與承受人時，並應依職權敘明並同時塗銷地上權設定之登記，但仍不點交，仍應由拍定（承受）人依無權占有其所有權訴請拆屋還地或除去工作物後返還土地與土地所有人，亦即執行法院所發給權利移轉證書之承受人。

司法院第二廳研究意見：按大法官會議釋字第119號解釋爲「所有人於其不動產上設定抵押權後，復就同一不動產上與第三人設定典權，抵押權自不因此而受影響。抵押權人屆期未受清償，實行抵押權拍賣抵押物時，因有典權之存在，無人應買，或出價不足清償抵押債權，執行法院得除去典權負擔，重行估價拍賣。拍賣之結果，清償抵押債權有餘時，典權人之典價，對於登記在後之權利人，享有優先受償權。執行法院於發給權利移轉證書，依職權通知地政機關，塗銷其典權之登記。」典權與地上權同具用益物權性質，且地上權人使用他人之土地，限於有建築物或其他工作物或竹木爲目的，而典權人占有典物，得在法令許可範圍內，就典物爲自由使用收益，並得轉典、出租或將典權讓與他人，其使用收益權範圍之大，實爲各種不動產限制物權之冠。典權既得於除去其權利後，依職權塗銷其典權登記，則使用收益效用較低之地上權，自亦可比照上開解釋之同一法理辦理。惟此僅就地上權之權利狀態而言，至於地上權人查封前已占有爲其地上權標的之土地，雖因地上權之除去而成爲無權占有，執行法院仍不能解除其占有將土地點交與買受人。買受人欲取得土地之占有，應本於無權占有之法律關係，另循訴訟程序謀求解決，研討結果採肯定說，尚無不合。（76年7月3日（76）廳民二字第2463號）

土地所有權人對地上權人提起塗銷地上權之訴訟，其裁判費應如何徵收？

甲說：依民事訴訟費用法第4條第2項規定，核定訴訟標的之價額，以起訴時之交易價格爲準，無交易價額者，以原告就訴訟標的所有之利益爲準。系爭土地因地上權之設定，致所有權人無法對土地使用收益，塗銷地上權後將使所有權歸於圓滿之狀態，故原告就訴訟標的所有之利益即該土地之地價。

乙說：依民事訴訟費用法第8條規定，因土地權、永佃權涉訟，其價額須以一年租金十五倍爲，無租金時，以一年所獲可視同租金利益之十五倍爲準，如一年租金或利益之十五倍超過其地價者，以地價爲準。地上權與永佃權雖係不同之物權，但均係使用他人之土地，永佃權既依年租金之十五倍來計算，故地上權亦應依其租金之十五倍來計算，如租金之十五倍超過地價，則仍以地價計算。

研討結論：訴訟標的爲物上請求權採甲說，如係因地上權涉訟則採乙說。（84年6月司法院第23期司法業務研究）

第十一章　時效取得地上權

第一節　前　言

在他人土地上建築房屋，在刑事上可能構成竊佔罪，在民事上須負拆屋還地之責任。惟若在他人土地上建築房屋伊始，即有以行使地上權之意思，和平、公然、繼續達一定期間者，則可向土地所在地之登記機關申請時效取得地上權之登記。因此，主張時效取得地上權人應如何證明在他人土地上建築房屋伊始即有行使地上權之意思，是主要重點所在。若能證明，當然可主張因時效完成而取得地上權登記之請求權，反之，若無法證明，則可能面臨拆屋還地之命運。

民法第769、770、771、772條之規定，係時效取得地上權之依據。其要件與效果分述如下：

一、要件

（一）須以行使地上權之意思而占有土地。

（二）須爲和平、公然、繼續占有，並在土地上有建築物、工作物。

（三）原則上須繼續占有20年，如占有之始爲善意並無過失者爲10年。

（四）須占有他人之土地，不限於未登記土地，已登記之土地亦包括在內。

（五）須經登記始能取得地上權。

二、效果

占有人得請求登記爲地上權人。占有人應向該管地政機關提出申請。

台灣係海島，土地面積有限，尤其都市土地之建地價值可謂寸土寸金。房屋建築人若能取得地上權，其價值亦不菲。在實務上，建物所有人向當地地政事務所申請時效取得地上權登記，經登記機關審查無誤後即予公告，並通知土地所有權人。惟地主在公告期間內以書面提出異議，此時地政機關會依土地法第59條規定予以調處，調處不成立，則須於接到調處通知後十五日內另行訴訟之。又或者，地主已先向法院提起請求拆屋還地之訴訟，而建物所有人再向當地地政事務所申請時效取得地上權登記，登記機關往往會以登記案件涉及私權爭執爲由予以駁回。

第二節　法令解說

有關時效取得地上權之法令，有民法第772條準用第769、770、771條之規定，及土地法與土地登記規則之規定。茲述如後：

一、以所有之意思，二十年間和平、公然、繼續占有他人未登記之不動產者，得請求登記爲所有人。（民法第769條）

二、以所有之意思，十年間和平、公然、繼續占有他人未登記之不動產，而其占有之始爲善意並無過失者，得請求登記爲所有人。（民法第770條）

三、占有人有下列情形之一者，其所有權之取得時效中斷：

（一）變爲不以所有之意思而占有。

（二）變爲非和平或非公然占有。

（三）自行中止占有。

（四）非基於自己之意思而喪失其占有。但依第949條或第962條規定，回復其占有者，不在此限。

依第767條規定起訴請求占有人返還占有物者，占有人之所有權取得時效亦因而中斷。（民法第771條）

四、前五條之規定，於所有權以外財產權之取得，準用之。於已登記之不動產，亦同。（民法第772條）

五、土地總登記後，因主張時效完成申請地上權登記時，應提出以行使地上權意思而占有之證明文件及占有土地四鄰證明或其他足資證明開始占有至申請登記時繼續占有事實之文件。

前項登記之申請，經登記機關審查證明無誤應即公告。

公告期間為三十日，並同時通知土地所有權人。

土地所有權人在前項公告期間內，如有異議，依土地法第59條第2項規定處理。

前四項規定於因主張時效完成申請不動產役權、農育權登記時，準用之。（土地登記規則第118條）

六、土地權利關係人，在前條公告期間內，如有異議，得向該管直轄市或縣（市）地政機關以書面提出，並應附具證明文件。

因前項異議而生土地權利爭執時，應由該管直轄市或縣（市）地政機關予以調處，不服調處者，應於接到調處通知後十五日內，向司法機關訴請處理，逾期不起訴者，依原調處結果辦理之。（土地法第59條）

第三節　書狀撰寫要旨

在撰寫時效取得地上權之訴狀時，須考慮以下之問題並提出相關之證明：

一、時效取得地上權土地上之建物是否需為合法建物方得主張？

取得時效制度，係為公益而設，依此制度取得之財產權應為憲法所保障。如長期占有他人土地，本得依法因時效取得地上權之人，因無從提出合法建物之證明文件，致無法完成其地上權之登記，與憲法保障人民財產權之意旨不符。（釋字第291號）

二、申請時效取得地上權位置圖勘測，有關「占有人」之認定

（一）占有人就土地之全部或一部申請時效取得地上權登記時，應先就占有範圍申請測繪位置圖。（時效取得地上權登記審查要點第2點）

（二）法務部83年3月9日法83律04813號函以：「『按時效取得地上權登記審查要點』第1點規定：「占有人申請時效取得地上權登記，應合於民法有關時效取得之規定，並依土地登記規則第113條辦理。」所稱「占有人」，依民法第940條規定，係指對於物有事實上管領力者而言。準此，建築物之占有人，對其基地亦可認係占有人（參見謝在全著「民法物權論」下冊第562頁註5）。又夫妻基於男女平等之原則，夫妻住居所之選定及其他婚姻生活上均屬平等之法律觀念。除有特別情事外，應認夫妻係共同占有（參見謝在全著前揭書第567頁註27）。侯姚女士以其於系爭土地上有建築物使用而主張時效取得地上權，並據以依上開要點第2點申請地上權位置圖勘測，因該建築物爲某女士之配偶所有，而非某女士本人所有，致生申請人是否適格疑義，參酌上開說明，某女士如爲事實上有管領力之人而可認係共同占有人者，似可據以申請地上權位置圖勘測。」本部同意前開法務部意見。（83年3月21日內政部台（83）內地字第8303627號函）（按：原土地登記規則第113條修正後爲第118條）

三、時效取得地上權登記，有關繼續占有之事實認定

（一）以戶籍證明文件爲占有事實證明申請登記者，如戶籍有他遷記載時，占有人應另提占有土地四鄰之證明書或公證書等文件。（時效取得地上權登記審查要點第5點）

（二）占有人主張與前占有人之占有時間合併計算者，須爲前占有人之繼承人或受讓人。

前項所稱受讓人指因法律行爲或法律規定而承受前占有人之特定權利義務者。（時效取得地上權登記審查要點第11點）

四、占有人因時效而取得地上權登記請求權者，未完成地上權登記前是否為無權占有？

（一）於土地所有人起訴前，占有人已向地政機關申請時效取得地上權之登記，且經受理者。

占有人因時效而取得地上權登記請求權者，以已具備時效取得地上權之要件，向該管地政機關請求爲地上權登記，如經地政機關受理，則受訴法院即應就占有人是否具備時效取得地上權之要件，爲實體上裁判。（最高法院80年度第2次民事庭會議）

（二）土地所有人起訴後，占有人尚未申請時效取得地上權之登記者。

因時效而取得地上權登記請求權者，不過有此請求權而已，在未依法登記爲地上權人以前，仍不得據以對抗土地所有人而認其並非無權占有。（最高法院69年度第5次民事庭會議決議）

五、拆屋還地之訴是否影響時效取得地上權之主張？

（一）登記機關受理時效取得地上權登記案件，經審查無誤後，應即公告三十日，並同時通知土地所有權人或管理者。土地經限制登記者，並應通知囑託機關或預告登記請求權人。

前項通知，應以書面爲之。

第1項申請登記案件審查結果涉有私權爭執者，應依土地登記規則第57條第1項第3款規定以書面敘明理由駁回之。（時效取得地上權登記審查要點第13點）

（二）申請時效取得地上權登記案件於登記機關審查中或公告期間，土地所有權人或管理者提出已對申請人之占有向法院提起拆屋還地訴訟或確定判決文件聲明異議時，如登記機關審認占有申請人已符合時效取得要件，因該訴訟非涉地上權登記請求權有無之私權爭執，不能做爲該時效取得地上權登記申請案件准駁之依據，仍應依有關法令規定續予審查或依職權調處；倘土地所有權人提出足以認定申請案不合時效取得要件之文件聲明異議時，應以依法不應登記爲由駁回其登記申請案件或作爲調處結果。（時效取得地上權登記審查要點第15點）

六、登記機關以涉及私權爭執為由駁回登記申請案件，所謂「涉及私權爭執」之認定為何？

（一）土地總登記後，因主張時效完成申請地上權登記時，應提出占有土地四鄰證明或其他足資證明開始占有至申請登記時繼續占有事實之文件。

前項登記之申請，經登記機關審查證明無誤應即公告。

公告期間爲三十日，並同時通知土地所有權人。

土地所有權人在前項公告期間內，如有異議，依土地法第59條第2項規定處理。（土地登記規則第118條第1項至第3項）

（二）土地登記規則第49條第1項第3款所謂「涉及私權爭執」範圍甚廣，舉凡與登記事項有關而涉及私法上權利存否之爭議者，均包括在內。故在申請所有權登記之時，有人出面爭執申請人之權利，固屬涉及私權爭執，即在因時效取得地上權申請登記之情形，苟有人對申請人取得地上權權利正當與否有所質疑，出面爭執，亦屬申請案件涉及私權爭執。（最高行政法院81判1796）

七、主張時效取得地上權登記時，行使地上權意思表示之認定

（一）地上權爲一種物權，主張取得時效之第一要件須爲以行使地上權之意思而占有，若依其所由發生之事實之性質，無行使地上權之意思者，非有變爲以行使地上權之意思而占有之情事，其取得時效，不能開始進行。上訴人占有系爭土地之始，即係基於承租人之意思而非基於行使地上權之意思，嗣後亦非有民法第945條所定變爲以地上權之意思而占有，自不能本於民法第772條準用同法第769條之規

定，請求登記爲地上權人。（64台上2552）

（二）目前實務上認爲須由主張地上權取得時效利益之人負舉證之責（民事訴訟法第277條參照）。占有是否以行使地上權意思，應以其是否有作爲地上權人態樣而行使其權利之客觀事實爲綜合判斷，例如當事人間已有設定地上權之約定，本於該約定先將土地交付占有，或已爲設定地上權登記之申請而未完成登記等，均可認定有行使地上權之客觀事實。或者，占有人已在占有土地上興建建築物、工作物或種植竹木，復查無其他占有土地之原因，應可認有行使地上權之意思。

八、共有人得否主張時效取得地上權？

（一）時效制度係爲公益而設，依取得時效制度取得之財產權應爲憲法所保障，業經司法院釋字第291號解釋釋示在案。地上權係以在他人土地上有建築物，或其他工作物，或竹木爲目的而使用其土地之權，故地上權爲使用他人土地之權利，屬於用益物權之一種。土地之共有人按其應有部分，本於其所有權之作用，對於共有物之全部雖有使用收益之權，惟共有人對共有物之特定部分使用收益，仍須徵得他共有人全體之同意。共有物亦得因共有人全體之同意而設定負擔，自得爲共有人之一人或數人設定地上權。於公同共有之土地上爲公同共有人之一人或數人設定地上權者亦同。是共有人或公同共有人之一人或數人以在他人之土地上行使地上權之意思而占有共有或公同共有之土地者，自得依民法第772條準用同法第769條及第770條取得時效之規定，請求登記爲地上權人。（釋字第451號）

（二）取得時效係於他人物上取得所有權之方法，在自己物上固無取得時效之可言，惟公同共有物之所有權。屬於公同共有人之全體，非各公同共有人對於公同共有物均有一個單獨所有權。如公同共有人中之一人以單獨所有之意思占有公同共有之不動產，即係民法第769條所謂占有他人之不動產。（32上110）

九、不得為時效取得地上權之客體

（一）占有人占有土地有下列情形之一者，不得申請時效取得地上權登記：

1. 屬土地法第14條第1項規定不得私有之土地。
2. 使用違反土地使用管制法令。
3. 屬農業發展條例第3條第11款所稱之耕地。
4. 其他依法律規定不得主張時效取得。（時效取得地上權登記審查要點第3點）

（二）森林係指林地及其群生竹、木之總稱。森林以國有爲原則。森林所有權及所有權以外之森林權利，除依法登記爲公有或私有者外，概屬國有。森林法第3條及該法施行細則第2條定有明文。未依法登記爲公有或私有之林地，既概屬國有，則不論國家已否辦理登記，均不適用關於取得時效之規定，俾達國土保安長遠利益之目標，並符保育森林資源，發揮森林公益及經濟效用之立法意旨（森林法第1條及第5條參照），自無民法第769條、第770條取得時效規定之適用。（89台上949）

（三）民法第832條規定，稱地上權者，謂以在他人土地上有建築物，或其他工作物，或竹木爲目的而使用其土地之權，故設定地上權之土地，以適於建築房屋或設置其他工作物或種植竹林者爲限。其因時效取得地上權而請求登記者亦同。土地法第82條前段規定，凡編爲某種使用地之土地，不得供其他用途之使用。占有土地屬農業發展條例第3條第11款所稱之耕地者，性質上既不適於設定地上權，內政部於中華民國77年8月17日以台內地字第621464號函訂頒時效取得地上權登記審查要點第3點第2款規定占有人占有上開耕地者，不得申請時效取得地上權登記，與憲法保障人民財產權之意旨，尚無牴觸。（釋字第408號）

第四節　書狀範例

範例、請求時效取得地上權登記起訴狀

<table>
<tr><td colspan="4">民事起訴狀</td></tr>
<tr><td>案　　號</td><td colspan="2">年度　　字第　　號</td><td>承辦股別</td><td></td></tr>
<tr><td>訴訟標的
金額或價額</td><td colspan="4">新臺幣　　　　　　　　元</td></tr>
<tr><td>稱　　謂</td><td>姓名或名稱</td><td colspan="3">依序填寫：國民身分證統一編號或營利事業統一編號、性別、出生年月日、職業、住居所、就業處所、公務所、事務所或營業所、郵遞區號、電話、傳眞、電子郵件位址、指定送達代收人及其送達處所。</td></tr>
<tr><td>原告
被告</td><td>王○○
李○○</td><td colspan="3">○○市○○路○○號
○○縣○○市○○街○○號</td></tr>
</table>

爲請求時效取得地上權登記事件，謹依法起訴事：

訴之聲明

一、被告應容忍原告就坐落○○縣○○市○○段○○小段○○地號土地，面積：○○平方公尺，權利範圍：全部，辦理地上權設定登記。

二、訴訟費用由被告負擔。

三、原告願供擔保請准宣告假執行。

事實及理由

一、緣原告於被告所有坐落○○縣○○市○○段○○小段○○地號土地上，早於民國○○年起即建屋居住，至今已逾二十年，此有設籍資料及房屋稅籍證明可稽（見證物一）。再者，原告之居住事實亦有里長及鄰居可爲證明（見證物二）。原告自建屋居住伊始，即以地

<table>
<tr><td colspan="2">上權之意思，和平、公然、繼續占有使用至今，依民法第772條準用第769條之規定，原告得請求登記爲地上權人。
二、原告於○○年○月○日向○○地政事務所申請時效取得地上權登記（見證物三），經○○地政事務所審查無誤予以公告，惟被告於公告期間提出異議，經該地政機關調處不成立，原告爰於法定期間訴請司法機關裁判。
三、基上所述，原告自始即已取得地上權之意思占有被告之土地並建屋居住逾二十年，爰依民法第772條準用第769條之規定請求爲地上權登記，爲此狀請鈞院鑒核並賜如訴之聲明之判決。
謹　狀
臺灣○○地方法院民事庭　公鑒</td></tr>
<tr><td>證人</td><td></td></tr>
<tr><td>證物</td><td>證物一、設籍資料及房屋稅籍證明。
證物二、里長證明正本乙份。
證物三、登記申請書及附件。</td></tr>
<tr><td colspan="2">中　華　民　國　○○　年　○　月　○　日
具狀人　王○○　（簽名蓋章）
撰狀人</td></tr>
</table>

第五節　實務判解

茲摘錄時效取得地上權相關之解釋及判例如後：

- 取得時效制度，係爲公益而設，依此制度取得之財產權應爲憲法所保障。內政部於中華民國77年8月17日函頒之時效取得地上權登記審查要點第5點第1項規定：「以建物爲目的使用土地者，應依土地登記規則第70條提出該建物係合法建物之證明文件」，使長期占有他人私有土地，本得依法因時效取得地上權之人，因無從提出該項合法建物之證明文件，致無法完成其地上權之登記，與憲法保障人民財產權之意旨不符，此部分應停止適用。至於因取得時效完成而經登記爲地上權人者，其與土地所有權人間如就地租事項有所爭議，應由法院裁判之，併此說明。（釋字第291號）

- 內政部於中華民國77年8月17日函頒之時效取得地上權登記審查要點第8點第1項、第2項規定，占有人申請登記時，應塡明土地所有權人或管理人之姓名及住址等項，係因地上權爲存在於所有權上之限制物權，該規定之本身乃保護土地所有權人之權益所必要，與憲法並無牴觸。惟如未予塡明，依土地登記規則第48條第2款、第49條第1項第4款規定，應命補正，不補正者駁回其登記之申請。是前開要點乃爲該規則之補充規定，二者結合適用，足使能確實證明在客觀上有不能查明所有權人或管理人之姓名、住址而爲補正之情形者，因而無法完成其地上權之登記，即與憲法保障人民財產權之意旨有違，在此範圍內，應不予援用。（釋字第350號）
- 民法第832條規定，稱地上權者，謂以在他人土地上有建築物，或其他工作物，或竹木爲目的而使用其土地之權，故設定地上權之土地，以適於建築房屋或設置其他工作物或種植竹林者爲限。其因時效取得地上權而請求登記者亦同。土地法第82條前段規定，凡編爲某種使用地之土地，不得供其他用途之使用。占有土地屬農業發展條例第3條第11款所稱之耕地者，性質上既不適於設定地上權，內政部於中華民國77年8月17日以台內地字第621464號函訂頒時效取得地上權登記審查要點第3點第2款規定占有人占有上開耕地者，不得申請時效取得地上權登記，與憲法保障人民財產權之意旨，尚無牴觸。（釋字第408號）
- 時效制度係爲公益而設，依取得時效制度取得之財產權應爲憲法所保障，業經本院釋字第291號解釋釋示在案。地上權係以在他人土地上有建築物，或其他工作物，或竹木爲目的而使用其土地之權，故地上權爲使用他人土地之權利，屬於用益物權之一種。土地之共有人按其應有部分，本於其所有權之作用，對於共有物之全部雖有使用收益之權，惟共有人對共有物之特定部分使用收益，仍須徵得他共有人全體之同意。共有物亦得因共有人全體之同意而設定負擔，自得為共有人之一人或數人設定地上權。於公同共有之土地上為公同共有人之一人或數人設定地上權者亦同。是共有人或公同共有人之一人或數人以在他人之土地上行使地上權之意思而占有共有或公同共有之土地者，自得依民法第772條準用同法第769條及第770條取得時效之規定，請求登記為地上權人。內政部中華民國77年8月17日台內地字第621464號函發布時效取得地上權登記審查要點第3點第5款規定，共有人不得就共有土地申請時效取得地上權登記，與上開意旨不符，有違憲法保障人民財產權之本旨，應不予適用。（釋字第451號）

➢ 占有人依民法第769條、第770條規定，取得所有權時，其未經登記之原所有權即行消滅（本院23上2428），蓋取得時效係依占有之事實而取得權利，並非使原所有人負擔義務。故原所有人並不負擔「應同意占有人登記為所有人」之義務。條文所謂「得請求登記為所有人」非謂得請求原所有人同意登記為所有人之意，係指得請求地政機關登記為所有人；因此，土地法第54條規定，占有人得依其一方之聲請，登記為土地所有人。若地政機關認為不應受理而駁回其聲請，占有人得依土地法第56條規定訴請確認其權利，如經裁判確認，始得依裁判再行聲請登記。地政機關受理聲請，經審查證明無誤者，應即公告之（土地法第55條），在公告期間內，如有土地權利關係人提出異議，地政機關應依同法第59條第2項規定予以調處，不服調處者，應於接到調處通知後十五日內向司法機關訴請處理，逾期不起訴者，依原調處結果辦理之。此項登記程序為地政機關執掌業務，自無從以判決代之。又依時效取得不動產他項權利之占有人，所以亦應單獨聲請地政機關辦理登記者，其理由為（一）此乃民法第772條準用同法第769條、第770條規定之當然結果，（二）

此際原所有人亦不負協同占有人取得他項權利之義務，（三）內政部67年4月3日台內地字第790080號函台灣省政府及台北市政府，亦認爲依時效取得土地上權者，得單獨聲請爲地上權之登記。足徵地政機關處理此類事件並無困難，司法機關自亦不必多所瞻顧而持相反之見解。基於以上理由，可知依時效而取得不動產所有權或他項權利之人，不能以原所有人爲被告，起訴請求協同其登記爲所有人或他項權利人。（最高法院68年度第13次民事庭會議決議（三））

- 民法第770條所定之取得時效，不以原所有人之所有物返還請求權消滅時效業已完成爲要件，取得時效完成時，原所有人即喪失其所有權，其所有物返還請求權當然隨之消滅，自不得更以消滅時效尚未完成，請求返還。（23上2428）
- 民法第770條所定十年之取得時效，雖以占有之始善意並無過失爲要件，而民法第769條所定二十年之取得時效，則無以此爲要件之明文。且民法第770條特設短期取得時效，係以增此要件爲其唯一理由，其他關於期間以外之要件，仍與民法第769條所定者無異，則二十年之取得時效，不以此爲要件，實甚明瞭。故以所有之意思二十年間和平繼續占有他人未登記之不動產者，縱令占有之始爲惡意，或雖係善意而有過失，亦得請求登記爲所有人。（26上442）
- 上訴人占有訟爭田產之初，縱係基於共有之關係，然嗣後如可認其已變爲以獨有之意思而占有，則就他共有人之應有部分不外爲他人之不動產，若其占有具備民法第769條或770條之要件，並與民法物權編施行法第7條、第8條之規定相符，不得謂未取得單獨所有權。（32上826）
- （一）訟爭房屋，被上訴人既係購自日產清理處，自屬依法律行爲而取得，倘未辦理所有權移轉登記，不能徒憑一紙日產產權移轉臨時證明書，即認其業已取得訟爭房屋之所有權。

  （二）地上權爲土地他項權利，其登記必須於辦理土地所有權登記同時或以後爲之，如土地未經辦理所有權登記，即無從爲地上權之登

記。故依據民法第772條準用取得時效之規定，聲請爲地上權之登記時，並不以未登記之土地爲限。（60台上1317）

- 未登記之土地無法聲請爲取得地上權之登記，故依民法第772條準用同法第769條及第770條主張依時效而取得地上權時，顯然不以占有他人未登記之土地爲必要。苟以行使地上權之意思，二十年間和平繼續公然在他人地上有建築物或其他工作物或竹木者，無論該他人土地已否登記，均得請求登記爲地上權人。（60台上4195）
- 地上權爲一種物權，主張取得時效之第一要件須爲以行使地上權之意思而占有，若依其所由發生之事實之性質，無行使地上權之意思者，非有變爲以行使地上權之意思而占有之情事，其取得時效，不能開始進行。上訴人占有系爭土地之始，即係基於承租人之意思而非基於行使地上權之意思，嗣後亦非有民法第945條所定變爲以地上權之意思而占有，自不能本於民法第772條準用同法第769條之規定，請求登記爲地上權人。（64台上2552）
- 民法物權編施行前占有他人之不動產而具備民法第769條或770條之條件者，依民法物權編施行法第7條之規定，僅自民法施行之日起，取得請求登記爲所有人或他物權人之請求權而已，並非當然取得該不動產之所有權或他物權。（65台上1709）
- 系爭土地既係水利用地（排水溝間堤防用地），依法免於爲所有權之編號登記，上訴人自無從因時效之完成而取得及請求登記其地上權。（65台上2558）
- 地上權非以地上權人交付地租爲必要，原審僅以上訴人之前手無償使用系爭土地，即認上訴人不得主張因時效取得地上權，自有未合。（67台上3779）
- 占有爲一種單純事實，故占有人本於民法第772條準用第770條取得時效規定，請求登記爲地上權人時，性質上並無所謂登記義務人存在，無從以原所有人爲被告，訴請命其協同辦理該項權利登記，僅能依土地法規

定程序，向該管市縣地政機關而爲聲請。（68台上3308）

- 占有他人之土地，依民法第772條準用第769條、第770條規定主張依時效取得地上權者，土地所有人固不負擔同意占有人登記爲地上權人之義務。然占有人若依土地登記規則第113條規定，由其一方申請登記爲地上權人，經登記機關受理，在公告期間，土地所有人提出異議者，登記機關應依土地法第59條第2項規定予以調處；不服調處者，應於接到調處通知後15日內向司法機關訴請處理。調處結果，若對占有人不利，占有人對土地所有人提起之訴訟，即得請求該所有人容忍其辦理地上權登記，以排除土地所有人之異議，使登記程序之障礙除去，俾完成地上權登記。（83台上3252）
- （一）土地登記規則第113條所稱之登記及公告，係指申請地上權登記時，無人爭執之情形而言。

  （二）土地登記規則第49條第1項第3款所謂「涉及私權爭執」範圍甚廣，舉凡與登記事項有關而涉及私法上權利存否之爭議者，均包括在內。故在申請所有權登記之時，有人出面爭執申請人之權利，固屬涉及私權爭執，即在因時效取得地上權申請登記之情形，苟有人對申請人取得地上權權利正當與否有所質疑，出面爭執，亦屬申請案件涉及私權爭執。（最高行政法院81判1796）

第十二章 袋地通行權

第一節 前 言

土地若被他人的土地圍繞，沒有適當的對外道路與公路相連進出，即屬「袋地」，土地所有人可依民法第787條袋地通行權之規定，向鄰地所有人提出民事訴訟解決。法院在裁判前，通常會會同該管地政事務所實地履勘起訴原告的土地，確認是否與公路無適宜之聯絡或通行困難致不能爲通常之使用。法院在裁判時，也會考慮到周圍地主的立場，爲了使周圍地主的受影響程度減到最少，民法第787條同時規定，必須選擇周圍地損害最少的處所行使。被判決應讓出通行權的地主，因此不能使用所受損害，則可請求對方支付償金作爲補償；償金多寡由雙方約定，協議不成時，可訴諸法院裁判。

按袋地通行權之立法理由爲：不通公路之土地，及通公路非常困難之土地，不得不於其四周圍繞地之所有權量加限制，故許此項土地之所有人於四周圍繞地有通行權，所以全其土地之用也。但對於通行地，因此所生之損害，應負支付償金之責。又土地所有權人，對於四周圍繞地既取得通行權後，應於通行必要範圍之內，擇其周圍地損害最少之處所，及其方法爲之，以保全四圍鄰地之利益。

袋地所有人欲通行之鄰地，可能爲私有土地亦可能爲公有土地，往往因都市土地寸土寸金，鄰地所有權人通常均不同意讓袋地所有人通行。此時袋地所有人只好考慮提起袋地通行權之訴訟。至於通行道路之寬度爲何。就農地與林地之袋地而言，通行之寬度約足以讓農用機具及貨車通行，通常約三公尺寬；就建地之袋地而言，通行之寬度約足以讓汽車通行，通常約三公尺寬；就丁種建築用地而言，則依建築法規及相關規定。

第二節　法令解說 §

有關袋地通行權之規定摘要說明如後：

一、袋地所有人之通行權

土地因與公路無適宜之聯絡，致不能為通常使用時，除因土地所有人之任意行為所生者外，土地所有人得通行周圍地以至公路。

前項情形，有通行權人應於通行必要之範圍內，擇其周圍地損害最少之處所及方法為之。對於通行地因此所受之損害，並應支付償金。

第779條第4項規定，於前項情形準用之。（民法第787條）

小知識

民法第779條：「土地所有人因使浸水之地乾涸，或排泄家用或其他用水，以至河渠或溝道，得使其水通過鄰地。但應擇於鄰地損害最少之處所及方法為之。

前項情形，有通過權之人對於鄰地所受之損害，應支付償金。

前二項情形，法令另有規定或另有習慣者，從其規定或習慣。

第一項但書之情形，鄰地所有人有異議時，有通過權之人或異議人得請求法院以判決定之。」

鄰地通行權係為調和相鄰地關係所定，此項通行權乃就土地與公路無適宜之聯絡而設。若該土地本與公路有適宜之聯絡，可為通常使用，竟因土地所有人之任意行為而阻斷，則其土地與公路無適宜之聯絡，致不能為通常使用者，應由土地所有人自己承受，自不能適用第1項有關必要通行權之規定。

二、開路通行權

有通行權人，於必要時，得開設道路。但對於通行地因此所受之損害，應支付償金。前項情形，如致通行地損害過鉅者，通行地所有人得請求有通行權人以相當之價額購買通行地及因此形成之畸零地，其價額由當事人協議定之；不能協議者，得請求法院以判決定之。（民法第788條）

三、通行權之限制

因土地一部之讓與或分割，而與公路無適宜之聯絡，致不能為通常使用者，土地所有人因至公路，僅得通行受讓人或讓與人或他分割人之所有地。

數宗土地同屬於一人所有，讓與其一部或同時分別讓與數人，而與公路無適宜之聯絡，致不能為通常使用者，亦同。

前項情形，有通行權人，無須支付償金。（民法第789條）

四、有關依民法第787條、第788條規定，對於通行地因此所受之損害應支付償金。此償金應自何時起算？又如何計算？

法律問題：有通行權人，於他人建地上開設道路，依民法第788條規定，對於通行地因此所受之損害，應支付償金，其應支付之標準如何？

討論意見：

甲說：民法第788條所謂「償金」係指補償土地所有權人不能使用土地之損害而言。按通行地所受之損害，通常應是以該地為出租所能收入地租之金額，故土地所有人請求有通行權人支付償金，應以地租為標準而陸續之請求。

乙說：通行權多屬永久性質，無確定交還通行地之期限。事實上通行地所受之損害，為土地所有人自己不能使用，永久供他人通行，不啻將土地出賣與人，因此宜乎由有通行權人一次支付相當於地價之償金，在有通行權之人，亦恰似買得通行地，供永久通行之用，故土地所有權人得以地價為標準，一次請求。

丙說：法文規定對於通行地因此所受之損害應支付償金，與損害賠償之性質相似，故土地所有權人所生究係如何之損害應就具體事實認定，然後決定如何之償金，故應以實際所生之損害爲準。

結論：擬採丙說。

司法院第二廳研究意見：民法第788條所謂「償金」係指補償土地所有權人不能使用土地之損害而言。與損害賠償之性質相當，故償金支付之標準如何？應就具體事實，審酌土地所有權人所受損害之程度而爲認定。至支付償金之方法，民法雖無規定，亦應按通行地所有人所受之損害爲有繼續性或確定性與否而定。本件有通行權人，於他建地上開設道路，雖有繼續性但其損害總額不能預先確定，其支付償金之方法，應以定期支付爲宜。（71年10月28日（71）廳民一字第767號）[1]

法律問題：有通行權人，於他人土地上闢設道路通行至少十年以上，依民法第787條、第788條規定，對於通行地因此所受之損害，固應支付償金，惟此償金應自何時起算？又如何計算？

討論意見：

（一）償金支付起算時點

甲說：袋地所有人支付償金之義務，以確定取得通行權時起算。亦即自通行權確定時起，土地所有人有容忍袋地所有人通行使用之義務，而袋地所有人有通行使用之權利，相對的，同時土地所有人即有請求支付償金之權利，而袋地所有人有支付償金之義務。至於袋地所有人取得通行權後，何時實際通行使用，應非所問。

乙說：以袋地所有人已實際通行使用之時，爲起算時點。因民法第788條之償金，具有損害賠償之性質，因此袋地所有人雖已確定取得通行權，然尚未實際使用土地，則土地所有人自無實際損害之可言。是應以有通行權人實際使用之時，爲起算時點。

[1] 資料來源：民事法律問題研究彙編第2輯134頁。

（二）償金之計算標準

甲說：民法第788條所謂償金，應指補償土地所有權人不能使用土地之損害而言。亦即依社會通念，土地本身具有相當之財產價值，除土地所有人同意無償提供使用或法律另有規定可無償使用者外，凡使用他人之土地，則總須付出一定代價（相當於租金）。況所有權之內容，含使用、收益、處分等權能，袋地所有人確定對土地所有權人有通行權時，土地所有人即有容忍通行之義務，因而形成土地所有人有所有權之名而無所有權之實，且須年年繳納土地稅捐，故民法第787條、第788條之償金，應以類似相當於租金之計算方式計收之。

乙說：民法第787、788條規定：對於通行地因此所受之損害應支付償金，此法條明文「所受之損害」，因而參酌民法第216條第1項之損害賠償包括「所受損害」、「所失利益」之旨意，民法第787條、第788條之「所受之損害」即應與民法第216條同一解釋，因此民法第787條之「所受之損害」，即以實際所生之損害爲償金計收標準。

審查意見：

（一）兩造對於通行權及其範圍等無爭執者，以袋地所有權人取得該通行權時起，負有支付償金之義務；如經法院判決者，則以判決袋地所有權人勝訴確定時起，支付償金。（參照本次民事類提案第15號審查意見及史氏著第95頁）

（二）以討論意見（二）之乙說爲當。

研討結果：照審查意見通過。

司法院民事廳研究意見：

（一）償金支付起算點：通行權人行使通行權，將使通行地所有人不能使用通行地或通行該通行地受到限制，支付償金即爲通行地因此不能使用或使用受到限制所受損害之補償，此項支付償金之義務，應自取得通行權時起算。本件有通行權人，於他人土地上闢設道路通行，既在十年以上，顯見其取得通行權已在十年以上，應自十年前實際取得通行權時起算。

（二）償金之計算標準：研討結果採審查意見，核無不合。（73年12月14日（83）廳民一字第22562號）[2]

五、非都市土地建築基地私設通路連接道路之通路寬度

建築基地以私設通路連接道路者，其通路寬度不得小於下列標準：

（一）長度未滿10公尺者爲2公尺。

（二）長度在10公尺以上未滿20公尺者爲3公尺。

（三）長度大於20公尺者爲5公尺。

（四）基地內以私設通路爲進出道路之建築物總樓地板面積合計在1000平方公尺以上者，通路寬度爲6公尺。（實施區域計畫地區建築管理辦法第11條第2項）

第三節　書狀撰寫要旨

袋地通行權之訴訟，在實務上亦屬常見。中國人所謂之敦親睦鄰固爲美德，但要鄰地所有人提供土地讓袋地所有人通行，則涉及利益衝突。袋地所有人提出袋地通行權之訴，在撰寫起訴狀時，應注意以下幾點：

一、首先應申請袋地及鄰地之土地登記謄本及地籍圖，以明瞭鄰地所有權屬及袋地相關位置。若有必要時尚應向當地縣市政府（或鄉鎮市公所）申請土地使用分區證明，以瞭解土地之類別。

二、袋地所有人先行約略測量欲通行之位置及面積，自行在地籍圖謄本上標示繪出欲通行之位置及面積。至於實際通行之位置及面積，須待法

---

2 資料來源：民事法律問題研究彙編第9輯216-219頁。

院審理後，函請該管地政機關實地測量及出具土地複丈成果圖爲據。

三、說明土地因與公路無適宜之聯絡，致不能爲通常使用之情形。

四、說明於通行之必要之範圍內，已擇其周圍地損害最少之處所及方法。

五、若有開設道路之必要時，得提出鋪設柏油道路或水泥道路，以利通行。

六、先行攝影袋地及鄰地實際現場情形，以利法院參考。若原先已有道路，惟現已荒蕪，此時可考慮向政府機關申請空照圖，以證明原有道路存在之事實，或請當地鄰里長出具原有道路通行之證明，俾利法院審理時之參考。

七、有關訴訟標的金額之計算，以袋地因通行鄰地至公路所增加之土地價額爲其訴訟標的金額。

八、另外，土地所有人取得必要通行權或得開設道路後，通行地所有人或占有人均有容忍之義務，如有阻止或爲其他之妨害通行權人自得請求禁止或排除。

第四節　書狀範例

範例一、確認通行權等起訴狀 ▶▶▶

民事起訴狀				
案　　號	年度　　字第　　號		承辦股別	
訴訟標的金額或價額	新臺幣　　　　元			
稱　　謂	姓名或名稱	依序填寫：國民身分證統一編號或營利事業統一編號、性別、出生年月日、職業、住居所、就業處所、公務所、事務所或營業所、郵遞區號、電話、傳眞、電子郵件位址、指定送達代收人及其送達處所。		

<table>
<tr><td>原告
被告</td><td>趙◯◯
李◯◯</td><td>◯◯縣◯◯市◯◯路◯◯號
◯◯縣◯◯鎮◯◯街◯◯號</td></tr>
<tr><td colspan="3">爲請求確認通行權等事件，謹依法起訴事：
訴之聲明
一、請求確認原告趙◯◯對被告李◯◯所有坐落◯◯縣◯◯鄉◯◯段◯◯地號如附圖紅色部分所示（面積以地政事務所測量爲準）之土地之通行權存在。
二、被告李◯◯應容許原告趙◯◯於如附圖紅色部分所示之土地舖設四米柏油道路並通行上開土地。
三、訴訟費用由被告負擔。
事實及理由
一、緣原告所有坐落於◯◯縣◯◯鄉◯◯段◯◯及◯◯地號之土地（見證物一）因地處內陸，與公路無適宜之聯絡，致原告居住於上揭土地之建物，無法爲通常之使用。被告李◯◯所有之土地座落於同段◯◯地號（見證物二），與原告之土地毗鄰，原告須通過被告上揭土地始能到達公路。爲使原告之土地能爲通常之居住使用及人車之通行，實有請求確認袋地所有人之必要通行權之實益。
二、再者，原告亦爰依民法第787條之規定，以對被告損害最少之處所請求被告容許原告通行如附圖紅色部分之土地，原告並願對被告因此所受之損害，給付適當之償金。
三、基上所述，原告之土地誠屬袋地，與公路無適宜之聯絡，爲此原告爰依民法第787條規定，狀請　鈞院鑒核，賜爲如訴之聲明之判決，至感德便。
謹　狀
臺灣◯◯地方法院民事庭　公鑒</td></tr>
<tr><td>證人</td><td colspan="2"></td></tr>
</table>

證物	證物一：土地、建物權狀影本三份。 證物二：土地登記簿謄本正本乙份。
中　華　民　國　○○　年　○　月　○　日 具狀人　趙○○　（簽名蓋章） 撰狀人	

範例二、確認通行權等起訴狀▶▶▶

<table>
<tr><td colspan="5">民事起訴狀</td></tr>
<tr><td>案　　號</td><td colspan="2">年度　　字第　　號</td><td>承辦股別</td><td></td></tr>
<tr><td>訴訟標的金額或價額</td><td colspan="4">新臺幣　　　　　　　　　　元</td></tr>
<tr><td>稱　　謂</td><td>姓名或名稱</td><td colspan="3">依序填寫：國民身分證統一編號或營利事業統一編號、性別、出生年月日、職業、住居所、就業處所、公務所、事務所或營業所、郵遞區號、電話、傳眞、電子郵件位址、指定送達代收人及其送達處所。</td></tr>
<tr><td>原告
被告
被告</td><td>趙○○
李○○
王○○</td><td colspan="3">桃園市○○區○○路○○號
桃園市○○區○○路○○號
桃園市○○區○○路○○號</td></tr>
<tr><td colspan="5">爲請求確認通行權等事件，謹依法起訴事：
訴之聲明
一、確認原告對於被告李○○所有坐落桃園市楊梅區○○段○○小段○○地號如附圖紅色部分所示（面積以實測爲準）之土地，有通行權。
二、確認原告對於被告王○○所有坐落桃園市楊梅區○○段○○小段○○號如附圖黃色部分所示（面積以實測爲準）之土地，有通地行權。</td></tr>
</table>

三、訴訟費用由被告負擔。

事實及理由

一、緣原告所有坐落桃園市楊梅區○○段○○小段○○地號土地因位處內陸，與公路無適宜聯絡，經年均通行被告李○○所有同地段○○地號（買受自訴外人陳○○）、及被告王○○所有同地段○○地號之既成道路（見證物一）以至公路。再者，原告之祖父及父親，自日據時期即定居於○○地號土地上（見證物二），亦以該既成道路通行至公路迄今。

二、邇來原告得知訴外人陳○○所有同地段○○地號土地已出售被告李○○，被告李○○現正進行整地與建築，原告唯恐賴以通行之既成道路消失，將損害原告之通行權益，前已向鈞院聲請實施保全證據，鈞院亦以○○年○○字第○○號裁定准以保全（見證物三）。

三、原告認爲被告李○○所有坐落桃園市楊梅區○○段○○小段○○地號如附圖紅色部分所示（面積以實測爲準）之土地，及被告王○○所有坐落桃園市楊梅區○○段○○小段○○地號如附圖黃色部分所示（面積以實測爲準）之土地，因原爲既成道路，故原告認爲通行該土地對於被告損害最少。

四、基上所述，原告之土地誠屬袋地，與公路無適宜之聯絡，爲此原告爰依民法第787條規定請求之。爲此懇請鈞長賜爲如訴之聲明之判決，以保權益。

謹　狀

臺灣○○地方法院民事庭　公鑒

證人	
證物	證物一：土地謄本正本三份、地籍圖乙份、相片影本六張。 證物二：户籍登記申請書影本乙份、户籍謄本影本二份。 證物三：民事裁定影本乙份。

中華民國　○○　年　○　月　○　日
具狀人　趙○○　（簽名蓋章） 撰狀人

範例三、確認通行權等起訴狀

<table>
<tr><td colspan="4">民事起訴狀</td></tr>
<tr><td>案號</td><td>年度　字第　號</td><td>承辦股別</td><td></td></tr>
<tr><td>訴訟標的金額或價額</td><td colspan="3">新臺幣　元</td></tr>
<tr><td>稱謂</td><td>姓名或名稱</td><td colspan="2">依序填寫：國民身分證統一編號或營利事業統一編號、性別、出生年月日、職業、住居所、就業處所、公務所、事務所或營業所、郵遞區號、電話、傳真、電子郵件位址、指定送達代收人及其送達處所。</td></tr>
<tr><td>原告
被告
法代</td><td>王○○
○縣○鄉公所
○○○</td><td colspan="2">新北市○○區○○街○號
新北市○○區○○街○號
同上</td></tr>
<tr><td colspan="4">爲請求確認通行權等事件，謹依法起訴事：
訴之聲明
一、確認原告對被告所有坐落○○縣○○鄉○○段○○之○及○○之○地號，如附圖所示紅色部分土地（寬度四米，面積以實測爲準）之通行權存在，被告應容忍原告於附圖所示紅色部分土地鋪設柏油路面並通行上開土地。
二、訴訟費用由被告負擔。
事實及理由
一、緣原告所有坐落○○縣○○鄉○○段○及○地號二筆土地，爲農牧用地（見證物一），現作農耕使用。</td></tr>
</table>

<table>
<tr><td colspan="2">二、查被告所管理之中華民國所有坐落同地段○○之○及○○之○地號土地，均係徵收而來。被告徵收本件系爭土地後，原告所有之土地因而成爲袋地，致無法通行農機及運輸農產品。原告欲通行至公路尚須通行被告管理之中華民國所有坐落同地段○○之○、○○之○地號土地（見證物二）。
三、次查，原告所有之土地現作農耕使用，亦需使用耕耘機械（見證物三），故有開設四米道路供耕耘機械通過之必要。
四、基上所述，爰依民法第787條及第788條規定，爲此狀請鈞院鑒核，並賜爲如訴之聲明之判決。
謹　狀
臺灣○○地方法院民事庭　公鑒</td></tr>
<tr><td>證人</td><td></td></tr>
<tr><td>證物</td><td>證物一：土地登記謄本二份。
證物二：土地登記謄本二份及地籍圖謄本乙份。
證物三：相片</td></tr>
<tr><td colspan="2">中　華　民　國　○○　年　○　月　○　日
具狀人　王○○　（簽名蓋章）
撰狀人</td></tr>
</table>

第五節　實務判解

有關袋地通行權之最高法院判例如後：

➢ 國有財產撥給各地國家機關使用者，名義上雖仍爲國有，實際上即爲使用機關行使所有人之權利，故本院對於是類財產，向准由管領機關起訴，代國家主張所有權人之權利，被上訴人持有所有權狀及駐用房屋保管卡，原審認其得爲起訴行使所有人之權利尚非無據。（51台上2680）

- 民法第787條第1項所謂土地與公路無適宜之聯絡，致不能爲通常之使用，其情形不以土地絕對不通公路爲限，即土地雖非絕對不通公路，因其通行困難以致不能爲通常之使用時，亦應許其通行周圍地以至公路。（53台上2996）
- 系爭土地原屬兩造共有，分割後上訴人所有土地既爲他人之地所圍繞，以致不通於公路，如上訴人出賣與訴外人部分之土地全無隙地可供其通行，而被上訴人之土地係與上訴人之土地相鄰接，且屬原共有地之一部因分割取得其所有權，按諸民法第787條及第789條之規定，自不能謂上訴人無通行被上訴人土地以至公路之權利。（57台上901）
- 民法第787條第7項所定之通行權，其主要目的，不僅專爲調和個人所有之利害關係，且在充分發揮袋地之經濟效用，以促進物盡其用之社會整體利益，不容袋地所有人任意預爲拋棄。（75台上947）
- 鄰地通行權之行使，在土地所有人方面，爲其所有權之擴張，在鄰地所有人方面，其所有權則因而受限制，參照民事訴訟費用法第9條規定之法意，鄰地通行權訴訟標的之價額，如主張通行權之人爲原告，應以其土地因通行鄰地所增價額爲準；如否認通行權之人爲原告，則以其土地因被通行所減價額爲準。（78台抗355）
- 土地因與公路無適宜之聯絡，致不能爲通常之使用者，土地所有人得通行周圍地以至公路，民法第787條第1項前段定有明文。其立法意旨在於調和土地相鄰之關係，以全其土地之利用，故明定周圍地所有人負有容忍通行之義務。惟如土地嗣後與公路已有適宜之聯絡，而能爲通常之使用者，周圍地所有人自無再容忍其通行之義務，土地所有人不得再主張通行周圍地。（85台上1781）

補充資料

一、既成巷道

長年供不特定之人通行而成爲道路之私有土地，即所謂之既成巷道。

應如何認定，說明如下：

（一）倘若土地屬於供公眾通行，具有公用地役關係之巷道，依實務見解，「……本件土地成為道路供公眾通行，既已歷數十年之久，自應認為已因時效完成而有公用地役關係之存在。此項道路之土地，即已成為他有公物中之公共用物。原告雖仍有其所有權，但其所有權之行使應受限制，不得違反供公眾通行之目的……」、「既成為公眾通行之道路，其土地之所有權，縱未為移轉登記，而仍為私人所保留，亦不容私人在該道路上起造任何建築物，妨害交通」（行政法院45年判字第8號、61年判字第435號判例參照）。因此私有土地如已成既成巷道，則所有權人不得為任何妨害公眾通行之行為。

（二）依內政部66年8月26日台內營字第745210函示：「按行政主體得依法律或法律行為，取得私人財產，使該項財產成為他有公物，以達到行政上之目的，是對於供公眾通行之道路，市縣主管機關即得就其供使用之性質、使用期間、通行情形及公益上需要而為認定。」

二、既成道路之公用地役權之概念

近年既成道路被地主設障擋路事件頻傳，事實上，供公眾使用的既成道路時間長達20年以上者，就有公用地役關係，地主不能任意在道路上設置障礙物。出現未徵收的既成道路，有的是地主不反對讓鄰居及路人通行，久而久之，土地就變成道路；有的則是地主簽下同意書把土地提供給政府或私人當作道路供人通行，時間一久，也成了既成道路。縣府指出，這些既成道路只要不間斷地供公眾使用時間長達20年以上，就有了公用地役關係，原有地主就不能廢止，也不能設圍籬或障礙物。

法界人士表示，如果供公眾使用還未達20年，且地主沒有簽下土地作為道路使用的同意書，地主可要求拿回土地，但有的地主曾簽同意書，願意把土地當作道路，若有註記供使用期限，可依時間是否到期來要求恢復原有的權益；若沒有註記時間，一般而言就認定是沒有期限，也就是土地只能永久當作道路使用。

不過若地主有簽同意書，但土地又移轉到第三者，第三者是可依民法要求收回土地的所有權，也因此常有許多糾紛，例如部分集合式住宅社區在興建時因無聯外道路，向附近地主要求提供土地做道路，地主也簽下同意書，但地主兒子在繼承後卻不認帳，要求把土地拿回。

縣府指出，過去的既成道路還有人收購捐給政府來節稅，但目前這個管道已被取消，不過現在縣府已實施容積移轉，未徵收既成道路的地主都可以做容積移轉，同時縣府前年底成立「財團法人桃園縣取得私有既成道路基金會」，每年編列約1到2億元，向地主以標購方式購買未徵收的既成道路土地。（資料來源：95年6月14日自由時報）

三、有關既成道路之大法官會議解釋及判例

- 在實施都市計畫範圍內，道路規劃應由主管機關依都市計畫法之規定辦理，已依法定程序定有都市計劃並完成細部計畫之區域，其道路之設置，即應依其計畫實施，而在循法定程序規劃道路系統時，原即含有廢止非計畫道路之意，於計畫道路開闢完成可供公眾通行後，此項非計畫道路，無繼續供公眾通行必要時，主管機關自得本於職權或依申請廢止之。內政部中華民國66年6月10日台內營字第730275號、67年1月18日台內營字第759517號，關於廢止非都市計畫巷道函及台北市非都市計畫巷道廢止或改道申請須知，既與上述意旨相符，與憲法保障人民權利之本旨尚無牴觸。（釋字第255號）
- 依遺產及贈與稅法第30條第2項規定，遺產稅本應以現金繳納，必須現金繳納確有困難時，始得以實物抵繳。是以申請以實物抵繳，是否符合上開要件及其實物是否適於抵繳，自應由稅捐稽徵機關予以調查核定。同法施行細則第43條規定，抵繳之實物以易於變價或保管，且未經設定他項權利者爲限。財政部中華民國71年10月4日（71）台財稅字第37277號函謂已成道路使用之土地，非經都市計畫劃爲道路預定地，而由私人設置者，不得用以抵繳遺產稅，係因其變價不易，符合上開法律規定之

意旨，均爲貫徹稅法之執行，並培養誠實納稅之風氣所必要，與憲法尚無牴觸。（釋字第343號）

- 憲法第15條關於人民財產權應予保障之規定，旨在確保個人依財產之存續狀態行使其自由使用、收益及處分之權能，並免於遭受公權力或第三人之侵害，俾能實現個人自由、發展人格及維護尊嚴。如因公用或其他公益目的之必要，國家機關雖得依法徵收人民之財產，但應給予相當之補償，方符憲法保障財產權之意旨。既成道路符合一定要件而成立公用地役關係者，其所有權人對土地既已無從自由使用收益，形成因公益而特別犧牲其財產上之利益，國家自應依法律之規定辦理徵收給予補償，各級政府如因經費困難，不能對上述道路全面徵收補償，有關機關亦應訂定期限籌措財源逐年辦理或以他法補償。若在某一道路範圍內之私有土地均辦理徵收，僅因既成道路有公用地役關係而以命令規定繼續使用，毋庸同時徵收補償，顯與平等原則相違。至於因地理環境或人文狀況改變，既成道路喪失其原有功能者，則應隨時檢討並予廢止。行政院中華民國67年7月14日台67內字第6301號函及同院69年2月23日台69內字第2072號函與前述意旨不符部分，應不再援用。（釋字第400號）
- 人民之財產權應予保障，憲法第15條設有明文。國家機關依法行使公權力致人民之財產遭受損失，若逾其社會責任所應忍受之範圍，形成個人之特別犧牲者，國家應予合理補償。主管機關對於既成道路或都市計畫道路用地，在依法徵收或價購以前埋設地下設施物妨礙土地權利人對其權利之行使，致生損失，形成其個人特別之犧牲，自應享有受相當補償之權利。台北市政府於中華民國64年8月22日發布之台北市市區道路管理規則第15條規定：「既成道路或都市計畫道路用地，在不妨礙其原有使用及安全之原則下，主管機關埋設地下設施物時，得不徵購其用地，但損壞地上物應予補償。」其中對使用該地下部分，既不徵購又未設補償規定，與上開意旨不符者，應不再援用。至既成道路或都市計畫道路用地之徵收或購買，應依本院釋字第400號解釋及都市計畫法第48條之規定辦理，併此指明。（釋字第440號）

- 行政主體得依法律規定或以法律行爲，對私人之動產或不動產取得管理權或他物權，使該項動產或不動產成爲他有公物，以達行政之目的。此際該私人雖仍保有其所有權，但其權利之行使，則應受限制，不得與行政目的相違反。本件土地成爲道路供公眾通行，既已歷數十年之久，自應認爲已因時效完成而有公用地役關係之存在。此項道路之土地，即已成爲他有公物中之公共用物。原告雖仍有其所有權，但其所有權之行使應受限制，不得違反供公眾通行之目的。原告擅自將已成之道路廢止，改闢爲田耕作，被告官署糾正原告此項行爲，回復原來道路，此項處分，自非違法。（最高行政法院45判8）
- 既成爲公眾通行之道路，其土地之所有權，縱未爲移轉登記，而仍爲私人所保留，亦不容私人在該道路上起造任何建築物，妨害交通。原告所有土地，在二十餘年前，即已成爲農路，供公眾通行，自應認爲已因時效完成而有公用地役關係之存在，則該農路之土地，即已成爲他有公物中之公共用物。原告雖有其所有權，但其所有權之行使，應受限制，不得違反供公眾通行之目的。原告擅自將已成之農路，以竹柱、鐵線築爲圍籬，阻礙交通，意圖收回路地，自爲法所不許。（最高行政法院61判435）

第十三章 ｜ 共有物分割

第一節 前 言

共有土地之情形相當普遍，其成因不外因繼承、共同出資買賣土地、向法院（或銀行）標售取得、贈與、抵繳稅款……等情形。其共有之類型可分爲分別共有與公同共有，其主要區別在於分別共有之各共有人按其應有部分共有一物，而公同共有之各共有人係基於公同關係共有一物，並無顯在應有部分。

壹、就內部關係而言

一、共有物之使用收益

各共有人，除契約另有約定外，按其應有部分，對於共有物之全部，有使用收益之權。如共有人未按應有部分使用收益，他共有人得主張民法第179條不當得利返還請求權、民法第184條侵權行爲損害賠償請求權、或民法第767條所有人之物上請求權。若經共有人全體協議約定使用方法，即分管契約，則可對共有物之特定部分爲使用收益。

二、應有部分之處分

各共有人，得自由處分其應有部分。不動產共有人出賣其應有部分時，他共有人得以同一價格共同或單獨優先承購。惟於共有人間互爲買賣應有部分時，因無增加共有人數之虞，故不適用優先購買權之規定。須注意的是，共有人之優先購買權與土地法第104條或第107條之優先購買權競合時，應優先適用土地法第104條或第107條規定。至於優先購買權人多人主張優先購買時，其優先購買之部分應按各主張優先購買權人之應有部分比率定之。

小知識

1. 土地法第104條：基地出賣時，地上權人、典權人或承租人有依同樣條件優先購買之權。房屋出賣時，基地所有權人有依同樣條件優先購買之權。其順序以登記之先後定之。前項優先購買權人，於接到出賣通知後十日內不表示者，其優先權視爲放棄。出賣人未通知優先購買權人而與第三人訂立買賣契約者，其契約不得對抗優先購買權人。
2. 土地法第107條：出租人出賣或出典耕地時，承租人有依同樣條件優先承買或承典之權。第104條第2項之規定，於前項承買承典準用之。

三、共有物之處分

（一）原則：共有物之處分、變更、及設定負擔，應得共有人全體之同意。未得共有人全體同意所爲共有物處分，債權行爲即買賣契約仍有效，物權行爲屬無權處分依民法第118條屬效力未定。

（二）例外：土地法第34條之1第1項特別規定，共有不動產之處分，依多數決爲之。不同意出賣之他共有人得主張優先購買權，或在未辦理移轉登記前，請求分割共有物。須注意的是，土地法第34條之1所稱之處分，指買賣、交換、共有土地上建築房屋及共有建物之拆除等法律上之處分與事實上之處分。但不包括贈與等無償之處分、信託行爲，亦不包括共有物分割。

四、共有物之管理

未經共有人全體協議分管時，原則上依多數決爲之。依多數決所定之管理方法顯失公平或因情事變更難以繼續時，得聲請法院以裁定變更之。共有物之簡易修繕及其他保存行爲，得由各共有人單獨爲之。如經共有人全體協議分管時，應依分管契約爲之。所謂分管契約，係共有人間就共有物之使用收益或管理方法所訂之契約，其性質屬債權契約。應有部分受讓人不知有分管契約亦無可得而知之情形，則共有物之分管契約對善意第三人無拘束力。惟公寓大廈管理條例第24條第1項明定：「區分所有權人之繼受人，應於繼受前向管理負責人或管理委員會請求閱覽或影印第35條所定文件，並應於繼續後遵守原區分所有權人依本條例或規約所定之一切權利義務事項。」另民法第799條之1第4項亦明定：「區分所有人間依規約所生之權利義務，繼受人應受拘束；其依其他約定所生之權利義務，特定繼受人對於約定之內容明知或可得而知者，亦同。」

貳、就外部關係而言

各共有人對於第三人，得就共有物之全部爲本於所有權之請求。但回復共有物之請求，僅得爲共有人全體之利益爲之。即各共有人對第三人得主張民法第767條及包括相鄰關係而生之權利。須注意的是，民法第767條前段規定之所有物返還請求權，得由共有人一人單獨提起返還共有物之訴，惟其訴之聲明應請求被告向共有人全體返還共有物。

實務上，共有土地因共有人數眾多，往往難以取得全體共有人一致之意見。有關共有物之分割，如全體共有人無法達成協議時，其處理之方式有：

一、向鄉（鎮、市、區）公所調解委員會聲請調解。

二、向縣（市）政府不動產糾紛調處委員會申請調處。

三、向不動產所在地之地方法院起訴。

民事訴訟法第10條：「因不動產之物權或其分割或經界涉訟者，專屬不動產所在地之法院管轄。其他因不動產涉訟者，得由不動產所在地之法院管轄。」

共有物分割在實務上常遇到如後之棘手問題：

一、土地總登記，所有權人之姓名有誤，或僅登記其姓名而無住址或地址有誤，致無法確認共有人。

二、共有人有再轉繼承之情形，其繼承人人數眾多或不明，以致繼承系統表之製作有所困難。

三、共有土地上有地上物，惟地上物之所有人不明。

第二節　法令解說

有關共有物分割之相關法令規定摘述說明如後：

民法物權編第二章所有權之第四節共有部分，於民國98年1月23日修正公布第818、820、822～824、827、828、830條條文，增訂第824條之1、第826條之1條文，並自公布後六個月施行。

一、共有之意義

數人按其應有部分，對於一物有所有權者，爲共有人。

各共有人之應有部分不明者，推定其爲均等。（民法第817條）

二、共有人之使用收益權

各共有人，除契約另有約定外，按其應有部分，對於共有物之全部，有使用收益之權。（民法第818條）

三、共有物之處分

各共有人，得自由處分其應有部分。

共有物之處分、變更、及設定負擔，應得共有人全體之同意。（民法第819條）

四、共有物之管理

共有物之管理，除契約另有訂定外，應以共有人過半數及其應有部分合計過半數之同意行之。但其應有部分合計逾三分之二者，其人數不予計算。

依前項規定之管理顯失公平者，不同意之共有人得聲請法院以裁定變更之。

前二項所定之管理 ，因情事變更難以繼續時，法院得因任何共有人之聲請，以裁定變更之。

共有人依第一項規定為管理之決定，有故意或重大過失，致共有人受損害者，對不同意之共有人連帶負賠償責任。

共有物之簡易修繕及其他保存行為，得由各共有人單獨為之。（民法第820條）

五、共有人對第三人之權利

各共有人對於第三人，得就共有物之全部為本於所有權之請求。但回復共有物之請求，僅得為共有人全體之利益為之。（民法第821條）

六、共有物費用之分擔

共有物之管理費及其他負擔，除契約另有訂定外，應由各共有人按其應有部分分擔之。

共有人中之一人，就共有物之負擔為支付，而逾其所應分擔之部分者，對於其他共有人得按其各應分擔之部分，請求償還。（民法第822條）

七、共有物之分割及限制

各共有人，除法令另有規定外，得隨時請求分割共有物。但因物之使用目的不能分割或契約訂有不分割之期限者，不在此限。

前項約定不分割之期限，不得逾五年；逾五年者，縮短為五年。但共有之不動產，其契約訂有管理之約定時，約定不分割之期限，不得逾三十年；逾三十年者，縮短為三十年。

前項情形，如有重大事由，共有人仍得隨時請求分割。（民法第823條）

八、共有物分割之方法

共有物之分割，依共有人協議之方法行之。

分割之方法不能協議決定，或於協議決定後因消滅時效完成經共有人拒絕履行者，法院得因任何共有人之請求，命爲下列之分配：

（一）以原物分配於各共有人。但各共有人均受原物之分配顯有困難者，得將原物分配於部分共有人。

（二）原物分配顯有困難時，得變賣共有物，以價金分配於各共有人；或以原物之一部分分配於各共有人，他部分變賣，以價金分配於各共有人。

以原物爲分配時，如共有人中有未受分配，或不能按其應有部分受分配者，得以金錢補償之。

以原物爲分配時，因共有人之利益或其他必要情形，得就共有物之一部分仍維持共有。

共有人相同之數不動產，除法令另有規定外，共有人得請求合併分割。

共有人部分相同之相鄰數不動產，各該不動產均具應有部分之共有人，經各不動產應有部分過半數共有人之同意，得適用前項規定，請求合併分割。但法院認合併分割爲不適當者，仍分別分割之。

變賣共有物時，除買受人爲共有人外，共有人有依相同條件優先承買之權，有二人以上願優先承買者，以抽籤定之。（民法第824條）

九、共有物分割之效力

共有人自共有物分割之效力發生時起，取得分得部分之所有權。

應有部分有抵押權或質權者，其權利不因共有物之分割而受影響。但有下列情形之一者，其權利移存於抵押人或出質人所分得之部分：

（一）權利人同意分割。

（二）權利人已參加共有物分割訴訟。

（三）權利人經共有人告知訴訟而未參加。

前項但書情形，於以價金分配或以金錢補償者，準用第881條第1項、第2項或第899條第1項規定。

前條第3項之情形，如為不動產分割者，應受補償之共有人，就其補償金額，對於補償義務人所分得之不動產，有抵押權。

前項抵押權應於辦理共有物分割登記時，一併登記，其次序優先於第2項但書之抵押權。（民法第824-1條）

十、分得物之擔保責任

各共有人，對於他共有人因分割而得之物，按其應有部分，負與出賣人同一之擔保責任。（民法第825條）

十一、所得物與共有物證書之保存

共有物分割後，各分割人應保存其所得物之證書。

共有物分割後，關於共有物之證書，歸取得最大部分之人保存之，無取得最大部分者，由分割人協議定之，不能協議決定者，得聲請法院指定之。

各分割人，得請求使用他分割人所保存之證書。（民法第826條）

十二、對應有部分之受讓人或取得物權之人之效力

不動產共有人間關於共有物使用、管理、分割或禁止分割之約定或依第820條第1項規定所為之決定，於登記後，對於應有部分之受讓人或取得物權之人，具有效力。其由法院裁定所定之管理，經登記後，亦同。

動產共有人間就共有物為前項之約定、決定或法院所為之裁定，對於應有部分之受讓人或取得物權之人，以受讓或取得時知悉其情事或可得而知者為限，亦具有效力。

共有物應有部分讓與時，受讓人對讓與人就共有物因使用、管理或其

他情形所生之負擔連帶負清償責任。（民法第826-1條）

十三、公同共有之成立

依法律規定、習慣或法律行爲，成一公同關係之數人，基於其公同關係，而共有一物者，爲公同共有人。

前項依法律行爲成立之公同關係，以有法律規定或習慣者爲限。

各公同共有人之權利，及於公同共有物之全部。（民法第827條）

十四、公同共有人之權義關係

公同共有人之權利義務，依其公同關係所由成立之法律、法律行爲或習慣定之。

第820條、第821條及第826條之1規定，於公同共有準用之。

公同共有物之處分及其他之權利行使，除法律另有規定外，應得公同共有人全體之同意。（民法第828條）

十五、公同共有物分割之限制

公同關係存續中，各公同共有人，不得請求分割其公同共有物。（民法第829條）

十六、公同共有關係之消滅

公同共有之關係，自公同關係終止，或因公同共有物之讓與而消滅。（民法第830條第1項）

十七、公同共有物之分割方法

公同共有物分割之方法，除法律另有規定外，準用關於共有物分割之規定。（民法第830條第2項）

十八、準共有與準公同共有

本節規定，於所有權以外之財產權，由數人共有或公同共有者準用之。（民法第831條）

其他法令對土地分割之限制：

一、最小面積之限制及分割禁止（土地法第31條）

直轄市或縣（市）地政機關於其管轄區內之土地，得斟酌地方經濟情形，依其性質及使用之種類，爲最小面積單位之規定，並禁止其再分割。

前項規定，應中央地政機關之核准。

二、耕地分割之限制及例外（農業發展條例第16條）

每宗耕地分割後每人所有面積未達0.25公頃者，不得分割。但有下列情形之一，不在此限：

（一）因購置毗鄰耕地而與其耕地合併者，得爲分割合併；同一所有權人之二宗以上毗鄰耕地，土地宗數未增加者，得爲分割合併。

（二）部分依法變更爲非耕地使用者，其依法變更部分及共有分管之未變更部分，得爲分割。

（三）本條例中華民國89年1月4日修正施行後所繼承之耕地，得分割爲單獨所有。

（四）本條例中華民國89年1月4日修正施行前之共有耕地，得分割爲單獨所有。

（五）耕地三七五租約，租佃雙方協議以分割方式終止租約者，得分割爲租佃雙方單獨所有。

（六）非農地重劃地區，變更爲農水路使用者。

（七）其他因執行土地政策、農業政策或配合國家重大建設之需要，經中央目的事業主管機關專案核准者，得爲分割。

前項第3款及第4款所定共有耕地，辦理分割爲單獨所有者，應先取得共有人之協議或法院確定判決，其分割後之宗數，不得超過共有人人數。

三、土地登記規則之規定

（一）依據法院判決申請共有物分割登記者，部分共有人得提出法院確定判決書及其他應附書件，單獨爲全體共有人申請分割登記，登記機關於登記完畢後，應通知他共有人。其所有權狀應俟登記規費繳納完畢後再行繕發。（土地登記規則第100條）

（二）依民法第824條第3項規定申請共有物分割登記時，共有人中有應受金錢補償者，申請人應就其補償金額，對於補償義務人所分得之土地，同時爲應受補償之共有人申請抵押權登記。但申請人提出應受補償之共有人已受領或爲其提存之證明文件者，不在此限。

前項抵押權次序優先於第107條第1項但書之抵押權；登記機關於登記完畢後，應將登記結果通知各次序抵押權人及補償義務人。（土地登記規則第100-1條）

（三）共有物分割應先申請標示變更登記，再申辦所有權分割登記。但無須辦理標示變更登記者，不在此限。（土地登記規則第105條）

（四）數宗共有土地併同辦理共有物分割者，不以同一地段、同一登記機關爲限。（土地登記規則第106條）

（五）分別共有土地，部分共有人就應有部分設定抵押權者，於辦理共有物分割登記時，該抵押權按原應有部分轉載於分割後各宗土地之上。但有下列情形之一者，該抵押權僅轉載於原設定人分割後取得之土地上：

1. 抵押權人同意分割。
2. 抵押權人已參加共有物分割訴訟。
3. 抵押權人經共有人告知訴訟而未參加。

前項但書情形，原設定人於分割後未取得土地者，申請人於申請共有物分割登記時，應同時申請該抵押權之塗銷登記。登記機關於登記完畢後，應將登記結果通知該抵押權人。（土地登記規則第107條）

第三節 書狀撰寫要旨

原則上，共有人得隨時請求分割共有物。共有人在請求前，應先申請土地登記謄本及地籍圖，瞭解共有土地標示及確定共有人爲何。若能經共有人全體同意成立分割共有物契約，即得請求共有人依約履行，完成登記。如協議後共有人不依約履行，他共有人得訴請履行分割共有物契約，不得再請求裁判分割。

現今社會繁忙共有人間往往互不相識，或不易取得聯繫，致無法協議分割，此時共有人可請求法院裁判分割共有物。法院在受理後必先進行調解程序，通知全體共有人至法院，讓共有人表示意見並加以調解。

原告在撰寫共有物分割之訴狀時，應提出妥適之分割方案，思索如何分割方不會違反最小面積等規定。再者，原告可先向建築師或測量公司詢問分割之方式，俾利日後能在土地上爲合法之建築。另外，應考量共有土地上是否已有建物，因爲建物之歸屬及土地之分割息息相關。共有人在共有土地上有建物時，當然會考慮將建物之基地分割予同一共有人，否則土地分割後，建物將會因占用他人土地而有被拆除之虞。

在法院審理中，法院亦會通知當地地政事務所及共有人會同至現場勘測，原告應先向地政事務所繳納複丈費用。現場勘測後，原告應將共有土地上之現有使用狀況拍照陳報予法院。再者，共有人若有往生之情形，原告應製作繼承系統表及申領其除戶謄本及繼承人之現戶謄本，向法院聲請繼承人承受訴訟，原告須注意訴之聲明部分，亦須依民法第759條規定更正爲繼承人應先辦理繼承登記。

按分割共有物涉訟，以原告因分割所受利益之價額爲準（民事訴訟法第77-11條）。請求分割共有物之訴訟標的金額，以起訴時之土地公告現值乘以土地面積，再乘以原告之權利範圍計算。因此，由共有人之一人爲原告提起分割共有物之訴，其餘全體共有人爲被告，較符合訴訟經濟。有關原告已繳納之訴訟費用，法院爲裁判分割時，將依各共有人之應有部分比例負擔。

有關裁判分割之方式有八種：

一、原物分配

以原物分配於各共有人。須注意的是，有些土地有最小面積單位並禁止其再分割之規定，如台北縣政府訂定轄區內林業用地最小分割面積爲0.10公頃即是。

二、原物分配兼金錢補償

以原物分配於各共有人時，如共有人中有不能按其應有部分受分配者，得以金錢補償之。

三、部分原物分配部分金錢補償

各共有人均受原物之分配顯有困難者，得將原物分配於部分共有人。

以原物爲分配時，如共有人中有未受分配者，得以金錢補償之。

四、變價分配並賦予優先承買權

原物分配顯有困難時，得變賣共有物，以價金分配於各共有人

變賣共有物時，除買受人爲共有人外，共有人有依相同條件優先承買之權，有二人以上願優先承買者，以抽籤定之。

五、部分原物分配部分變價分配

以原物之一部分分配於各共有人，他部分變賣，以價金分配於各共有人。

六、部分原物分配部分維持共有

以原物爲分配時，因共有人之利益或其他必要情形，得就共有物之一部分仍維持共有。

七、共有人相同之數宗土地得請求合併分割

共有人相同之數不動產，除法令另有規定外，共有人得請求合併分割。

八、共有人部分相同之相數宗土地得經多數決請求合併分割

共有人部分相同之相鄰數不動產，各該不動產均具應有部分之共有人，經各不動產應有部分過半數共有人之同意，得適用前項規定，請求合併分割。但法院認合併分割爲不適當者，仍分別分割之。

九、有關共有土地之部分共有人其應有部分為法院查封時，共有人能否請求分割共有物？

依最高法院72年台上字第2642號判例：「債務人就查封物所爲移轉、設定負擔或其他有礙執行效果之行爲，依強制執行法第51條第2項規定，僅對於債權人不生效力而已，並非絕對無效；裁判分割，既係法院基於公平原則，決定適當之方法分割共有物，自不發生有礙執行效果之問題，債權人即不得對之主張不生效力；且債務人之應有部分，經實施查封以後，因裁判分割其權利即集中於分割後之特定物，此爲債務人原有權利型態上之變更，當爲查封效力之所及，於假處分亦無影響。」因此筆者認爲查封或假處分之效力，僅在禁止債務人就特定財產自由處分並不排除法院之強制執行，亦不能因此而阻礙共有人請求分割共有物之權能。故共有物之應有部分經實施查封或假處分後，共有人（含債務人及其他共有人）仍得請求分割共有物。

此外，實務上有些共有土地（農地）於土地登記簿上註記有「未辦持

分交換前不得移轉及設定負擔」或「產權未定」之註記，導致所有權人無法買賣移轉或爲其他處分。此係緣自於民國42年政府實施耕者有其田時，部分出租部分自耕之共有耕地，其屬出租部分，因徵收後放領予現耕農民承領，出租共有人對上開出租耕地之權利持分已因徵收而喪失；殘餘自耕保留部分之耕地所有權，自應全部歸屬自耕之共有人所有。惟當時實際執行上對於上開殘餘自耕保留部分之耕地所有權，並未隨同辦理移轉登記爲自耕共有人所有，以致其土地登記簿之記載仍維持徵收放領前之共有權利持分之產權未定狀況。目前政府爲解決此類問題，直轄市及縣（市）政府依據內政部於89年9月30日台內地字第8977617號函彙整之「○○縣（市）共有耕地自耕保留部分交換移轉登記清理自治條例參考範例」，本於權責自行參考制定。筆者提供「桃園市共有耕地自耕保留部分交換移轉登記清理自治條例」供讀者參考（見附錄五）。由該自治條例可知，目前處理方式有二：一爲全體共有人協議辦理。二爲地政機關本於權責依法清理。

第四節　書狀範例

範例一、共有建地分割起訴狀 ▶▶▶

<table>
<tr><td colspan="4">民事起訴狀</td></tr>
<tr><td>案　　　號</td><td colspan="2">年度　　　字第　　　號</td><td>承辦股別</td><td></td></tr>
<tr><td>訴訟標的
金額或價額</td><td colspan="4">新臺幣　　　　　　　　　　　　　　元</td></tr>
<tr><td>稱　　　謂</td><td>姓名或名稱</td><td colspan="3">依序填寫：國民身分證統一編號或營利事業統一編號、性別、出生年月日、職業、住居所、就業處所、公務所、事務所或營業所、郵遞區號、電話、傳眞、電子郵件位址、指定送達代收人及其送達處所。</td></tr>
</table>

原告	朱一	桃園市○○區○○路○○號
被告	李二	桃園市○○區○○路○○號
被告	呂甲	新北市○○區○○路○○號
被告	呂乙	台北市○○區○○路○○號

爲請求分割共有物事：

訴之聲明

一、被告呂甲、呂乙應就其被繼承人呂○○所有坐落桃園市○○區○○段○○小段○○及○○地號土地之權利範圍○分之○，辦理繼承登記。

二、原告與被告共有桃園市○○區○○段○○小段○○地號土地准予原物分配，分割方式如下：

原告取得如附圖所示A部分之土地（面積以實測爲準）。其餘部分之土地，由被告李二、呂甲、呂乙等三人共有。

三、原告與被告共有桃園市○○區○○段○○小段○○地號土地准予原物分配，分割方式如下：

原告取得如附圖所示B部分之土地（面積以實測爲準）。其餘部分之土地，由被告李二、呂甲、呂乙等三人共有。

四、訴訟費用由被告負擔。

事實及理由

一、緣坐落於桃園市○○區○○段○○小段○及○地號二筆土地爲原告、被告李二及訴外人呂○○三人共有（見證物一），其中共有人呂○○於民國○年○月○日往生，其繼承人呂甲、呂乙等2人（見證物二）應先就其被繼承人呂○○所有坐落桃園市○○區○○段○○小段○及○地號土地之權利範圍○分之○，辦理繼承登記，合先敘明。

二、原告爲求充分經濟有效利用土地，遂繪製分割圖，向○○縣○○鎮調解委員會聲請調解，請求被告協議分割共有物（見證物三），被

<table>
<tr><td colspan="3">告等雖表示其等願共有以利土地之利用，惟就分割之位置調解無法成立。原告不得已只好向鈞院請求裁判分割。
三、基上所述，本件土地依其使用目的無不能分割之情事，且兩造間並無不能分割之約定，因無法協議分割，爰依民法第823條、第824條之規定請求之，為此懇請鈞院鑒核並賜為如訴之聲明之判決，至感德便。
謹　狀
臺灣○○地方法院民事庭　公鑒</td></tr>
<tr><td>證人</td><td colspan="2"></td></tr>
<tr><td>證物</td><td colspan="2">證物一：土地登記簿謄本二份。
證物二：繼承系統表及戶籍謄本正本。
證物三：調解通知單影本一份。</td></tr>
<tr><td colspan="3">中　華　民　國　○○　年　○　月　○　日
具狀人　朱一　（簽名蓋章）
撰狀人</td></tr>
</table>

範例二、共有農地分割起訴狀 ▶▶▶

<table>
<tr><td colspan="4">民事起訴狀</td></tr>
<tr><td>案　號</td><td>年度　字第　號</td><td>承辦股別</td><td></td></tr>
<tr><td>訴訟標的金額或價額</td><td colspan="3">新臺幣　元</td></tr>
<tr><td>稱　謂</td><td>姓名或名稱</td><td colspan="2">依序填寫：國民身分證統一編號或營利事業統一編號、性別、出生年月日、職業、住居所、就業處所、公務所、事務所或營業所、郵遞區號、電話、傳真、電子郵件位址、指定送達代收人及其送達處所。</td></tr>
</table>

原告	陳◯◯	新北市◯◯區◯◯路◯◯號
被告	黃甲	新北市◯◯區◯◯路◯◯號
被告	黃乙	同上
被告	黃丙	高雄市◯◯區◯◯街◯◯號
被告	黃丁	台中市◯◯路◯◯段◯◯號

爲請求分割共有物事件，謹依法起訴事：

訴之聲明

一、被告應就其被繼承人黃◯◯所有坐落◯◯縣◯◯市◯◯段◯◯地號土地，權利範圍二分之一，辦理繼承登記。

二、原告與被告共有坐落◯◯縣◯◯市◯◯段◯◯地號土地，面積：302平方公尺，准予變賣，就其價金以原告二分之一、被告二分之一之比例分配。

三、訴訟費用由被告負擔。

事實及理由

一、緣原告與被告之被繼承人黃◯◯共有坐落◯◯縣◯◯市◯◯段◯◯地號土地，地目田，原告應有部分爲二分之一，被告之被繼承人黃◯◯應有部分爲二分之一（見證物一），合先敘明。

二、原告於民國◯年◯月◯日就本件土地之分割向◯◯縣◯◯市調解委員會聲請調解，惟調解不成立（見證物二）。嗣被告之被繼承人黃◯◯往生，由被告等繼承黃◯◯之持分。

三、經查，被告等因無法籌措遺產稅之繳納，擬以本件持分土地之部分抵繳被繼承人黃◯◯之遺產稅，則將來本件土地所有權人可能有原告、被告及政府多方。再者，依農業發展條例第16條規定，每宗耕地分割後，每人所有面積未達0.25公頃者，不得分割。原告以爲應不宜以原物分配方式爲分割方案，懇請鈞院鑒核以變價分配之方式爲之。

四、基上所述，本件土地並無不得分割之特別約定，亦無依使用目的非不能分割，又雙方就分割方法無法達成協議。爲此，爰依民法第823條、第824條規定，狀請鈞院鑒核並賜如訴之聲明之判決。 謹　狀 臺灣○○地方法院民事庭　公鑒	
證人	
證物	證物一、土地登記謄本乙份。 證物二、調解不成立證明書影本乙份。
中　華　民　國　○○　年　○　月　○　日 具狀人　陳○○　（簽名蓋章） 撰狀人	

範例三、共有林地分割起訴狀 ▶▶▶

民事起訴狀				
案　號	年度　字第　號		承辦股別	
訴訟標的金額或價額	新臺幣　元			
稱　謂	姓名或名稱	依序填寫：國民身分證統一編號或營利事業統一編號、性別、出生年月日、職業、住居所、就業處所、公務所、事務所或營業所、郵遞區號、電話、傳眞、電子郵件位址、指定送達代收人及其送達處所。		
原告 被告 被告 被告	陳○○ 黃一 黃二 黃三	○○縣○○市○○路○○號 ○○縣○○鄉○○街○○號 ○○市○○路○○段○○號 同上		

為請求分割共有物事件，謹依法起訴事：

訴之聲明

一、原告與被告等共有坐落新北市○○區○○段○○小段3之2地號土地准予分割，分割方式如下：

如附圖所示紅色部分之土地（面積以實測為準），權利範圍：六分之三，歸原告陳○○所有；黑色部分之土地（面積以實測為準），權利範圍：六分之一，歸被告黃一所有；黃色部分之土地（面積以實測為準），權利範圍：六分之一，歸被告黃二所有；藍色部分之土地（面積以實測為準），權利範圍：六分之一，歸被告黃三所有。

二、訴訟費用由被告負擔。

事實及理由

一、原告與被告共有坐落新北市○○區○○段○○小段三之二地號土地，地目林，面積○○平方公尺（見證物一）。茲為求充分經濟有效利用土地，實有分割本件土地之必要，為此依法聲請裁判分割。

二、按土地法第31條規定：直轄市或縣（市）地政機關於其管轄區內之土地，得斟酌地方經濟情形，依其性質及使用之種類，為最小面積單位之規定，並禁止其再分割。經原告函詢新北市政府有關林地分割最小面積限制為0.1公頃（見證物二）。本件土地有○○平方公尺，分割後每人取得之土地面積均超過0.1公頃，故本件分割並無違反土地法及台北縣政府之規定，請鈞長參酌。

三、基上所述，本件土地依其使用目的非不能分割，且原告與被告等間並無不能分割之約定。再者，因兩造目前無法達成協議分割，爰依民法第823條、第824條之規定，聲請裁判分割共有物，為此懇請鈞院鑒核，賜為如訴之聲明之判決，至感德便。

謹　狀

臺灣○○地方法院民事庭　公鑒

<table>
<tr><td>證人</td><td></td></tr>
<tr><td>證物</td><td>證物一、土地登記謄本乙份。
證物二、台北縣政府函影本乙份。</td></tr>
<tr><td colspan="2">中　華　民　國　○○　年　○　月　○　日
具狀人　陳○○　（簽名蓋章）
撰狀人</td></tr>
</table>

第五節　實務判解

茲摘錄共有物分割之相關解釋、判例及行政函釋如後：

大法官會議解釋

➢ 依土地法所為之不動產物權登記具有公示力與公信力，登記之內容須正確真實，以確保人民之財產權及維護交易之安全。不動產包括土地及建築物，性質上為不動產之區分所有建築物，因係數人區分一建築物而各有其一部，各所有人所享有之所有權，其關係密切而複雜，故就此等建築物辦理第一次所有權登記時，各該所有權客體之範圍必須客觀明確，方得據以登記，俾貫徹登記制度之上述意旨。內政部於中華民國84年7月12日修正發布之土地登記規則與87年2月11日修正發布之地籍測量實施規則分別係依土地法第37條第2項及第47條之授權所訂定。該登記規則第75條第1款乃係規定區分所有建築物共用部分之登記方法。上開實施規則第279條第1項之規定，旨在確定區分所有建築物之各區分所有權客體及其共用部分之權利範圍及位置，與建築物區分所有權移轉後之歸屬，以作為地政機關實施區分所有建築物第一次測量及登記之依據。是上開土地登記規則及地籍測量實施規則之規定，並未逾越土地法授權範圍，亦符合登記制度之首開意旨，為辦理區分所有建築物第一次測量、所有權登記程序所必要，且與民法第799條、第817條第2項關於共用部分及其應有部分推定規定，各有不同之規範功能及意旨，難謂已增加法律所無之限制，與憲法第15條財產權保障及第23條規定之法律保留原則及比例原則，尚無牴觸。（釋字第600號）

- 共有之房地，如非基於公同關係而共有，則各共有人自得就其應有部分設定抵押權。（釋字第141號）
- 最高法院48年度台上字第1065號判例，認為「共有人於與其他共有人訂立共有物分割或分管之特約後，縱將其應有部分讓與第三人，其分割或分管契約，對於受讓人仍繼續存在」，就維持法律秩序之安定性而言，固有其必要，惟應有部分之受讓人若不知悉有分管契約，亦無可得而知之情形，受讓人仍受讓與人所訂分管契約之拘束，有使善意第三人受不測損害之虞，與憲法保障人民財產權之意旨有違，首開判例在此範圍內，嗣後應不再援用。至建築物為區分所有，其法定空地應如何使用，是否共有共用或共有專用，以及該部分讓與之效力如何，應儘速立法加以規範，併此說明。（釋字第349號）
- 各共有人得隨時請求分割共有物，固為民法第823條第1項前段所規定。惟同條項但書又規定，因物之使用目的不能分割者，不在此限。其立法意旨在於增進共有物之經濟效用，並避免不必要之紛爭。區分所有建築物之共同使用部分，為各區分所有人利用該建築物所不可或缺，其性質屬於因物之使用目的不能分割者。內政部中華民國61年11月7日（61）台內地字第491660號函，關於太平梯、車道及亭子腳為建築物之一部分，不得分割登記之釋示，符合上開規定之意旨，與憲法尚無牴觸。（釋字第358號）

最高法院判例

- 共有物之管理人不能自由處分共有物，若未經共有人全體同意擅自處分，其處分行為，不能生移轉物權之效力。（17上1179）

- 共有物依其使用目的並非不能分割，而又未有不分割之期約者，各共有人自得隨時請求分割。（19上1853）
- 共有人中一人處分共有物，非其他共有人共同處分者，必事前為他共有人之同意或得其事後之追認，其處分行為始能有效。（19上2014）
- 處分共有物固應得全體共有人之同意，但因共有人眾多，苟願開會議依多數之議決，經各共有人均舉有代表到場預議者，自應遵從議決，不得事後翻異。（19上2208）
- 管理家務之人處分共有財產，能否即認為代表全家之行為，仍應以其處分家產有無必要用途，即是否用以清償公共負擔之費用為斷。（20上1888）
- 管理家務之人因清償公共負擔之費用，而處分其家產之全部或一部者，其他共有人除於處分當時表示異議外，固不得於事後以無權處分為理由，主張其代理處分之不當。（20上3204）
- 債權人就債務人與人共有之物，祇得扣押債務人之應有部分，不得扣押共有物之全部或一部。（22上805）
- 公同共有之關係，雖發生於民法物權編施行前，但依物權編施行法第2條及民法第829條規定，公同關係存續中，各公同共有人不得請求分割其公同共有物。（28上1358）
- 依民法第821條之規定，各共有人對於第三人，得就共有物之全部，為本於所有權之請求，此項請求權既非必須由共有人全體共同行使，則以此為標的之訴訟，自無由共有人全體共同提起之必要。所謂本於所有權之請求權，係指民法第767條所規定之物權的請求權而言，故對於無權占有或侵奪共有物者，請求返還共有物之訴，得由共有人中之一人單獨提起，惟依民法第821條但書之規定，應求為命被告向共有人全體返還共有物之判決而已。（28上2361）
- 各共有人之應有部分不明者，民法第817條第2項固推定其為均等，惟各共有人之應有部分通常應依共有關係發生原因定之，如數人以有償行為

對於一物發生共有關係者，除各共有人間有特約外，自應按出資比例定其應有部分。（29上102）

- 共有物分割請求權爲分割共有物之權利，非請求他共有人同爲分割行爲之權利，其性質爲形成權之一種，並非請求權，民法第125條所謂請求權，自不包含共有物分割請求權在內。（29上1529）
- 裁判上定共有物分割之方法時，分配原物與變賣之而分配價金，孰爲適當，法院本有自由裁量之權，不受任何共有人主張之拘束。（29上1792）
- 公同共有物之分割，惟對公同共有人全體之關係始得爲之，故提起請求分割之訴，應以其他公同共有人之全體爲被告。本件上訴人某氏之夫原有同父兄弟四人，該上訴人與其子媳在第一審爲原告請求分割其故翁遺產，僅對其夫弟即被上訴人一人爲之，而不以其他公同共有人之全體爲被告，揆諸上開說明，殊於被告之適格有所欠缺。（30上135）
- 繼承人有數人時，在分割遺產前，各繼承人對於遺產全部爲公同共有，民法第1151條定有明文。被上訴人自不得在分割遺產前，主張遺產中之特定部分，由其個人承受。（30上202）
- 公同共有物之處分，固應得公同共有人全體之同意，而公同共有人中之一人，已經其他公同共有人授與處分公同共有物之代理權者，則由其一人以公同共有人全體之名義所爲處分，不能謂爲無效。此項代理權授與之意思表示不以明示爲限，如依表意人之舉動或其他情事，足以間接推知其有授權之意思者，即發生代理權授與之效力。（32上5188）
- 繼承人數人公同共有之遺產，依民法第828條第2項之規定，固非得公同共有人全體之同意不得設定負擔，惟該數人同居一家而由其中一人爲家長管理家務者，如因清償共同負擔之債務，而有就遺產設定負擔之必要時，其在必要限度內就遺產設定負擔，自可推定其已得公同共有人全體之同意。（33上576）
- 繼承人數人公同共有之遺產，依民法第828條第2項之規定，固非得公同共有人全體之同意不得處分，惟該數人由其中一人管理家務者，如因清償共同負擔之債務而有處分遺產之必要時，其在必要限度內處分遺產，自可推定其已得公同共有人全體之同意。（33上1196）

- 共有人原得自由處分其應有部分，共有人間縱爲相反之約定，對於第三人亦不生效力。（33上3768）
- 公同共有物之處分及其他之權利行使，依其公同關係所由規定之法律或契約得由公同共有人中之一人爲之者，固得由其人爲之，即使此項法律或契約無此規定，得公同共有人全體之同意時，自亦得由其中一人爲之，此觀民法第828條之規定自明。（33上5342）
- 因公同共有祭產與第三人涉訟，縱其公同關係所由規定之契約未明定得由何人起訴或被訴，然我國一般習慣，祭產設有管理人者，其管理人有數人時，得共同以自己名義代表派下全體起訴或被訴，如僅一人，得單獨以自己名義代表派下全體起訴或被訴，無管理人者，各房長得共同以自己名義代表派下全體起訴或被訴，此項習慣，通常可認祭產公同共有人有以之爲契約內容之意思。（37上6064）
- 習慣僅於法律無明文規定時有補充之效力，公同共有物之處分及其他權利之行使，除由公同關係所由規定之法律或契約另有規定外，應得公同共有人全體之同意，爲民法第828條第2項所明定。縱如原判決所稱該地習慣，嘗產值理，有代表公同共有人全體處分嘗產之權，苟非當事人有以此爲其契約內容之意思，得認其公同關係所由規定之契約已另有規定，在民法施行以後殊無適用之餘地。原判決僅以該地有此習慣，即認被上訴人之買受爲有效，其法律上之見解實有違誤。（37上6809）
- 因公同共有物被一部分公同共有人爲移轉物權之處分，而其他公同共有人對之提起物權契約無效之訴時，如已得處分行爲人（包含同意處分人）以外之公同共有人全體之同意，則無論公同共有人中之一人或數人，自均得單獨或共同起訴，要不能謂其當事人之適格有所欠缺。（37上6939）

- 共同繼承之遺產在分割以前，應爲各繼承人公同共有，如公同共有人中之一人或數人，以其他公同共有人處分公同共有物爲無效，對於主張因處分而取得權利之人，雖非不可提起確認該物仍屬公同共有人全體所有之訴，但提起確認自己部分公同共有權存在或交還自己部分之訴，則爲法所不許。（37上7302）
- 公同關係存續中，各公同共有人不得請求分割公同共有物，在民法第829條固定有明文。但此項公同關係之存續既非不可終止，則公同共有人中之一人或數人於訴訟外或於起訴時，以訴狀向其他公同共有人表示終止公同關係之意思，而請求分割公同共有物，在審理事實之法院，自應審認其所爲終止公同關係之意思表示是否正當，能否認爲已有合法之終止，爲適當之裁判，如可認終止爲合法，則其公同關係已不復存續，即無適用民法第829條之餘地。（37上7357）
- （一）請求分割公同共有物之訴，爲固有之必要共同訴訟，應由同意分割之公同共有人全體一同起訴，並以反對分割之其他公同共有人全體爲共同被告，於當事人適格始無欠缺。

  （二）被上訴人起訴以上訴人某子某丑爲被告，請求分割公同共有物，其訴訟標的對於共同訴訟之各人必須合一確定，共同被告某子對於第一審判決雖未提起上訴，但依民事訴訟法第56條第1項第1款之規定，上訴人某丑提起第二審上訴，係有利於共同訴訟人之行爲，其效力及於全體，原審於判決書內竟未併列某子爲上訴人，自嫌疏誤。（37上7366）
- 民法第819條第1項所謂各共有人得自由處分其應有部分云云，係指分別共有，即同法第817條規定數人按其應有部分，對於一物有所有權者而言，其依同法第827條第1項基於公同關係而共有一物者，依同條第2項之規定，各公同共有人之權利，既係及於公同共有物之全部，則各該共有人自無所謂有其應有部分，從而公同共有人中之一人如無法律或契約之根據，亦未得其他公同共有人之同意，而就公同共有物爲處分，自屬

全部無效。（37上6419）

- 各共有人對於無權占有或侵奪共有物者，請求返還共有物之訴，依民法第821條但書之規定，應求為命被告向共有人全體返還共有物之判決，其請求僅向自己返還者，應將其訴駁回。（37上6703）
- 民法物權編關於分別共有之規定，各共有人對於第三人得就共有物之全部，為共有人之全體之利益，而為回復共有物之請求，如以此為標的之訴訟，無由共有人全體提起之必要。（38台上62）
- 共有人固得自由讓與其應有部分，惟讓與應有部分時，受讓人仍按其應有部分與他共有人繼續共有關係，若將共有特定之一部分讓與他人，使受讓人就該一部分取得單獨所有權，則非民法第819條第1項所謂應有部分之處分，而為同條第2項所謂共有物之處分，其讓與非得共有人全體之同意，不生效力。（40台上1479）
- 協議分割公同共有之遺產，為法律行為之一種，須有行為能力者始得為之。無行為能力人，未由法定代理人為之代理，與夫限制行為能力人未得法定代理人之允許而參與協議者，前者之意思表示無效，後者之意思表示非經法定代理人之承認不生效力。（40台上1563）
- 各共有人對於第三人，得就共有物之全部，為本於所有權之請求，固為民法第821條所明定，惟對於無權占有或侵奪共有物者，請求返還共有物之訴，依同法條但書之規定，並參照司法院院字第1950號解釋，應求為命被告向共有人全體返還共有物之判決，不得請求僅向自己返還。（41台上611）
- 共有物之分割，依共有人協議之方法行之，民法第824條第1項定有明文。兩造間就系爭房屋與基地及其他共有物，既經協議以抽籤方法實行分割，揆諸上開條項之規定，即生分割之效力，不因上訴人未在鬮分證書加蓋名章而受影響。（43台上952）
- 系爭土地既為兩造所共有，過去雖曾分管，在法律上仍不能認為分割，故在合法分割前共有關係猶無稍變，且政府徵收放領之對象又係向共有

人全體爲之，則因徵收所生之損失，自應由全體共有人共同負擔。（47台上861）

- 共有人於與其他共有人訂立共有物分割或分管之特約後，縱將其應有部分讓與第三人，其分割或分管契約，對於受讓人仍繼續存在。（48台上1065）
- 共有人因共有物分割之方法不能協議決定，而提起請求分割共有物之訴，應由法院依民法第824條命爲適當之分配，不受任何共有人主張之拘束，即不得以原告所主張分割方法之不當，遽爲駁回分割共有物之訴之判決。（49台上2569）
- 共有物分割之方法不能協議決定者，法院得由任何共有人之聲請，命爲以原物分配於各共有人，或變賣原物爲價金之分配，此等分割方法之判決一經確定，則各共有人對他共有人因分割而取得之物，按其應有部分，即應負與出賣人同一之擔保義務。不得於判決確定後，再行主張使用已久，交還困難，以圖翻異。（50台上919）
- 民法第823條第1項所謂因物之使用目的不能分割，係指共有物繼續供他物之用，而爲其物之利用所不可缺，或爲一權利之行使所不可缺者而言，僅因聚族而居之傳統關係，究難認有不能分割情形存在。（50台上970）
- 共有物分割之方法，須先就原物分配，於原物分配有困難時，則予變賣，以價金分配於各共有人。而就原物分配時，如發見共有人中有不能按其應有部分受分配者，亦得以金錢補償之，並非定出於變賣之一途。（51台上271）
- 共有物分割之方法不能協議決定者，法院得因各共有人之聲請，命爲左列分配：（一）以原物分配於各共有人，（二）變賣共有物，以價金分配於各共有人，民法第824條第2項定有明文。依此推論，不問係以原物分配於各共有人，亦變賣共有物，而以價金分配於共有人，皆係合法處置，不生違法之問題。（51台上428）

- 定共有物分割之方法，固可由法院自由裁量，但亦須以其方法適當者爲限。本件兩造共有之土地，上訴人請求按其在第一審所提出之圖樣分割，被上訴人亦非絕對不願分割。祇求按各人占有形勢以爲分割而已，是將原物分配於各共有人之原則，兩造已有同意，惟應如何按其成分，劃分地區分配於各共有人，或對不能按其應有部分受分配者，如何酌以金錢補償之，在審理事實之法院，非不能定一適當之方法以爲分割，若遽將土地予以變賣，則兩造在系爭地上建築居住之房屋，勢非拆遷不可，其方法自非適當。（51台上1659）
- 共有，乃數人共同享受一所有權，故各共有人本其所有權之作用，對於共有物之全部均有使用收益權。惟其使用收益權應按其應有部分而行使，不得損及他共有人之利益，若有侵害，則與侵害他人之所有權同。被侵害之他共有人，自得依侵權行爲之規定，而行使其損害賠償請求權。（51台上3495）
- 時效利益之拋棄係處分行爲之一種，公同共有人中一人未得全體共有人同意，向他人爲拋棄時效利益之意思表示者，依法即非有效。（53台上2717）
- 民法第828條第2項所定應得公同共有人全體之同意者，係指對公同共有物之處分或對公同共有物其他權利之行使而言，然公同共有物之管理權與公同共有物本身之權利有別，確認管理權之有無，並非公同共有物之處分行爲，亦非對公同共有物之其他權利行使行爲，應無民法第828條第2項之適用，而被上訴人未得其他派下同意而提起本件確認管理權之訴，仍應認其當事人之適格並無欠缺。（54台上2035）
- 民法第818條所定各共有人按其應有部分，對於共有物之全部有使用收益之權。係指各共有人得就共有物全部，於無害他共有人之權利限度內，可按其應有部分行使用益權而言。故共有人如逾越其應有部分之範圍使用收益時，即係超越其權利範圍而爲使用收益，其所受超過利益，要難謂非不當得利。（55台上1949）

- 分割共有物之訴，係使共有關係變爲單獨所有。故以原物分配於各共有人時，除應顧及均衡之原則外，並須就各共有人應行分得之範圍，例如面積多寡、交通、位置等等，予以確定，否則名爲判決分割，實際仍難收判決分割之效果，自非法之所許。（55台上1982）
- 共有人將共有物特定之一部讓與他人，固爲共有物之處分，其讓與非得共有人全體之同意，對於其他共有人不生效力。然受讓人得對於締約之共有人，依據債權法則而請求使其就該一部取得單獨所有權，對於不履行之締約人除要求追償定金或損害賠償外，亦得請求使其取得按該一部計算之應有部分，與他共有人繼續共有之關係。（55台上3267）
- 法院裁判分割共有物，除應斟酌各共有人之利害關係，及共有物之性質外，尙應斟酌共有物之價格，倘共有人中有不能按其應有部分受分配，或所受分配之不動產，其價格不相當時，法院非不得命以金錢補償之。（57台上2117）
- 分別共有之各共有人，按其應有部分對於共有物之全部有使用收益之權，所謂應有部分，係指分別共有人得行使權利之比例，而非指共有物之特定部分，因此分別共有之各共有人，得按其應有部分之比例，對於共有物之全部行使權利。至於共有物未分割前，各共有人實際上劃定範圍使用共有物者，乃屬一種分管性質，與共有物之分割不同。（57台上2387）
- 共有道路，除請求分割之共有人，願就其分得部分土地爲他共有人設定地役權外，原則上不得分割。原審以系爭共有道路，因該土地之使用目的，不能分割，駁回上訴人分割之請求，於法尙無違誤。（58台上2431）
- 共有人就共有物已訂立協議分割契約者，縱使拒絕辦理分割登記，當事人亦僅得依約請求履行是項登記義務，而不得訴請法院按協議之方法，再爲分割共有物之判決。（59台上1198）
- 各共有人按其應有部分，對於共有物之全部雖有使用收益之權，惟共有人對共有物之特定部分使用收益，仍須徵得他共有人全體之同意，非謂共有人得對共有物之全部或任何一部有自由使用收益之權利。如共有人不顧他共有人之利益，而就共有物之全部或一部任意使用收益，即屬侵害他共有人之權利。（62台上1803）

- 關於共有物之分割，如依原物之數量按其應有部分之比例分配，價值顯不相當者，依其價值按其應有部分比例分配，仍不失爲以原物分配於各共有人，否則不顧慮經濟上之價值，一概按其應有部分核算之原物數量分配者，將顯失公平，惟依其價值按應有部分比例分配原物，如有害經濟上之利用價值者，應認有民法第824條第3項之共有人中有不能按其應有部分受分配之情形，得以金錢補償之。（63台上2680）
- 公同共有人中之一人，依民法第828條第2項規定得其他共有人之同意行使權利而起訴請求，與民事訴訟法第41條規定之選定一人爲全體起訴不同，前者不以文書證之爲必要，不論以任何方法，凡能證明公同共有人已爲同意即可。（65台上1416）
- 土地法已於64年7月24日修正公布施行，依其第34條之1第1項前段規定共有土地之處分、變更，以共有人過半數及其應有部分合計過半數即可行之，非必需共有人全體同意，上訴人將共有之墓地變更使用種菜建屋，如在該法修正之後，且已獲過半數共有人及應有部分合計過半數同意，即無適用民法第819條第2項餘地。（67台上949）
- 提起分割共有物之訴，參與分割之當事人，以共有人爲限。請求分割之共有物，如爲不動產，共有人之應有部分各爲若干，以土地登記總簿登記者爲準，雖共有人已將其應有部分讓與他人，在辦妥所有權移轉登記前，受讓人仍不得以共有人之身分，參與共有物之分割。（67台上3131）
- 共有物之協議分割，祇須共有人全體同意分割方法，即生協議分割之效力，不因共有人中之一人或數人因協議分割取得之利益不等，而受影響。（68台再44）

- 法院裁判分割共有物而以原物分配於各共有人時，係使共有關係變更爲單獨所有，其性質爲共有人間應有部分之交換，自屬處分行爲，如係變賣共有物而以價金分配於共有人，即係以處分共有物爲分割之方法，均以共有人之處分權存在爲前提，如果共有人就共有物並無處分權可資行使，法院即無從基此爲裁判分割。本件被上訴人之被繼承人某甲及某乙死亡後，被上訴人迄未辦理繼承登記，依民法第759條規定，自不得處分該應有部分，上訴人未先行或同時請求被上訴人辦理繼承登記，逕訴請分割共有物，自有未當。（69台上1134）
- 分割共有物，以消滅共有關係爲目的。法院裁判分割共有土地時，除因該土地內部分土地之使用目的不能分割（如爲道路）或部分共有人仍願維持其共有關係，應就該部分土地不予分割或准該部分共有人成立新共有關係外，應將土地分配於各共有人單獨所有。（69台上1831）
- 民法第824條第3項規定：「以原物爲分配時，如共有人中有不能按其應有部分受分配者，得以金錢補償之」。法院如採此分割方法，則原物分配及補償金錢已合併爲分割方法之一種，兩者有不可分割之關係。若當事人僅對命補償金錢之判決提起上訴，關於原物分配部分，亦爲上訴效力所及。（69台上1848）
- 假處分之效力，僅在禁止債務人就特定財產自由處分，並不排除法院之強制執行，亦不能因此而阻礙共有人請求法院分割共有物之權能。且依強制執行法第51條第2項之規定，實施查封後，債務人就查封物所爲移轉、設定負擔或其他有礙執行效果之行爲，僅對債權人不生效力。而裁判分割，係由法院依職權爲之。既於查封之效力無礙，殊無於實施假處分之後，不准分割之法律上理由。（69台上2403）
- 共有人依民法第821條規定，就共有物之全部爲本於所有權之請求，除請求回復共有物須爲共有人全體利益爲之外，非不得僅由其中一人起訴請求，上訴人提起本件訴訟，僅在請求被上訴人拆除牆垣，以回復原有巷道之寬度，並非請求被上訴人交還其占有之土地，自不必爲共有人全

體之利益爲之。（71台上1661）

- 買賣並非處分行爲，故公同共有人中之人，未得其他公同共有人之同意，出賣公同共有物，應認爲僅對其他公同共有人不生效力，而在締約當事人間非不受其拘束。苟被上訴人簽立之同意書，果爲買賣，縱出賣之標的爲公同共有土地，而因未得其他公同共有人之同意，對其他公同共有人不生效力。惟在其與上訴人間既非不受拘束，而如原審認定之事實，該土地其後又已因分割而由被上訴人單獨取得，則上訴人請求被上訴人就該土地辦理所有權移轉登記，尚非不應准許。（71台上5051）
- 債務人就查封物所爲移轉、設定負擔或其他有礙執行效果之行爲，依強制執行法第51條第2項規定，僅對於債權人不生效力而已，並非絕對無效；裁判分割，既係法院基於公平原則，決定適當之方法分割共有物，自不發生有礙執行效果之問題，債權人即不得對之主張不生效力；且債務人之應有部分，經實施查封以後，因裁判分割，其權利即集中於分割後之特定物，此爲債務人原有權利在型態上之變更，當爲查封效力之所及，於假處分亦無影響。（72台上2642）
- 繼承人共同出賣公同共有之遺產，其所取得之價金債權，仍爲公同共有，並非連帶債權。公同共有人受領公同共有債權之清償，應共同爲之，除得全體公同共有人之同意外，無由其中一人或數人單獨受領之權。（74台上748）
- 各共有人得隨時請求分割共有物，爲民法第823條第1項前段所明定，此項規定，旨在消滅物之共有狀態，以利融通與增進經濟效益。不動產共有人協議分割後，其辦理分割登記請求權之消滅時效完成，共有人中有爲消滅時效完成之抗辯而拒絕給付者，該協議分割契約既無從請求履行，協議分割之目的無由達成，於此情形，若不許裁判分割，則該不動產共有之狀態將永無消滅之可能，揆諸分割共有物之立法精神，自應認爲得請求裁判分割。（81台上2688）
- 各共有人對於第三人，得就共有物之全部爲本於所有權之請求，但回復共有物之請求，僅得爲共有人全體之利益爲之，民法第821條定有明文。倘共有人中之一人起訴時，在聲明中請求應將共有物返還於共有人全體，即係爲共有人全體利益請求，無須表明全體共有人之姓名。（84台上339）

- 共有物之原物分割，依民法第825條規定觀之，係各共有人就存在於共有物全部之應有部分互相移轉，使各共有人取得各自分得部分之單獨所有權。故原物分割而應以金錢爲補償者，倘分得價值較高及分得價值較低之共有人均爲多數時，該每一分得價值較高之共有人即應就其補償金額對於分得價值較低之共有人全體爲補償，並依各該短少部分之比例，定其給付金額，方符共有物原物分割爲共有物應有部分互相移轉之本旨。（85台上2676）

行政函釋

農業發展條例第16條第1項第4款共有耕地持分移轉之辦理方式

（一）關於農業發展條例修正施行前之共有土地，若其中一共有人於農業發展條例修正施行後，移轉予另一人時（共有人未增加），辦理分割疑義乙節，得依本部89年7月7日台（89）內地字第8909175號函規定辦理。

（二）關於農業發展條例修正施行前之共有人，若其中一人於農業發展條例修正施行後，發生再移轉予二人時（共有人數已增加），辦理分割疑義乙節，共有人之一於農業發展條例修正施行後發生再移轉爲共有者，除其分割後每人所有每宗耕地面積在0.25公頃以上者外，僅得依本部89年7月7日台（89）內地字第8909175號函規定分割，筆數不得超過修正前之共有人數，且新增共有部分不得分割爲單獨所有。

（三）關於農業發展條例修正施行前之共有人，若其中數共有人於農業發展條例修正施行後，發生再移轉予一人時（共有人數減少），辦理分割疑義乙節，因其並未違反本部89年7月7日台（89）內地字第8909175號函規定意旨，自得依該規定辦理。

（四）關於耕地共有人之一於農業發展條例修正施行後，發生繼承分割疑義乙節，如屬修正前之共有耕地者，仍應先依農業發展條例第16條第1項第4款分割爲單獨所有後，始得主張同條例第3款規定之適用，以達產權單純化之目的，並免衍生分割後土地宗數超過共有人數之疑慮。

（五）關於每宗耕地分割後每人所有面積未達0.25公頃者，不得分割，指耕地分割後每人所有每宗耕地面積不得小於0.25公頃。（89年9月16日內政部台（89）內地字第8913114號）

農業發展條例第16條第1項第4款之共有耕地，於修正後共有人分別1次或多次移轉其持分，其共有人數不變，而其持分雖已變動，得申辦分割。

按「每宗耕地分割後每人所有面積未達0.25公頃者，不得分割。但有下列情形之一者，不在此限……四、本條例中華民國89年1月4日修正施行前之共有耕地，得分割爲單獨所有。……」爲農業發展條例第16條第1項第4款所明定；關於農業發展條例修正前已共有之耕地，於該條例修正後，共有人分別移轉其持分土地於新共有人，並經多次移轉，其共有人數仍維持該條例修正前人數，雖其共有人間持分已有變動，惟基於產權單純化及本案土地原屬農業發展條例修正施行前之共有耕地，得依前開規定辦理分割。（89年10月6日內政部台（89）內地字第8913740號）

關於共有耕地訴請法院判決，其分割後之宗數仍不得超過共有人人數

案經函准行政院農業委員會首揭函以：「查92年2月7日修正之農業發展條例第16條第2項規定『前項第3款及第4款所定共有耕地，辦理分割爲單獨所有者，應先取得共有人之協議或法院確定判決，其分割後之宗數，不得超過共有人人數。』原係該法施行細則第10條所規定，惟考量限制『耕地分割後之宗數，不得超過共有人人數。』已涉及限制人民權利，爰由施行細則提升至法律位階，至其立法意旨係爲避免耕地遭共有人任意分割，產生細碎分割而影響農業之合理經營。故農業發展條例92年2月7日修正公布後，依該條例第16條第1項第3款及第4款所定共有耕地，辦理分割爲單獨所有者，如係法院確定判決，亦應遵循分割後之宗數，不得超過共有人人數之基本原則，是以……本會90年10月22日農企字第900154791號函……，似不宜再適用。」本部同意上開行政院農業委員會之意見。是以本案應請貴縣朴子地政事務所，將修正後農業發展條例之規定及行政院農業委員會首揭函一併函知台灣嘉義地方法院；如共有人持上開法院之確定判決書判決分割後之宗數超過共有人人數向該所申辦共有物分割登記，地政機關應予駁回。（92年6月19日內政部台內地字第0920008963號）

共有人不完全相同之數宗共有土地，如經共有人全體協議亦得辦理共有物分割，惟其協議分割後之土地，僅得分配予該宗土地之原共有人或原共有人之一。（92年7月15日內政部內授中辦地字第920010381號函）

依土地登記規則第100條之1第1項規定申請抵押權登記時，該抵押權次序登載事宜

案經函准法務部98年10月6日法律字第0980036364號函復以：「二、按98年7月23日修正施行之民法第824條之1第4項規定：『前條第3項之情形，如爲不動產分割者，應受補償之共有人，就其補償金額，對於補償義務人所分得之不動產，有抵押權。』同條第5項復規定：『前項抵押權應於辦理共有物分割登記時，一併登記，其次序優先於第二項但書之抵押權。』該條所定前條第3項之情形，即係指裁判分割時於原物分配外並命金錢補償者而言。此項抵押權係法定抵押權，其立法目的係爲保障因裁判分割而應受補償之不動產共有人財產權，且爲落實公示原則，避免該法定抵押權未登記可能衍生交易安全之妨害，爰於上開條文明定應於辦理共有物分割登記時，一併登記。又該法定抵押權所擔保之債權即爲該補償義務人應補償受補償共有人之金額，原即非補償義務人應有部分所設定抵押權支配之範圍，該法定抵押權之次序自應優先於就應有部分抵押而移存之抵押權。準此，來函所述台北市政府地政處援引上開民法第824條之1修正說明第6點『此項法定抵押權與其他抵押權之次序，仍依第865條規定定之』，即謂無須調整該法定抵押權之次序優先於土地登記規則第107條第1項但書規定（即符合民法第824條之1第2項但書規定）之抵押權一節，顯與上開民法規範意旨不符。故貴部來函認依上開民法第824條之1規定辦理之法定抵押權登記次序仍應優先於該移存之抵押權登記次序之意見，本部敬表同意。三、至上開民法第824條之1修正說明第6點所稱『此項法定抵押權與其他抵押權之次序，仍依第865條規定定之』，係藉以說明本條僅專就第824條之1第4項法定抵押權之次序所為之規定（參照本部編印『法務部民法研究修正委員會物權編研究修正小組會議資料（抵押權部分）彙編（七）』第324頁，81年10月），是該說明所稱『其他抵押權』應係指『因共有物分割訴訟而移存於特定應有部分之抵押權』以外之抵押權。例如甲乙丙共有土地，全體共有人先就共有土地之全部設定抵押權予丁後，乙復就其應有部分設定抵押權於戊，嗣經請求法院裁判分割，戊同時參加訴訟或經告知訴訟而未參加時，法院判決結果如係以原物分配於甲乙，同時命乙應補償丙金錢，此際丙就其補償金額即取得法定抵押權，其次序優先於該移存之抵押權戊，至於丁與丙之抵押權次序，則仍按第865條規定依登記之先後定之。」本部同意上開法務部意見。有關民法第824條之1抵押權之登載事宜，請依上開法務部意見辦理。（98年10月9日內政部內授中辦地字第0980050770號函）

第十四章　耕地三七五租約

第一節　前　言

我國的土地政策依憲法第143條揭示國家對於土地之分配與整理，應以扶植自耕農及自行使用土地人爲原則，並規定其適當經營之面積。早期我國農地政策係農地農有，爲保障承租人之生活，實行耕地三七五減租，不僅嘉惠承租人，更讓台灣農業經濟紮實逕而帶動工商經濟成長起飛。惟時至今日社會進步繁榮，承租人生活已大大提升，且大多已無自任耕作，因此近年來租佃雙方爭議不斷。

政府爲加速農業現代化，促進農業生產，增加農民所得，提高農民生活水準，於民國62年制定農業發展條例，嗣經72年及89年二次大幅修正農業發展條例全文。72年農業發展條例第30條明定：「每宗耕地，不得分割移轉爲共有。」及第31條：「家庭農場之農業用地，其由能自耕之繼承人一人繼承或承受。」以防止農地細分及落實農地農有政策。但是，常見多人合資購買農地，而信託登記於具自耕農身分之人名下。

嗣89年修正之農業發展條例已放寬耕地不得分割之限制，並刪除不得移轉爲共有之規定。我國農地政策已由農地農有，轉變爲農地農用。

目前有關農地租賃契約之法律適用，依農業發展條例第20條規定：

一、本條例中華民國89年1月4日修正施行後所訂立之農業用地租賃契約，應依本條例之規定，不適用耕地三七五減租條例之規定。本條例未規定者，適用土地法、民法及其他有關法律之規定。

二、本條例中華民國89年1月4日修正施行前已依耕地三七五減租條例，或已依土地法及其他法律之規定訂定租約者，除出租人及承租人另有約定者外，其權利義務關係、租約之續約、修正及終止，悉依該法律之規定。

三、本條例中華民國89年1月4日修正施行前所訂立之委託經營書面契約，不適用耕地三七五減租條例之規定；在契約存續期間，其權利義務關係，依其約定；未約定之部分，適用本條例之規定。

有關目前尚有三七五租約之農地仍有「耕地三七五減租條例」、「台灣省耕地租約登記辦法」、「耕地三七五租約清理要點」等相關法令規定之適用。耕地三七五租約之變更、終止、註銷、續訂及更正登記等，由土地所在地之鄉（鎮、市）公所受理申請並審查完竣後，報請縣（市）政府備查。如有租佃爭議，各鄉（鎮、市）公所之耕地租佃委員會受理租佃爭議調解之申請並辦理調解作業，調解不成立之案件，移請縣（市）政府耕地租佃委員會辦理調處作業，如仍調處不成，則移送法院審理，並免收裁判費用。經調解或調處成立者，則發給書面證明，當事人一方不履行其義務時，他造當事人得逕向該管司法機關聲請強制執行。

第二節　法令解說 §

有關農地租賃之相關法令有民法、土地法、平均地權條例、農業發展條例、與耕地三七五減租條例等。在法律適用上有特別法優於普通法之關係。換言之，就民法而言，土地法、平均地權條例、農業發展條例與耕地三七五減租條例等均爲特別法，有優先適用。茲摘要說明如後：

壹、耕地三七五減租條例及耕地三七五租約清理要點之規定

一、耕地租約之登記

本條例施行後，耕地租約應一律以書面爲之；租約之訂立、變更、終止或換訂，應由出租人會同承租人申請登記。

前項登記辦法，由內政部、直轄市政府擬訂，報請行政院核定之。

（三減第6條）

耕地租約之訂立、續訂、變更、終止、註銷或更正，由出租人會同承租人申請登記，當事人一方不會同他申請時，得由他方陳明理由，單獨申請登記。

鄉（鎮、市、區）公所受理由當事人之一方單獨申請登記時，應通知他方於接到通知後二十日內提出書面意見，逾期未提出者，視爲同意。

前項登記係依確定判決、訴訟上之和解或調解成立、耕地租佃委員會之調解或調處成立而爲者，免再通知他方。（清理要點第3點）

出租人、承租人依本要點第4、5、6點規定申請終止或續訂租約登記時，應於耕地租約期滿翌日起四十五日內爲之。

出租人、承租人於前項期間內，均未提出申請時，（鄉、市、區）公所應逕爲辦理租約註銷登記，將登記結果公告三十日，並以書面通知出租人、承租人。（清理要點第7點）

二、承租人之優先承受權

耕地出賣或出典時，承租人有優先承受之權，出租人應將賣典條件以書面通知承租人，承租人在十五日內未以書面表示承受者，視爲放棄。

出租人因無人承買或受典而再行貶價出賣或出典時，仍應照前項規定辦理。

出租人違反前二項規定而與第三人訂立契約者，其契約不得對抗承租人。（三減第15條）

三、承租人轉租之禁止

承租人應自任耕作，並不得將耕地全部或一部轉租於他人。

承租人違反前項規定時，原訂租約無效，得由出租人收回自行耕種或另行出租。

承租人因服兵役致耕作勞力減少而將承租耕地全部或一部託人代耕

者，不視為轉租。（三減第16條）

四、租期屆滿前之終止

耕地租約在租佃期限未屆滿前，非有左列情形之一不得終止：

（一）承租人死亡而無繼承人時。

（二）承租人放棄耕作權時。

（三）地租積欠達兩年之總額時。

（四）非因不可抗力繼續一年不為耕作時。

（五）經依法編定或變更為非耕地使用時。

依前項第5款規定，終止租約時，除法律另有規定外，出租人應給予承租人下列補償：

（一）承租人改良土地所支付之費用。但以未失效能部分之價值為限。

（二）尚未收穫農作物之價額。

（三）終止租約當期之公告土地現值，減除土地增值稅後餘額三分之一。（三減第17條）

耕地租約有下列情形之一，出租人、承租人申請終止租約，經查明屬實者，准予辦理租約終止或註銷登記。

（一）承租人死亡而無繼承人時。

（二）承租人放棄耕作權（承租權）時。

（三）承租人積欠地租達兩年之總額，經出租人依民法第440條第1項規定催告，仍未依限期支付者。

（四）承租人非因不可抗力繼續一年不為耕作時。

（五）出租耕地全部經依法編定或變更為非耕地使用時。

（六）出租耕地全部經出租人收回者。

（七）承租人將承租耕地轉租於他人者。（清理要點第9點）

五、租約期滿時承租人之保護

耕地租約期滿時，有下列情形之一者，出租人不得收回自耕：

（一）出租人不能自任耕作者。

（二）出租人所有收益足以維持一家生活者。

（三）出租人因收回耕地，致承租人失其家庭生活依據者。

出租人爲擴大家庭農場經營規模，得收回與其自耕地同一或鄰近地段內之耕地自耕，不受前項第二款規定之限制。

出租人依前項規定收回耕地時，準用第17條第2項規定補償承租人。

出租人不能維持其一家生活而有第1項第3款情事時，得申請鄉（鎮、市、區）公所耕地租佃委員會予以調處。（三減第19條）

耕地租約期滿，出租人申請終止租約，而承租人申請繼續承租時，依下列規定處理：

（一）承租人仍繼續耕作，而出租人有耕地三七五減租條例第19條第1項各款情形之一者，應准承租人續訂租約。

（二）出租人無耕地三七五減租條例第19條第1項第1款、第2款情形，承租人因出租人收回耕地致失其家庭生活依據者，由鄉（鎮、市、區）公所耕地租佃委員會依申請予以調處。

（三）出租人爲擴大家庭農場經營規模，且無耕地三七五減租條例第19條第1項第1款、第3款情形之一者，得收回與其自耕地同一或鄰近地段內之耕地自耕，不受同條項第2款規定限制。

（四）出租人無耕地三七五減租條例第19條第1項第1款、第2款情形，而承租人不因出租人收回耕地，失其家庭生活依據，准由出租人收回自耕。（清理要點第4點）

耕地租約期滿，承租人未申請繼續承租，而出租人申請終止租約者，依下列規定處理：

（一）出租人無耕地三七五減租條例第19條第1項第1款情形者，准予辦理終止租約登記。

（二）出租人有耕地三七五減租條例第19條第1項第1款情形者，鄉（鎮、市、區）公所應以書面通知承租人於十日內以書面表示是否願意續租，如1. 承租人於限期內表示願繼續承租，並經查明其有耕作之事實者，應准續訂租約；2. 承租人逾期不爲表示，而又無繼續耕作之事實者，視爲不願續訂租約，准予辦理終止租約登記。（清理要點第6點）

六、耕地租約之續訂

耕地租約於租期屆滿時，除出租人依本條例收回自耕外，如承租人願繼續承租者，應續訂租約。（三減第20條）

耕地租約期滿，出租人未申請終止租約，而承租人申請繼續耕作之事實者，應准續訂租約。（清理要點第5點）

七、租約屆滿前讓與所有權之效力

在耕地租期屆滿前，出租人縱將其所有權讓典與第三人，其租佃契約對於受讓受典人仍繼續有效，受讓受典人應會同原承租人申請爲租約變更之登記。（二減第25條）

耕地租約有下列各款情形之一者，應爲租約變更登記：

（一）出租人將耕地之一部或全部轉讓或出典與第三人者。

（二）出租人死亡，由繼承人繼承者。

（三）承租人死亡，由繼承人繼承承租權者。

（四）耕地之一部已由出租人收回者。

（五）耕地已分戶分耕者。

（六）耕地經分割、合併或其他標示變更者。

（七）耕地之一部已由承租人承買或承典者。

（八）耕地之一部滅失者。

（九）耕地之一部變更爲非耕地使用者。

（十）耕地因實施土地重劃、地籍圖重測變動者。

（十一）耕地之一部經政府徵收或收購者。

（十二）其他租約內容變更之情事。

鄉（鎮、市、區）公所依前項第3款辦理租約變更登記時，非現耕之繼承人未拋棄其繼承權，亦不能按應繼分將耕地承租權分歸現耕繼承人繼承時，可由現耕繼承人具結辦理租約變更登記。

耕地租約經查明有第1項各款情形之一，而出租人、承租人未於六個月內申請登記者，鄉（鎮、市、區）公所應即通知出租人、承租人於二十日內申請租約變更登記，逾期未申請者，（鎮、市、區）公所逕為租約變更登記，將登記結果公告三十日以書面通知雙方當事人。（清理要點第10點）

八、租佃爭議之調解、調處

出租人與承租人間因耕地租佃發生爭議時，應由當地鄉（鎮、市、區）公所耕地租佃委員會調解；調解不成立者，應由直轄市或縣（市）政府耕地租佃委員會調處；不服調處者，由直轄市或縣（市）政府耕地租佃委員會移送該管司法機關，司法機關應即迅予處理，並免收裁判費用。

前項爭議案件非經調解、調處，不得起訴；經調解、調處成立者，由直轄市或縣（市）政府耕地租佃委員會給予書面證明。（三減第26條）

因清理租約所為耕地租約之訂立、續訂、變更、終止、註銷或更正登記，出租人、承租人間發生爭議時，依耕地三七五減租條例第26條規定處理。但鄉（鎮、市、區）公所就同條例第19條所為耕地准否收回自耕之核定與調處，當事人如有不服，得依訴願法規定提起訴願。（清理要點第14點）

九、爭議調解、調處之效力

前條爭議案件，經調解或調處成立者，當事人之一方不履行其義務

時，他造當事人得逕向該管司法機關聲請強制執行，並免收執行費用。（耕減第27條）

貳、農業發展條例之規定

一、農地與耕地之定義

（一）農業用地：指非都市土地或都市土地農業區、保護區範圍內，依法供下列使用之土地：

1. 供農作、森林、養殖、畜牧及保育使用者。
2. 供與農業經營不可分離之農舍、畜禽舍、倉儲設備、曬場、集貨場、農路、灌溉、排水及其他農用之土地。
3. 農民團體與合作農場所有直接供農業使用之倉庫、冷凍（藏）庫、農機中心、蠶種製造（繁殖）場、集貨場、檢驗場等用地。

（二）耕地：指依區域計畫法劃定為特定農業區、一般農業區、山坡地保育區及森林區之農牧用地。（第3條第1項第10款、第11款）

二、農業設施

（一）農業用地上申請以竹木、稻草、塑膠材料、角鋼、鐵絲網或其他材料搭建無固定基礎之臨時性與農業生產有關之設施，免申請建築執照。直轄市、縣（市）政府得斟酌地方農業經營需要，訂定農業用地上搭建無固定基礎之臨時性與農業生產有關設施之審查規範。

（二）農業用地上興建有固定基礎之農業設施，應先申請農業設施之容許使用，並依法申請建築執照。但農業設施面積在45平方公尺以下，且屬一層樓之建築者，免申請建築執照。本條例中華民國92年1月13日修正施行前，已興建有固定基礎之農業設施，面積在205平方公尺以下而無安全顧慮者，得免申請建築執照。

（三）對於農民需求較多且可提高農業經營附加價值之農業設施，主管機關得訂定農業設施標準圖樣。採用該圖樣於農業用地施設者，得免

由建築師設計監造或營造廠承建。（第8-1條）

三、無自用農舍之農民興建農舍之規定

（一）本條例中華民國89年1月4日修正施行後取得農業用地之農民，無自用農舍而需興建者，經直轄市或縣（市）主管機關核定，於不影響農業生產環境及農村發展，得申請以集村方式或在自有農業用地興建農舍。

（二）前項農業用地應確供農業使用；其在自有農業用地興建農舍滿5年始得移轉。但因繼承或法院拍賣而移轉者，不在此限。

（三）本條例中華民國89年1月4日修正施行前取得農業用地，且無自用農舍而需興建者，得依相關土地使用管制及建築法令規定，申請興建農舍。本條例中華民國89年1月4日修正施行前共有耕地，而於本條例中華民國89年1月4日修正施行後分割爲單獨所有，且無自用農舍而需興建者，亦同。

（四）第1項及前項農舍起造人應爲該農舍坐落土地之所有權人；農舍應與其坐落用地併同移轉或併同設定抵押權；已申請興建農舍之農業用地不得重複申請。

（五）前四項興建農舍之農民資格、最高樓地板面積、農舍建蔽率、容積率、最大基層建築面積與高度、許可條件、申請程序、興建方式、許可之撤銷或廢止及其他應遵行事項之辦法，由內政部會同中央主管機關定之。（第18條）

四、農地租賃契約之法律適用

（一）本條例中華民國89年1月4日修正施行後所訂立之農業用地租賃契約，應依本條例之規定，不適用耕地三七五減租條例之規定。本條例未規定者，適用土地法、民法及其他有關法律之規定。

（二）本條例中華民國89年1月4日修正施行前已依耕地三七五減租條例，

或已依土地法及其他法律之規定訂定租約者，除出租人及承租人另有約定者外，其權利義務關係、租約之續約、修正及終止，悉依該法律之規定。

（三）本條例中華民國89年1月4日修正施行前所訂立之委託經營書面契約，不適用耕地三七五減租條例之規定；在契約存續期間，其權利義務關係，依其約定；未約定之部分，適用本條例之規定。（第20條）

五、農業用地租賃契約之訂定期限及終止租約

（一）本條例中華民國89年1月4日修正施行後所訂立之農業用地租賃契約之租期、租金及支付方式，由出租人與承租人約定之，不受土地法第110條及第112條之限制。租期逾一年未訂立書面契約者，不適用民法第422條之規定。

（二）前項農業用地租賃約定有期限者，其租賃關係於期限屆滿時消滅，不適用民法第451條及土地法第109條、第114條之規定；當事人另有約定於期限屆滿前得終止租約者，租賃關係於終止時消滅，其終止應於6個月前通知他方當事人；約定期限未達六個月者，應於15日前通知。

（三）農業用地租賃未定期限者，雙方得隨時終止租約。但應於六個月前通知對方。（第21條）

六、農業用地租賃關係之終止

本條例中華民國89年1月4日修正施行後所訂立之農業用地租賃契約，其租賃關係終止，由出租人收回其農業用地時，不適用平均地權條例第11條、第63條、第77條、農地重劃條例第29條及促進產業升級條例第27條有關由出租人給付承租人補償金之規定。（第22條）

七、耕地之使用及移轉登記

耕地之使用及違規處罰，應依據區域計畫法相關法令規定；其所有權之移轉登記依據土地法及民法之規定辦理。（第31條）

八、禁止私法人承受耕地及例外

私法人不得承受耕地。但符合第34條規定之農民團體、農業企業機構或農業試驗研究機構經取得許可者，不在此限。（第33條）

九、土地增值稅之優惠

（一）作農業使用之農業用地移轉與自然人時，得申請不課徵土地增值稅。

（二）作農業使用之耕地依第33條及第34條規定移轉與農民團體、農業企業機構及農業試驗研究機構時，其符合產業發展需要、一定規模或其他條件，經直轄市、縣（市）主管機關同意者，得申請不課徵土地增值稅。

（三）前2項不課徵土地增值稅之土地承受人於其具有土地所有權之期間內，曾經有關機關查獲該土地未作農業使用且未在有關機關所令期限內恢復作農業使用，或雖在有關機關所令期限內已恢復作農業使用而再有未作農業使用情事者，於再移轉時應課徵土地增值稅。

（四）前項所定土地承受人有未作農業使用之情事，於配偶間相互贈與之情形，應合併計算。（第37條）

十、遺產稅、田賦及贈與稅之優惠

（一）作農業使用之農業用地及其地上農作物，由繼承人或受遺贈人承受者，其土地及地上農作物之價值，免徵遺產稅，並自承受之年起，免徵田賦十年。承受人自承受之日起五年內，未將該土地繼續作農業使用且未在有關機關所令期限內恢復作農業使用，或雖在有關機關所令期限內已恢復作農業使用而再有未作農業使用情事者，應追繳應納稅賦。但如因該承受人死亡、該承受土地被徵收或依法變更爲非農業用地者，不在此限。

（二）作農業使用之農業用地及其地上農作物，贈與民法第1138條所定繼承人者，其土地及地上農作物之價值，免徵贈與稅，並自受贈之年起，免徵田賦十年。受贈人自受贈之日起五年內，未將該土地繼續作農業使用且未在有關機關所令期限內恢復作農業使用，或雖在有關機關所令期限內已恢復作農業使用而再有未作農業使用情事者，應追繳應納稅賦。但如因該受贈人死亡、該受贈土地被徵收或依法變更爲非農業用地者，不在此限。

（三）第一項繼承人有數人，協議由一人繼承土地而需以現金補償其他繼承人者，由主管機關協助辦理二十年土地貸款。（第38條）

十一、租稅優惠之申請

（一）依前二條規定申請不課徵土地增值稅或免徵遺產稅、贈與稅、田賦者，應檢具農業用地作農業使用證明書，向該管稅捐稽徵機關辦理。

（二）農業用地作農業使用之認定標準，前項之農業用地作農業使用證明書之申請、核發程序及其他應遵行事項之辦法，由中央主管機關會商有關機關定之。（第39條）

參、平均地權條例之規定

一、耕地徵收承租人之補償

依法徵收或照價收買之土地爲出租耕地時，除由政府補償承租人爲改良土地所支付之費用，及尚未收穫之農作改良物外，並應由土地所有權人，以所得之補償地價，扣除土地增值稅後餘額之三分之一，補償耕地承租人。

前項補償承租人之地價，應由主管機關於發放補償或依法提存時，代為扣交。

公有出租耕地依法撥用時，準用前二項之規定，補償承租人；所需經費，由原管理機關負擔。但為無償撥用者，補償費用，由需地機關負擔。（第11條）

二、註銷租約及請求補償

出租之公、私有耕地因實施市地重劃致不能達到原租賃之目的者，由直轄市或縣（市）政府逕為註銷其租約並通知當事人。

依前項規定註銷租約者，承租人得依左列規定請求或領取補償：

（一）重劃後分配土地者，承租人得向出租人請求按重劃計畫書公告當期該土地之公告土地現值三分之一之補償。

（二）重劃後未受分配土地者，其應領之補償地價，由出租人領取三分之二，承租人領取三分之一。

由重劃抵充為公共設施用地之公有出租農業用地，直轄市或縣（市）政府應逕為註銷租約，並按重劃計畫書公告當期該土地之公告土地現值三分之一補償承租人，所需費用列為重劃共同負擔。（第63條）

三、終止或變更租約及請求補償

前條以外之出租土地，因重劃而不能達到原租賃之目的者，承租人得終止租約，並得向出租人請求相當一年租金之補償。其因重劃而增減其利用價值者，出租人或承租人得向對方請求變更租約及增減相當之租金。（第63-1條）

四、收回耕地之補償

耕地出租人依前條規定終止租約收回耕地時，除應補償承租人為改良土地所支付之費用及尚未收穫之農作改良物外，應就申請終止租約當期之公告土地現值，預計土地增值稅，並按該公告土地現值減除預計土地增值稅後餘額三分之一給予補償。

前項改良土地所支付之費用，以承租人已依耕地三七五減租條例第13條規定以書面通知出租人者爲限。

公有出租耕地終止租約時，應依照第1項規定補償耕地承租人。（第77條）

肆、土地法之規定

一、耕地租用之意義

以自任耕作爲目的，約定支付地租，使用他人之農地者，爲耕地租用。

前項所稱耕作，包括漁牧。（第106條）

二、優先承買或承典權

出租人出賣或出典耕地時，承租人有依同樣條件優先承買或承典之權。

第104條第2項之規定，於前項承買承典準用之。（第107條）

三、禁止耕地轉租

承租人縱經出租人承諾，仍不得將耕地全部或一部轉租於他人。（第108條）

四、不定期租約

依定有期限之契約租用耕地者，於契約屆滿時，除出租人收回自耕外，如承租人繼續耕作，視爲不定期限繼續契約。（第109條）

五、地租最高額之限制

地租不得超過地價百分之八，約定地租或習慣地租超過地價百分之八者，應比照地價百分之八減定之，不及地價百分之八者，依其約定或習慣。

前項地價指法定地價，未經依規定地價之地方，指最近三年之平均地價。（第110條）

六、農作物代繳地租

耕地地租，承租人得依習慣以農作物代繳。（第111條）

七、預收地租之禁止

耕地出租人不得預收地租，但因習慣以現金爲耕地租用之擔保者，其金額不得超過一年應繳租額四分之一。

前項擔保金之利息，應視爲地租之一部，其利率應按當地一般利率計算之。（第112條）

八、地租之部分支付

承租人不能按期支付應交地租之全部，而以一部支付時，出租人不得拒絕收受，承租人亦不得因其收受而推定爲減租之承諾。（第113條）

九、不定期耕地租約之終止

依不定期限租用耕地之契約，僅得於有下列情形之一時終止之：

（一）承租人死亡而無繼承人時。

（二）承租人放棄其耕作權利時。

（三）出租人收回自耕時。

（四）耕地依法變更其使用時。

（五）違反民法第432條及第462條第2項之規定時。

（六）違反第108條之規定時。

（七）地租積欠達二年之總額時。（第114條）

十、耕作權之放棄

承租人放棄其耕作權利，應於三個月前向出租人以意思表示爲之，非因不可抗力繼續一年不爲耕作者，視爲放棄耕作權利。（第115條）

十一、終止租約之通知

依第114條第3款及第5款之規定終止契約時，出租人應於一年前通知承租人。（第116條）

十二、優先承租權

收回自耕之耕地再出租時，原承租人有優先承租之權。

自收回自耕之日起未滿一年而再出租時，原承租人得以原租用條件承租。（第117條）

十三、出租人行使留置權之限制

出租人對於承租人耕作上必需之農具、牲畜、肥料及農產物，不得行使民法第445條規定之留置權。（第118條）

十四、耕地特別改良

於保持耕地原有性質及效能外，以增加勞力資本之結果，致增加耕地生產力或耕作便利者，爲耕地特別改良。

前項特別改良，承租人得自由爲之。但特別改良費之數額，應即通知出租人。（第119條）

十五、耕地特別改良費償還之條件及範圍

因第114條第2、第3、第5、第6各款契約終止返還耕地時，承租人得向出租人要求償還其所支出前條第2項耕地特別改良費。但以其未失效能部分之價值爲限。

前項規定，於永佃權依民法第845條及第846條之規定撤佃時準用之。（第120條）

十六、使用耕地附屬物之報酬

耕地出租人以耕畜、種子、肥料或其他生產用具供給承租人者，除依民法第462條及第463條之規定外，得依租用契約於地租外酌收報酬。但不得超過供給物價值年息百分之十。（第121條）

十七、業佃爭議之調處及處理

因耕地租用，業佃間發生爭議，得由該管直轄市或縣（市）地政機關予以調處，不服調處者，得向司法機關訴請處理。（第122條）

十八、荒歉地租之減免

遇有荒歉，直轄市或縣（市）政府得按照當地當年收穫實況爲減租或免租之決定。但應經民意機關之同意。（第123條）

十九、永佃權之準用

第107條至第113條及第121條各規定，於有永佃權之土地準用之。（第124條）

伍、民法之規定

一、耕地租賃之租金減免請求權

耕作地之承租人，因不可抗力，致其收益減少或全無者，得請求減少或免除租金。

前項租金減免請求權，不得預先拋棄。（民法第457條）

二、耕作地預收地租之禁止與承租人得為部分租金之支付

耕作地之出租人不得預收租金。

承租人不能按期支付應交租金之全部，而以一部支付時，出租人不得拒絕收受。（民法第457-1條）

三、耕地租約之終止（定有期限之租約）

耕作地租賃於租期屆滿前，有下列情形之一時，出租人得終止契約：

（一）承租人死亡而無繼承人或繼承人無耕作能力者。

（二）承租人非因不可抗力不爲耕作繼續一年以上者。

（三）承租人將耕作地全部或一部轉租於他人者。

（四）租金積欠達兩年之總額者。

（五）耕作地依法編定或變更爲非耕作地使用者。（民法第458條）

四、耕地租約之終止（未定期限之租約）

未定期限之耕作地租賃，出租人除收回自耕外，僅於有前條各款之情形或承租人違反第432條或第462條第2項之規定時，得終止契約。（民法第459條）

五、耕地租約之終止期

耕作地之出租人終止契約者，應以收益季節後，次期作業開始前之時日，爲契約之終止期。（民法第460條）

六、耕作地之優先承買或承典權

耕作地出租人出賣或出典耕作地時，承租人有依同樣條件優先承買或承典之權。

第426條之2第2項及第3項之規定，於前項承買或承典準用之。（民法第460-1條）

七、耕作費用之償還

耕作地之承租人，因租賃關係終止時未及收穫之孳息所支出之耕作費用，得請求出租人償還之。但其請求額不得超過孳息之價額。（民法第461條）

八、承租人對耕作地之特別改良

耕作地承租人於保持耕作地之原有性質及效能外，得爲增加耕作地生產力或耕作便利之改良。但應將改良事項及費用數額，以書面通知出租人。

前項費用，承租人返還耕作地時，得請求出租人返還。但以其未失效能部分之價額爲限。（民法第461-1條）

九、耕作地附屬物之範圍及其補充

耕作地之租賃，附有農具、牲畜或其他附屬者，當事人應於訂約時，評定其價值，並繕具清單，由雙方簽名，各執一份。

清單所載之附屬物，如因可歸責於承租人之事由而滅失者，由承租人負補充之責任。

附屬物如因不可歸責於承租人之事由而滅失者，由出租人負補充之責任。（民法第462條）

十、耕作地附屬物之返還

耕作地之承租人依清單所受領之附屬物，應於租賃關係終止時，返還於出租人；如不能返還者，應賠償其依清單所定之價值。但因使用所生之通常折耗，應扣除之。（民法第463條）

第三節　書狀撰寫要旨

耕地三七五租約書之訂立、變更、終止或換訂登記，應由出租人會同承租人於登記原因發生日起三十日內，向當地鄉（鎮、市、區）公所申請。出租耕地經依法編定為建築用地，出租人依有關法令終止耕地租約時，應向當地縣（市）政府申請核准後送當地（鎮、市、區）公所辦理。

有關耕地三七五租約終止登記之流程及應附之證件

一、申請程序：向鄉鎮公所申請登記，將審查結果報當地縣（市）政府備查。

二、應附證件：

（一）承租人死亡而無繼承人時

書表或文件名稱	取得方式及說明
租約終止登記申請書二份	向當地鄉鎮市公所索取
土地登記簿謄本乙份	向地政事務所申領
原租約書正本二份	由出、承租人提出原訂立租約書
承租人死亡時無繼承人之户籍謄本	向户政事務所申請

（二）地租積欠達兩年之總額時

書表或文件名稱	取得方式及說明
租約終止登記申請書二份	向當地鄉鎮市公所索取

書表或文件名稱	取得方式及說明
土地登記簿謄本一份	向地政事務所申領
原租約書正本二份	由出、承租人提出原訂立租約書
原租約變更通知書二份	由各鄉鎮市公所承辦人填寫
欠租催告書一件	
逾期不繳地租終止租約通知書及送達證明文件	自行檢附
調解處成立證明文件或法院確定判決書	自行檢附

（三）承租人自願放棄耕作權者

書表或文件名稱	取得方式及說明
租約終止登記申請書二份	向當地鄉鎮市公所索取
耕作權放棄書一份	自行檢附
承租人印鑑證明書一份	向户政事務所申領
原租約書正本二份	由出、承租人提出原訂立租約書
租約變更通知書二份	由各鄉鎮市公所承辦人填寫

（四）非因不可抗力繼續一年不爲耕作時

書表或文件名稱	取得方式及說明
租約終止登記申請書二份	向當地鄉鎮市公所索取
承租人非因不可抗力繼續一年不爲耕作之證明	自行檢附
原租約書正本二份	由出、承租人提出原訂立租約書

（五）經依法編定或變更爲非耕地使用時

書表或文件名稱	取得方式及說明
租約終止登記申請書二份	向當地鄉鎮市公所索取
土地使用分區證明書一份	向當地縣（市）政府申請
終止租約意思表示送達證明文件一份	自行檢附
土地登記簿謄本一份	向地政事務所申領
與當事人達成協議補償或向法院提存補償之證明文件一份	自行檢附
原租約書正本二份	由出、承租人提出原訂立租約書

在實務上，出租人常以承租人不自任耕作或轉租，依耕地三七五減租條例第16條第1、2項之規定，主張租約無效，收回自行耕作。出租人若發現承租人有不自任耕作或轉租之情形，應積極蒐集證據。例如承租人在其承租之耕地上經營工廠，或出租予他人堆置土石，或未經出租人同意擅自在承租土地上搭建建物等等，出租人可先照像存證。

再者，在確認三七五租約無效之訴訟中，亦可同時考慮請求相當於租金之不當得利，至於相當於租金之不當得利，可依土地法第105條準用土地法第97條之規定計算請求。值得一提的是，依耕地三七五減租條例第26條規定：「租佃爭議應向當地鄉（鎮、市）公所耕地租佃委員會聲請調解，調解不成立者，應由直轄市或縣（市）政府耕地租佃委員會調處；不服調處者，由直轄市或縣（市）政府耕地租佃委員會移送該管司法機關，司法機關應即迅予處理，並免收裁判費。」因此，若發生租佃爭議時，應先向當地鄉（鎮、市）公所耕地租佃委員會聲請調解後，不服調處者，始得由司法機關處理。

耕地三七五租約 訂立／變更／終止／換訂／註銷 登記申請書

受文者	公所
申請種類	租約　　登記　　原因
租期	自民國　年　月　日至民國　年　月　日
法令依據	臺灣省耕地租約登記辦法第　條　項　款

收件		附繳證件		
時間	字號		1	5
年　月　日　時	字第　號		2	6
			3	7
			4	8

申請人	身分	姓名	住址	國民身分證統一編號	電話號碼	蓋章
	承租人					
	出租人					

摘要	段	小段	地號	地目	等則	面積（公頃）	承租面積（公頃）	租額 種類	租額 實物（公斤）	出租人	承租人	備註
原載												
變更												

鄉鎮市區公所審核情形		主辦人員 課長		鄉（鎮、市、區）長	
縣市政府備查情形		主辦人員 股（課）長 科（局）長		縣市長	

附註：
一、本申請書依式填寫一式二份。
二、本申請書內之「法令依據」欄及「附繳證件」欄，請參照背面填寫。

第四節 書狀範例

範例一、請求訂立耕地租約起訴狀

<table>
<tr><td colspan="5">民事起訴狀</td></tr>
<tr><td>案　　號</td><td colspan="2">年度　　字第　　號</td><td>承辦股別</td><td></td></tr>
<tr><td>訴訟標的金額或價額</td><td colspan="4">新臺幣　　　　　　　　元</td></tr>
<tr><td>稱　　謂</td><td>姓名或名稱</td><td colspan="3">依序填寫：國民身分證統一編號或營利事業統一編號、性別、出生年月日、職業、住居所、就業處所、公務所、事務所或營業所、郵遞區號、電話、傳眞、電子郵件位址、指定送達代收人及其送達處所。</td></tr>
<tr><td>原告
被告

法定代理人</td><td>姜○○
祭祀公業姜○○

○○○</td><td colspan="3">○○縣○○市○○路○○號
○○縣○○鎮○○路○○號

同上</td></tr>
<tr><td colspan="5">爲請求訂立耕地租約事件，謹依法起訴事：
訴之聲明
一、被告應就坐落○○縣○○鎮○○段○○地號如附圖編號A、B所示，面積4,920平方公尺土地，及坐落同前段○○地號如附圖編號C、D所示，面積2,742平方公尺土地，與原告訂立書面耕地租約。
二、訴訟費用由被告負擔。
事實及理由
一、緣原告自光復初期即承租被告祭祀公業姜○○所有坐落○○縣○○鎮○○段○○地號土地面積0.4920公頃，及同前段○○地號面積0.2742公頃土地耕作（見證物一）。上開土地之使用分區均爲特定農</td></tr>
</table>

<table>
<tr><td colspan="2">業區，原告在上開土地上種植竹筍、南瓜、胡瓜、絲瓜、木瓜、四季豆及蕃茄等農作物。原告每年交付被告之租谷，以農作物收穫量千分之三百七十五計算，顯見雙方就上開農地確有耕地租佃關係存在。
二、再者，原告多年來均按時繳納租金（見證物二），惟雙方迄未訂立書面租約，原告請求被告訂立書面租約爲被告所拒，原告遂於民國○○年○○月○○日向○○公所聲請調解，惟○○公所以無權辦理爲由拒絕調解，遂逕向鈞院提起本件訴訟。
三、原告與被告間有耕地租約關係存在，惟被告拒不與原告訂立書面租約，原告唯有提起本件訴訟並取得得勝訴之判決，方能依台灣省耕地租約登記辦法第2條之規定，向鄉鎮市區公所單獨辦理租約登記。
四、基上所述，原告爰依契約請求權及耕地三七五減租條例第6條之規定，爲此狀請鈞院鑒核並賜如訴之聲明之判決，是禱。
謹　狀
臺灣○○地方法院民事庭　公鑒</td></tr>
<tr><td>證人</td><td></td></tr>
<tr><td>證物</td><td>一、土地登記謄本二份。
二、租金收據影本○張。</td></tr>
<tr><td colspan="2">中　華　民　國　○○　年　○　月　○　日
具狀人　姜○○　（簽名蓋章）
撰狀人</td></tr>
</table>

範例二、確認三七五耕地租約不存在起訴狀 ▶▶▶

<table>
<tr><td colspan="4">民事起訴狀</td></tr>
<tr><td>案　　號</td><td>年度　　字第　　號</td><td>承辦股別</td><td></td></tr>
<tr><td>訴訟標的金額或價額</td><td colspan="3">新臺幣　　　　　　　　元</td></tr>
</table>

<table>
<tr><td>稱　謂</td><td>姓名或名稱</td><td>依序填寫：國民身分證統一編號或營利事業統一編號、性別、出生年月日、職業、住居所、就業處所、公務所、事務所或營業所、郵遞區號、電話、傳眞、電子郵件位址、指定送達代收人及其送達處所。</td></tr>
<tr><td>原告
被告
被告</td><td>吳〇〇
游甲
游乙</td><td>桃園市〇〇區〇〇路〇〇號
桃園市〇〇區〇〇路〇〇號
桃園市〇〇區〇〇路〇〇號</td></tr>
<tr><td colspan="3">爲確認三七五耕地租約不存在事件，謹依法起訴事：
訴之聲明
一、請求確認原告與被告間就坐落〇〇縣〇〇市〇〇段〇〇地號土地之三七五耕地租約不存在。
二、訴訟費用由被告負擔。
事實及理由
一、緣本件三七五耕地租約係民國〇〇年〇〇月〇〇日，原出租人吳〇〇與原承租人游〇〇所簽訂（見證物一）。嗣被告游甲、游乙繼承原承租人游〇〇之權利（見證物二）；原出租人吳〇〇往生後，由原告吳甲繼承（見證物三），合先敘明。
二、原告吳甲之被繼承人吳〇〇與被告游甲等二人之被繼承人游〇〇，於民國〇〇年〇〇月〇〇日簽訂私有耕地租約登記申請書（同證物一），內載土地坐落〇〇鄉〇〇大字〇〇之〇〇及〇〇地號（面積未載，免租，建地目）。被告於〇〇年間向〇〇鄉公所就〇〇鄉〇〇大字〇〇之〇〇及〇〇地號土地單獨申請耕地三七五租約變更登記（見證物四），惟原告認爲本件三七五耕地租約應已不存在。其理由爲：民國〇〇年〇〇月〇〇日之私有耕地租約登記申請書內，就〇〇地號部分記載爲「建」地目，並無面積之記載，且爲「免租」（同證物一）。〇〇年〇〇月〇〇日發文之〇〇鄉公所受</td></tr>
</table>

理單獨申請租約登記通知書，內載承租面積爲0.5087公頃，亦爲「免租」（同證物二）。原告認爲被告無權就○○地號單獨申請三七五耕地租約登記，且並無三七五耕地租約存在之情事。蓋：

1.查，民國○○年○○月○○日原告吳甲之被繼承人吳○○與被告之被繼承人游○○間之私有耕地租約，係就「耕地」爲租賃，然○○地號爲「建」地目，僅係出租人無償附帶提供農舍及基地予承租人使用，故並不在耕地租賃範圍內。

2.再者，按「稱租賃者，當事人約定一方以物租予他方使用、收益，他方支付租金之契約」，民法第421條定有明文。揆諸前開法條，原告吳甲之被繼承人吳○○與被告之被繼承人游○○間就○○地號部分之租金記載爲「免租」，顯非屬租賃性質。

3.按「承租人之農舍原由出租人無條件供給者，於耕地三七五減租條例施行後，依該條例第12條之規定固仍應由承租人繼續使用。惟此項農舍使用權既係附屬於耕地之租賃關係而發生，則耕地之租賃關係消滅時亦即隨之喪失，承租人自應負返還其農舍於出租人之義務。」最高法院43年台上字第1號著有判例。揆諸上開判例，本件○○年○○月○○日原告吳甲之被繼承人吳○○與被告之被繼承人游○○間三七五租約之「田」地目土地：○○鄉○○大字○○地號，租約關係已不存在（見證物五），被告就○○地號土地之使用權，係附屬於耕地之租賃關係而發生，則耕地之租賃關係消滅時，該土地使用權亦即隨之喪失。

4.末查，本件坐落○○地號上供承租人無償使用之農舍，被告亦已歸還予原告及其他土地共有人，顯見被告已無使用本件土地之必要。

三、本件原、被告間並無三七五租約之情事已如前述，惟土地登記簿謄本上仍有三七五租約之記載，顯與事實不符。爲此依法提起請求確認三七五租約不存在之訴，懇請鈞長明鑒，並賜爲如訴之聲明之判決。

謹　狀	
臺灣○○地方法院民事庭　公鑒	
證人	
證物	證物一、私有耕地租賃申請書影本 證物二、除户及現户謄本 證物三、土地謄本正本 證物四、租約登記通知書及申請書影本 證物五、土地登記謄本
中　華　民　國　○○　年　○　月　○　日 具狀人　吳○○　（簽名蓋章） 撰狀人	

範例三、確認三七五租賃關係不存在起訴狀

民事起訴狀			
案　號	年度　字第　號	承辦股別	
訴訟標的金額或價額	新臺幣　元		
稱　謂	姓名或名稱	依序填寫：國民身分證統一編號或營利事業統一編號、性別、出生年月日、職業、住居所、就業處所、公務所、事務所或營業所、郵遞區號、電話、傳真、電子郵件位址、指定送達代收人及其送達處所。	
原告 被告	趙○○ 李○○	台中市○○區○○路○○號 桃園市○○區○○路○○號	

爲確認三七五租賃關係不存在等事件，謹依法起訴事：

訴之聲明

一、請求確認原告與被告間就坐落台中市◯◯區◯◯段◯◯地號土地之三七五租賃關係不存在。

二、被告應將坐落台中市◯◯區◯◯段◯◯地號土地返還予原告。

三、訴訟費用由被告負擔。

事實及理由

一、緣本件三七五耕地租約係民國◯◯年◯◯月◯◯日，原出租人趙乙與原承租人李甲所簽訂（見證物一）。嗣被告李◯◯繼承原承租人李甲之權利（見證物二）；原出租人趙乙往生後，由原告趙◯◯繼承（見證物三），合先敘明。

二、再者，被告李◯◯於民國◯◯年間竟將本件土地部分轉租予訴外人王◯◯，並有租金之收受之情形（見證物四）。甚者，被告李◯◯竟容許第三人任意堆置土石（見證物五），而不自任耕作。

三、按「承租人應自任耕作，並不得將耕地全部或一部轉租於他人，承租人違反前項規定時，原訂租約無效，得由出租人收回自行耕種或另行出租」，耕地三七五減租條例第16條第1、2項定有明文。本件被告顯有轉租及不自任耕作之情形，依耕地三七五減租條例第16條第1、2項之規定，原租約應屬無效。

四、基上所述，被告既有不自任耕作及轉租之情事，則原租約係屬無效。惟查本件土地登記簿謄本上仍有三七五租約之記載，原告即有提起確認租約不存在之必要，原告爰依耕地三七五減租條例第16條第1、2項規定及民法第767條之規定請求之，爲此懇請鈞長明鑒，並賜爲如訴之聲明之判決。

謹　狀

臺灣◯◯地方法院民事庭　公鑒

證人	

<table>
<tr><td>證物</td><td>證物一、私有耕地租賃申請書影本乙份。
證物二、除戶及現戶謄本各乙份。
證物三、除戶及現戶謄本各乙份。
證物四、收據影本乙份。
證物五、照片正本五張。</td></tr>
<tr><td colspan="2">中　華　民　國　○○　年　○　月　○　日
具狀人　趙○○　（簽名蓋章）
撰狀人</td></tr>
</table>

第五節　實務判解

茲摘錄耕地租賃相關之解釋及判例如後：

一、大法官會議解釋

- 內政部中華民國75年11月25日及79年6月22日修正發布之自耕能力證明書之申請及核發注意事項，係基於主管機關之權限，爲執行土地法第30條及耕地三七五減租條例第19條等規定而訂定，其中關於申請人住所與所承受農地或收回農地之位置，有所限制，係本於當時農地農有並自耕之土地政策，兼顧一般耕作工具之使用狀況而設，作爲承辦機關辦理是項業務之依據，與憲法尚無牴觸。至上開注意事項所定以住所或現耕農地與所承受之農地是否屬同一縣市或毗鄰鄉鎮，爲認定能否自耕之準據，仍應斟酌農業發展政策之需要、耕作方式及交通狀況之改進，隨時檢討修正，以免損害實際上有自耕能力農民之權益，併此說明。（釋字第347號）
- 憲法第15條規定，人民之生存權應予保障；第153條復明定，國家爲改良農民之生活，增進其生產技能，應制定保護農民之法律，實施保護農民之政策，明確揭示國家負有保障農民生存及提升其生活水準之義務。耕地三七五減租條例即屬上開憲法所稱保護農民之法律，其第19條第1項第3款規定，出租人因收回耕地，致承租人失其家庭生活依據者，耕地租約期滿時，出租人不得收回自耕，目的即在保障佃農，於租約期滿時不致因出租人收回耕地，嚴重影響其家庭生活及生存權利。行政院於中華民國49年12月23日以台49內字第7226號令及內政部73年11月1日73台內地字第266779號函，關於承租人全年家庭生活費用之核計方式，逕行準用臺灣省（台北市、高雄市）辦理役種區劃現行最低生活費支出標準計算審核表（原役種區劃適用生活標準表）中，所列最低生活費支出標準金額之規定，以固定不變之金額標準，推計承租人之生活費用，而未斟酌承租人家庭生活之具體情形及實際所生之困窘狀況，難謂切近實際，有失合理，與憲法保護農民之意旨不符，應不再援用。（釋字第422號）

- 台灣省耕地租約登記辦法係基於耕地三七五減租條例第6條第2項授權而訂定，該辦法第6條第2項第3款規定，出租人依上開條例第17條第1項第3款申請租約終止登記者，除應塡具申請書外，並應檢具租約、欠租催告書、逾期不繳地租終止租約通知書及送達證明文件，或耕地租佃委員會調解、調處成立證明文件，或法院確定判決書。此係主管機關基於法律授權發布命令就申請人應檢具證明文件等細節性、技術性次要事項爲必要補充規定，尚非憲法所不許。耕地三七五減租條例第1條規定：「耕地之租佃，依本條例之規定；本條例未規定者，依土地法及其他法律之規定。」民法第440條第1項關於承租人租金支付有遲延者，出租人得定相當期限，催告承租人支付租金之規定，於出租人依本條例第17條第1項第3款終止契約時，亦適用之。是前開耕地租約登記辦法第6條第2項第3款關於應檢具欠租催告書等規定，並未逾越法律授權，亦未增加法律所無之限制，與憲法尚無牴觸。（釋字第561號）
- 人民之財產權應予保障，憲法第15條定有明文。國家因公用或其他公益目的之必要，得依法徵收人民之財產，對被徵收財產之權利人而言，係爲公共利益所受之特別犧牲，國家應給予合理之補償，且補償與損失必須相當。國家依法徵收土地時，對該土地之所有權人及該土地之其他財產權人均應予以合理補償，惟其補償方式，立法機關有一定之自由形成空間。

耕地承租人之租賃權係憲法上保障之財產權，於耕地因徵收而消滅時，亦應予補償。且耕地租賃權因物權化之結果，已形同耕地之負擔。平均地權條例第11條第1項規定，依法徵收之土地爲出租耕地時，應由土地所有權人以所得之補償地價，扣除土地增值稅後餘額之三分之一，補償耕地承租人；第2項規定，前項補償承租人之地價，應由主管機關於發放補償或依法提存時，代爲扣交，係出租之耕地因公用徵收時，立法機關依憲法保障財產權及保護農民之意旨，審酌耕地所有權之現存價值及耕地租賃權之價值，採用代位總計各別分算代償之方法，將出租耕地上負擔之租賃權價值代爲扣交耕地承租人，以爲補償，其於土地所有權人財產權之保障，尚不生侵害問題。惟近年來社會經濟發展、產業結構顯有變遷，爲因應農地使用政策，上開爲保護農民生活而以耕地租賃權爲出租耕地上負擔並據以推估其價值之規定，應儘速檢討修正，以符憲法意旨，併予指明。（釋字第579號）

➢ 基於個人之人格發展自由，個人得自由決定其生活資源之使用、收益及處分，因而得自由與他人爲生活資源之交換，是憲法於第15條保障人民之財產權，於第22條保障人民之契約自由。惟因個人生活技能強弱有別，可能導致整體社會生活資源分配過度不均，爲求資源之合理分配，國家自得於不違反憲法第23條比例原則之範圍內，以法律限制人民締約之自由，進而限制人民之財產權。

憲法第143條第4項扶植自耕農之農地使用政策，以及憲法第153條第1項改良農民生活之基本國策，均係爲合理分配農業資源而制定。民國40年6月7日制定公布之耕地三七五減租條例（以下稱減租條例），旨在秉承上開憲法意旨，爲38年已開始實施之三七五減租政策提供法律依據，並確保實施該政策所獲致之初步成果。其藉由限制地租、嚴格限制耕地出租人終止耕地租約及收回耕地之條件，重新建構耕地承租人與出租人之農業產業關係，俾合理分配農業資源並奠定國家經濟發展方向，立法目的尚屬正當。雖未設置保護出租人既有契約利益之過渡條款，惟因減租條例本在實現憲法規定國家對於土地之分配與整理暨扶植自耕農之意旨，且於條例制定之前，減租政策業已積極推行數年，出租人得先行於過渡時期熟悉減租制度，減租條例對出租人契約自由及財產權之限制，要非出租人所不能預期，衡諸特殊之歷史背景及合理分配農業資源之非常重大公共利益，尚未違背憲法上之信賴保護原則。

減租條例第5條前段關於租賃期限不得少於六年，以及同條例第6條第1項暨第16條第1項關於締約方式與轉租禁止之規定，均爲穩定租賃關係而設；同條例第17條第1項第1款規定租賃期限內，承租人死亡無人繼承耕作之法定終止租約事由，並保留出租人收回耕地之彈性。上開規定皆有利於實現扶植自耕農及改善農民生活之基本國策，縱於出租人之契約自由及財產權有所限制，衡諸立法目的，其手段仍屬必要而且適當，亦兼顧承租人與出租人雙方之利益，與憲法第23條比例原則、第22條契約自由、第15條財產權及第7條平等權之保障並無違背。

減租條例第19條第1項第1款之規定，爲實現憲法第143條第4項扶植自耕農之意旨所必要，惟另依憲法第146條及憲法增修條文第10條第1項發展農業工業化及現代化之意旨，所謂出租人之自任耕作，不以人力親自實施耕作爲限，爲農業科技化及企業化經營之自行耕作或委託代耕者亦屬之。減租條例第19條第1項第2款規定出租人於所有收益足以維持一家生活者不得收回自耕，使租約變相無限期延長，惟立法機關嗣於72年12月23日增訂之第2項，規定爲擴大家庭農場經營規模得收回與其自耕地同一或鄰近地段內之耕地自耕，已放寬對於出租人財產權之限制。同條項第3款規定，如出租人收回耕地，承租人將失其家庭生活依據者，亦不得收回耕地，係爲貫徹憲法第153條第1項保護農民政策之必要手段；且如出租人亦不能維持其一家生活，尚得申請耕地租佃委員會調處，以兼顧出租人與承租人之實際需要。衡諸憲法第143條第4項扶植自耕農、第

146條與憲法增修條文第10條第1項發展農業工業化及現代化，以及憲法第153條第1項改善農民生活之意旨，上開3款限制耕地出租人收回耕地之規定，對於耕地所有權之限制，尙屬必要，與憲法第23條比例原則及第15條保障人民財產權規定之意旨要無不符。

72年12月23日增訂之減租條例第17條第2項第3款關於租約期限尙未屆滿而農地因土地編定或變更爲非耕地時，應以土地公告現値扣除土地增値稅後餘額之三分之一補償承租人之規定，乃限於依土地法第83條所規定之使用期限前得繼續爲從來之使用者，方有其適用。土地法所規定之繼續使用期限，係爲保護土地使用人既有之法律地位而設之過渡條款，耕地出租人如欲於期前終止租約，減租條例第17條第2項第3款即賦予補償承租人之義務，乃爲平衡雙方權利義務關係，對出租人耕地所有權所爲之限制，尙無悖於憲法第15條保障財產權之本旨。惟不問情狀如何，補償額度一概爲三分之一之規定，有關機關應衡酌憲法第22條保障契約自由之意旨及社會經濟條件之變遷等情事，儘速予以檢討修正。72年12月23日增訂之減租條例第19條第3項規定，耕地租約期滿時，出租人爲擴大家庭農場經營規模、提升土地利用效率而收回耕地時，準用同條例第17條第2項第3款之規定，應以終止租約當期土地公告現値扣除土地增値稅餘額後之三分之一補償承租人。惟契約期滿後，租賃關係既已消滅，如另行課予出租人補償承租人之義務，自屬增加耕地所有權人不必要之負擔，形同設置出租人收回耕地之障礙，與鼓勵擴大家庭農場經營規模，以促進農業現代化之立法目的顯有牴觸。況耕地租約期滿後，出租人仍須具備自耕能力，且於承租人不致失其家庭生活依據時，方得爲擴大家庭農場經營規模而收回耕地。按承租人之家庭生活既非無依，竟復令出租人負擔承租人之生活照顧義務，要難認有正當理由。是上開規定準用同條例第17條第2項第3款部分，以補償承租人作爲收回耕地之附加條件，不當限制耕地出租人之財產權，難謂無悖於憲法第146條與憲法增修條文第10條第1項發展農業之意旨，且與憲法第23條比例原則及第15條保障人民財產權之規定不符，應自本解釋公布日起，至遲於屆滿二年時，失其效力。

減租條例第20條規定租約屆滿時，除法定收回耕地事由外，承租人如有續約意願，出租人即有續約義務，爲出租人依法不得收回耕地時，保障承租人續約權利之規定，並未於不得收回耕地之諸種事由之外，另行增加耕地出租人不必要之負擔，與憲法第23條規定之比例原則及第15條保障財產權之規定尚無不符。（釋字第580號）

➢ 「自耕能力證明書之申請及核發注意事項」（以下稱注意事項）係中華民國65年1月26日內政部爲執行土地法第30條之規定（89年1月26日刪除）所訂定。79年6月22日修正之注意事項第4點規定，公私法人、未滿16歲或年逾70歲之自然人、專任農耕以外之職業者及在學之學生（夜間部學生不在此限），皆不得申請自耕能力證明書，致影響實質上具有自任耕作能力者收回耕地之權利，對出租人財產權增加法律所無之限制，與憲法第23條法律保留原則以及第15條保障人民財產權之意旨不符，上開注意事項之規定，應不予適用。本院釋字第347號解釋相關部分應予變更。（釋字第581號）

二、最高法院判例

➢ 耕地之租賃，純屬私權關係。出租人與承租人間，如因租佃發生爭議，依耕地三七五減租條例第26條之規定，應先由當地之鄉鎮（區）公所耕地租佃委員會調解，如不成立者，再由縣（市）政府耕地租佃委員會爲之調處。不服調處者，移送該管司法機關予以處理。（最高行政法院43判15）

➢ （一）耕地三七五減租條例第20條所謂應續訂租約，土地法第109條所謂視爲不定期限繼續契約，均有出租人收回自耕除外之規定。耕地租約期滿時，如出租人收回自耕，除有法定不得收回之情形者外，該項期滿之租約，即不能謂爲當然延續有效。除因私權爭執應另依法定程序解決外，行政機關自難據請即不准出租人收回自耕。

（二）被告官署之通知，僅係據原告等之聲請而為答覆之意思通知，尚非本於行政裁量權而為意思表示之行政處分，起訴意旨亦認為係私法上之關係，是則原告如果確有法律上之理由，自可依普通司法程序解決。該項通知既不生影響原告私權之效力，自無行政訴訟法第1條所謂損害權利之可言。（最高行政法院45判15）

➢ 耕地之出租人與承租人間因租佃爭議，而依耕地三七五減租條例第26條之規定，經鄉鎮區公所耕地租佃委員會調解成立，或經縣市政府耕地租佃委員會調處成立者，其成立之調解調處，內容雖無異於民法上之和解契約。但其調解調處工作，均分別經各該耕地租佃委員會參與，製作調解或調處筆錄，且發給調解或調處成立證明書，由法律之規定，賦予公證力及執行力。故經各該耕地租佃委員會調解或調處成立者，其業佃雙方就租佃之私權爭執互相讓步，而其意思表示之趨於一致，固為和解契約之性質，如當事人就此契約發生爭執，應由司法機關處理；但各該耕地租佃委員會就調解或調處所為之行為，則屬行政行為，如此項行為有法律上之瑕疵，除該行為已生實質上之確定力外，各該耕地租佃委員會之監督官署為公益上之理由，自得予以撤銷，以資糾正。本件原告既有耕地三七五減租條例第19條第1項第2款之情形，不問其是否更有同條同項第1款之情形，依法即不得於租約期滿時收回自耕。桃園鎮公所耕地租佃委員會疏於注意，竟使調解結果，由原告貼補佃農6千元而收回自耕，製作調解筆錄，及由被告官署（桃園縣政府）耕地租佃委員會發給調解成立證明書。此項行政行為，不能謂無法律上瑕疵。被告官署以監督官署之地位，自非不可依職權將該項調解筆錄及調解成立證明書予以撤銷。至於佃農之提出異議，不過促起被告官署發動其職權行為，並非謂該佃農有請求被告官署撤銷之權利。（最高行政法院46判9）

➢ 人民因耕地租佃關係所發生之爭執，屬於私權之爭執，依耕地三七五減租條例第26條第1項之規定，應另循租佃爭議程序，申請調解調處，不服調處者，移送該管司法機關裁判，自不得依行政爭訟方法以求救濟。

本件被告官署（台北縣政府）令飭該管鄉公所，分別通知業佃雙方辦理租約註銷登記，該鄉公所以此項命令轉知原告，僅係據業主之申請而表示意見，並非行政處分性質，不生拘束當事人之效力。原告既對之有所異議，即屬出租人與承租人間因耕地租佃發生之爭議，純屬私權關係之爭執，應依上開條項規定，向該管各級耕地租佃委員會申請調解調處，如有不服，再由該管縣政府耕地租佃委員會移送司法機關處理，要無提起行政爭訟之餘地。（最高行政法院50判70）

➢（一）耕地之租賃，固屬私權關係，但行政機關依耕地三七五減租條例第6條規定，辦理租約訂立、變更、終止或換訂之登記，則係本於行政權之作用，而為公法上之單獨行為，不能謂非處分之性質，當事人對於此種登記處分如有不服，應許依訴願及行政訴訟程序請求救濟。

（二）鄉鎮公所就其辦理委任行政事務之範圍，應認其具有官署之性質。其依臺灣省耕地租約登記辦法第12條第1項規定承辦租約登記事件，雖須將審查結果報經縣市政府核備，仍係自行辦理登記，應認此項登記處分為該鄉鎮公所之處分。本件大埤鄉公所奉該管縣政府令飭辦理租約變更登記，自應認為該鄉公所之處分，當事人對此項處分不服，依法應向該縣政府提起訴願，如對訴願決定不服，再向省政府提起再訴願。（最高行政法院51判152）

➢ 人民間關於耕地（包括漁牧）租賃發生爭執，固屬民事範圍，但行政機關依耕地三七五減租條例規定所為租約登記，則屬行政上之監督，其就此所為意思表示，既足發生法律上效果，即係基於公法所為之行政處分，人民對之如有不服，自得循行政爭訟程序以求救濟。至該項處分是否損害其權益，則屬其提起訴願或行政訴訟有無理由之問題，要與其得否提起行政爭訟無涉。本件耕地租約登記，被告官署主張其拒絕原告申請撤銷參加人租約登記之通知，並非行政處分，且無損於原告之權益，原告對之不得提起行政爭訟各節，其見解殊無可採。（最高行政法院52

判197）

- 依臺灣省耕地租約登記辦法第12條第1項規定，關於租約訂立、變更、終止或換訂之登記，係由鄉鎮區市公所接受申請，自行審查，雖須報經縣市政府核備，仍係由鄉鎮區市公所自行辦理登記。本件頭城鎮公所接受承租人申請，報經被告官署（宜蘭縣政府）核准後而爲之租約變更登記，原處分官署自爲頭城鎮公所，原告不服該項變更登記處分，自應依照訴願法有關管轄等級之規定，向本件被告官署提起訴願，向臺灣省政府提起再訴願，始爲適法。（最高行政法院53判160）
- 耕地三七五減租條例第6條第1項及臺灣省耕地租約登記辦法第2條第1項所規定耕地租約訂立之登記，應以已有合法訂立之耕地租約存在。爲其前提要件。如事實上就耕地有租賃關係存在，而出租人或承租人拒絕訂立書面契約，則他方當事人可依上開條例第26條規定，申請調解調處成立，或經法院判決確定命對方訂立租約，以代替書面租約之訂立。此際對方當事人如不肯或不能會同申請爲租約訂立之登記，始得依上開辦法第2條第1項後段規定，由一方單獨申請登記。本件原告與盧某間就系爭地是否有租賃關係存在，既猶待民事法院判決，遑論租約之訂立，原告自無申請爲租約訂立之登記之餘地。（最高行政法院54判242）
- 耕地三七五減租條例第26條所規定調解調處之程序，必須當事人間有耕地租佃關係存在，其發生之租佃爭議，始由當地鄉鎮區公所耕地租佃委員會調解，調解不成立者再由縣市政府耕地租佃委員會調處。若當事人間根本無租佃關係存在，自無該條適用之餘地。本件原告雖曾向臺灣工礦股份有限公司承租耕地六筆耕作，但因其將承租耕地之一部分轉租他人，依耕地三七五減租條例第16條第2項前段規定，原告與該公司間就系爭土地所訂租賃契約，已因違反禁止轉租之規定而當然失效，此項事實，業經民事三審判決予以認定。是原告與出租人間已無租賃關係，縱令原告主張已提起再審之訴，在未經再審判決廢棄確定判決改判原告勝訴以前，要不能主張仍有租賃關係存在，按之首開說明，自無耕地

三七五減租條例第26條適用之餘地，原處分拒絕原告調處之請求，於法洵無不合。（最高行政法院56判62）

- 耕地之租賃，固屬私權關係，但行政機關依耕地三七五減租條例第6條規定辦理租約訂立、變更、終止或換訂之登記，則係本於行政權之作用，而爲公法上之單獨行爲，不能謂非處分之性質。當事人對於此種登記處分，如有不服，應許依訴願及行政訴訟程序，請求救濟。惟依臺灣省耕地租約登記辦法第12條第1項規定，鄉鎮（區）（市）公所接受申請登記案件，應自行審查，將審查結果報經縣市政府核備後，辦理登記。是鄉鎮（區）（市）公所承辦此項委任行政事務，雖須報經縣市政府核備，仍係自行辦理登記。其就辦理此項委任行政事務之範圍，應認其具有官署之性質，其辦理此項登記，應認爲其自己所爲之處分，當事人對之如有不服，自應向該管縣市政府提起訴願。（最高行政法院56判377）
- 按耕地租約期滿時，依耕地三七五減租條例第19條、第20條之規定，如出租人收回自耕，依法並無不得收回之情形時，並非當然應許承租人續訂租約，如承租人就此仍有爭執，除應另循法定程序請求外，行政機關亦不能據其請求即不准出租人收回自耕。（最高行政法院60判801）
- 耕地租約期滿時，如業佃雙方均係生活困難，出租人並非絕對不得收回自耕。行政院（49）內字第7226號令所謂：「承租人與其同居一家，而以永久共同生活爲目的之人，綜合所得額內扣除收回耕地部分之所得額後，能否支應承租人及與其同居一家而以永久共同生活爲目的之人全年生活費用」，係就承租人是否因收回耕地而失其家庭生活依據所定之標準，並不排斥耕地三七五減租條例第19條第2項之適用。（最高行政法院63判799）
- 耕地三七五減租條例第17條之規定，係指耕地租約在租佃期限未屆滿前，非有該條所定情形之一者，出租人不得終止契約而言，與承租人放棄耕作權不相牽涉，故承租人之放棄耕作權，仍得自由爲之，不受該條

規定之限制。（42台上1075）

- 耕地三七五減租條例第16條第3項規定，雖無承租人之家屬字樣，但此照實施耕者有其田條例第6條規定之立法精神，應解爲包括承租人之家屬服兵役，致耕作勞力減少之情形在內，一律不視爲轉租。（43台上199）
- 被上訴人與某甲就訟爭土地訂立租賃契約時，如未由某甲將該土地交付被上訴人耕作，則上訴人受讓該土地既無從知被上訴人與某甲間租賃契約之存在，依民法第425條及耕地三七五減租條例第25條規定之本旨推之，被上訴人與某甲間之租賃契約，即不能對於受讓該土地之上訴人主張繼續有效。（43台上250）
- 承租人非經出租人承諾，不得將租賃物轉租於他人。如係租用耕地，則承租人縱經出租人承諾，仍不得將耕地全部或一部轉租於他人。又承租人應自任耕作，並不得將耕地全部或一部轉租於他人，承租人違反前項規定時，原定租約無效。此在民法第443條第1項前段、土地法第108條、耕地三七五減租條例第16條分別設有規定，違反此項禁止規定所訂立之轉租契約當然無效，其基於無效之轉租契約而占有租賃物，即非有正當權源。（43台上868）
- 系爭耕地及附屬田寮在耕地三七五減租條例施行之前，既經原承租人甲之繼承人乙自願退租，返還於原出租人之被上訴人，則上訴人與原承租人間因轉租而生之租賃關係，亦因之消滅，自無適用以後公在施行之耕地三七五減租條例第16條第2項但書之規定，主張得與原出租之被上訴人換訂三七五租約之餘地。（44台上520）
- 耕地三七五減租條例第1條內載耕地租佃，依本條例之規定云云，是限於耕地之租佃始有該條例之適用，而所謂耕地之租佃即土地法所稱耕地租用，係指以自任耕作爲目的，約定支付地租，使用他人之農地者而言，此觀該條例第1條暨土地法第106條第1項之規定自明。（44台上611）

➢ 耕地三七五減租條例第26條第2項所謂非經調解、調處，不得起訴，依同法條第1項所示，應以出租人與承租人間因耕地租佃發生爭議之案件爲限。若以耕地作爲房屋基地供設工廠之用而爲租賃，其租賃既非以耕作爲目的，如發生爭執，殊不得謂係租佃爭議案件，自無須經過調解、調處程序，而得逕行起訴。（44台上898）

➢ 依耕地三七五減租條例第15條第1項之規定，被上訴人固有優先承買之權，然上訴人於出賣耕地時祇須將出賣條件以面通知被上訴人。至被上訴人於接受通知後15日內，如未以書面表示承買者，按之該條所定，既應視爲放棄，則被上訴人就此項優先權之是否行使，對於上訴人顯不負有必須確答之義務，而其不爲確答所生法律上效果，於上開法條內規定至明，自無待以判決宣示之必要。（44台上1370）

➢ 耕地三七五減租條例第16條第2項，所謂租人將耕地全部或一部轉租他人者，原訂租約無效，依其規定之本旨推之，自係指全部租約無效而言。原判決就系爭耕地僅命被上訴人將轉租部分返還上訴訴人，至未經轉租部分仍許被上訴人保留耕作，顯欠允洽。（46台上57）

➢ 依耕地三七五減租條例第26條第1項規定，所成立之調解、調處本有執行名義，則縱該項調解、調處內容具有無效或得撤銷之原因，而欲免受同條例第27條之強制執行，仍應另提訴訟以資救濟，要無得由行政機關以命令逕予撤銷之理。（46台抗160）

➢ 舊土地法第173條所定承租人之優先承買權，僅爲出租人與承租人間之權利義務關係，並無對抗第三人之效力。如出租人違反先賣於承租人之義務，而將其耕地所有權讓與於他人時，未經就優先承買權爲預告登記之承租人，僅得向出租人請求賠償損害，不得主張他人受讓耕地所有權契約爲無效，與耕地三七五減租條例第15條，所謂出租人未將賣典條件以書面通知承租人，而與第三人訂立契約者，其契約不得對抗承租人之規定不同。（46台上1860）

➢ 耕地出賣時承租人有優先承買之權，出賣人應將買賣條件以書面通知承租人，如違反是項規定而與第三人訂立契約者，其契約不得對抗承租人，為耕地三七五減租條例第15條第1、3項所明定。所謂不得對抗承租人者，即出租人（即出賣人）與承買人不得主張基於買賣而承租人之優先承買權為之消滅之意。故承租人如未接獲出賣條件之書面通知，仍非不得請求確認其就耕地有優先承買權之存在。（47台上151）

- 耕地租約期滿時，如出租人有自耕能力，且其所有收益不足維持一家生活者，依法固得主張收回自耕，但承租人倘因地被收回致家庭生活失所依據，亦非兩全之道，故法院為兼顧業佃利益起見，酌情命為一部收回一部續租之判決，仍非法所不許。（47台上732）
- （一）被上訴人取得系爭土地之所有權，乃基於國家機關之權力關係，並非依法律行為而取得，依民法第758條之反面解釋，既無須登記已能發生所有權之效力，則其以上訴人轉租為原因訴請還地，於法並無不合。

  （二）上訴人既不否認將系爭土地之一部借與他人搭蓋竹屋，即係自任耕作，自與將耕地一部轉租之情形無異。按諸耕地三七五減租條例第16條第1、2項之規定，被上訴人訴請收回，上訴人不得任意拒絕。

  （三）田主以佃戶轉租為由，聲請鄉鎮（區）公所耕地租佃委員會調解，該會謂奉上級命令由轉租而生之糾紛，不屬於耕地三七五減租條例第26條之範圍，駁回其聲請者，則田主即得逕行起訴，法院亦應就案件之有無理由予以判決，不能以其未經調解、調處、而予駁回。（48台上1362）
- 強制執行法上之拍賣，應解釋為買賣之一種，即拍定人為買受人，而以拍賣機關代替債務人立於出賣人之地位。故出賣人於出賣時所應踐行之程序，例如依耕地三七五減租條例第15條規定，應將買賣條件以書面通知有優先承買權之承租人，使其表示意願等等，固無妨由拍賣機關為之踐行，但此究非強制執行法第12條所謂執行時應遵守之程序，縱令執行法院未經踐行或踐行不當，足以影響於承租人之權益，該承租人亦祇能以訴請救濟，要不能引用該條規定爲聲請或聲明異議。（49台抗83）

- 耕地出租人出賣耕地時，如不依耕地三七五減租條例第15條第1、2項所定出賣條件，以書面通知承租人優先承買，而與第三人訂立契約者，依同條第3項之規定，其契約不得對抗承租人。所謂不得以其契約對抗承租人，固係指該項以買賣爲原因而成立之移轉物權行爲，對於承租人不生效力而言。惟優先承買權亦爲權利之一種，原則上因拋棄而消滅，承租人就其優先承買權倘曾向出租人爲拋棄之意思表示，自後即不得再行主張及行使。而依強制執行法所爲之拍賣，仍屬買賣性質，拍定人爲買受人，執行法院僅代表債務人立於出賣人地位，故拍賣前承租人向出租人所爲先買權之拋棄，於拍賣時仍有效力。（49台上2385）
- 耕地三七五減租條例第19條第1項第1款，所謂不能自任耕作，係屬事實認定問題，其立證方法，非得由第三人出具保證書代之。苟不能自任耕作，則關於出租人收益是否足維持一家生活，及收回後是否不致使承租人失其家庭生活依據，要非所問。（51台上582）
- 耕地租約於租期屆滿時，除出租人依本條例收回自耕外，如承租人願繼續承租者，應續訂租約，耕地三七五減租條例第20條有明文。故租約期滿時，承租人如有請求續租之事實，縱爲出租人所拒絕，租賃關係亦非因租期屆滿而當然消滅。（51台上1858）
- 耕地三七五減租條例第6條第1項載「本條例施行後耕地租約應一律以書面爲之，租約之訂立、變更、終止或換訂，應由出租人會同承租人申請登記」云云，係爲保護佃農及謀舉證上便利而設，非謂凡租約之訂立、變更、終止或換訂，須經登記，始能生效。（51台上2629）
- 耕地租約期滿時，如出租人不能自任耕作者，不得收回自耕，耕地三七五減租條例第19條第1項第1款有明文。所謂不能自任耕作，不僅指無耕作能力而須雇工耕作者而言，即出租人之住居所與耕地距離過遠，依日常經驗，不能自任耕耘收割者，亦包括在內。（52台上834）

➢ 凡戶長出名承租之耕地，而由未分家之兄弟共同承耕，嗣後因分家關係，而將該租來之耕地分耕者，自應解爲該戶長所訂租約，係自始以戶長資格代表未分家之兄弟全體所爲之法律行爲，其事後分耕，不僅與轉租情形有別，且應認爲分耕人與出租人間，亦已發生租賃關係，無耕地三七五減租條例第16條所定轉租無效之適用。（52台上1014）

➢ （一）耕地租約期滿時，出租人申請收回耕地，主管關機審核其所有收益是否足以維持一家生活，固應以租約期滿前一年之綜合所得（因期滿當年之綜合所得額尚未申報及核定關係）及全年生活費支出之情形爲準，但若因收回耕地而涉訟，事實審法院依法調查證據之結果，出租人之收支情形已有變更者，自非不得以其結果，爲裁判之依據。

（二）確認之訴非原告有即受確認判決之法律上利益者，不得提起。所謂即受確認判決之法律上利益，係指法律關係之存在否不明確，原告主觀上認其在法律上之地位有不妥之狀態存在，且此種不妥狀態，能以確認判決將之除去者而言，若縱經法院判決確認，亦不能除去其不妥之狀態者，即難認有受確認判決之法律上利益。（52台上1237）

➢ 土地法第114條第5款規定，於定期策用耕地之契約不準用之，此觀土地法施行法第27條規定自明，則承策人違反民法第432條規定時，於定期租用耕地之契約出租人，僅得請求承租人回復原狀或賠償損害，並無據以終止租約之餘地。（52台上2166）

➢ 耕地三七五減租條例第15條第1項所謂賣典條件，係指出租人與他人間所訂契約條件或他人承諾之條件而言，非謂僅依出租人一方所提出之條件，即與該條項所定者相當。故承租人對出租人一方所提條件與之成立買賣，仍爲普通買賣，而非行使優先權之結果，反之若未成立買賣，固無拋棄優先權之問題發生，且亦無同條第2項規定之適用。（52台上3504）

- 耕地之承租人應自任耕作，並不得將耕地全部或一部轉租他人，否則原訂租約應屬無效，此觀耕地三七五減租條例第16條第1項、第2項之規定至明。所謂不自任耕作，兼指轉租及將耕地借與他人使用在內。（56台上1520）
- 承租人應自任耕作，並不得將耕地全部或一部轉租與他人，承租人違反此規定時，原定租約無效，得由出租人收回自行耕作，或另行出租，耕地三七五減租條例第16條第1項及第2項前段規定甚明。所謂「不自任耕作」，兼指轉租及將耕地借與他人使用，交換耕作，即未自任耕作其承租之耕地，亦與轉租無異。（63台上599）
- 佃農在承租耕地上固允許有農舍之存在，但茲所謂農舍，乃以便利耕作而設，並不以解決佃農家族實際居住問題爲目的。上訴人在原審曾提出戶籍謄本乙件，證明被上訴人之子某職業爲工，並未耕作系爭土地，且與被上訴人分財分居，自立一戶，主張被上訴人許其子在系爭地上建築包括客廳、浴、廚各一及臥室兩間之房屋一棟，顯有不自任耕作之情形。果其所稱非虛，自不能因被上訴人與其子原爲父子關於之故，而認被上訴人無違反耕地三七五減租條例第16條第1項之情形。（64台上571）
- 耕地三七五減租條例第16條第2項所謂原定租約無效，固係指轉租及未轉租部分之全部租約均無效而言，然究以同一租約爲限，並非謂同一當事人間所訂其他非同一之耕地租約，亦概歸於無效。（66台上761）
- 土地法第34條之1第4項之優先購買權，係屬債權性質，此由該條項用語，與同法第104條第2項及耕地三七五減租條例第15條第3項用語不同，可以知之。被上訴人相互間就系爭土地應有部分之買賣，既經辦畢所有權移轉登記，則上訴人本於土地法第34條之1第4項規定之優先承購權，請求塗銷被上訴人間之所有權移轉登記及將該應有部分出賣並移轉登記於伊，即無可准許。（66台上1530）
- 耕地承租人如有違法轉租或不自任耕作情事，係屬原訂租約無效。原審

認被上訴人得據以終止租約，所持法律上之見解，自非允當。（68台上258）

- 耕地三七五減租條例第16條第1項所謂承租人應自任耕作，係指承租人應以承租之土地供自己從事耕作之用而言；如承租人以承租之土地建築房屋居住或供其他非耕作之用者，均不在自任耕作之列，應構成同條第2項所定原訂租約無效之原因。（70台上4637）
- 「承租人應自任耕作」者，應包括其家屬在內，係指耕地三七五減租條例第16條第1項所稱之「承租人應自任耕作」者而言，土地法第30條第1項上段所定：「私有農地所有權之移轉，其承受人以能自耕者爲限」，則係指承受人本人而言。（71台上2841）
- 出租耕地出賣時，出租人與承租人因優先承買權發生之爭議，屬於租佃爭議之一種，依耕地三七五減租條例第26條第2項規定，非經耕地租佃委員會調解調處，不得起訴。（72台上486）
- 耕地三七五減租條例第16條第2項所謂原訂租約無效，係指承租人違反前項所定不自任耕作或轉租之限制時，原訂租約無待於終止，當然向後失其效力，租賃關係因而歸於消滅而言。非謂租賃關係自始不存在。故出租人應有租賃物返還請求權，此觀諸同條項後段：「得由出租人收回自行耕種或另行出租」之規定自明。（80台再15）
- 耕地三七五減租條例第17條第2項規定之補償，與同條第1項第5款所規定之終止租約收回耕地，並非立於互爲對待給付之關係，自不發生同時履行抗辯問題。（83台上2400）
- 承租人承租耕地非因不可抗力繼續一年不爲耕作，不問其不爲耕作者，係承租耕地之一部或全部，出租人均得依耕地三七五減租條例第17條第1項第4款規定終止租約，收回全部耕地。（84台上1856）
- 耕地出租人以承租人積欠地租達兩年之總額爲原因終止租約，應依民法第440條第1項規定，定相當期限催告承租人支付，於往取債務，並須於催告期滿，至承租人之住所收取，承租人仍不爲支付，出租人始得終止

租約。（86台上3324）

- 按耕地租用，係指以自任耕作爲目的，約定支付地租使用他人之農地者而言，土地法第106條第1項定有明文，所稱農地，參照同條第2項之立法精神，應包括漁地及牧地在內。承租他人之非農、漁、牧地供耕作之用者，既非耕地租用，自無耕地三七五減租條例規定之適用。本院62年台上字第1647號及63年台上字第1529號判例應予變更，不再予援用。（88台上1）
- 耕地三七五減租條例第26條第1項所稱因耕地租佃發生爭議，係指出租人與承租人間因耕地租佃關係所發生之一切爭議而言。當事人間原訂有耕地租約，嗣發生租約是否無效或經終止，出租人得否請求承租人除去地上物返還耕地之爭議者，亦包括在內。出租人主張原訂耕地租約無效，依民法第767條規定請求承租人除去地上物返還耕地，屬耕地租佃爭議，應免收裁判費用。（108台上大2470）

附錄一　民事訴訟事件裁判費徵收核算對照表

民事訴訟法第77條之13、第77條之16、第77條之27

因財產權起訴／上訴訴訟標的金（價）額	第一審	第二、三審
10萬元以下	1,000元	1,500元
逾10萬元～100萬元部分	110元／萬	165元／萬
100萬元	10,900元	16,350元
逾100萬元～1,000萬元部分	99元／萬	148.5元／萬
1,000萬元	100,000元	150,000元
逾1,000萬元～1億元部分	88元／萬	132元／萬
1億元	892,000元	1,338,000元
逾1億元～10億元部分	77元／萬	115.5元／萬
10億元	7,822,000元	11,733,000元
逾10億元部分	66元／萬	99元／萬
例如：訴訟標的金（價）額1,500萬元 第一審徵收裁判費500（萬元）*88（元／萬）+ 100,000元 = 144,000元 第二審徵收裁判費500（萬元）*132（元／萬）+ 150,000元 = 216,000元		

民事訴訟法第77條之14、第77條之16

非因財產權起訴／上訴	第一審	第二、三審
	3,000元	4,500元

民事訴訟法第77條之17

再審之訴	按起訴法院之審級，依第77條之13、第77條之14及第77條之16規定徵收	
聲請再審	第一審	第二、三審
	1,000元	1,000元

民事訴訟法第77條之18

抗告／再為抗告	第一審	第二、三審
	1,000元	1,000元

民事訴訟法第77條之19

聲　請　事　件	第一審	第二、三審
聲請參加訴訟或駁回參加	1,000元	1,000元
聲請回復原狀		1,000元
起訴前聲請證據保全		—
聲請假扣押、假處分或撤銷假扣押、假處分裁定		1,000元
聲請公示催告或除權判決		—
聲請發支付命令	500元	—

聲請調解　民事訴訟法第77條之20

標的金（價）額	徵收聲請費
未滿10萬元	免徵
10萬元以上～未滿100萬元	1,000元
100萬元以上～未滿500萬元	2,000元
500萬元以上～未滿1,000萬元	3,000元
1,000萬元以上	5,000元
非財產權事件	免徵

聲請強制執行　強制執行法第28條之2、民事訴訟法第77條之27

<table>
<tr><th>財產權案件</th><th>執行標的金（價）額</th><th>徵收執行費</th></tr>
<tr><td rowspan="3">聲請強制執行／聲明參與分配</td><td>未滿5,000元／債權憑證</td><td>免徵</td></tr>
<tr><td>5,000元以上</td><td>0.8元／百</td></tr>
<tr><td colspan="2">備註：畸零之數未滿百元者以百元計算</td></tr>
<tr><td colspan="2">非財產權案件</td><td>3,000元</td></tr>
</table>

非訟事件徵收費用標準表

非訟事件法第13條

<table>
<tr><td colspan="2">因財產權關係為聲請者，按其標的之金額或價額，以下列標準徵收費用：</td></tr>
<tr><td>未滿10萬元者</td><td>500元</td></tr>
<tr><td>10萬元以上～未滿100萬元</td><td>1,000元</td></tr>
<tr><td>100元萬以上～未滿1,000萬元</td><td>2,000元</td></tr>
<tr><td>1,000萬元以上～未滿5,000萬元</td><td>3,000元</td></tr>
</table>

5,000萬元以上～未滿1億元	4,000元
1億元以上者	5,000元

非訟事件法第14條

因非財產權關係為聲請者	1,000元
因非財產權關係而為聲請，並為財產上之請求者，關於財產上之請求，不另徵收費用。	

非訟事件法第15條

夫妻財產制契約之登記、法人設立登記	1,000元
除前項登記外，有關夫妻財產制及法人之其他設立	500元

非訟事件法第17條

抗告／再抗告	1,000元

非訟事件法第18條

聲請付與法人登記簿、補發法人登記證書、夫妻財產制契約登記簿或管理財產報告及有關計算文件之謄本、繕本、影本或節本、法人及代表法人董事之印鑑證明書者	每份200元

提存法第28條

	提存金額或價額	非訟事件徵收費用
清償提存費	未滿1萬元	100元
	1萬元以上，未滿10萬元	500元
	10萬元以上	1,000元
	執行法院依強制執行法、管理人依破產法或消費者債務清理條例規定辦理	免徵
擔保提存費		500元

附錄二　信託法

1. 民國85年1月26日總統令制定公布全文86條
2. 民國98年12月30日總統令修正公布第21、45、53、86條條文；並自98年11月23日施行

第一章　總則

第 1 條　稱信託者，謂委託人將財產權移轉或為其他處分，使受託人依信託本旨，為受益人之利益或為特定之目的，管理或處分信託財產之關係。

第 2 條　信託，除法律另有規定外，應以契約或遺囑為之。

第 3 條　委託人與受益人非同一人者，委託人除信託行為另有保留外，於信託成立後不得變更受益人或終止其信託，亦不得處分受益人之權利。但經受益人同意者，不在此限。

第 4 條　以應登記或註冊之財產權為信託者，非經信託登記，不得對抗第三人。

以有價證券為信託者，非依目的事業主管機關規定於證券上或其他表彰權利之文件上載明為信託財產，不得對抗第三人。

以股票或公司債券為信託者，非經通知發行公司，不得對抗該公司。

第 5 條　信託行為，有左列各款情形之一者，無效：

一、其目的違反強制或禁止規定者。

二、其目的違反公共秩序或善良風俗者。

三、以進行訴願或訴訟為主要目的者。

四、以依法不得受讓特定財產權之人為該財產權之受益人者。

第 6 條　信託行為有害於委託人之債權人權利者，債權人得聲請法院撤銷之。

前項撤銷，不影響受益人已取得之利益。但受益人取得之利益未屆清償期或取得利益時明知或可得而知有害及債權者，不在此限。

信託成立後六個月內，委託人或其遺產受破產之宣告者，推定其行爲有害及債權。

第 7 條　前條撤銷權，自債權人知有撤銷原因時起，一年間不行使而消滅。自行爲時起逾十年者，亦同。

第 8 條　信託關係不因委託人或受託人死亡、破產或喪失行爲能力而消滅。但信託行爲另有訂定者，不在此限。

委託人或受託人爲法人時，因解散或撤銷設立登記而消滅者，適用前項之規定。

第二章　信託財產

第 9 條　受託人因信託行爲取得之財產權爲信託財產。

受託人因信託財產之管理、處分、滅失、毀損或其他事由取得之財產權，仍屬信託財產。

第 10 條　受託人死亡時，信託財產不屬於其遺產。

第 11 條　受託人破產時，信託財產不屬於其破產財團。

第 12 條　對信託財產不得強制執行。但基於信託前存在於該財產之權利、因處理信託事務所生之權利或其他法律另有規定者，不在此限。

違反前項規定者，委託人、受益人或受託人得於強制執行程序終結前，向執行法院對債權人提起異議之訴。

強制執行法第十八條第二項、第三項之規定，於前項情形，準用之。

第 13 條　屬於信託財產之債權與不屬於該信託財產之債務不得互相抵銷。

第 14 條　信託財產爲所有權以外之權利時，受託人雖取得該權利標的之財產權，其權利亦不因混同而消滅。

第 15 條　信託財產之管理方法，得經委託人、受託人及受益人之同意變更。

第 16 條　信託財產之管理方法因情事變更致不符合受益人之利益時，委託人、受益人或受託人得聲請法院變更之。

前項規定，於法院所定之管理方法，準用之。

第三章　受益人

第 17 條　受益人因信託之成立而享有信託利益。但信託行爲另有訂定者，從其所定。

受益人得拋棄其享有信託利益之權利。

第 18 條　受託人違反信託本旨處分信託財產時，受益人得聲請法院撤銷其處分。受益人有數人者，得由其中一人爲之。

前項撤銷權之行使，以有左列情形之一者爲限，始得爲之：

一、信託財產爲已辦理信託登記之應登記或註冊之財產權者。

二、信託財產爲已依目的事業主管機關規定於證券上或其他表彰權利之文件上載明其爲信託財產之有價證券者。

三、信託財產爲前二款以外之財產權而相對人及轉得人明知或因重大過失不知受託人之處分違反信託本旨者。

第 19 條　前條撤銷權，自受益人知有撤銷原因時起，一年間不行使而消滅。自處分時起逾十年者，亦同。

第 20 條　民法第二百九十四條至第二百九十九條之規定，於受益權之讓與，準用之。

第四章　受託人

第 21 條　未成年人、受監護或輔助宣告之人及破產人，不得爲受託人。

第 22 條　受託人應依信託本旨，以善良管理人之注意，處理信託事務。

第 23 條　受託人因管理不當致信託財產發生損害或違反信託本旨處分信託財產時，委託人、受益人或其他受託人得請求以金錢賠償信託財產所受損害或回復原狀，並得請求減免報酬。

第 24 條　受託人應將信託財產與其自有財產及其他信託財產分別管理。信託財產爲金錢者，得以分別記帳方式爲之。

前項不同信託之信託財產間，信託行爲訂定得不必分別管理者，從其所定。

受託人違反第一項規定獲得利益者，委託人或受益人得請求將其利益歸於信託財產。如因而致信託財產受損害者，受託人雖無過失，亦應負損害賠償責任；但受託人證明縱爲分別管理，而仍不免發生損害者，不在此限。

前項請求權，自委託人或受益人知悉之日起，二年間不行使而消滅。自事實發生時起，逾五年者，亦同。

第 25 條　受託人應自己處理信託事務。但信託行爲另有訂定或有不得已之事由者，得使第三人代為處理。

第 26 條　受託人依前條但書規定，使第三人代為處理信託事務者，僅就第三人之選任與監督其職務之執行負其責任。
前條但書情形，該第三人負與受託人處理信託事務同一之責任。

第 27 條　受託人違反第二十五條規定，使第三人代為處理信託事務者，就該第三人之行為與就自已之行為負同一責任。
前項情形，該第三人應與受託人負連帶責任。

第 28 條　同一信託之受託人有數人時，信託財產為其公同共有。
前項情形，信託事務之處理除經常事務、保存行為或信託行為另有訂定外，由全體受託人共同為之。受託人意思不一致時，應得受益人全體之同意。受益人意思不一致時，得聲請法院裁定之。
受託人有數人者，對其中一人所為之意思表示，對全體發生效力。

第 29 條　受託人有數人者，對受益人因信託行為負擔之債務負連帶清償責任。其因處理信託事務負擔債務者，亦同。

第 30 條　受託人因信託行為對受益人所負擔之債務，僅於信託財產限度內負履行責任。

第 31 條　受託人就各信託，應分別造具帳簿，載明各信託事務處理之狀況。
受託人除應於接受信託時作成信託財產目錄外，每年至少定期一次作成信託財產目錄，並編製收支計算表，送交委託人及受益人。

第 32 條　委託人或受益人得請求閱覽、抄錄或影印前條之文書，並得請求受託人說明信託事務之處理情形。
利害關係人於必要時，得請求閱覽、抄錄或影印前條之文書。

第 33 條　受託人關於信託財產之占有，承繼委託人占有之瑕疵。
前項規定於以金錢、其他代替物或有價證券為給付標的之有價證券之占有，準用之。

第 34 條　受託人不得以任何名義，享有信託利益。但與他人為共同受益人時，不在此限。

第 35 條　受託人除有左列各款情形之一外，不得將信託財產轉為自有財產，或於該信託財產上設定或取得權利：
一、經受益人書面同意，並依市價取得者。
二、由集中市場競價取得者。
三、有不得已事由經法院許可者。
前項規定，於受託人因繼承、合併或其他事由，概括承受信託財產上之權利時，不適用之。於此情形，並準用第十四條之規定。

受託人違反第一項之規定，使用或處分信託財產者，委託人、受益人或其他受託人，除準用第二十三條規定外，並得請求將其所得之利益歸於信託財產；於受託人有惡意者，應附加利息一併歸入。

前項請求權，自委託人或受益人知悉之日起，二年間不行使而消滅。自事實發生時起逾五年者，亦同。

第 36 條　受託人除信託行爲另有訂定外，非經委託人及受益人之同意，不得辭任。

但有不得已之事由時，得聲請法院許可其辭任。

受託人違背其職務或有其他重大事由時，法院得因委託人或受益人之聲請將其解任。

前二項情形，除信託行爲另有訂定外，委託人得指定新受託人，如不能或不爲指定者，法院得因利害關係人或檢察官之聲請選任新受託人，並爲必要之處分。

已辭任之受託人於新受託人能接受信託事務前，仍有受託人之權利及義務。

第 37 條　信託行爲訂定對於受益權得發行有價證券者，受託人得依有關法律之規定，發行有價證券。

第 38 條　受託人係信託業或信託行爲訂有給付報酬者，得請求報酬。約定之報酬，依當時之情形或因情事變更顯失公平者，法院得因委託人、受託人、受益人或同一信託之其他受託人之請求增減其數額。

第 39 條　受託人就信託財產或處理信託事務所支出之稅捐、費用或負擔之債務，得以信託財產充之。

前項費用，受託人有優先於無擔保債權人受償之權。

第一項權利之行使不符信託目的時，不得爲之。

第 40 條　信託財產不足清償前條第一項之費用或債務，或受託人有前條第三項之情形時，受託人得向受益人請求補償或清償債務或提供相當之擔保。但信託行爲另有訂定者，不在此限。

信託行爲訂有受託人得先對受益人請求補償或清償所負之債務或要求提供擔保者，從其所定。

前二項規定，於受益人拋棄其權利時，不適用之。

第一項之請求權，因二年間不行使而消滅。

第 41 條　受託人有第三十九條第一項或前條之權利者，於其權利未獲滿足前，得拒絕將信託財產交付受益人。

第 42 條　受託人就信託財產或處理信託事務所受損害之補償，準用前三條之規定。

前項情形，受託人有過失時，準用民法第二百十七條規定。

第 43 條　第三十九條第一項、第三項，第四十條及第四十一條之規定，於受託人得自信託財產收取報酬時，準用之。

第四十一條規定，於受託人得向受益人請求報酬時，準用之。

第 44 條　前五條所定受託人之權利，受託人非履行第二十三條或第二十四條第三項所定損害賠償、回復原狀或返還利益之義務，不得行使。

第 45 條　受託人之任務，因受託人死亡、受破產、監護或輔助宣告而終了。其爲法人者，經解散、破產宣告或撤銷設立登記時，亦同。

第三十六條第三項之規定，於前項情形，準用之。

新受託人於接任處理信託事務前，原受託人之繼承人或其法定代理人、遺產管理人、破產管理人、監護人、輔助人或清算人應保管信託財產，並爲信託事務之移交採取必要之措施。法人合併時，其合併後存續或另立之法人，亦同。

第 46 條　遺囑指定之受託人拒絕或不能接受信託時，利害關係人或檢察官得聲請法院選任受託人。但遺囑另有訂定者，不在此限。

第 47 條　受託人變更時，信託財產視爲於原受託人任務終了時，移轉於新受託人。

共同受託人中之一人任務終了時，信託財產歸屬於其他受託人。

第 48 條　受託人變更時，由新受託人承受原受託人因信託行爲對受益人所負擔之債務。

前項情形，原受託人因處理信託事務負擔之債務，債權人亦得於新受託人繼受之信託財產限度內，請求新受託人履行。

新受託人對原受託人得行使第二十三條及第二十四條第三項所定之權利。

第一項之規定，於前條第二項之情形，準用之。

第 49 條　對於信託財產之強制執行，於受託人變更時，債權人仍得依原執行名義，以新受託人爲債務人，開始或續行強制執行。

第 50 條　受託人變更時，原受託人應就信託事務之處理作成結算書及報告書，連同信託財產會同受益人或信託監察人移交於新受託人。

前項文書經受益人或信託監察人承認時，原受託人就其記載事項，對受益人所負之責任視為解除。但原受託人有不正當行為者，不在此限。

第 51 條　受託人變更時，原受託人為行使第三十九條、第四十二條或第四十三條所定之權利，得留置信託財產，並得對新受託人就信託財產為請求。

前項情形，新受託人提出與各個留置物價值相當之擔保者，原受託人就該物之留置權消滅。

第五章　信託監察人

第 52 條　受益人不特定、尚未存在或其他為保護受益人之利益認有必要時，法院得因利害關係人或檢察官之聲請，選任一人或數人為信託監察人。但信託行為定有信託監察人或其選任方法者，從其所定。

信託監察人得以自已名義，為受益人為有關信託之訴訟上或訴訟外之行為。

受益人得請求信託監察人為前項之行為。

第 53 條　未成年、受監護或輔助宣告之人及破產人，不得為信託監察人。

第 54 條　信託監察人執行職務，應以善良管理人之注意為之。

第 55 條　信託監察人有數人時，其職務之執行除法院另有指定或信託行為另有訂定外，以過半數決之。但就信託財產之保存行為得單獨為之。

第 56 條　法院因信託監察人之請求，得斟酌其職務之繁簡及信託財產之狀況，就信託財產酌給相當報酬。但信託行為另有訂定者，從其所定。

第 57 條　信託監察人有正當事由時，得經指定或選任之人同意或法院之許可辭任。

第 58 條　信託監察人怠於執行其職務或有其他重大事由時，指定或選任之人得解任之；法院亦得因利害關係人或檢察官之聲請將其解任。

第 59 條　信託監察人辭任或解任時，除信託行為另有訂定外，指定或選任之人得選任新信託監察人；不能或不為選任者，法院亦得因利害關係人或檢察官之聲請選任之。

信託監察人拒絕或不能接任時，準用前項規定。

第六章　信託之監督

第 60 條　信託除營業信託及公益信託外，由法院監督。
法院得因利害關係人或檢察官之聲請爲信託事務之檢查，並選任檢查人及命爲其他必要之處分。

第 61 條　受託人不遵守法院之命令或妨礙其檢查者，處新台幣一萬元以上十萬元以下罰鍰。

第七章　信託關係之消滅

第 62 條　信託關係，因信託行爲所定事由發生，或因信託目的已完成或不能完成而消滅。

第 63 條　信託利益全部由委託人享有者，委託人或其繼承人得隨時終止信託。
前項委託人或其繼承人於不利於受託人之時期終止信託者，應負損害賠償責任。但有不得已之事由者，不在此限。

第 64 條　信託利益非由委託人全部享有者，除信託行爲另有訂定外，委託人及受益人得隨時共同終止信託。
委託人及受益人於不利受託人之時期終止信託者，應負連帶損害賠償責任。但有不得已之事由者，不在此限。

第 65 條　信託關係消滅時，信託財產之歸屬，除信託行爲另有訂定外，依左列順序定之：
一、享有全部信託利益之受益人。
二、委託人或其繼承人。

第 66 條　信託關係消滅時，於受託人移轉信託財產於前條歸屬權利人前，信託關係視爲存續，以歸屬權利人視爲受益人。

第 67 條　第四十九條及第五十一條之規定，於信託財產因信託關係消滅而移轉於受益人或其他歸屬權利人時，準用之。

第 68 條　信託關係消滅時，受託人應就信託事務之處理作成結算書及報告書，並取得受益人、信託監察人或其他歸屬權利人之承認。
第五十條第二項規定，於前項情形，準用之。

第八章　公益信託

第 69 條　稱公益信託者，謂以慈善、文化、學術、技藝、宗教、祭祀或其他以公共利益爲目的之信託。

第 70 條　公益信託之設立及其受託人，應經目的事業主管機關之許可。

前項許可之申請，由受託人爲之。

第 71 條　法人爲增進公共利益，得經決議對外宣言自爲委託人及受託人，並邀公眾加入爲委託人。

前項信託對公眾宣言前，應經目的事業主管機關許可。

第一項信託關係所生之權利義務，依該法人之決議及宣言內容定之。

第 72 條　公益信託由目的事業主管機關監督。

目的事業主管機關得隨時檢查信託事務及財產狀況；必要時並得命受託人提供相當之擔保或爲其他處置。

受託人應每年至少一次定期將信託事務處理情形及財務狀況，送公益信託監察人審核後，報請主管機關核備並公告之。

第 73 條　公益信託成立後發生信託行爲當時不能預見之情事時，目的事業主管機關得參酌信託本旨，變更信託條款。

第 74 條　公益信託之受託人非有正當理由，並經目的事業主管機關許可，不得辭任。

第 75 條　公益信託應置信託監察人。

第 76 條　第三十五條第一項第三款、第三十六條第二項、第三項、第四十五條第二項、第四十六條、第五十六條至第五十九條所定法院之權限，於公益信託由目的事業主管機關行之。但第三十六條第二項、第三項、第四十五條第二項及第四十六條所定之權限，目的事業主管機關亦得依職權爲之。

第 77 條　公益信託違反設立許可條件、監督命令或爲其他有害公益之行爲者，目的事業主管機關得撤銷其許可或爲其他必要之處置。其無正當理由連續三年不爲活動者，亦同。

目的事業主管機關爲前項處分前，應通知委託人、信託監察人及受託人於限期內表示意見。但不能通知者，不在此限。

第 78 條　公益信託，因目的事業主管機關撤銷設立之許可而消滅。

第 79 條　公益信託關係消滅，而無信託行爲所訂信託財產歸屬權利人時，目的事業主管機關得爲類似之目的，使信託關係存續，或使信託財產移轉於有類似目的之公益法人或公益信託。

第 80 條　公益信託關係依第六十二條規定消滅者，受託人應於一個月內，將消滅之事由及年月日，向目的事業主管機關申報。

第 81 條　公益信託關係消滅時，受託人應於依第六十八條第一項規定取得信託監察人承認後十五日內，向目的事業主管機關申報。

第 82 條　公益信託之受託人有左列情事之一者，由目的事業主管機關處新台幣二萬元以上二十萬元以下罰鍰：

一、帳簿、財產目錄或收支計算表有不實之記載。

二、拒絕、妨礙或規避目的事業主管機關之檢查。

三、向目的事業主管機關爲不實之申報或隱瞞事實。

四、怠於公告或爲不實之公告。

五、違反目的事業主管機關監督之命令。

第 83 條　未經許可，不得使用公益信託之名稱或使用易於使人誤認爲公益信託之文字。

違反前項規定者，由目的事業主管機關處新台幣一萬元以上十萬元以下罰鍰。

第 84 條　公益信託除本章另有規定外，適用第二章至第七章之規定。

第 85 條　公益信託之許可及監督辦法，由目的事業主管機關定之。

第九章　附則

第 86 條　本法自公布日施行。

本法中華民國九十八年十二月十五日修正之條文，自九十八年十一月二十三日施行。

附錄三　地籍清理條例

1. 民國96年3月21日總統令制定公布全文43條；本條例施行日期，由行政院定之
   民國97年3月18日行政院令發布定自97年7月1日施行
2. 民國104年6月3日總統令修正公布第14、15、43條條文；增訂第31-1條條文；並自公布日施行
3. 民國108年5月1日總統令修正公布第20條條文
4. 民國112年2月8日總統令修正公布第12、15、16、23、34、35、37、39條條文；並增訂第15-1條條文

第一章　總則

第 1 條　爲健全地籍管理，確保土地權利，促進土地利用，特制定本條例。

第 2 條　本條例所稱主管機關：在中央爲內政部；在直轄市爲直轄市政府；在縣（市）爲縣（市）政府。

本條例所稱登記機關，指土地所在地之直轄市或縣（市）地政事務所；未設地政事務所者，指直轄市或縣（市）主管機關辦理土地登記之機關。

第 3 條　主管機關爲清查權利內容不完整或與現行法令規定不符之地籍登記，經釐清權利內容及權屬後，應重新辦理登記；其未能釐清權利內容及權屬者，應予標售或處理；除本條例另有規定外，其清理程序如下：

一、清查地籍。

二、公告下列事項：

（一）應清理之土地。

（二）受理申報或受理申請登記之機關。

（三）申報或申請登記之期間。

三、受理申報。

四、受理申請登記。

五、審查及公告審查結果。

六、登記並發給權利證書。
七、異動或其他之處理。
前項第二款之公告，由直轄市或縣（市）主管機關為之，其期間為九十日；申報或申請登記之期間，除本條例另有規定外，為期一年。

第 4 條　直轄市或縣（市）主管機關應於一定期間內清查轄區內第十七條至第三十三條規定之土地地籍；其清查之期間、範圍、分類、程序及其他相關事項之辦法，由中央主管機關定之。

第 5 條　有下列各款情形之一者，直轄市或縣（市）主管機關依第三條第一項第二款公告應清理之土地前，應向稅捐、戶政、民政、地政、法院等機關查詢；其能查明土地權利人或利害關係人者，應於公告時一併通知：
一、以日據時期會社或組合名義登記。
二、以神明會名義登記。
三、土地總登記時或金門馬祖地區實施戰地政務終止前，登記名義人姓名或住址記載不全或不符。

第 6 條　登記機關受理申請登記後，應即開始審查，經審查應補正者，通知申請人於六個月內補正。

第 7 條　有下列各款情形之一者，登記機關應以書面駁回：
一、依法不應登記。
二、登記之權利人、義務人或其與權利關係人間涉有私權爭執。
三、不能補正或屆期未補正。
依前項第一款、第三款規定駁回者，申請人如有不服，得依法提起訴願；依前項第二款規定駁回者，應於收受駁回通知書之次日起三個月內，向管轄法院提起訴訟。

第 8 條　登記機關受理申請登記，經審查無誤者，除第十九條至第二十六條及第三十四條至第三十九條規定之土地應即辦理登記外，其餘土地應即公告三個月。

第 9 條　土地權利關係人於前條公告期間內，得以書面向該管登記機關提出異議，並應檢附證明文件；經該管登記機關審查屬土地權利爭執者，應移送直轄市或縣（市）主管機關調處。
直轄市或縣（市）主管機關為前項之調處時，準用土地法第三十四條之二規定，進行調處。不服調處者，得於收受調處結果通知次日起三十日內，向管轄法院提起訴訟；屆期未提起訴訟者，依原調處結果辦理。

第 10 條　申請登記事項於公告期滿無人異議、經調處成立或法院判決確定者，應即依其結果辦理登記。

第 11 條　第十七條至第二十六條、第三十二條及第三十三條規定之土地，有下列情形之一者，除公共設施用地外，由直轄市或縣（市）主管機關代為標售：

一、屆期無人申報或申請登記。

二、經申報或申請登記而被駁回，且屆期未提起訴願或訴請法院裁判。

三、經訴願決定或法院裁判駁回確定。

前項情形，相關權利人有正當理由者，得申請暫緩代為標售。

前二項代為標售之程序、暫緩代為標售之要件及期限、底價訂定及其他應遵行事項之辦法，由中央主管機關定之。

第 12 條　依前條規定代為標售之土地，其優先購買權人及優先順序如下：

一、地上權人、典權人、永佃權人、農育權人。

二、基地或耕地承租人。

三、共有土地之他共有人。

四、本條例施行前已占有達十年以上，至標售時仍繼續為該土地之占有人。

前項第一款優先購買權之順序，以登記之先後定之。

第 13 條　直轄市或縣（市）主管機關代為標售土地前，應公告三個月。

前項公告，應載明前條之優先購買權意旨，並以公告代替對優先購買權人之通知。優先購買權人未於決標後十日內以書面為承買之意思表示者，視為放棄其優先購買權。

第 14 條　直轄市或縣（市）主管機關應於國庫設立地籍清理土地權利價金保管款專戶，保管代為標售或代為讓售土地之價金。

直轄市或縣（市）主管機關應將代為標售或代為讓售土地價金，扣除百分之五行政處理費用、千分之五地籍清理獎金及應納稅賦後，以其餘額儲存於前項保管款專戶。

權利人自專戶儲存之保管款儲存之日起十年內，得檢附證明文件向直轄市或縣（市）主管機關申請發給土地價金；經審查無誤，公告三個月，期滿無人異議時，按代為標售或代為讓售土地之價金扣除前項應納稅賦後之餘額，並加計儲存於保管款專戶之實收利息發給之。

前項權利人已死亡者，除第十九條及第二十六條規定之土地外，得由部分繼承人於前項申請期限內按其應繼分申請發給土地價金。

第三項期間屆滿後，專戶儲存之保管款經結算如有賸餘，歸屬國庫。

地籍清理土地權利價金保管款之儲存、保管、繳庫等事項及地籍清理獎金之分配、核發等事項之辦法，由中央主管機關定之。

第 15 條　依第十一條規定代爲標售之土地，經二次標售而未完成標售者，由直轄市或縣（市）主管機關囑託登記爲國有。

前項登記爲國有之土地，權利人自登記完畢之日起十年內，得檢附證明文件向直轄市或縣（市）主管機關申請發還原登記名義人全部權利範圍之土地；經審查無誤，公告三個月，期滿無人異議時，囑託登記爲權利人所有。

前項應發還土地之權利人已死亡者，除第十九條及第二十六條規定之土地外，得由部分繼承人申請發還，登記爲全體繼承人所有。

依前二項規定發還土地，國有財產管理機關得請求權利人返還其爲管理土地所支出之必要費用。

第二項所稱權利人，指第十七條第二項所定之原權利人、第二十四條第一項第一款所定之法人或第二款所定之現會員或信徒、第三十二條所規範之登記名義人或其法定繼承人。

第 15-1 條　前條第二項應發還之土地已爲公用財產、處分或有其他無法發還之情事者，直轄市或縣（市）主管機關應依該土地最後一次標售底價扣除應納稅賦後之餘額，並加計自登記國有之日起儲存於保管款專戶之應收利息發給權利人土地價金。但該土地因不可抗力滅失致無法發還者，不發給價金。

前項所需價金，由地籍清理土地權利價金保管款支應；不足者，由國庫支應。

第一項應發給土地價金之權利人已死亡者，除第十九條及第二十六條規定之土地外，主管機關得按部分繼承人之應繼分發給土地價金。

第 16 條　第十四條第三項及第十五條第二項公告期間異議之處理，準用第九條規定辦理。

第二章　日據時期會社或組合名義登記土地之清理

第 17 條　以日據時期會社或組合名義登記之土地，原權利人或其繼承人應於申請登記期間內提出有關股權或出資比例之證明文件，向該管登記機關申請更正登記爲原權利人所有。

前項所稱原權利人，指中華民國三十四年十月二十四日爲股東或組合員，或其全體法定繼承人者。但股東或組合員爲日本人者，以中華民國爲原權利人。

第 18 條　前條規定之土地，依下列方式處理：

一、原權利人及其股權或出資比例已確知者，依各該原權利人之股權或出資比例登記爲分別共有。

二、原權利人之股權或出資比例全部或部分不明者，原權利人或其繼承人應就不明部分之土地權利協議其應有部分，協議不成者，其應有部分登記爲均等。

三、原權利人及其股權或出資比例全部或部分不明者，其不明部分之土地權利依第十一條第一項規定辦理。

原權利人中有前條第二項但書情形者，應依該日本人之股權或出資比例登記爲國有。

第三章　神明會名義登記土地之清理

第 19 條　神明會土地，應由神明會管理人或三分之一以上會員或信徒推舉之代表一人，於申報期間內檢附下列文件，向土地所在地之直轄市或縣（市）主管機關申報：

一、申報書。

二、神明會沿革及原始規約。無原始規約者，得以該神明會成立時組織成員或出資證明代替。

三、現會員或信徒名冊、會員或信徒系統表及會員或信徒全部戶籍謄本。

四、土地登記謄本及土地清冊。

五、其他有關文件。

前項申報有二人以上者，直轄市、縣（市）主管機關應通知當事人於三個月內協調以一人申報，逾期協調不成者，由直轄市、縣

（市）主管機關通知當事人於一個月內向法院提起確認之訴，並陳報直轄市、縣（市）主管機關，直轄市、縣（市）主管機關應依法院確定判決辦理；屆期未起訴者，均予駁回。

神明會土地位在不同直轄市或縣（市）者，應向該神明會土地面積最大之直轄市或縣（市）主管機關申報；受理申報之主管機關應通知神明會其他土地所在之主管機關會同審查。

第 20 條　神明會依前條規定所爲之申報，直轄市或縣（市）主管機關於審查無誤後，應於土地所在地之鄉（鎮、市、區）公所、村里辦公處公告及陳列會員或信徒名冊、系統表及土地清冊，期間爲三個月，並將公告文副本及現會員或信徒名冊、系統表、不動產清冊交由申報人於公告之日起刊登新聞紙或新聞電子報連續三日，並於直轄市、縣（市）主管機關及公所電腦網站刊登公告文三十日。

權利關係人於前項公告期間內，得以書面向該管直轄市或縣（市）主管機關提出異議，並檢附證明文件。

前項異議涉及土地權利爭執時，準用第九條規定辦理。

第 21 條　神明會依第十九條第一項規定所爲之申報，其應檢附之文件有不全者，直轄市或縣（市）主管機關應通知申報人於六個月內補正；不能補正或屆期未補正者，駁回之。

第 22 條　神明會依第十九條第一項規定所爲之申報，於公告期滿無人異議或經調處成立或法院判決確定者，直轄市或縣（市）主管機關應即將神明會現會員或信徒名冊、系統表及土地清冊予以驗印後發還申報人，並通知登記機關。

第 23 條　神明會現會員或信徒名冊或土地清冊經直轄市或縣（市）主管機關驗印後，有變動、漏列或誤列者，神明會之管理人、會員、信徒或利害關係人得檢具會員或信徒過半數同意書，敘明理由，並檢附相關文件，申請更正。但因繼承而變動者，免檢具會員或信徒過半數同意書。

直轄市或縣（市）主管機關受理前項申請，經審查無誤後，應即公告三十日並通知登記機關，如無異議，更正現會員或信徒名冊或土地清冊，更正完成並通知登記機關。

前項異議涉及土地權利爭執時，準用第九條規定辦理。

第 24 條　申報人於收到直轄市或縣（市）主管機關驗印之神明會現會員或信徒名冊、系統表及土地清冊後，應於三年內依下列方式之一辦理：

一、經會員或信徒過半數書面同意依法成立法人者，申請神明會土地更名登記爲該法人所有。

二、依規約或經會員或信徒過半數書面同意，申請神明會土地登記爲現會員或信徒分別共有或個別所有。

申報人未依前項規定辦理者，由直轄市或縣（市）主管機關逕依現會員或信徒名冊，囑託該管土地登記機關均分登記爲現會員或信徒分別共有。

第 25 條　本條例施行前已依有關法令清理之神明會土地，於本條例施行後仍以神明會名義登記者，應自本條例施行之日起三年內，依前條第一項規定辦理；屆期未辦理者，由直轄市或縣（市）主管機關依前條第二項規定辦理。

第 26 條　本條例施行前以神明會以外名義登記之土地，具有神明會之性質及事實，經申報人出具已知過半數現會員或信徒願意以神明會案件辦理之同意書或其他證明文件足以認定者，準用本章之規定。

第四章　所有權以外土地權利之清理

第 27 條　土地權利，於中華民國三十八年十二月三十一日以前登記，並有下列各款情形之一者，由登記機關公告三個月，期滿無人異議，逕爲塗銷登記：

一、以典權或臨時典權登記之不動產質權。

二、耕權。

三、賃借權。

四、其他非以法定不動產物權名稱登記。

前項公告期間異議之處理，準用第九條規定辦理。

第 28 條　中華民國三十八年十二月三十一日以前登記之抵押權，土地所有權人得申請塗銷登記，由登記機關公告三個月，期滿無人異議，塗銷之。

前項公告期間異議之處理，準用第九條規定辦理。

因第一項塗銷登記致抵押權人受有損害者，由土地所有權人負損害賠償責任。

第 29 條　中華民國四十五年十二月三十一日以前登記之地上權，未定有期限，且其權利人住所不詳或行蹤不明，而其土地上無建築改良物或其他工作物者，土地所有權人得申請塗銷登記，由登記機關公告三個月，期滿無人異議，塗銷之。

前項公告期間異議之處理，準用第九條規定辦理。

因第一項塗銷登記致地上權人受有損害者，由土地所有權人負損害賠償責任。

第五章　限制登記及土地權利不詳之清理

第 30 條　中華民國三十四年十月二十四日以前之查封、假扣押、假處分登記，土地所有權人得申請塗銷登記；經登記機關公告三個月，期滿無人異議者，塗銷之。

前項公告期間異議之處理，準用第九條規定辦理。

因第一項塗銷登記致債權人受有損害者，由土地所有權人負損害賠償責任。

第 31 條　共有土地，各共有人登記之權利範圍合計不等於一，除依原始登記原因證明文件或其他足資證明之資料，得由登記機關逕爲辦理更正登記者外，得經權利範圍錯誤之共有人過半數及其應有部分合計過半數之同意，由共有人之一，於申請登記期間內，申請更正登記。

未依前項規定申請更正登記者，由登記機關依各相關共有人登記之權利範圍比例計算新權利範圍，逕爲更正登記。

依前二項規定辦理更正登記，無須經他項權利人之同意，且不受限制登記之影響。

第31-1條　土地總登記時登記名義人登記之所有權權利範圍空白且現仍空白者，除依原始登記原因證明文件或其他足資證明之資料，得由登記機關逕爲辦理更正登記者外，由權利人於申請登記期間內，申請更正登記。

前項權利人爲數人者，得經權利人過半數之同意，由權利人之一，申請更正登記。

未依前二項規定申請權利範圍空白之更正登記者，由登記機關依下列原則計算新權利範圍，並公告三個月，期滿無人異議，逕爲更正登記：

一、登記名義人爲一人者，爲該權利範圍空白部分之全部。

二、登記名義人爲數人者，按其人數均分該權利範圍空白部分。

前項所稱權利範圍空白部分，爲權利範圍全部扣除已有登記權利範圍部分之餘額。

第三項公告期間異議之處理，準用第九條規定辦理。

依第一項至第三項規定辦理更正登記，無須經他項權利人之同意，且不受限制登記之影響。

第 32 條　已登記之土地權利，除第十七條至第二十六條及第三十三條規定之情形外，土地總登記時或金門、馬祖地區實施戰地政務終止前，登記名義人之姓名、名稱或住址記載不全或不符者，土地權利人或利害關係人應於申請登記期間內檢附證明文件，申請更正登記。

第 33 條　非以自然人、法人或依法登記之募建寺廟名義登記之土地權利，除第十七條至第二十六條、第三十五條及登記名義人爲祭祀公業或具有祭祀公業性質及事實者之情形外，利害關係人應於申請登記期間內檢附足資證明文件，申請更正登記。

第六章　寺廟或宗教團體土地之清理

第 34 條　原以寺廟或宗教團體名義登記，於中華民國三十四年十月二十四日前改以他人名義登記之土地，自始爲該寺廟或宗教團體管理、使用或收益者，經登記名義人或其繼承人同意，由該寺廟或宗教團體於申報期間內，檢附證明文件向土地所在地直轄市或縣（市）主管機關申報發給證明書；並於領得證明書後三十日內，向該管登記機關申請更名登記。

依前項規定申報發給證明書之寺廟或宗教團體，於申報時應爲適用監督寺廟條例之寺廟或法人。

第一項登記名義人爲數人者，以共有人過半數及其應有部分合計過半數之同意行之。

第一項登記名義人爲行蹤不明或住址資料記載不全之自然人；或爲未依第十七條規定申請更正之會社或組合，且無股東或組合員名冊者，得由該寺廟或宗教團體檢附相關證明文件，並切結眞正權利人主張權利時，該寺廟或宗教團體願負返還及法律責任後申報。

第一項登記名義人爲法人或非法人團體者，其行使同意權後，應報經其目的事業主管機關備查。

第 35 條　以神祇、未依法登記之寺廟或宗教團體名義登記之土地，能證明登記名義人與適用監督寺廟條例之寺廟或宗教性質之法人確係同一主體者，由該寺廟或宗教性質之法人於申報期間內，檢附證明文件，向土地所在地之直轄市或縣（市）主管機關申報發給證明書；並於領得證明書後三十日內，向該管登記機關申請更名登記。

第 36 條　直轄市或縣（市）主管機關依前二條規定受理申報後，應依下列程序辦理：

一、經審查無誤，應即公告三個月。

二、公告期滿無人異議、經調處成立或法院判決確定者，應即發給證明書，並通知登記機關。

前項審查及公告期間異議之處理，準用第六條、第七條及第九條規定辦理。

第 37 條　以神祇、未依法登記之寺廟或宗教團體名義登記之土地，現爲適用監督寺廟條例之寺廟或宗教性質之法人使用，未能證明登記名義人與現使用之寺廟或宗教性質之法人確係同一主體者，得由使用該土地之寺廟或宗教性質之法人於申報期間內，向土地所在地之直轄市或縣（市）主管機關，按當期公告土地現值，申請代爲讓售予該寺廟或宗教性質之法人。

第 38 條　直轄市或縣（市）主管機關依前條規定受理土地申購後，應依下列規定辦理：

一、經審查無誤，應即公告三個月。

二、公告期滿無人異議、經調處成立或法院判決確定者，應即通知申購土地之寺廟或宗教性質之法人限期繳納價款。

三、價款繳清後，應發給土地權利移轉證明書，並通知登記機關。

前項審查及公告期間異議之處理，準用第六條、第七條及第九條規定辦理。

第 39 條　日據時期經移轉爲寺廟或宗教團體所有，而未辦理移轉登記或移轉後爲日本政府沒入，於本條例施行時登記爲公有之土地，自日據時期即爲該寺廟或宗教團體管理、使用或收益，且該寺廟爲適用監督寺廟條例之寺廟，該宗教團體爲已依法登記之法人者，得由該寺廟或宗教性質之法人於申報期間內，向土地管理機關就其實際管理、使用或收益範圍，申請贈與之；其申請贈與之資格、程序、應附文件、審查、受贈土地使用處分之限制及其他應遵行事項之辦法，由行政院定之。

依前項規定申請贈與之土地，以非屬公共設施用地爲限。

依第一項規定辦理之土地，免受土地法第二十五條規定之限制。

第七章　附則

第 40 條　辦理地籍清理所需經費，除本條例另有規定外，由中央主管機關編列預算支應。

第 41 條　已登記建築改良物權利之清理，準用本條例之規定。

第 42 條　本條例施行細則，由中央主管機關定之。

第 43 條　本條例施行日期，由行政院定之。

本條例修正條文自公布日施行。

附錄四　時效取得地上權登記審查要點

1. 民國99年12月29日內政部令修正發布全文17點；並自即日生效
2. 民國102年9月6日內政部令修正發布第5、7點；並自即日生效

第 1 點　占有人申請時效取得地上權登記，應合於民法有關時效取得之規定，並依土地登記規則第一百十八條辦理。

第 2 點　占有人就土地之全部或一部申請時效取得地上權登記時，應先就占有範圍申請測繪位置圖。

第 3 點　占有人占有土地有下列情形之一者，不得申請時效取得地上權登記：

（一）屬土地法第十四條第一項規定不得私有之土地。

（二）使用違反土地使用管制法令者。

（三）屬農業發展條例第三條第十一款所稱之耕地。

（四）其他依法律規定不得主張時效取得者。

第 4 點　占有人占有之始，須有意思能力。如爲占有之移轉，具有權利能力者得爲占有之主體。

第 5 點　以戶籍證明文件爲占有事實證明申請登記者，如戶籍有他遷記載時，占有人應另提占有土地四鄰之證明書或公證書等文件。

第 6 點　占有土地四鄰之證明人，於占有人開始占有時及申請登記時，需繼續爲該占有地附近土地之使用人、所有權人或房屋居住者，且於占有人占有之始有行爲能力。

數人占有同筆土地，各占有人間不得互爲占有事實之證明人。

第一項證明人除符合土地登記規則第四十一條第二款、第六款及第十款規定之情形者外，應親自到場，並依同規則第四十條規定程序辦理。

第 7 點　占有人申請登記時，應塡明土地所有權人之現住址及登記簿所載之住址，如土地所有權人死亡者，應塡明其繼承人及該繼承人之現住址，並應檢附土地所有權人或繼承人之戶籍謄本。若確實證明在

客觀上不能查明土地所有權人之住址，或其繼承人之姓名、住址或提出戶籍謄本者，由申請人於登記申請書備註欄切結不能查明之事實。

前項之戶籍謄本，能以電腦處理達成查詢者，得免提出。

土地所有權人為祭祀公業、寺廟或神明會，申請書內應載明管理者之姓名、住址。如其管理者已死亡或不明者，應檢附向各該主管機關查復其派下或信徒（會員）申報登錄或管理者備查之文件。如經查復無上開文件者，視為客觀上不能查明管理者之姓名、住址，申請書無須塡明管理者之姓名、住址。

無人承認繼承之土地，應依民法第一千一百七十七條、第一千一百七十八條第二項、臺灣地區與大陸地區人民關係條例第六十七條之一第一項或第六十八條第一項規定選任遺產管理人，並於申請書內塡明遺產管理人之姓名、住址。

第 8 點　占有人占有公有土地申請時效取得地上權登記，無土地法第二十五條之適用。

第 9 點　占有人具備地上權取得時效之要件後，於申請取得地上權登記時，不因占有土地所有權人之移轉或限制登記而受影響。

第 10 點　占有人占有時效之期間悉依其主張，無論二十年或十年，均予受理。

第 11 點　占有人主張與前占有人之占有時間合併計算者，須為前占有人之繼承人或受讓人。

前項所稱受讓人指因法律行為或法律規定而承受前占有人之特定權利義務者。

第 12 點　有下列情形之一者，占有時效中斷：

（一）土地所有權人或管理者，已向占有人收取占有期間損害賠償金，占有人亦已於占有時效日期未完成前繳納。

（二）占有時效未完成前，土地所有權人或管理者對占有人提起排除占有之訴。

（三）占有人有民法第七百七十二條準用第七百七十一條第一項所列取得時效中斷之事由。

第 13 點　登記機關受理時效取得地上權登記案件，經審查無誤後，應即公告三十日，並同時通知土地所有權人或管理者。土地經限制登記者，並應通知囑託機關或預告登記請求權人。

前項面知，應以書面爲之第一項申請登記案件審查結果涉有私權爭執者，應依土地登記規則第五十七條第一項第三款規定以書面敘明理由駁回之。

第 14 點　土地所有權人或管理者得於第十三點規定之公告期間內，檢見證明文件，以書面向該管登記機關提出異議；經審查屬土地權利爭執者，應依土地法第五十九條規定，移送直轄市或縣（市）主管機關調處。

第 15 點　申請時效取得地上權登記案件於登記機關審查中或公告期間，土地所有權人或管理者提出已對申請人之占有向法院提起拆屋還地訴訟或確定判決文件聲明異議時，如登記機關審認占有申請人已符合時效取得要件，因該訴訟非涉地上權登記請求權有無之私權爭執，不能做爲該時效取得地上權登記申請案件准駁之依據，仍應依有關法令規定續予審查或依職權調處；倘土地所有權人提出足以認定申請案有不合時效取得要件之文件聲明異議時，應以依法不應登記爲由駁回其登記申請案件或作爲調處結果。

第 16 點　第一點、第二點、第四點至第七點、第十點及第十一點之規定，於申請時效取得所有權登記時，準用之。

第 17 點　第一點、第二點、第四點、第六點至第十四點之規定，於申請時效取得農育權或不動產役權登記時，準用之。

附錄五　桃園市共有耕地自耕保留部分交換移轉登記清理自治條例

民國105年1月12日桃園市政府令制定公布全文14條；並自公布日施行

第 1 條　爲辦理本市共有耕地自耕保留部分交換移轉登記，並健全地籍管理，特制定本自治條例。

第 2 條　本自治條例所稱共有耕地自耕保留部分（以下簡稱自耕保留部分），係指經政府依實施耕者有其田條例徵收共有出租耕地，其中出租部分因徵收而喪失權利後，自耕保留部分未辦交換移轉登記之耕地。

第 3 條　本市各地政事務所應清查自耕保留部分情形並予造冊報桃園市政府（以下簡稱本府）列管，倘有異動，應報本府備查。

第 4 條　自耕保留部分得由共有人或其繼承人檢附全體共有人或其繼承人同意之協議書，向土地所在地地政事務所申辦自耕保留部分交換移轉登記，經地政事務所審查無誤，報本府核定後，依其協議內容辦理登記。

第 5 條　共有耕地自耕保留部分之清理，依本府訂定執行計畫，由地政事務所依下列程序辦理：

一、審查及調查。

二、公告及通知。

三、異議處理。

四、登記。

第 6 條　地政事務所審查時應向土地所在地區公所或臺灣土地銀行調閱下列文件：

一、原始之租約申請書、耕地三七五租約副本。

二、自耕複查表、業主戶地複查表、佃農承租私有耕地複查表、自耕保留交換清冊。

三、徵收清冊、放領清冊。

四、補償徵收耕地地價結計清單。

五、其他證明文件。

第 7 條　地政事務所審查應注意事項如下：

一、租約之有無不明者，依耕地租佃委員會調解或調處成立、司法確定裁判或符合土地法第一百零六條規定，而以出租論之耕地案件為準。

二、出租共有人之認定發生困難時，除查閱共有人連名簿外，得請該管稅捐稽徵機關提供課徵土地稅之財產資料以資佐證。

三、自耕保留部分分管事實之認定，應依實施耕者有其田徵收放領原始資料為準或依其分管契約書、原始契約書或該耕地之四鄰證明為佐證資料。

四、自耕保留部分共有人之應有部分及出租共有人之徵收應有部分如有疑義，或原始徵收放領資料難以認定時，得實地調查之。

五、應有部分參考計算方式如附表公式。

第 8 條　地政事務所於審查或實地調查後，應將其結果公告三個月，並以書面通知全體共有人或其繼承人。

前項確實無法查明自耕保留情形者，應按現行登記簿資料公告三個月，並以書面通知全體共有人或其繼承人。

第 9 條　地政事務所依前條所為通知及公告，依下列規定辦理：

一、應按自耕保留地土地登記簿記載各共有人姓名、住所。但住所不明時，應查閱地價申報單、地價冊等資料，或洽稅捐稽徵機關、戶政事務所查明詳細住所後以書面通知。

二、通知應依行政程序法送達相關規定辦理。

三、公告應揭示於土地所在地之地政事務所、本府公告欄及區公所。

四、通知或公告之內容應敘明受通知人姓名、住所、土地標示、權利內容、提出異議之方式與期限及其他有關事項。

五、共有人已死亡者，應以其全體繼承人為通知或公告之對象。

第 10 條　共有人不同意審查結果者，應於公告期間內檢具證明文件，以書面向土地所在地地政事務所提出異議。

各共有人均無異議者，該管地政事務所應於公告期滿報本府核定後，辦理自耕保留部分交換移轉登記。

第 11 條　依前條規定期限提出異議者，土地所在地地政事務所應訂期以書面通知共有人及其繼承人進行協議。協議成立者，依協議結果報本府核定後，以其協議內容辦理登記。

前項協議未成立者，由土地所在地地政事務所報請本府調處。不服調處結果者，應於收到調處結果通知後十五日內，訴請司法機關裁判，並於七日內將訴狀繕本送本府，逾期不起訴者，依原調處結果辦理登記。

本府應設立自耕保留交換調處會辦理前項調處，其設置規定由本府另定之。

第 12 條　自耕保留部分交換移轉登記之有關登記程序，依土地登記規則及有關規定辦理，並以自耕保留地交換移轉登記爲登記事由、自耕保留地持分交換爲登記原因。

辦竣移轉登記後，應發給土地所有權狀；其原發書狀未提出者，逕爲公告註銷。

第 13 條　附帶徵收放領保留部分之土地，準用本自治條例之規定。

第 14 條　本自治條例自公布日施行。

附錄六 ｜ 耕地三七五租約清理要點

民國91年6月18日內政部令修正發布第2、3、10、11、15、16點

第 1 點　耕地租約之清理，除依耕地三七五減租條例、省（市）耕地租約登記辦法外，依本要點行之。

第 2 點　爲清理已登記之耕地租約，鄉（鎮、市、區）公所辦理租約登記前，應查明租佃關係是否存在，及其出租人、承租人、租佃土地標示等各項情形，以爲清理租約之參考。

第 3 點　耕地租約之訂立、續訂、變更、終止、註銷或更正，由出租人會同承租人申請登記，當事人一方不會同他方申請時，得由他方陳明理由，單獨申請登記。

鄉（鎮、市、區）公所受理由當事人之一方單獨申請登記時，應通知他方於接到通知後二十日內提出書面意見，逾期未提出者，視爲同意。

前項登記係依確定判決、訴訟上之和解或調解成立、耕地租佃委員會之調解或調處成立而爲者，免再通知他方。

第 4 點　耕地租約期滿，出租人申請終止租約，而承租人申請繼續承租時，依下列規定處理：

（一）承租人仍繼續耕作，而出租人有耕地三七五減租條例第十九條第一項各款情形之一者，應准承租人續訂租約。

（二）出租人無耕地三七五減租條例第十九條第一項第一款、第二款情形，承租人因出租人收回耕地致失其家庭生活依據者，由鄉（鎮、市、區）公所耕地租佃委員會依申請予以調處。

（三）出租人爲擴大家庭農場經營規模，且無耕地三七五減租條例第十九條第一項第一款、第三款情形之一者，得收回與其自耕地同一或鄰近地段內之耕地自耕，不受同條項第二款規定限制。

（四）出租人無耕地三七五減租條例第十九條第一項第一款、第二

款情形，而承租人不因出租人收回耕地，失其家庭生活依據，准由出租人收回自耕。

第 5 點　耕地租約期滿，出租人未申請終止租約，而承租人申請繼續承租，並有繼續耕作之事實者，應准續訂租約。

第 6 點　耕地租約期滿，承租人未申請繼續承租，而出租人申請終止租約者，依左列規定處理：

（一）出租人無耕地三七五減租條例第十九條第一項第一款情形者，准予辦理終止租約登記。

（二）出租人有耕地三七五減租條例第十九條第一項第一款情形者，鄉（鎮、市、區）公所應以書面通知承租人於十日內以書面表示是否願意續租，如1承租人於限期內表示願繼續承租，並經查明其有耕作之事實者，應准續訂租約；2承租人逾期不爲表示，而又無繼續耕作之事實者，視爲不願續訂租約，准予辦理終止租約登記。

第 7 點　出租人、承租人依本要點第四、五、六點規定申請終止或續訂租約登記時，應於耕地租約期滿翌日起四十五日內爲之。

出租人、承租人於前項期間內，均未提出申請時，鄉（鎮、市、區）公所應逕爲辦理租約註銷登記，將登記結果公告三十日，並以書面通知出租人、承租人。

第 8 點　耕地租約期滿出租耕地爲祭祀公業、神明會、法人等及其他非自然人所有者，不得依耕地三七五減租條例第十九條規定申請收回自耕。但耕地租約如有同條例第十七條第一項各款情形之一，或承租人表示不願繼續承租者，准予辦理終止租約登記。

第 9 點　耕地租約有左列情形之一，出租人、承租人申請終止租約，經查明屬實者，准予辦理租約終止或註銷登記。

（一）承租人死亡而無繼承人時。

（二）承租人放棄耕作權（承租權）時。

（三）承租人積欠地租達兩年之總額，經出租人依民法第四百四十條第一項規定催告，仍未依限期支付者。

（四）承租人非因不可抗力繼續一年不爲耕作時。

（五）出租耕地全部經依法編定或變更爲非耕地使用時。

（六）出租耕地全部經出租人收回者。

（七）承租人將承租耕地轉租於他人者。

第 10 點　耕地租約有下列各款情形之一者，應為租約變更登記：

（一）出租人將耕地之一部或全部轉讓或出典與第三人者。

（二）出租人死亡，由繼承人繼承者。

（三）承租人死亡，由繼承人繼承承租權者。

（四）耕地之一部已由出租人收回者。

（五）耕地已分戶分耕者。

（六）耕地經分割、合併或其他標示變更者。

（七）耕地之一部已由承租人承買或承典者。

（八）耕地之一部滅失者。

（九）耕地之一部變更為非耕地使用者。

（十）耕地因實施土地重劃、地籍圖重測變動者。

（十一）耕地之一部經政府徵收或收購者。

（十二）其他租約內容變更之情事。

鄉（鎮、市、區）公所依前項第三款辦理租約變更登記時，非現耕之繼承人未拋棄其繼承權，亦不能按應繼分將耕地承租權分歸現耕繼承人繼承時，可由現耕繼承人具結辦理租約變更登記。

耕地租約經查明有第一項各款情形之一，而出租人、承租人未於六個月內申請登記者，鄉（鎮、市、區）公所應即通知出租人、承租人於二十日內申請租約變更登記，逾期未申請者，由鄉（鎮、市、區）公所逕為租約變更登記，將登記結果公告三十日以書面通知雙方當事人。

第 11 點　耕地租約經查明有下列情形之一，而出租人、承租人未申請登記者，鄉（鎮、市、區）公所應通知出、承租人。出租人、承租人於接到通知後二十日內未提出異議者，即逕為租約註銷登記，並將登記結果以書面通知雙方當事人。

（一）耕地全部經政府徵收或收購者。

（二）耕地全部經承租人承買或承典者。

（三）耕地已全部變更為公共設施或建築使用者。

（四）耕地已全部滅失者。

（五）已無租佃事實者。

第 12 點　耕地租約有左列各款情形之 者，鄉（鎮、市、區）公所應即通知出租人、承租人於三個月內會同辦理更正，或由一方檢具證明文件單獨申請更正：

（一）租約上未詳載各筆租佃土地地號者。
（二）租約上所載租佃土地爲一筆土地之部分，無法確定其範圍者。
（三）其他租佃土地標示不明確之情形者。

耕地租約有前項各款情形之一，如出租人、承租人無法確定，或數承租人間有所爭議時，應向地政事務所申請勘測，以確定租佃土地標示，並申請更正登記。

第 13 點　依本要點清理租約所爲之公告地點如左：
（一）土地所在地鄉（鎮、市、區）公所公告欄。
（二）土地所在地村、里辦公處公告欄。

第 14 點　因清理租約所爲耕地租約之訂立、續訂、變更、終止、註銷或更正登記，出租人、承租人間發生爭議時，依耕地三七五減租條例第二十六條規定處理。但鄉（鎮、市、區）公所就同條例第十九條所爲耕地准否收回自耕之核定與調處，當事人如有不服，得依訴願法規定提起訴願。

第 15 點　依本要點清理租約，鄉（鎮、市、區）公所使用之租約登記簿格式，應由內政部或直轄市政府予以修訂，以利租約管理。

鄉（鎮、市、區）公所於清理租約時，除保存原租約登記簿外，應將原租約登記簿有效部分，轉載於新租約登記簿上，俾便辦理各項租約登記。

第 16 點　依本要點清理租約之清理計畫及清理、登記所需各項書、表格式，由內政部或直轄市政府訂定之。

第 17 點　各鄉（鎮、市、區）公所依本要點清理租約所應辦理事項，於未設置區公所之省轄市，由市政府辦理之。

法令依據：

依據耕地三七五減租條例（以下簡稱減租條例）第五條、第十九條、第二十條、臺灣省耕地租約登記辦法第七條與第十條、臺北市耕地租約登記辦法第十二條、高雄市耕地租約登記自治條例第十五條、行政程序法、內政部相關函釋及耕地三七五租約清理要點（以下簡稱清理要點）等規定辦理。

附錄七｜臺灣省耕地租約登記辦法

1. 民國89年4月26日內政部令訂定發布全文13條；並自發布日起施行
2. 民國102年11月7日內政部令修正發布第3條條文；並增訂第12-1條條文

第 1 條　本辦法依耕地三七五減租條例（以下簡稱本條例）第六條第二項規定訂定之。

第 2 條　耕地租約之訂立、變更、終止或換訂登記，應由出租人會同承租人於登記原因發生日起三十日內，向當地鄉（鎮、市、區）公所申請。

前項租約登記，出租人或承租人不會同申請時，得由一方敘明理由，檢附相關證明文件，單獨申請登記，除有下列情事之一者得逕行登記外，鄉（鎮、市、區）公所應通知他方於接到通知之日起二十日內提出書面意見，逾期未提出者，由該管鄉（鎮、市、區）公所逕行登記：

一、經判決確定者。

二、經訴訟上和解或調解成立者。

三、經耕地租佃委員會調解或調處成立者。

四、出租人死亡，其繼承人辦竣繼承登記者。

五、耕地經逕爲標示變更登記者。

六、耕地之一部經政府機關徵收，並辦竣所有權登記者。

前項受通知之他方提出異議，且其異議屬耕地租佃爭議者，依本條例第二十六條規定處理。

第 3 條　申請耕地租約訂立或換訂登記者，應塡具申請書，並檢具下列證明文件：

申請耕地租約訂立或換訂登記者，應塡具申請書，並檢具下列證明文件：

一、租約正本二份、副本一份。

二、承租人自任耕作切結書一份。

三、土地登記簿謄本一份。
四、出租人及承租人之戶口名簿或國民身分證影本一份。
五、土地使用分區證明書一份。
前項第五款所附之土地使用分區證明書，應以證明符合農業發展條例第三條第十一款規定之耕地爲限。
承租一宗耕地之一部者，並應提出地籍圖謄本及承租位置圖一式三份。

第 4 條　耕地租約有下列情形之一者，應申請租約變更登記：
一、出租人將耕地之一部或全部轉讓或出典與第三人者。
二、出租人死亡，由繼承人繼承其出租耕地者。
三、承租人死亡，由現耕繼承人繼承承租權者。
四、出租人收回耕地之一部者。
五、承租人承買或承典耕地之一部者。
六、承租人分戶分耕耕地者。
七、耕地經分割、合併或其他標示變更者。
八、耕地之一部滅失者。
九、耕地之一部經依法編定或變更爲非耕地使用者。
十、耕地之一部經政府機關徵收者。
十一、承租人放棄其耕作權之一部者。
十二、其他租約內容變更之情形。
耕地租約如經鄉（鎮、市、區）公所查明有前項各款情形之一，出租人、承租人未於六個月內申請租約變更登記者，鄉（鎮、市、區）公所應通知出租人、承租人於接到通知之日起二十日內申請租約變更登記，逾期未申請者，由該管鄉（鎮、市、區）公所逕行登記，並通知出租人及承租人。

第 5 條　申請租約變更登記者，應塡具申請書，提出原租約外，並依下列規定檢具證明文件：
一、依前條第一項第一款、第二款、第五款、第七款、第八款或第十款申請者，應檢具土地登記簿謄本一份。
二、依前條第一項第三款申請者，應由現耕繼承人檢具現耕切結書、繼承系統表、非現耕繼承人繼承權拋棄證明文件、承租人死亡時之戶籍謄本及繼承人戶籍謄本各一份。
三、依前條第一項第四款或第九款申請者，應檢具主管機關核發之證明文件一份。

四、依前條第一項第六款申請者，應檢具分戶分耕契約書、分耕位置圖、土地登記簿謄本、地籍圖謄本、承租人戶口名簿及自任耕作切結書各一份。

五、依前條第一項第十一款申請者，應檢具承租人部分耕作權放棄書一份、地籍圖謄本及租佃位置圖各三份。

六、依前條第一項第十二款申請者，應檢具有關證明文件一份。

前項第二款規定之繼承權拋棄證明文件，於現耕繼承人與非現耕繼承人共同繼承，而該非現耕繼承人未拋棄繼承權，且未能按應繼分將耕地承租權分歸現耕繼承人繼承時，得由現耕繼承人檢具非現耕繼承人出具之同意書辦理；非現耕繼承人未能出具同意書時，得由現耕繼承人出具切結書，具結如其他繼承人將來對該承租權之繼承有所爭議時，願負法律責任後辦理。

第 6 條　依本條例第十七條第一項各款終止租約者，應爲租約終止之登記。

申請租約終止登記者，應塡具申請書，提出原租約外，並依下列規定，檢具證明文件：

一、依本條例第十七條第一項第一款申請者，應檢具承租人死亡時無繼承人之戶籍謄本一份。

二、依本條例第十七條第一項第二款申請者，應檢具承租人耕作權放棄書一份。

三、依本條例第十七條第一項第三款申請者，應檢具欠租催告書、逾期不繳地租終止租約通知書及送達證明文件各一份，或耕地租佃委員會調解、調處成立證明文件，或法院確定判決書一份。

四、依本條例第十七條第一項第四款申請者，應檢具承租人非因不可抗力繼續一年不爲耕作之證明一份。

五、依本條例第十七條第一項第五款申請者，應檢具土地使用分區證明書、終止租約意思表示送達證明文件、土地登記簿謄本及與當事人達成協議補償或向法院提存補償之證明文件各一份。

第 7 條　耕地租約租期屆滿，除出租人依本條例收回自耕外，如承租人願繼續承租，並有繼續耕作之事實者，應申請租約續訂登記。

第 8 條　申請租約續訂登記者，應塡具申請書，並檢具原租約。

第 9 條　鄉（鎮、市、區）公所辦理耕地租約登記，免收費用。

第 10 條　鄉（鎮、市、區）公所受理耕地租約登記之申請，應於受理日起十日內審查完竣，將審查及登記結果通知雙方當事人，並報請縣（市）政府備查。

前項登記應登載於登記簿，並依下列規定辦理後，將租約發還申請人：

一、租約訂立或換訂登記，應在租約加蓋鄉（鎮、市、區）公所印信。

二、租約變更登記，應在原租約後加貼附表，將變更內容予以註記。

三、租約終止登記，應在租約加蓋終止之戳記。

四、租約續訂登記，應在租約加蓋續訂之戳記。

第 11 條　耕地租約經依法終止、出租耕地經政府全部徵收並辦竣所有權移轉登記、出租人收回自耕、承租人受讓全部出租耕地、租佃關係消滅或耕地全部滅失並辦竣滅失登記者，由鄉（鎮、市、區）公所將租約登記簿租約登記事項予以註銷，報請縣（市）政府備查。

第 12 條　本辦法所需之書表格式，由內政部定之。

第12-1條　依本辦法規定應檢附之資料，得以電腦查詢者，申請人免予提出。

第 13 條　本辦法自發布日施行。

附錄八 | 土地登記規則

民國110年7月13日內政部令修正發布第31、35～37、41、47、53、54、65、67、123、126、137、146、155條條文；增訂第70-1～70-7條條文及第三章第五節；並自110年8月1日施行

第一章　總則

第 1 條　本規則依土地法第三十七條第二項規定訂定之。

第 2 條　土地登記，謂土地及建築改良物（以下簡稱建物）之所有權與他項權利之登記。

第 3 條　土地登記，由土地所在地之直轄市、縣（市）地政機關辦理之。但該直轄市、縣（市）地政機關在轄區內另設或分設登記機關者，由該土地所在地之登記機關辦理之。

建物跨越二個以上登記機關轄區者，由該建物門牌所屬之登記機關辦理之。

直轄市、縣（市）地政機關已在轄區內另設或分設登記機關，且登記項目已實施跨登記機關登記者，得由同直轄市、縣（市）內其他登記機關辦理之。

經中央地政機關公告實施跨直轄市、縣（市）申請土地登記之登記項目，得由全國任一登記機關辦理之。

第 4 條　下列土地權利之取得、設定、移轉、喪失或變更，應辦理登記：

一、所有權。

二、地上權。

三、中華民國九十九年八月三日前發生之永佃權。

四、不動產役權。

五、典權。

六、抵押權。

七、耕作權。

八、農育權。

九、依習慣形成之物權。

土地權利名稱與前項第一款至第八款名稱不符，而其性質與其中之一種相同或相類者，經中央地政機關審定為前項第一款至第八款中之某種權利，得以該權利辦理登記，並添註其原有名稱。

第 5 條　土地登記得以電腦處理，其處理之系統規範由中央地政機關定之。

土地登記以電腦處理者，其處理方式及登記書表簿冊圖狀格式，得因應需要於系統規範中另定之。

第 6 條　土地權利經登記機關依本規則登記於登記簿，並校對完竣，加蓋登簿及校對人員名章後，為登記完畢。

土地登記以電腦處理者，經依系統規範登錄、校對，並異動地籍主檔完竣後，為登記完畢。

第 7 條　依本規則登記之土地權利，除本規則另有規定外，非經法院判決塗銷確定，登記機關不得為塗銷登記。

第 8 條　主登記，指土地權利於登記簿上獨立存在之登記；附記登記，指附屬於主登記之登記。

主登記之次序，應依登記之先後。附記登記之次序，應依主登記之次序。但附記登記各依其先後。

第 9 條　同一土地為他項權利登記時，其權利次序，除法律另有規定外，應依登記之先後。但於土地總登記期限內申請登記者，依其原設定之先後。

第 10 條　土地上已有建物者，應於土地所有權完成總登記後，始得為建物所有權登記。

第 11 條　未經登記所有權之土地，除法律或本規則另有規定外，不得為他項權利登記或限制登記。

第 12 條　登記原因證明文件為依法與法院確定判決有同一效力者，於第二十七條第四款、第三十條第一款、第三十五條第三款、第一百條、第一百十九條第五項、第一百四十一條第一項第二款及第二項之規定準用之。

第 13 條　土地法第六十八條第一項及第六十九條所稱登記錯誤，係指登記事項與登記原因證明文件所載之內容不符者；所稱遺漏，係指應登記事項而漏未登記者。

第二章　登記書表簿狀圖冊

第 14 條　登記機關應備下列登記書表簿冊圖狀：
一、登記申請書。
二、登記清冊。
三、契約書。
四、收件簿。
五、土地登記簿及建物登記簿。
六、土地所有權狀及建物所有權狀。
七、他項權利證明書。
八、地籍圖。
九、地籍總歸戶冊（卡）。
十、其他必要之書表簿冊。

第 15 條　收件簿按登記機關、鄉（鎮、市、區）、地段或案件性質設置，依收件之先後次序編號記載之。其封面記明該簿總頁數及起用年月，鈐蓋登記機關印，每頁依次編號，裝訂成冊。

第 16 條　登記簿用紙除第八十一條第二項規定外，應分標示部、所有權部及他項權利部，依次排列分別註明頁次，並於標示部用紙記明各部用紙之頁數。

第 17 條　登記簿就登記機關轄區情形按鄉（鎮、市、區）或地段登記之，並應於簿面標明某鄉（鎮、市、區）某地段土地或建物登記簿冊次及起止地號或建號，裏面各頁蓋土地登記之章。
同一地段經分編二冊以上登記簿時，其記載方式與前項同。

第 18 條　登記簿應按地號或建號順序，採用活頁裝訂之，並於頁首附索引表。

第 19 條　收件簿、登記申請書及其附件，除土地所有權第一次登記案件應永久保存外，應自登記完畢之日起保存十五年。
前項文件之保存及銷毀，由登記機關依檔案法相關規定辦理。

第 20 條　登記簿及地籍圖由登記機關永久保存之。除法律或中央地政機關另有規定或爲避免遭受損害外，不得攜出登記機關。

第 21 條　登記簿滅失時，登記機關應即依土地法施行法第十七條之一規定辦理。

第 22 條　一宗土地之登記簿用紙部分損壞時，登記機關應依原有記載全部予以重造。登記簿用紙全部損壞、滅失或其樣式變更時，登記機關應依原有記載有效部分予以重造。

第 23 條　登記機關應建立地籍資料庫，指定專人管理。其管理事項，由直轄市、縣（市）地政機關定之。

第 24 條　申請閱覽、抄寫、複印或攝影登記申請書及其附件者，以下列之一者為限：

一、原申請案之申請人、代理人。

二、登記名義人。

三、與原申請案有利害關係之人，並提出證明文件。

第24-1條　申請提供土地登記及地價資料，其資料分類及內容如下：

一、第一類：顯示登記名義人全部登記資料。

二、第二類：隱匿登記名義人之出生日期、部分姓名、部分統一編號、債務人及債務額比例、設定義務人及其他依法令規定需隱匿之資料。但限制登記、非自然人之姓名及統一編號，不在此限。

三、第三類：隱匿登記名義人之統一編號、出生日期之資料。

前項第二款資料，得依登記名義人之請求，隱匿部分住址資料。但為權利人之管理人及非自然人，不適用之。

登記名義人或其他依法令得申請者，得申請第一項第一款資料；任何人得申請第一項第二款資料；登記名義人、具有法律上通知義務或權利義務得喪變更關係之利害關係人得申請第一項第三款資料。

土地登記及地價資料之申請提供，委託代理人為之者，準用第三十七條第一項規定。

第 25 條　土地或建物所有權狀及他項權利證明書，應蓋登記機關印信及其首長職銜簽字章，發給權利人。

第三章　登記之申請及處理

第一節　登記之申請

第 26 條　土地登記，除本規則另有規定外，應由權利人及義務人會同申請之。

第 27 條　下列登記由權利人或登記名義人單獨申請之：

一、土地總登記。

二、建物所有權第一次登記。
三、因繼承取得土地權利之登記。
四、因法院、行政執行分署或公正第三人拍定、法院判決確定之登記。
五、標示變更登記。
六、更名或住址變更登記。
七、消滅登記。
八、預告登記或塗銷登記。
九、法定地上權登記。
十、依土地法第十二條第二項規定回復所有權之登記。
十一、依土地法第十七條第二項、第三項、第二十條第三項、第七十三條之一、地籍清理條例第十一條、第三十七條或祭祀公業條例第五十一條規定標售或讓售取得土地之登記。
十二、依土地法第六十九條規定更正之登記。
十三、依土地法第一百三十三條規定取得耕作權或所有權之登記。
十四、依民法第五百十三條第三項規定抵押權之登記。
十五、依民法第七百六十九條、第七百七十條或第七百七十二條規定因時效完成之登記。
十六、依民法第八百二十四條之一第四項規定抵押權之登記。
十七、依民法第八百五十九條之四規定就自己不動產設定不動產役權之登記。
十八、依民法第八百七十條之一規定抵押權人拋棄其抵押權次序之登記。
十九、依民法第九百零六條之一第二項規定抵押權之登記。
二十、依民法第九百十三條第二項、第九百二十三條第二項或第九百二十四條但書規定典權人取得典物所有權之登記。
二十一、依民法第一千一百八十五條規定應屬國庫之登記。
二十二、依直轄市縣（市）不動產糾紛調處委員會設置及調處辦法作成調處結果之登記。
二十三、法人合併之登記。
二十四、其他依法律得單獨申請登記者。

第 28 條　下列各款應由登記機關逕為登記：
一、建物因行政區域調整、門牌整編或基地號因重測、重劃或依法逕爲分割或合併所爲之標示變更登記。
二、依第一百四十三條第三項規定之國有登記。
三、依第一百四十四條規定之塗銷登記。
四、依第一百五十三條規定之住址變更登記。
五、其他依法律得逕爲登記者。
登記機關逕爲登記完畢後，應將登記結果通知登記名義人。但登記機關依登記名義人之申請登記資料而逕爲併案辦理，及因政府機關辦理行政區域調整、門牌整編而逕爲辦理之住址變更或建物標示變更登記，不在此限。

第 29 條　政府機關遇有下列各款情形之一時，得囑託登記機關登記之：
一、因土地徵收或撥用之登記。
二、照價收買土地之登記。
三、因土地重測或重劃確定之登記。
四、依土地法第五十二條規定公有土地之登記。
五、依土地法第五十七條、第六十三條第二項、第七十三條之一第五項或地籍清理條例第十八條第二項規定國有土地之登記。
六、依強制執行法第十一條或行政執行法第二十六條準用強制執行法第十一條規定之登記。
七、依破產法第六十六條規定之登記。
八、依稅捐稽徵法第二十四條第一項規定之登記。
九、依原國民住宅條例施行細則第二十三條第三項規定法定抵押權之設定及塗銷登記。
十、依第一百四十七條但書規定之塗銷登記。
十一、依第一百五十一條規定之公有土地管理機關變更登記。
十二、其他依法規得囑託登記機關登記。

第 30 條　下列各款登記，得代位申請之：
一、登記原因證明文件爲法院確定判決書，其主文載明應由義務人先行辦理登記，而怠於辦理者，得由權利人代位申請之。
二、質權人依民法第九百零六條之一第一項規定辦理土地權利設定或移轉登記於出質人者。
三、典權人依民法第九百二十一條或第九百二十二條之一規定重建典物而代位申請建物所有權第一次登記者。
四、其他依法律得由權利人代位申請登記者。

第 31 條　建物全部滅失時，該建物所有權人未於規定期限內申請消滅登記者，得由土地所有權人或其他權利人代位申請；亦得由登記機關查明後逕爲辦理消滅登記。

前項建物基地有法定地上權登記者，應同時辦理該地上權塗銷登記；建物爲需役不動產者，應同時辦理其供役不動產上之不動產役權塗銷登記。

登記機關於登記完畢後，應將登記結果通知該建物所有權人及他項權利人。建物已辦理限制登記者，並應通知囑託機關或預告登記請求權人。

第 32 條　公同共有之土地，公同共有人中之一人或數人，爲全體公同共有人之利益，得就公同共有土地之全部，申請爲公同共有之登記。

登記機關於登記完畢後，應將登記結果通知他公同共有人。

第 33 條　申請土地權利變更登記，應於權利變更之日起一個月內爲之。繼承登記得自繼承開始之日起六個月內爲之。

前項權利變更之日，係指下列各款之一者：

一、契約成立之日。

二、法院判決確定之日。

三、訴訟上和解或調解成立之日。

四、依鄉鎮市調解條例規定成立之調解，經法院核定之日。

五、依仲裁法作成之判斷，判斷書交付或送達之日。

六、產權移轉證明文件核發之日。

七、法律事實發生之日。

第二節　申請登記之文件

第 34 條　申請登記，除本規則另有規定外，應提出下列文件：

一、登記申請書。

二、登記原因證明文件。

三、已登記者，其所有權狀或他項權利證明書。

四、申請人身分證明。

五、其他由中央地政機關規定應提出之證明文件。

前項第四款之文件，能以電腦處理達成查詢者，得免提出。

第 35 條　有下列情形之一者，得免提出前條第一項第三款之文件：

一、因徵收、區段徵收、撥用或照價收買土地之登記。

二、因土地重劃或重測確定之登記。
三、登記原因證明文件爲法院權利移轉證書或確定判決之登記。
四、法院囑託辦理他項權利塗銷登記。
五、依法代位申請登記。
六、遺產管理人之登記。
七、法定地上權之登記。
八、依原國民住宅條例規定法定抵押權之設定及塗銷登記。
九、依土地法第三十四條之一第一項至第三項規定辦理之登記，他共有人之土地所有權狀未能提出。
十、依民法第五百十三條第三項規定之抵押權登記。
十一、依本規則規定未發給所有權狀或他項權利證明書。
十二、祭祀公業或神明會依祭祀公業條例第五十條或地籍清理條例第二十四條規定成立法人，所申請之更名登記。
十三、其他依法律或由中央地政機關公告免予提出。

第 36 條　登記申請書除本規則另有規定外，應由申請人簽名或蓋章。
由代理人申請者，代理人並應於登記申請書或委託書內簽名或蓋章；有複代理人者，亦同。

第 37 條　土地登記之申請，委託代理人爲之者，應附具委託書；其委託複代理人者，並應出具委託複代理人之委託書。但登記申請書已載明委託關係者，不在此限。
前項代理人或複代理人，代理申請登記時，除法律或本規則另有規定外，應親自到場，並由登記機關核對其身分。

第 38 條　代理申請登記檢附之委託書具備特別授權之要件者，委託人得免於登記申請書內簽名或蓋章。
前項委託書應載明委託事項及委託辦理登記之土地或建物權利之坐落、地號或建號與權利範圍。

第 39 條　父母處分未成年子女所有之土地權利，申請登記時，應於登記申請書適當欄記明確爲其利益處分並簽名。
未成年人或受監護宣告之人，其監護人代理受監護人或受監護宣告之人購置或處分土地權利，應檢附法院許可之證明文件。
繼承權之拋棄經法院准予備查者，免依前二項規定辦理。

第 40 條　申請登記時，登記義務人應親自到場，提出國民身分證正本，當場於申請書或登記原因證明文件內簽名，並由登記機關指定人員核符後同時簽證。

前項登記義務人未領有國民身分證者，應提出下列身分證明文件：

一、外國人應提出護照或中華民國居留證。

二、旅外僑民應提出經僑務委員會核發之華僑身分證明書或中央地政主管機關規定應提出之文件，及其他附具照片之身分證明文件。

三、大陸地區人民應提出經行政院設立或指定之機構或委託之民間團體驗證之身分證明文件或臺灣地區長期居留證。

四、香港、澳門居民應提出護照或香港、澳門永久居留資格證明文件。

五、歸化或回復中華民國國籍者，應提出主管機關核發之歸化或回復國籍許可證明文件。

第 41 條　申請登記時，有下列情形之一者，當事人得免親自到場：

一、依第二十七條第四款規定，得由權利人單獨申請登記。

二、登記原因證明文件及同意書經依法公證、認證。

三、與有前款情形之案件同時連件申請辦理，而登記義務人同一，且其所蓋之印章相同。

四、登記原因證明文件經依法由地政士簽證。

五、登記義務人爲無行爲能力人或限制行爲能力人，其法定代理人已依第三十九條規定辦理並親自到場。

六、登記義務人依土地登記印鑑設置及使用作業要點於土地所在地之登記機關設置土地登記印鑑。

七、外國人或旅外僑民授權第三人辦理土地登記，該授權書經我駐外館處驗證。

八、大陸地區人民或香港、澳門居民授權第三人辦理土地登記，該授權書經行政院設立或指定之機構或委託之民間團體驗證。

九、祭祀公業土地授權管理人處分，該契約書依法經公證或認證。

十、檢附登記原因發生日期前一年以後核發之當事人印鑑證明。

十一、土地合併時，各所有權人合併前後應有部分之價值差額在一平方公尺公告土地現值以下。

十二、建物所有權第一次登記協議書與申請書權利人所蓋印章相符。

十三、依第四十三條第三項規定辦理更正登記所提出之協議書，各共有人更正前後應有部分之價值差額在一平方公尺公告土地現值以下。

十四、依第一百零四條規定以籌備人公推之代表人名義申請登記提出協議書。

十五、應用憑證進行網路身分驗證，辦理線上聲明登錄相關登記資訊。

十六、其他由中央地政機關規定得免由當事人親自到場。

第 42 條　申請人為法人者，應提出法人登記證明文件及其代表人之資格證明。其為義務人時，應另提出法人登記機關核發之法人及代表人印鑑證明或其他足資證明之文件，及於登記申請書適當欄記明確依有關法令規定完成處分程序，並蓋章。

前項應提出之文件，於申請人為公司法人者，為法人登記機關核發之設立、變更登記表或其抄錄本、影本。

義務人為財團法人或祭祀公業法人者，應提出其主管機關核准或同意備查之證明文件。

第 43 條　申請登記，權利人為二人以上時，應於登記申請書件內記明應有部分或相互之權利關係。

前項應有部分，應以分數表示之，其分子分母不得為小數，分母以整十、整百、整千、整萬表示為原則，並不得超過六位數。

已登記之共有土地權利，其應有部分之表示與前項規定不符者，得由登記機關通知土地所有權人於三十日內自行協議後準用更正登記辦理，如經通知後逾期未能協議者，由登記機關報請上級機關核准後更正之。

第 44 條　申請登記須第三人同意者，應檢附第三人之同意書或由第三人在登記申請書內註明同意事由。

前項第三人除符合第四十一條第二款、第五款至第八款及第十款規定之情形者外，應親自到場，並依第四十條規定程序辦理。

第三節　登記規費及罰鍰

第 45 條　登記規費，係指土地法所規定之登記費、書狀費、工本費及閱覽費。

第 46 條　土地登記，應依土地法規定繳納登記規費。登記費未滿新臺幣一元者，不予計收。但有下列情形之一者，免繳納：

一、抵押權設定登記後，另增加一宗或數宗土地權利爲共同擔保時，就增加部分辦理設定登記。

二、抵押權次序讓與、拋棄或變更登記。

三、權利書狀補（換）給登記。

四、管理人登記及其變更登記。

五、其他法律規定免納。

以郵電申請發給登記簿或地籍圖謄本或節本者，應另繳納郵電費。

登記規費之收支應依預算程序辦理。

第 47 條　登記規費，除網路申請土地登記依第七十條之六規定繳納外，應於申請登記收件後繳納之。

第 48 條　申請建物所有權第一次登記，於計收登記規費時，其權利價值，依下列規定認定之：

一、建物在依法實施建築管理地區者，應以使用執照所列工程造價爲準。

二、建物在未實施建築管理地區者，應以當地稅捐稽徵機關所核定之房屋現值爲準。

第 49 條　申請他項權利登記，其權利價值爲實物或非現行通用貨幣者，應由申請人按照申請時之價值折算爲新臺幣，塡入申請書適當欄內，再依法計收登記費。

申請地上權、永佃權、不動產役權、耕作權或農育權之設定或移轉登記，其權利價值不明者，應由申請人於申請書適當欄內自行加註，再依法計收登記費。

前二項權利價值低於各該權利標的物之土地申報地價或當地稅捐稽徵機關核定之房屋現值百分之四時，以各該權利標的物之土地申報地價或當地稅捐稽徵機關核定之房屋現值百分之四爲其一年之權利價值，按存續之年期計算；未定期限者，以七年計算之價值標準計收登記費。

第 50 條　逾期申請登記之罰鍰，應依土地法之規定計收。

土地權利變更登記逾期申請，於計算登記費罰鍰時，對於不能歸責於申請人之期間，應予扣除。

第 51 條　已繳之登記費及書狀費，有下列情形之一者，得由申請人於十年內請求退還之：

一、登記經申請撤回。

二、登記經依法駁回。

三、其他依法令應予退還。

申請人於十年內重新申請登記者，得予援用未申請退還之登記費及書狀費。

第 52 條　已繳之登記費罰鍰，除法令另有規定外，不得申請退還。

經駁回之案件重新申請登記，其罰鍰應重新核算，如前次申請已核計罰鍰之款項者應予扣除，且前後數次罰鍰合計不得超過應納登記費之二十倍。

第四節　登記處理程序

第 53 條　辦理土地登記，除本規則另有規定外，程序如下：

一、收件。

二、計收規費。

三、審查。

四、公告。

五、登簿。

六、繕發書狀。

七、異動整理。

八、歸檔。

前項第四款公告，僅於土地總登記、土地所有權第一次登記、建物所有權第一次登記、時效取得登記、書狀補給登記及其他法令規定者適用之。第七款異動整理，包括統計及異動通知。

第 54 條　登記機關接收登記申請書時，除第七十條之五另有規定外，應即收件，並記載收件有關事項於收件簿與登記申請書。

前項收件，應按接收申請之先後編列收件號數，登記機關並應給與申請人收據。

第 55 條　登記機關接收申請登記案件後，應即依法審查。辦理審查人員，應於登記申請書內簽註審查意見及日期，並簽名或蓋章。

申請登記案件，經審查無誤者，應即登載於登記簿。但依法應予公告或停止登記者，不在此限。

第 56 條　有下列各款情形之一者，登記機關應以書面敘明理由或法令依據，通知申請人於接到通知書之日起十五日內補正：

一、申請人之資格不符或其代理人之代理權有欠缺。

二、登記申請書不合程式，或應提出之文件不符或欠缺。
三、登記申請書記載事項，或關於登記原因之事項，與登記簿或其證明文件不符，而未能證明其不符之原因。
四、未依規定繳納登記規費。

第 57 條　有下列各款情形之一者，登記機關應以書面敘明理由及法令依據，駁回登記之申請：
一、不屬受理登記機關管轄。
二、依法不應登記。
三、登記之權利人、義務人或其與申請登記之法律關係有關之權利關係人間有爭執。
四、逾期未補正或未照補正事項完全補正。
申請人不服前項之駁回者，得依訴願法規定提起訴願。
依第一項第三款駁回者，申請人並得訴請司法機關裁判或以訴訟外紛爭解決機制處理。

第 58 條　駁回登記之申請時，應將登記申請書件全部發還，並得將駁回理由有關文件複印存查。

第 59 條　申請登記案件，於登記完畢前，全體申請人以書面申請撤回者，登記機關應即將登記申請書及附件發還申請人。

第 60 條　已駁回或撤回登記案件，重新申請登記時，應另行辦理收件。

第 61 條　登記，應依各類案件分別訂定處理期限，並依收件號數之次序或處理期限爲之。其爲分組辦理者亦同。除法令另有規定外，同一宗土地之權利登記，其收件號數在後之土地，不得提前登記。
登記程序開始後，除法律或本規則另有規定外，不得停止登記之進行。

第 62 條　應登記之事項記載於登記簿後，應由登簿及校對人員分別辦理並加蓋其名章。

第 63 條　登記原因證明文件所載之特約，其屬應登記以外之事項，登記機關應不予審查登記。

第 64 條　權利人爲二人以上時，應將全部權利人分別予以登載。義務人爲二人以上時，亦同。

第 65 條　土地權利於登記完畢後，除權利書狀所載內容未變更、本規則或其他法規另有規定外，登記機關應即發給申請人權利書狀。但得就原書狀加註者，於加註後發還之。

有下列情形之一，經申請人於申請書記明免繕發權利書狀者，得免發給之，登記機關並應於登記簿其他登記事項欄內記明之：

一、建物所有權第一次登記。

二、共有物分割登記，於標示變更登記完畢。

三、公有土地權利登記。

登記機關逕爲辦理土地分割登記後，應通知土地所有權人換領土地所有權狀；換領前得免繕發。

第 66 條　土地權利如係共有者，應按各共有人分別發給權利書狀，並於書狀內記明其權利範圍。

共有人取得他共有人之應有部分者，於申請登記時，應檢附原權利書狀，登記機關應就其權利應有部分之總額，發給權利書狀。

同一所有權人於同一區分所有建物有數專有部分時，其應分擔之基地權利應有部分，得依申請人之申請分別發給權利書狀。

第 67 條　土地登記有下列各款情形之一者，未能提出權利書狀者，應於登記完畢後公告註銷：

一、申辦繼承登記，經申請之繼承人檢附切結書。

二、申請他項權利塗銷登記，經檢附他項權利人切結書者，或他項權利人出具已交付權利書狀之證明文件，並經申請人檢附未能提出之切結書。

三、申請建物滅失登記，經申請人檢附切結書。

四、申請塗銷信託、信託歸屬或受託人變更登記，經權利人檢附切結書。

五、申請都市更新權利變換登記，未受分配或不願參與分配者；或經登記機關於登記完畢後通知換領土地及建築物權利書狀，未於規定期限內提出。

六、合於第三十五條第一款至第五款、第九款、第十二款及第十三款情形之一。但經中央地政主管機關公告權利書狀免予公告註銷者，不在此限。

第 68 條　登記完畢之登記申請書件，除登記申請書、登記原因證明文件或其副本、影本及應予註銷之原權利書狀外，其餘文件應加蓋登記完畢之章，發還申請人。

第 69 條　由權利人單獨申請登記者，登記機關於登記完畢後，應即以書面通知登記義務人。但有下列情形之一者，不在此限：

一、無義務人。

二、法院、行政執行分署或公正第三人拍定之登記。

三、抵押權人為金融機構，辦理抵押權塗銷登記，已提出同意塗銷證明文件。

前項義務人為二人以上時，應分別通知之。

第 70 條　政府因實施土地重劃、區段徵收及依其他法律規定，公告禁止所有權移轉、變更、分割及設定負擔之土地，登記機關應於禁止期間內，停止受理該地區有關登記案件之申請。但因繼承、強制執行、徵收、法院判決確定或其他非因法律行為，於登記前已取得不動產物權而申請登記者，不在此限。

第五節　網路申請登記

第70-1條　網路申請土地登記方式，分為全程網路申請及非全程網路申請。網路申請登記項目由中央地政機關公告之。

前項全程網路申請，係指申請人於網路提出土地登記之申請，其應提出之文件均以電子文件提供並完成電子簽章者；非全程網路申請，係指申請人於網路提出土地登記之申請，其應提出之文件未能全部以電子文件提供並完成電子簽章，部分文件仍為書面者。

網路申請土地登記，除未涉權利義務變動者得由權利人或登記名義人單獨申請外，應由地政士或律師代理。

第70-2條　網路申請土地登記，其處理之系統規範，由中央地政機關定之。

第70-3條　依第三十四條規定申請登記應提出之文件，於網路申請土地登記時，依下列規定辦理：

一、登記申請書電子文件應以電子簽章方式辦理。

二、登記原因證明文件或其他由中央地政機關規定應提出之證明文件，除能以政府資料庫達成查詢或提供者，得免提出外，應為電子文件並完成電子簽章。但非全程網路申請土地登記者，不在此限。

三、已登記者，除有第三十五條規定情形外，應提出所有權狀或他項權利證明書。

四、申請人身分證明文件，能以電腦處理達成查詢，得免提出。

第70-4條　地政士或律師代理以網路申請土地登記，並經憑證確認身分者，得免依第三十七條第二項規定辦理。

第70-5條　登記機關接收全程網路申請案件時，應即收件；登記機關接收非全程網路申請案件時，應俟書面文件到所後再辦理收件。

依前項規定收件之網路申請土地登記案件，其審查、補正、駁回等辦理程序，依第三章第四節規定辦理。

第70-6條　網路申請土地登記之登記規費，得於登記機關收件前完成網路計費及繳費或於收件後繳納。

第70-7條　網路申請土地登記之登記申請書及其附件電子檔案之保存及銷毀，準用第十九條規定辦理。

第四章　總登記

第一節　土地總登記

第 71 條　土地總登記，所有權人應於登記申請期限內提出登記申請書，檢附有關文件向登記機關申請之。

土地總登記前，已取得他項權利之人，得於前項登記申請期限內，會同所有權人申請之。

第 72 條　登記機關對審查證明無誤之登記案件，應公告十五日。

第 73 條　前條公告，應於主管登記機關之公告處所爲之，其內容應載明下列事項：

一、申請登記爲所有權人或他項權利人之姓名、住址。

二、土地標示及權利範圍。

三、公告起訖日期。

四、土地權利關係人得提出異議之期限、方式及受理機關。

第 74 條　依前條公告之事項如發現有錯誤或遺漏時，登記機關應於公告期間內更正，並即於原公告之地方重新公告十五日。

第 75 條　土地權利關係人於公告期間內提出異議，而生權利爭執事件者，登記機關應於公告期滿後，依土地法第五十九條第二項規定調處。

第 76 條　（刪除）

第 77 條　土地總登記後，未編號登記之土地，因地籍管理，必須編號登記者，其登記程序準用土地總登記之程序辦理。

第二節　建物所有權第一次登記

第 78 條　申請建物所有權第一次登記前，應先向登記機關申請建物第一次測量。但在中華民國一百零二年十月一日以後領有使用執照之建物，檢附依使用執照竣工平面圖繪製及簽證之建物標示圖辦理登記者，不在此限。

第 78-1 條　前條之建物標示圖，應由開業之建築師、測量技師或其他依法規得爲測量相關簽證之專門職業及技術人員辦理繪製及簽證。

前項建物標示圖，應記明本建物平面圖、位置圖及建物面積確依使用執照竣工平面圖繪製，如有遺漏或錯誤致他人受損害者，建物起造人及繪製人願負法律責任等字樣及開業證照字號，並簽名或蓋章。

依建物標示圖申請建物所有權第一次登記，申請人與委託繪製人不同時，應於登記申請書適當欄記明同意依該圖繪製成果辦理登記，並簽名或蓋章。

第 79 條　申請建物所有權第一次登記，應提出使用執照或依法得免發使用執照之證件及建物測量成果圖或建物標示圖。有下列情形者，並應附其他相關文件：

一、區分所有建物申請登記時，應檢具全體起造人就專有部分所屬各共有部分及基地權利應有部分之分配文件。

二、區分所有建物之專有部分，依使用執照無法認定申請人之權利範圍及位置者，應檢具全體起造人之分配文件。

三、區分所有建物之地下層或屋頂突出物，依主管建築機關備查之圖說標示爲專有部分且未編釘門牌者，申請登記時，應檢具戶政機關核發之所在地址證明。

四、申請人非起造人時，應檢具移轉契約書或其他證明文件。

前項第三款之圖說未標示專有部分者，應另檢附區分所有權人依法約定爲專有部分之文件。

實施建築管理前建造之建物，無使用執照者，應提出主管建築機關或鄉（鎮、市、區）公所之證明文件或實施建築管理前有關該建物之下列文件之一：

一、曾於該建物設籍之戶籍證明文件。

二、門牌編釘證明。

三、繳納房屋稅憑證或稅籍證明。

四、繳納水費憑證。

五、繳納電費憑證。

六、未實施建築管理地區建物完工證明書。

七、地形圖、都市計畫現況圖、都市計畫禁建圖、航照圖或政府機關測繪地圖。

八、其他足資證明之文件。

前項文件內已記載面積者，依其所載認定。未記載面積者，由登記機關會同直轄市、縣（市）政府主管建築、農業、稅務及鄉（鎮、市、區）公所等單位，組成專案小組並參考航照圖等有關資料實地會勘作成紀錄以爲合法建物面積之認定證明。

第三項之建物與基地非屬同一人所有者，並另附使用基地之證明文件。

第 80 條　區分所有建物，區分所有權人得就其專有部分及所屬共有部分之權利，單獨申請建物所有權第一次登記。

第 81 條　區分所有建物所屬共有部分，除法規另有規定外，依區分所有權人按其設置目的及使用性質之約定情形，分別合併，另編建號，單獨登記爲各相關區分所有權人共有。

區分所有建物共有部分之登記僅建立標示部及加附區分所有建物共有部分附表，其建號、總面積及權利範圍，應於各專有部分之建物所有權狀中記明之，不另發給所有權狀。

第 82 條　（刪除）

第 83 條　區分所有權人申請建物所有權第一次登記時，除依第七十九條規定，提出相關文件外，並應於申請書適當欄記明基地權利種類及範圍。

登記機關受理前項登記時，應於建物登記簿標示部適當欄記明基地權利種類及範圍。

第 84 條　建物所有權第一次登記，除本節規定者外，準用土地總登記程序。

第五章　標示變更登記

第 85 條　土地總登記後，因分割、合併、增減及其他標示之變更，應爲標示變更登記。

第 86 條　一宗土地之部分合併於他土地時，應先行申請辦理分割。

第 87 條　一宗土地之部分已設定地上權、永佃權、不動產役權、典權或農育權者，於辦理分割登記時，應先由土地所有權人會同他項權利人申請勘測確定權利範圍及位置後爲之。但設定時已有勘測位置圖且不涉及權利位置變更者，不在此限。

第 88 條　二宗以上所有權人不同之土地辦理合併時，各所有權人之權利範圍依其協議定之。

設定有地上權、永佃權、不動產役權、典權、耕作權或農育權之土地合併時，應先由土地所有權人會同他項權利人申請他項權利位置圖勘測。但設定時已有勘測位置圖且不涉及權利位置變更者，不在此限。

前項他項權利於土地合併後仍存在於合併前原位置之上，不因合併而受影響。

設定有抵押權之土地合併時，該抵押權之權利範圍依土地所有權人與抵押權人之協議定之。

第 89 條　申請建物基地分割或合併登記，涉及基地號變更者，應同時申請基地號變更登記。建物與基地所有權人不同時，得由基地所有權人代爲申請或由登記機關查明後逕爲辦理變更登記。

前項登記，除建物所有權人申請登記者外，登記機關於登記完畢後，應通知建物所有權人換發或加註建物所有權狀。

第 90 條　設定有他項權利之土地申請分割或合併登記，於登記完畢後，應通知他項權利人換發或加註他項權利證明書。

第 91 條　因土地重劃辦理權利變更登記時，應依據地籍測量結果釐正後之重劃土地分配清冊重造土地登記簿辦理登記。

土地重劃前已辦竣登記之他項權利，於重劃後繼續存在者，應按原登記先後及登記事項轉載於重劃後分配土地之他項權利部，並通知他項權利人。

重劃土地上已登記之建物未予拆除者，應逕爲辦理基地號變更登記。

第 92 條　因地籍圖重測確定，辦理變更登記時，應依據重測結果清冊重造土地登記簿辦理登記。

建物因基地重測標示變更者，應逕爲辦理基地號變更登記。

重測前已設定他項權利者，應於登記完畢後通知他項權利人。

第六章　所有權變更登記

第 93 條　土地總登記後，土地所有權移轉、分割、合併、增減或消滅時，應爲變更登記。

第 94 條　區分所有建物之共有部分，除法令另有規定外，應隨同各相關專有部分及其基地權利爲移轉、設定或限制登記。

第 95 條　部分共有人就共有土地全部爲處分、變更及設定地上權、農育權、不動產役權或典權申請登記時，登記申請書及契約書內，應列明全體共有人，及於登記申請書備註欄記明依土地法第三十四條之一第一項至第三項規定辦理。並提出已爲書面通知或公告之證明文件，及他共有人應得對價或補償已受領或已提存之證明文件。

依前項申請登記時，契約書及登記申請書上無須他共有人簽名或蓋章。

第 96 條　區分所有建物，數人共有一專有部分，部分共有人依土地法第三十四條之一規定就該專有部分連同其基地權利之應有部分爲處分、變更或設定負擔時，其基地共有人，指該專有部分之全體共有人；其基地權利之應有部分，指該專有部分之全體共有人所持有之基地權利應有部分。

第 97 條　申請土地權利移轉登記時，依民法物權編施行法第八條之五第三項、第五項、土地法第三十四條之一第四項、農地重劃條例第五條第二款、第三款或文化資產保存法第三十二條規定之優先購買權人已放棄優先購買權者，應附具出賣人之切結書，或於登記申請書適當欄記明優先購買權人確已放棄其優先購買權，如有不實，出賣人願負法律責任字樣。

依民法第四百二十六條之二、第九百十九條、土地法第一百零四條、第一百零七條、耕地三七五減租條例第十五條或農地重劃條例第五條第一款規定，優先購買權人放棄或視爲放棄其優先購買權者，申請人應檢附優先購買權人放棄優先購買權之證明文件；或出賣人已通知優先購買權人之證件並切結優先購買權人接到出賣通知後逾期不表示優先購買，如有不實，願負法律責任字樣。

依前二項規定申請之登記，於登記完畢前，優先購買權人以書面提出異議並能證明確於期限內表示願以同樣條件優先購買或出賣人未依通知或公告之條件出賣者，登記機關應駁回其登記之申請。

第 98 條　土地法第三十四條之一第四項規定，於區分所有建物之專有部分連同其基地應有部分之所有權一併移轉與同一人所有之情形，不適用之。

第 99 條　因徵收或照價收買取得土地權利者，直轄市、縣（市）地政機關應於補償完竣後一個月內，檢附土地清冊及已收受之權利書狀，囑託登記機關爲所有權登記，或他項權利之塗銷或變更登記。

第 100 條　依據法院判決申請共有物分割登記者，部分共有人得提出法院確定判決書及其他應附書件，單獨爲全體共有人申請分割登記，登記機關於登記完畢後，應通知他共有人。其所有權狀應俟登記規費繳納完畢後再行繕發。

第 100-1 條　依民法第八百二十四條第三項規定申請共有物分割登記時，共有人中有應受金錢補償者，申請人應就其補償金額，對於補償義務人所分得之土地，同時爲應受補償之共有人申請抵押權登記。但申請人提出應受補償之共有人已受領或爲其提存之證明文件者，不在此限。

前項抵押權次序優先於第一百零七條第一項但書之抵押權；登記機關於登記完畢後，應將登記結果通知各次序抵押權人及補償義務人。

第 101 條　（刪除）

第 102 條　土地權利移轉、設定，依法須申報土地移轉現值者，於申報土地移轉現值後，如登記義務人於申請登記前死亡時，得僅由權利人敘明理由並提出第三十四條規定之文件，單獨申請登記。

登記權利人死亡時，得由其繼承人爲權利人，敘明理由提出契約書及其他有關證件會同義務人申請登記。

前二項規定於土地權利移轉、設定或權利內容變更，依法無須申報土地移轉現值，經訂立書面契約，依法公證或申報契稅、贈與稅者，準用之。

第 103 條　破產管理人就破產財團所屬土地申請權利變更登記時，除依第三十四條規定辦理外，應提出破產管理人、監查人之資格證明文件與監查人之同意書或法院之證明文件。

第 104 條　法人或寺廟在未完成法人設立登記或寺廟登記前，取得土地所有權或他項權利者，得提出協議書，以其籌備人公推之代表人名義申請登記。其代表人應表明身分及承受原因。

登記機關爲前項之登記，應於登記簿所有權部或他項權利部其他登記事項欄註記取得權利之法人或寺廟籌備處名稱。

第一項之協議書，應記明於登記完畢後，法人或寺廟未核准設立或登記者，其土地依下列方式之一處理：

一、申請更名登記爲已登記之代表人所有。

二、申請更名登記爲籌備人全體共有。

第一項之法人或寺廟在未完成法人設立登記或寺廟登記前，其代表人變更者，已依第一項辦理登記之土地，應由該法人或寺廟籌備人之全體出具新協議書，辦理更名登記。

第 105 條　共有物分割應先申請標示變更登記，再申辦所有權分割登記。但無須辦理標示變更登記者，不在此限。

第 106 條　數宗共有土地併同辦理共有物分割者，不以同一地段、同一登記機關爲限。

第 107 條　分別共有土地，部分共有人就應有部分設定抵押權者，於辦理共有物分割登記時，該抵押權按原應有部分轉載於分割後各宗土地之上。但有下列情形之一者，該抵押權僅轉載於原設定人分割後取得之土地上：

一、抵押權人同意分割。

二、抵押權人已參加共有物分割訴訟。

三、抵押權人經共有人告知訴訟而未參加。

前項但書情形，原設定人於分割後未取得土地者，申請人於申請共有物分割登記時，應同時申請該抵押權之塗銷登記。登記機關於登記完畢後，應將登記結果通知該抵押權人。

第七章　他項權利登記

第 108 條　於一宗土地內就其特定部分申請設定地上權、不動產役權、典權或農育權登記時，應提出位置圖。

因主張時效完成，申請地上權、不動產役權或農育權登記時，應提出占有範圍位置圖。

前二項位置圖應先向該管登記機關申請土地複丈。

第 108-1 條　申請地上權或農育權設定登記時，登記機關應於登記簿記明設定之目的及範圍；並依約定記明下列事項：

一、存續期間。
二、地租及其預付情形。
三、權利價值。
四、使用方法。
五、讓與或設定抵押權之限制。
前項登記，除第五款外，於不動產役權設定登記時準用之。

第 108-2 條　不動產役權設定登記得由需役不動產之所有權人、地上權人、永佃權人、典權人、農育權人、耕作權人或承租人會同供役不動產所有權人申請之。申請登記權利人爲需役不動產承租人者，應檢附租賃關係證明文件。
前項以地上權、永佃權、典權、農育權、耕作權或租賃關係使用需役不動產而設定不動產役權者，其不動產役權存續期間，不得逾原使用需役不動產權利之期限。
第一項使用需役不動產之物權申請塗銷登記時，應同時申請其供役不動產上之不動產役權塗銷登記。

第 109 條　不動產役權設定登記時，應於供役不動產登記簿之他項權利部辦理登記，並於其他登記事項欄記明需役不動產之地、建號及使用需役不動產之權利關係；同時於需役不動產登記簿之標示部其他登記事項欄記明供役不動產之地、建號。
前項登記，需役不動產屬於他登記機關管轄者，供役不動產所在地之登記機關應於登記完畢後，通知他登記機關辦理登記。

第 109-1 條　申請典權設定登記時，登記機關應於登記簿記明其設定之範圍及典價；並依約定記明下列事項：
一、存續期間。
二、絕賣條款。
三、典物轉典或出租之限制。

第 110 條　（刪除）

第 111 條　申請爲抵押權設定之登記，其抵押人非債務人時，契約書及登記申請書應經債務人簽名或蓋章。

第 111-1 條　申請普通抵押權設定登記時，登記機關應於登記簿記明擔保債權之金額、種類及範圍；契約書訂有利息、遲延利息之利率、違約金或其他擔保範圍之約定者，登記機關亦應於登記簿記明之。

第 112 條　以不屬同一登記機關管轄之數宗土地權利爲共同擔保設定抵押權

時，除第三條第三項及第四項另有規定外，應訂立契約分別向土地所在地之登記機關申請登記。

第 113 條　抵押權設定登記後，另增加一宗或數宗土地權利共同爲擔保時，應就增加部分辦理抵押權設定登記，並就原設定部分辦理抵押權內容變更登記。

第 114 條　以數宗土地權利爲共同擔保，經設定抵押權登記後，就其中一宗或數宗土地權利，爲抵押權之塗銷或變更時，應辦理抵押權部分塗銷及抵押權內容變更登記。

第 114-1 條　以數宗土地權利爲共同擔保，申請設定抵押權登記時，已限定各宗土地權利應負擔之債權金額者，登記機關應於登記簿記明之；於設定登記後，另爲約定或變更限定債權金額申請權利內容變更登記者，亦同。

前項經變更之土地權利應負擔債權金額增加者，應經後次序他項權利人及後次序抵押權之共同抵押人同意。

第 114-2 條　以一宗或數宗土地權利爲擔保之抵押權，因擔保債權分割而申請抵押權分割登記，應由抵押權人會同抵押人及債務人申請之。

第 115 條　同一土地權利設定數個抵押權登記後，其中一抵押權因債權讓與爲變更登記時，原登記之權利先後，不得變更。

抵押權因增加擔保債權金額申請登記時，除經後次序他項權利人及後次序抵押權之共同抵押人同意辦理抵押權內容變更登記外，應就其增加金額部分另行辦理設定登記。

第 115-1 條　申請最高限額抵押權設定登記時，登記機關應於登記簿記明契約書所載之擔保債權範圍。

前項申請登記時，契約書訂有原債權確定期日之約定者，登記機關應於登記簿記明之；於設定登記後，另爲約定或於確定期日前變更約定申請權利內容變更登記者，亦同。

前項確定期日之約定，自抵押權設定時起，不得逾三十年。其因變更約定而申請權利內容變更登記者，自變更之日起，亦不得逾三十年。

第 115-2 條　最高限額抵押權因原債權確定事由發生而申請變更爲普通抵押權時，抵押人應會同抵押權人及債務人就結算實際發生之債權額申請爲權利內容變更登記。

前項申請登記之債權額，不得逾原登記最高限額之金額。

第 116 條　同一標的之抵押權因次序變更申請權利變更登記，應符合下列各款規定：

一、因次序變更致先次序抵押權擔保債權金額增加時，其有中間次序之他項權利存在者，應經中間次序之他項權利人同意。

二、次序變更之先次序抵押權已有民法第八百七十條之一規定之次序讓與或拋棄登記者，應經該次序受讓或受次序拋棄利益之抵押權人同意。

前項登記，應由次序變更之抵押權人會同申請；申請登記時，申請人並應於登記申請書適當欄記明確已通知債務人、抵押人及共同抵押人，並簽名。

第 116-1 條　同一標的之普通抵押權，因次序讓與申請權利內容變更登記者，應由受讓人會同讓與人申請；因次序拋棄申請權利內容變更登記者，得由拋棄人單獨申請之。

前項申請登記，申請人應提出第三十四條及第四十條規定之文件，並提出已通知債務人、抵押人及共同抵押人之證明文件。

第 117 條　承攬人依民法第五百十三條規定申請為抵押權登記或預為抵押權登記，除應提出第三十四條及第四十條規定之文件外，並應提出建築執照或其他建築許可文件，會同定作人申請之。但承攬契約經公證者，承攬人得單獨申請登記，登記機關於登記完畢後，應將登記結果通知定作人。

承攬人就尚未完成之建物，申請預為抵押權登記時，登記機關應即暫編建號，編造建物登記簿，於標示部其他登記事項欄辦理登記。

第 117-1 條　申請抵押權設定登記時，契約書訂有於債權已屆清償期而未為清償時，抵押物之所有權移屬於抵押權人之約定者，登記機關應於登記簿記明之；於設定登記後，另為約定或變更約定申請權利內容變更登記者，亦同。

抵押權人依前項約定申請抵押物所有權移轉登記時，應提出第三十四條及第四十條規定之文件，並提出擔保債權已屆清償期之證明，會同抵押人申請之。

前項申請登記，申請人應於登記申請書適當欄記明確依民法第八百七十三條之一第二項規定辦理，並簽名。

第 117-2 條　質權人依民法第九百零六條之一第一項規定代位申請土地權利設定或移轉登記於出質人時，應提出第三十四條、第四十條規定之文件及質權契約書，會同債務人申請之。

前項登記申請時，質權人應於登記申請書適當欄記明確已通知出質人並簽名，同時對出質人取得之該土地權利一併申請抵押權登記。

前二項登記，登記機關於登記完畢後，應將登記結果通知出質人。

第 118 條　土地總登記後，因主張時效完成申請地上權登記時，應提出以行使地上權意思而占有之證明文件及占有土地四鄰證明或其他足資證明開始占有至申請登記時繼續占有事實之文件。

前項登記之申請，經登記機關審查證明無誤應即公告。

公告期間爲三十日，並同時通知土地所有權人。

土地所有權人在前項公告期間內，如有異議，依土地法第五十九條第二項規定處理。

前四項規定，於因主張時效完成申請不動產役權、農育權登記時準用之。

第八章　繼承登記

第 119 條　申請繼承登記，除提出第三十四條第一項第一款及第三款之文件外，並應提出下列文件：

一、載有被繼承人死亡記事之戶籍謄本。

二、繼承人現在戶籍謄本。

三、繼承系統表。

四、遺產稅繳（免）納證明書或其他有關證明文件。

五、繼承人如有拋棄繼承，應依下列規定辦理：

（一）繼承開始時在中華民國七十四年六月四日以前者，應檢附拋棄繼承權有關文件；其向其他繼承人表示拋棄者，拋棄人應親自到場在拋棄書內簽名。

（二）繼承開始時在中華民國七十四年六月五日以後者，應檢附法院准予備查之證明文件。

六、其他依法律或中央地政機關規定應提出之文件。

前項第二款之繼承人現在戶籍謄本，於部分繼承人申請登記爲全體繼承人公同共有時，未能會同之繼承人得以曾設籍於國內之戶籍謄本及敘明未能檢附之理由書代之。

第一項第一款、第二款之戶籍謄本，能以電腦處理達成查詢者，得免提出。

第一項第三款之繼承系統表，由申請人依民法有關規定自行訂定，註明如有遺漏或錯誤致他人受損害者，申請人願負法律責任，並簽名。

因法院確定判決申請繼承登記者，得不提出第一項第一款、第三款及第五款之文件。

第 120 條　繼承人爲二人以上，部分繼承人因故不能會同其他繼承人共同申請繼承登記時，得由其中一人或數人爲全體繼承人之利益，就被繼承人之土地，申請爲公同共有之登記。其經繼承人全體同意者，得申請爲分別共有之登記。

登記機關於登記完畢後，應將登記結果通知他繼承人。

第 121 條　胎兒爲繼承人時，應由其母以胎兒名義申請登記，俟其出生辦理戶籍登記後，再行辦理更名登記。

前項胎兒以將來非死產者爲限。如將來爲死產者，其經登記之權利，溯及繼承開始時消滅，由其他繼承人共同申請更正登記。

第 122 條　遺產管理人就其所管理之土地申請遺產管理人登記時，除法律另有規定外，應提出親屬會議選定或經法院選任之證明文件。

第 122-1 條　（刪除）

第 123 條　受遺贈人申辦遺贈之土地所有權移轉登記，應由繼承人先辦繼承登記後，由繼承人會同受遺贈人申請之；如遺囑另指定有遺囑執行人時，應於辦畢遺囑執行人及繼承登記後，由遺囑執行人會同受遺贈人申請之。

前項情形，於繼承人有無不明時，仍應於辦畢遺產管理人登記後，由遺產管理人會同受遺贈人申請之。

第九章　土地權利信託登記

第 124 條　本規則所稱土地權利信託登記（以下簡稱信託登記），係指土地權利依信託法辦理信託而爲變更之登記。

第 125 條　信託以契約爲之者，信託登記應由委託人與受託人會同申請之。

第 126 條　信託以遺囑爲之者，信託登記應由繼承人辦理繼承登記後，會同受託人申請之；如遺囑另指定遺囑執行人時，應於辦畢遺囑執行人及繼承登記後，由遺囑執行人會同受託人申請之。

前項情形，於繼承人有無不明時，仍應於辦畢遺產管理人登記後，由遺產管理人會同受託人申請之。

第 127 條　受託人依信託法第九條第二項取得土地權利，申請登記時，應檢附信託關係證明文件，並於登記申請書適當欄內載明該取得財產為信託財產及委託人身分資料。登記機關辦理登記時，應依第一百三十條至第一百三十二條規定辦理。

第 128 條　信託財產依第一百二十五條辦理信託登記後，於信託關係消滅時，應由信託法第六十五條規定之權利人會同受託人申請塗銷信託或信託歸屬登記。

前項登記，受託人未能會同申請時，得由權利人提出足資證明信託關係消滅之文件單獨申請之。未能提出權利書狀時，得檢附切結書或於土地登記申請書敘明未能提出之事由，原權利書狀於登記完畢後公告註銷。

第 129 條　信託財產因受託人變更，應由新受託人會同委託人申請受託人變更登記。

前項登記，委託人未能或無須會同申請時，得由新受託人提出足資證明文件單獨申請之。未能提出權利書狀時，準用前條第二項規定。

第 130 條　信託登記，除應於登記簿所有權部或他項權利部登載外，並於其他登記事項欄記明信託財產、委託人姓名或名稱，信託內容詳信託專簿。

前項其他登記事項欄記載事項，於辦理受託人變更登記時，登記機關應予轉載。

第 131 條　信託登記完畢，發給土地或建物所有權狀或他項權利證明書時，應於書狀記明信託財產，信託內容詳信託專簿。

第 132 條　土地權利經登記機關辦理信託登記後，應就其信託契約或遺囑複印裝訂成信託專簿，提供閱覽或申請複印，其提供資料內容及申請人資格、閱覽費或複印工本費之收取，準用第二十四條之一及土地法第七十九條之二規定。

信託專簿，應自塗銷信託登記或信託歸屬登記之日起保存十五年。

第 133 條　信託內容有變更，而不涉及土地權利變更登記者，委託人應會同受託人檢附變更後之信託內容變更文件，以登記申請書向登記機關提出申請。

登記機關於受理前項申請後，應依信託內容變更文件，將收件號、異動內容及異動年月日於土地登記簿其他登記事項欄註明，並將登記申請書件複印併入信託專簿。

第 133-1 條　申請人依不動產證券化條例或金融資產證券化條例規定申請信託登記時，為資產信託者，應檢附主管機關核准或申報生效文件及信託關係證明文件；登記機關辦理登記時，應於登記簿其他登記事項欄記明委託人姓名或名稱。

前項信託登記，為投資信託者，應檢附主管機關核准或申報生效文件，無須檢附信託關係證明文件；登記機關辦理登記時，應於登記簿其他登記事項欄記明該財產屬不動產投資信託基金信託財產。

依前項規定辦理信託登記後，於信託關係消滅、信託內容變更時，不適用第一百二十八條、第一百三十三條規定。

第十章　更正登記及限制登記

第 134 條　（刪除）

第 135 條　（刪除）

第 136 條　土地法第七十八條第八款所稱限制登記，謂限制登記名義人處分其土地權利所為之登記。

前項限制登記，包括預告登記、查封、假扣押、假處分或破產登記，及其他依法律所為禁止處分之登記。

第 137 條　申請預告登記，除提出第三十四條各款規定之文件外，應提出登記名義人同意書。

前項登記名義人除符合第四十一條第二款、第四款至第八款、第十款、第十五款及第十六款規定之情形者外，應親自到場，並依第四十條規定程序辦理。

第 138 條　土地總登記後，法院或行政執行分署囑託登記機關辦理查封、假扣押、假處分、暫時處分、破產登記或因法院裁定而為清算登記時，應於囑託書內記明登記之標的物標示及其事由。登記機關接獲法院或行政執行分署之囑託時，應即辦理，不受收件先後順序之限制。

登記標的物如已由登記名義人申請移轉或設定登記而尚未登記完畢者，應即改辦查封、假扣押、假處分、暫時處分、破產或清算登記，並通知登記申請人。

登記標的物如已由登記名義人申請移轉與第三人並已登記完畢者，登記機關應即將無從辦理之事實函復法院或行政執行分署。但法院或行政執行分署因債權人實行抵押權拍賣抵押物，而囑託辦理查封登記，縱其登記標的物已移轉登記與第三人，仍應辦理查封登記，並通知該第三人及將移轉登記之事實函復法院或行政執行分署。

前三項之規定，於其他機關依法律規定囑託登記機關為禁止處分之登記，或管理人持法院裁定申請為清算之登記時，準用之。

第 139 條　法院或行政執行分署囑託登記機關，就已登記土地上之未登記建物辦理查封、假扣押、假處分、暫時處分、破產登記或因法院裁定而為清算登記時，應於囑託書內另記明登記之確定標示以法院或行政執行分署人員指定勘測結果為準字樣。

前項建物，由法院或行政執行分署派員定期會同登記機關人員勘測。勘測費，由法院或行政執行分署命債權人於勘測前向登記機關繳納。

登記機關勘測建物完畢後，應即編列建號，編造建物登記簿，於標示部其他登記事項欄辦理查封、假扣押、假處分、暫時處分、破產或清算登記。並將該建物登記簿與平面圖及位置圖之影本函送法院或行政執行分署。

前三項之規定，於管理人持法院裁定申請為清算之登記時，準用之。

第 140 條　同一土地經辦理查封、假扣押或假處分登記後，法院或行政執行分署再囑託為查封、假扣押或假處分登記時，登記機關應不予受理，並復知法院或行政執行分署已辦理登記之日期及案號。

第 141 條　土地經辦理查封、假扣押、假處分、暫時處分、破產登記或因法院裁定而為清算登記後，未為塗銷前，登記機關應停止與其權利有關之新登記。但有下列情形之一為登記者，不在此限：

一、徵收、區段徵收或照價收買。

二、依法院確定判決申請移轉、設定或塗銷登記之權利人為原假處分登記之債權人。

三、公同共有繼承。

四、其他無礙禁止處分之登記。

有前項第二款情形者，應檢具法院民事執行處或行政執行分署核發查無其他債權人併案查封或調卷拍賣之證明書件。

第 142 條　有下列情形之一者，登記機關應予登記，並將該項登記之事由分別通知有關機關：

一、土地經法院或行政執行分署囑託查封、假扣押、假處分、暫時處分、破產登記或因法院裁定而爲清算登記後，其他機關再依法律囑託禁止處分之登記。

二、土地經其他機關依法律囑託禁止處分登記後，法院或行政執行分署再囑託查封、假扣押、假處分、暫時處分、破產登記或因法院裁定而爲清算登記。

第十一章　塗銷登記及消滅登記

第 143 條　依本規則登記之土地權利，因權利之拋棄、混同、終止、存續期間屆滿、債務清償、撤銷權之行使或法院之確定判決等，致權利消滅時，應申請塗銷登記。

前項因拋棄申請登記時，有以該土地權利爲標的物之他項權利者，應檢附該他項權利人之同意書，同時申請他項權利塗銷登記。

私有土地所有權之拋棄，登記機關應於辦理塗銷登記後，隨即爲國有之登記。

第 144 條　依本規則登記之土地權利，有下列情形之一者，於第三人取得該土地權利之新登記前，登記機關得於報經直轄市或縣（市）地政機關查明核准後塗銷之：

一、登記證明文件經該主管機關認定係屬僞造。

二、純屬登記機關之疏失而錯誤之登記。

前項事實於塗銷登記前，應於土地登記簿其他登記事項欄註記。

第 145 條　他項權利塗銷登記除權利終止外，得由他項權利人、原設定人或其他利害關係人提出第三十四條第一項所列文件，單獨申請之。

前項單獨申請登記有下列情形之一者，免附第三十四條第一項第二款、第三款之文件：

一、永佃權或不動產役權因存續期間屆滿申請塗銷登記。

二、以建物以外之其他工作物爲目的之地上權，因存續期間屆滿申請塗銷登記。

三、農育權因存續期間屆滿六個月後申請塗銷登記。

四、因需役不動產滅失或原使用需役不動產之物權消滅，申請其不動產役權塗銷登記。

第 146 條　預告登記之塗銷，應提出原預告登記請求權人之同意書。

前項請求權人除符合第四十一條第二款、第四款至第八款、第十款、第十五款及第十六款規定之情形者外，應親自到場，並依第四十條規定程序辦理。

預告登記之請求權爲保全土地權利移轉者，請求權人會同申辦權利移轉登記時，於登記申請書備註欄記明併同辦理塗銷預告登記者，免依前二項規定辦理。

第 147 條　查封、假扣押、假處分、破產登記或其他禁止處分之登記，應經原囑託登記機關或執行拍賣機關之囑託，始得辦理塗銷登記。但因徵收、區段徵收或照價收買完成後，得由徵收或收買機關囑託登記機關辦理塗銷登記。

第 148 條　土地滅失時應申請消滅登記；其爲需役土地者，應同時申請其供役不動產上之不動產役權塗銷登記。

前項土地有他項權利或限制登記者，登記機關應於登記完畢後通知他項權利人、囑託機關或預告登記請求權人。

第十二章　其他登記

第一節　更名登記及管理者變更登記

第 149 條　土地權利登記後，權利人之姓名或名稱有變更者，應申請更名登記。設有管理人者，其姓名變更時，亦同。

權利人或管理人爲自然人，其姓名已經戶政主管機關變更者，登記機關得依申請登記之戶籍資料，就其全部土地權利逕爲併案辦理更名登記；登記完畢後，應通知權利人或管理人換發權利書狀。

第 150 條　法人或寺廟於籌備期間取得之土地所有權或他項權利，已以籌備人之代表人名義登記者，其於取得法人資格或寺廟登記後，應申請爲更名登記。

第 151 條　公有土地管理機關變更者，應囑託登記機關爲管理機關變更登記。

第二節　住址變更登記

第 152 條　登記名義人之住址變更者，應檢附國民身分證影本或戶口名簿影本，申請住址變更登記。如其所載身分證統一編號與登記簿記載不符或登記簿無記載統一編號者，應加附有原登記住址之身分證明文件。

登記名義人爲法人者，如其登記證明文件所載統一編號與登記簿不符者，應提出其住址變更登記文件。

第 153 條　登記名義人住址變更，未申請登記者，登記機關得查明其現在住址，逕爲住址變更登記。

第三節　書狀換給及補給登記

第 154 條　土地所有權狀或他項權利證明書損壞或滅失，應由登記名義人申請換給或補給。

第 155 條　申請土地所有權狀或他項權利證明書補給時，應由登記名義人敘明其滅失之原因，檢附切結書或其他有關證明文件，經登記機關公告三十日，並通知登記名義人，公告期滿無人提出異議後，登記補給之。

前項登記名義人除符合第四十一條第二款、第七款、第八款、第十款、第十五款及第十六款規定之情形者外，應親自到場，並依第四十條規定程序辦理。

第四節　使用管理登記

第 155-1 條　共有人依民法第八百二十六條之一第一項規定申請登記者，登記機關應於登記簿標示部其他登記事項欄記明收件年月日字號及共有物使用、管理、分割內容詳共有物使用管理專簿。

共有人依民法第八百二十條第一項規定所爲管理之決定或法院之裁定，申請前項登記時，應於登記申請書適當欄記明確已通知他共有人並簽名；於登記後，決定或裁定之內容有變更，申請登記時，亦同。

第 155-2 條　區分地上權人與設定之土地上下有使用、收益權利之人，就相互間使用收益限制之約定事項申請登記時，登記機關應於該區分地上權及與其有使用收益限制之物權其他登記事項欄記明收件年月日字號及使用收益限制內容詳土地使用收益限制約定專簿。

前項約定經土地所有權人同意者，登記機關並應於土地所有權部其他登記事項欄辦理登記；其登記方式準用前項規定。

第 155-3 條　登記機關依前二條規定辦理登記後，應就其約定、決定或法院裁定之文件複印裝訂成共有物使用管理專簿或土地使用收益限制約定專簿，提供閱覽或申請複印，其提供資料內容及申請人資格、閱覽費或複印工本費之收取，準用第二十四條之一及土地法第七十九條之二規定。

第 155-4 條　依第一百五十五條之一或第一百五十五條之二規定登記之內容，於登記後有變更或塗銷者，申請人應檢附登記申請書、變更或同意塗銷之文件向登記機關提出申請。

前項申請為變更登記者，登記機關應將收件年月日字號、變更事項及變更年月日，於登記簿標示部或該區分地上權及與其有使用收益限制之物權所有權部或他項權利部其他登記事項欄註明；申請為塗銷登記者，應將原登記之註記塗銷。

前項登記完畢後，登記機關應將登記申請書件複印併入共有物使用管理專簿或土地使用收益限制約定專簿。

第十三章　附則

第 156 條　本規則所需登記書表簿冊圖狀格式及其填載須知，由中央地政機關定之。

第 157 條　本規則自發布日施行。

本規則修正條文施行日期另定之。

國家圖書館出版品預行編目資料

不動產訴訟實戰／江松鶴，傅寶瑩著. -- 三版. -- 臺北市：五南圖書出版股份有限公司，2023.03
面；　公分
ISBN 978-626-343-866-8（平裝）
1.CST: 不動產　2.CST: 房地產法規
3.CST: 訴訟程序
584.2　　112002419

1SA2

不動產訴訟實戰

作　　者 — 江松鶴（47.2）　傅寶瑩（276.8）
發 行 人 — 楊榮川
總 經 理 — 楊士清
總 編 輯 — 楊秀麗
副總編輯 — 劉靜芬
責任編輯 — 呂伊真
封面設計 — 姚孝慈
出 版 者 — 五南圖書出版股份有限公司
地　　址：106台北市大安區和平東路二段339號4樓
電　　話：(02)2705-5066　　傳　　真：(02)2706-6100
網　　址：https://www.wunan.com.tw
電子郵件：wunan@wunan.com.tw
劃撥帳號：01068953
戶　　名：五南圖書出版股份有限公司

法律顧問　林勝安律師

出版日期　2011年7月初版一刷
　　　　　2018年4月二版一刷
　　　　　2020年10月二版二刷
　　　　　2023年3月三版一刷

定　　價　新臺幣560元